U0356594

湖湘文化要略

（第二版）

主　编　杜纯梓

副主编　文智辉　何秋瑛

参　编　彭思毛　刘演林

周　宇　刘建军

高　宁　唐旭君

曾永胜　帅建华

北京大学出版社
PEKING UNIVERSITY PRESS

图书在版编目(CIP)数据

湖湘文化要略/杜纯梓主编. —2版. —北京：北京大学出版社，2017.4
ISBN 978-7-301-28205-2

Ⅰ.①湖…　Ⅱ.①杜…　Ⅲ.①文化史—湖南　Ⅳ.①K296.4

中国版本图书馆CIP数据核字（2017）第054180号

书　　名	湖湘文化要略(第二版) HUXIANG WENHUA YAOLUE（DI-ER BAN）
著作责任者	杜纯梓　主编
责任编辑	李　玥
标准书号	ISBN 978-7-301-28205-2
出版发行	北京大学出版社
地　　址	北京市海淀区成府路205号　100871
网　　址	http://www.pup.cn　　新浪微博:@北京大学出版社
电子邮箱	编辑部zyjy@pup.cn　　总编室zpup@pup.cn
电　　话	邮购部 010-62752015　发行部 010-62750672　编辑部 010-62704142
印 刷 者	三河市北燕印装有限公司
经 销 者	新华书店
	720毫米×1020毫米　16开本　18印张　317千字
	2011年8月第1版　2017年4月第2版
	2024年8月全新修订　2024年8月第21次印刷　总第38次印刷
定　　价	49.00元

序

湖南广播电视大学杜纯梓教授组织几位资深学者主编了《湖湘文化要略》，嘱我为序。读完书稿，感触良多。我觉得，在全社会高度重视文化软实力的今天，编写这样一部概要讲述湖湘文化的读本，对于帮助、激励人们去认识和传承湖湘优秀传统文化，弘扬正能量；对于立德树人，激励年青一代为中华民族伟大复兴建功立业，都是一件很有意义的事。

文化是人类在处理人与自然、人与人、人与社会关系中所采取的活动方式及其所创造的物质财富和精神成果的总和。民族文化是一个民族的灵魂，是一个民族区别于其他民族的最本质所在，是民族生命力、凝聚力、创造力的源泉。随着人类社会的不断发展，文化的力量愈显强大，已成为衡量社会文明程度的主要标尺，成为综合国力的决定因素。实现中华民族伟大复兴中国梦，必须牢固树立文化自信，坚持文化引领，大力加强文化建设，推动文化创新和道德重构。

中华文化源远流长，在世界文化中与西方文化、印度文化鼎足而立，是世界四个古老文明摇篮里孕育产生的文化体系中唯一延续至今而未出现过断层的宝贵财富。中华文化博大精深，光彩熠熠。其天下兴亡、匹夫有责的爱国传统，天地之间、莫贵于民的民本理念，以和为贵、和而不同的和合思想，革故鼎新、因势而变的创新精神，富贵不淫、威武不屈的高尚气节，执中守正、执着向善的社会美德等中华文化精华，是人类文明与世界文化中光芒四射的瑰宝。中华民族在几千年的历史长河中创造的灿烂的中华文明，形成的优良的文化传统，不仅成为凝聚中华民族的精神纽带，而且对推动世界文明发展做出了巨大贡献。

中国不仅是一个有着悠久历史的文明古国，而且是一个地域辽阔的多民族统一的泱泱大国。由于历史渊源、地理环境、经济状况、风俗习惯以及语言诸方面的差异，在漫长的历史沉淀中，不仅形成了中华民族文化，而且蓄积成具有地方特色的区域文化，如中原文化、齐鲁文化、巴蜀文化，等等。这些区域文化相互影响，又各具特征，构成了中华文化丰富多彩、灿烂夺目的多元化格局。在我国异彩纷呈的地域文化中，诞生于三湘四水的湖湘文化以其悠久的历史、鲜明的特点和对中华文化的巨大贡献，在中华民族文化中占有突出的地位，影响极为深远。

湖湘历史悠久，人杰地灵，历来被称为“古道圣土”“屈贾之乡”“潇湘洙泗”。永州玉蟾岩遗址的稻谷遗存，记录着世界上最早的稻作文明；炎舜远古传说，标记着中华农业文明和道德文化的渊源；屈原开创的楚辞，成为与《诗经》并提的中国诗歌乃至整个中国文学的两大源头之一；岳麓书院汇聚着当时中华文化和教育的精华；宋代的湖湘学派博洽通变，引领着当时中国文化的发展，周敦颐、胡安国、胡宏、张栻等湖湘士人传承传统文化的精髓，创立理学，开创了中华文化新格局。尤其是近代以来，湖湘文化空前繁荣。正如杨昌济先生所说：“湘省士风，云兴雷震，咸同以还，人才辈出，为各省所难能，古来所未有。”进入清道光以后，湖湘连连携手走出一批又一批政治精英人物，举世瞩目。以曾国藩、陶澍、魏源、左宗棠、郭嵩焘为代表的晚清中兴志士，以谭嗣同、唐才常、熊希龄为代表的维新派人士，以黄兴、蔡锷、宋教仁、陈天华为代表的辛亥革命领袖与功臣，引领着中国近代历史发展的潮流。特别是进入新民主主义革命时期以后，投身这场伟大革命的最大的精英群体非湖南莫属，领导这场伟大革命的领袖和主将也是湖南人比例最大。毛泽东、刘少奇、蔡和森、邓中夏、向警予、何叔衡、任弼时、彭德怀、贺龙、罗荣桓、王震、谭震林等，都叱咤风云，智勇盖世。这些优秀的湖湘儿女，像一颗颗耀眼的星星，装点着现代中国美丽的星空，为使中华民族扬眉吐气屹立于世界民族之林做出了卓越贡献。

英雄的湖湘儿女创造了灿烂的湖湘文化，形成了湖南人超拔卓异的精神气质和思想品格。它主要包括了自强不息的奋斗精神、心忧天下的爱国精神、经世致用的务实精神、兼收并蓄的博采精神、百折不挠的勇毅精神、慷慨赴义的牺牲精神、敢为人先的开拓精神和修身律己的淑身精神。湖湘人的精神特质是湖湘文化的思想内核。这一思想内核又是中华民族精神的构成要素，是我们社会主义核心价值体系的重要基础。

“俱往矣，数风流人物，还看今朝。”湖湘文化孕育的湖湘杰出人士曾经创造了一个又一个湖南奇迹、中国奇迹乃至世界奇迹。新时代的湖湘人，应当是湖湘文化和中华文化的优秀传承者，应当是湖湘文化和中华文化创新的积极推进者。仰望岳麓书院“惟楚有材，于斯为盛”的名联，体验“吾道南来原是濂溪一脉，大江东去无非湘水余波”的豪情，感悟“若道中华国果亡，除非湖南人尽死”的气概，新时代的湖湘人应当谨记“天下兴亡，匹夫有责”的使命，继续弘扬“敢为人先”的精神和“经世致用”的学风，积极投身中国特色社会主义建设的伟大事业，在实现中华民族伟大复兴的进程中更加踔厉风发，勇立潮头，再建殊功。

《湖湘文化要略》是一本颇有特色的著作。它吸收了前人和同行的研究成果，在这个基础上又有创新，注入了编写者的最新研究所得，使读本呈现出新的气象。它打破了以史为纲依次介绍各个历史时期的文化现象，或按内容分类分别介绍各个方面文化现象的常见表述模式，建立了全视角、总揽式认识湖湘文化的综合表述范式，显得整体感强而又条理清晰、重点突出。它改变了一般教材编写通行的阐说式话语风格，将一腔激情融入述说之中，使读本焕发出一种特有的亲切而清新的气息，给人耳目一新的感觉。相信阅读者会喜欢上这本书，会在阅读中获得思想启迪、精神激励的同时得到一种审美享受。

是为序。

唐之享

2017 年 3 月 10 日于长沙

目 录

绪论

浩然特立、彪炳千秋的湖湘文化

湖湘文化是中华文化的重要组成部分。在众多的地域文化中，湖湘文化源远流长，内涵丰富，浩然特立，震古烁金，具有极为广泛而深远的影响，且具有几分神秘色彩。

当你走进岳麓书院，瞻望“道南正脉”的御匾、“实事求是”的横额，看到雄视宇内、冠绝古今的楹联：惟楚有材；于斯为盛。/吾道南来，原是濂溪一脉；大江东去，无非湘水余波。

当你漫步汨罗江畔、溆浦埠头，追寻屈子足迹，感怀他“路漫漫其修远兮，吾将上下而求索”“亦余心之所善兮，虽九死其犹未悔”的坚贞志节。

当你身临“南极潇湘，北通巫峡”、烟波浩渺、雄浑壮阔的洞庭湖，登上有“天下楼”之称的岳阳楼，怀古抚今，涵泳“不以物喜，不以己悲”先天下之忧而忧，后天下之乐而乐”的“天下第一等抱负”。

当你听到陆游的赞叹“挥毫当得江山助，不到潇湘岂有诗”，谭嗣同的豪言“万物昭苏天地曙，要凭南岳一声雷”，杨度的壮语“若道汉唐国果亡，除非湖南人尽死”。

当你看到马王堆汉墓的惊人发现，38000 余枚里耶秦简、10 万余片走马楼吴简所展现的沅湘实录、历史烟云。

当你来到道县楼田堡、衡阳菜塘湾、双峰荷叶塘、湘阴柳庄，来到韶山冲、花明楼、苍坊村、乌石镇，领略这里的奇山异水，缅怀三湘豪杰的雄才大略、旷世奇功。

凡此种种，无不感到惊奇，感到震撼！出生和工作、生活在湖南这块热土上的人们更多一份亲切和自豪。

浩然特立、不同凡响的湖南现象、湖湘文化，历来备受关注。王逸、韩愈、柳宗元、朱熹、魏了翁、真德秀、王禹偁、胡安国、王夫之、孙中山、梁启超、蔡元培、陈独秀、毛泽东、钱基博、谭其骧、杨毓麟、邓湘

皋等名人都作过剀切精要评述。

国学大师钱基博说："湖南之为省，北阻大江，南薄五岭，西接黔蜀，群苗所萃，盖四塞之国。……人杰地灵，大儒迭起，前不见古人，后不见来者。宏识孤怀，涵今茹古，罔不有独立自由之思想，有坚强不磨之志节。湛深古学而能自辟蹊径，不为古学所囿。义以淑群，行必厉己，以开一代风气。"（《近百近湖南学风·导言》）。著名历史地理学家谭其骧说："清季以来，湖南人才辈出，功业之盛，举世无出其右。"（《中国内地移民史·湖南篇》）中国社会科学院原院长王伟光说："一本湘人奋斗史，半部中国近代史。"（《崇实重行，宏大湘学》）

从历史和整体上看，湖湘文化卓异特立、震古烁今。其学术之盛、道义之崇，风尚之正、志节之坚、力量之巨、功绩之伟、影响之大，为世所公认。

近世研究湖湘文化者甚众，发表的文章、出版的著作数不胜数，令人目不暇接，难以尽览。光明日报还开设了"湖湘文化研究"专栏，引发社会热议。岳麓书院原院长朱汉民先生组织颇有实力的学术团队，对湖湘文化进行了追根溯源、细绎爬梳、抉精探赜，编写、出版了煌煌五册《湖湘文化通史》。这是迄今为止资料最丰富、体系最完整、论述最充分、有较强说服力的湖湘文化研究成果。我所主编的《湖湘文化要略》是概论性的，对于了解和把握湖湘文化的基本内涵、突出特质和主要精神，或有助益。

一、历史悠久，根基深厚

过去受中原正统和蛮夷异族偏见影响，总把古代湖南看作偏僻、封闭、野蛮、落后的蛮荒之地。从多种文献记载、民间传说、文物古迹和大量考古发掘来看，远古湖南并非荒蛮化外之境。这里僻而不野，远而不隔，蛮而不荒，湖湘先民创造了灿烂、发达的早期区域文化。

（一）湖南虽偏处南土，但并非野蛮之邦。上古时期这里就产生了许多引人瞩目的文明创造，有些方面超迈中原，成为中华文化的重要源头之一

湖南是人类活动和文明开启较早的地区。考古发现，距今50万年前，湖南境内就有古人类活动。旧石器时代末期已经开始群聚定居。临澧竹马村出土了1.8万年前的高台式建筑。道县玉蟾岩出土了1.2万年前的人工栽培稻标本和多件原始陶片。澧县彭头山发现了有明显功能划分、壕沟环绕、距今约9000～7800年的聚落，以及大量的稻谷、稻壳，展示了稻作农业的发展规模。由此确立了长江中游地区在中国乃至世界稻作农业起源与发展中的历史地位。澧县城

头山发现了拥有6000～6600年历史，由宽25～37米、高2～4米夯土城墙、30多米宽护城河和东西南北四门组成的城市。被称为“中国第一城”。将我国古城建筑历史足足前推了一千余年。

迄今为止，全湖南境内已发现旧石器时代遗址300余处，新石器时代遗址千余处，拥有极为丰富的历史文化信息。进入文明时代，湖湘文化更加充满活力和创造。皂市文化、不二门文化、费家河文化、炭河里文化、扬越文化、巴濮文化等夏、商、周文化遗址和文化遗存，展现出壮阔景象。这里拥有最先进的青铜冶炼，富于创造力的丝织刺绣，无与伦比的漆器。出土的青铜彝器居南方各省之首，工艺技术达到了商周最高水平。

（二）湖南虽远离中原王朝，但并不闭塞。自三皇五帝以来，这里圣德广被，历承王化

湖南古属九州之一的荆州。《尚书·禹贡》上记载：“荆及衡阳惟荆州。”《尚书》《竹书纪年》《左传》《礼记》《史记》《水经注》《吴越春秋》《路史》《舆地记胜》等古籍中对湖湘的山川形胜、人文鼎革、物产贡赋、民风习俗等都有记载。

湖南很早就是王化沐德之域，至今保留不少远古帝王的遗迹与传说。《史记·五帝本纪》：黄帝“南至于江，登熊、湘”。湘，指湘山。《地理志》：“湘山在长沙益阳县”。熊，具体所指有争议，一说为今安化与新化交界处的大熊山。据传，黄帝南巡，有大熊引导至此，故称。黄帝学说在湖湘地区传播恒久广远。马王堆汉墓出土《黄帝四经》绝非偶然。炎帝、舜帝生命的最后一程在湖南度过。炎帝是农耕文明和中医药的创始人，阪泉之战被黄帝打败后越过洞庭，南迁到湖南腹地，传播农耕文化，发展农业生产。后因误尝断肠草而崩，葬于长沙茶乡之尾，即今天的炎陵县。舜帝是道德文化的奠基人，被誉为“中华孝祖”。他南巡到过湖南境内的九嶷山、君山、韶山、德山、崀山、舜皇山等地，奏乐引凤，息争安民，施以德化。因劳苦“崩于苍梧之野，葬于江南九嶷”。屈原在《离骚》中就提到：“济沅湘而南征兮，就重华而陈词。”“重华”就是舜帝。大禹治水也到达湖南，衡山的岣嵝峰留有《禹王碑》。攸县有“禹王洞”“禹王宫”（禹祠）。溆浦有“圣人山”，据《溆浦县志》记载：“相传夏禹治水尝登县北圣人山望洞庭，因以名。上有石刻，为禹记事之碑。”

近年考古反复证明，至少在殷商晚期，湖南存在多个区域性王国，与商王朝及先周邦国都有一定联系。周秦时中央王朝对湖南的统治逐渐加强，周昭王曾来湖南巡狩，昭山即为经过之地。里耶秦简首次发现传世史书未曾提到过的“洞庭郡”“苍梧郡”，表明湖南早已进入华夏系列。受圣帝王化影响，农耕文化、道德文化已在这里扎下了根。

（三）湖南人虽被蔑称“蛮夷”，却思想活跃、精神自由、善于思考。先秦时期湖湘学术文化粲然有光，比较早地站到了遵道尚德的思想高地

湖南有原道、明道、弘道、行道、卫道的深厚传统。这一传统肇自先秦。尧舜时代与许由齐名的得道高士、上古文化主要代表人物之一的善卷，隐居常德枉山，德积名显，天下称贤，后世称其隐居地为德山。据《慎子》《庄子》《吕氏春秋》《路史》等典籍记载：善卷是帝尧、帝舜的老师，大禹也曾向他请教。尧、舜先后要将帝位禅让给他，被他拒绝了。善卷“重义轻利行显明”“逍遥于天地之间而心意自得”，为我们留下了丰富的道德文化遗产。从全面的、历史性考察来看，对湖湘学术和湖湘精神的产生、形成和发展最有影响的是鬻熊、黄帝之道和屈原。

鬻熊是楚国始祖，曾为文王之师，有《鬻子》一书传世。刘勰《文心雕龙·诸子》上面写道：“鬻熊知道，而文王咨询。余文遗事，录为《鬻子》”。《汉书·艺文志》著录《鬻子》二十二篇，今存残本十四篇。该书“弥纶彝训，经纬区中”，着重阐述、揄扬五帝三王之传政治道。以行仁、除害、爱民为政教之本，以道义、礼节、忠信为治国之要。如《鬻子》残本中指出：

> “故非非者行是，恶恶者行善，而道谕矣。”“昔之帝王，所以为明者，以其吏也。昔之君子，其所以为功者，以其民也。”“知善不行者谓之狂，知恶不改者谓之惑。夫狂与惑者，圣王之戒也。”“发教施令为天下福者谓之道，上下相亲谓之和，民不求而得所欲谓之信，除去天下之害谓之仁。仁与信、和与道，帝王之器。”

这里特别强调行是行善、为明为功、戒狂戒惑、仁信和道。《列子》中四次引用《鬻子》。这些内容都非常精辟警策，“实先达之奥言，为诸子之首唱”。可与《尚书》《逸周书》《易经》《论语》、清华简及钟鼎铭文、甲骨卜辞等上古文献所表达的思想相印证。《鬻子》所传之道是兴国为民之道，是践仁行义之道，也是孔子“朝闻道，夕死可矣”之道。

清学者甘鹏云在《楚师儒传》中评述说：“以柔守刚之谊，乃道家之先声；除害为仁之言，则儒家之嚆矢”。鬻子在传承、弘扬先王道统方面功不可没，被誉为“子学之宗，楚学之祖”。

贾谊的《新书》“乃傅长沙时所为也”。《新书》中整段整章摘引杂抄《鬻子》，表明贾谊对《鬻子》思想价值的高度认同。他在《新书》中着重阐述的利民安民政治主张，就深受《鬻子》思想影响。贾谊一来到湖南，就“及见遗书”，深悟大道，足以证明鬻子所传五帝三王之道在湖湘传播甚广，深入人心。

我们还特别注意到马王堆汉墓出土的帛书《黄帝四经》对湖南人思想与精神的培育、铸塑所产生的影响。这部失传了两千多年、堪为中华哲学和治

政思想元典的珍贵古籍，抄于《老子》乙本之前。它充分展示了黄帝之道的真实内涵，内容非常丰富，思想极为深刻。其中“畏天爱地亲民”的情怀，刑德相兼、“先德后刑”的主张，“法天则地”“抱道执度”的信守，“去私立公”“顺合民心”的准则，“毋违天道、不失所守”的儆戒，“类天大明”“亲亲兴贤”的举措，“毋乱民功，毋逆天时”的禁律，“文武兼行”“养生伐死”的策略，“毋失天极、究数而止”的慎为，极反盛衰、”执道循理”的劝勉，“重柔者吉，重刚者灭”的认知，以及动静随宜、“以尽天当”的“平衡应化”，“至公者明，至明者有功”的规律揭示，“正以待天、静以须人”的“三功”参互，“因天时，与之皆断。当断不断，反受其乱”的时机把握，“轻县国而重士”、“贱财而贵有知”、“贱身而贵有道”的价值取向，恭谦处下、谨守雌节的处世态度，“作争者凶，不争亦毋以成功”的行止把握，“刚不足以、柔不足恃”的刚柔相成人道观，“犯禁绝理，天诛必致”的抑恶劝善，“守国而恃其地险者削，用国者恃其强者弱”的戒骄重实，“黄金珠玉藏积，怨之本也；女乐玩好燔财，乱之基也”的修身约束等经典论述，都充溢思想的光辉。这“四经”内容一贯，说理透彻，论述充分，形成了较为完整的道学理论体系。实中华道统之源头，百家学说之滥觞。《鬻子·数始五帝治天下第七》中说到帝颛顼“上缘黄帝之道而行之，学黄帝之道而常之”。帝喾“上缘黄帝之道而明之，学帝颛顼之道而行之”。《黄帝四经》就是久已失传的黄帝论道之书，是“黄老学说”中真正的“黄学”。

“黄学”是积极入世，主动作为的。它反复强调去私立公、执道循理、亲民尊贤、顺合民心、因时随宜、平衡应化、毋违天道、执度究数、除怨治乱、抑恶扬善。两千多年前，能有这样成熟的思想体系，是非常了不起的。

《黄帝四经》在西汉初长沙国丞相利苍儿子的墓中发现，表明黄学在汉代乃至汉以前就流行于湖南地区，颇受统治者和士子们重视。

马王堆帛书《老子》甲本卷后还抄有四本佚书：《五行》《九主》《明君》《德圣》。这些也是入世弘道之书。主要阐述聪、圣、义、明、智、仁、礼、乐、信等道德规范、贤明君主的要务箴戒和德心旋同、天人感应的理想境界，属黄学同一思想体系。

先秦时期，这种遵道循理、顺民践仁的德性伦理已成为湖湘文化的思想底色和精神根基，一直影响后世。

屈原是开启湖湘学统、文统的重要人物。千百年来，屈原的思想和精神在湖湘士民中留有不可磨灭的印象和崇高地位。西汉贾谊贬为长沙王太傅，“及渡湘水，为赋以吊屈原”“造讬湘流兮，敬吊先生”。明末清初王夫之在《〈九昭〉序》中说自己“生屈子之乡”，“聊为《九昭》，以旌三闾之志”。屈原与湖南从来就是紧紧联系在一起的。

屈原流放沅湘期间，创作了《离骚》《九歌》《九章》《天问》等作品，创立了楚辞这一文学新体裁，开创了我国浪漫主义诗歌传统。屈赋所表达的美政理想、爱国主义情怀和正直高洁的操守，湖南人最先受其濡染和熏陶。如《离骚》中对先王圣德的倾心向往与赞颂："彼尧舜之耿介兮，既遵道而得路""昔三后之纯粹兮，固众芳之所在"；对黑暗现实的大胆揭露、抨击："固时俗之工巧兮，偭规矩而改错""背绳墨以追曲兮，竞周容以为度"；对人民命运的深切关怀与同情："长太息以掩涕兮，哀民生之多艰"；对美政理想的执着追求："举贤而授能兮，循绳墨而不颇""路漫漫其修远兮，吾将上下而求索"；对道德正义和正直品德的顽强坚守："民生各有所乐兮，余独好修以为常。虽体解吾犹未变兮，岂余心之可惩""伏清白以死直兮，固前圣之所厚"；对祖国的无比挚爱与眷恋："陟升皇之赫戏兮，忽临睨夫旧乡。仆夫悲余马怀兮，蜷局顾而不行"。这些都深深地融入了湖南人的血脉之中，化为守正不移、赤诚爱国的精神基因。

清儒叶德辉说："湘学肇自鬻熊，成于三闾，宋则濂溪为道学之宗，明则船山抱高蹈之节。"完全切合实际。《湖湘文库》将《楚辞集注》《贾谊集·贾太傅新书》收列于前，昭其学术之源、纪其创始之功，是非常恰当的。

在对自然规律的认知和掌控方面，远古湖湘也走在前头。楚远祖祝融在黄帝时任夏官火正，以火施化，观象授时。他因作战有功，黄帝令祝融守南方，死后葬衡山之阳。今南岳有祝融峰、祝融殿。祝融及其后嗣世袭掌管火政，观测天象，参制历法。这在洪荒时代属高科技。可以说，远古湖湘就已经成为文明奥区。

湖南地处四塞之国，到处是崇山峻岭、激流险滩，生存环境恶劣。先民们凭着刚强坚忍的意志和劲悍血性，披荆斩棘，奋力拼搏，开启了湖湘文化的源头，拉开了文明进步的序幕。先秦时期，在众多领域都有不凡的创造。所达到的文化高度，不亚于任何地区。有些方面还超越他人，引领中国，如稻作文明、古城建筑等。物质文明与精神文明交相辉映，其鲜明的湖湘特色和坚韧顽强的奋斗精神，凝聚为湖湘文化的独立根性。这对湖南人的心理结构、性格禀赋、行为方式等起着潜移默化的作用，为湖湘文化的不断发展奠定了扎实基础。

二、开放互动　多元融铸

湖湘文化是一个开放的系统，由多种文化融合陶铸而成。这种互动交融贯穿于湖湘文化的形成、发展、成熟全过程。从整体上考察湖湘文化的基本构成、主体意识、演变过程，所起作用最大、最值得注意是下面三种融合：

（一）苗蛮文化与荆楚文化的融合

上古时期，湖湘地域居住着三苗、蛮、扬越、濮、巴等族群。以三苗、蛮族为主，人们以“苗蛮”泛指湖湘各氏族和部落群。湖湘史前文化主要由这些原住民创造，故称“苗蛮文化”。苗蛮文化直接受到长江文明沾溉，并与之共生。另外，从黄河下游南迁的蚩尤九黎、炎帝部落也带来了新的农耕文明。

蚩尤是东夷集团九黎部落首领，中华人文初祖之一。古书记载，蚩尤部落得盐池之利、金属冶炼之法，重视农耕，善制兵器，生产力水平较高，实力较强大。主要活动于黄河下游东部沿海地区。在向中原推进过程中与黄帝、炎帝部落不断发生冲突。

黄帝与蚩尤交战六十次仍未获胜，后黄帝与炎帝结盟，“与蚩尤战于涿鹿之野，流血百里”（《庄子・盗跖》)。蚩尤兵败被杀，其部落被迫迁徙到南方，演变为苗族、黎族、土家族等多个少数民族，与原居蛮族相融。楚王熊渠自称蛮夷”，就是蛮族与东夷九黎相融的合称。湘西至今仍保留很多蚩尤传说和浓厚的蚩尤文化，被列入湖南省非物质文化遗产。新化、安化、隆回、新等地都有很多蚩尤遗迹。新化的乐安镇还有蚩尤屋场，不少人认为新化是蚩尤的故里。

炎帝，又称赤帝，是上古华夏族姜姓部落首领。相传他始制耒耜，教民耕种；亲尝百草，发明医药；治麻为布，制作衣裳；削桐为琴，以乐百姓；开辟市廛，交易财货。阪泉之战被黄帝打败之后，率领其部落来到湖南境内，促进了湖南上古农耕文明进一步大规模发展。

蚩尤、炎帝部落南迁及民族融合，使当时较为发达、先进的东夷文明、华夏文明在湖湘得到大力推广应用。湖湘本土文化得到了质的提升。春秋以前湖湘文化已经达到一定高度，几乎与中原文化站在同一起跑线上。

自春秋前期开始，楚人不断迁入，到战国中期，湖南全境归入楚国。强大的荆楚文化与本土苗蛮文化融合，使原本接近的风俗、习惯、心理、性格更加彰显和定型化，物质文化与精神文化都得到明显加强和更好发展，显示出强烈而鲜明的湘楚特色。

苗蛮文化与湘楚文化相融所带来的变化，主要体现在以下三个方面：

第一，士节民气相与砥砺，更加威勇顽强。楚国本是西周初年被周王朝分封的异姓诸侯小国，爵位低下，土不过同（方百里)。《左传・昭公十二年》记载：“昔我先王熊绎，辟在荆山，筚路蓝缕，以处草莽。跋涉山林，以事天子。”一直被中原王朝视为“非我族类”“蛮虫难化”，多次受到周朝和诸侯列国的讨伐凌压。在这种恶劣环境下，楚先王“无日不讨国人而训之于民生之不易，祸至之无日，戒惧之不可以怠。在军，无日不讨军实而申儆之于胜不可保，纣之百克，而卒无后。训之以若敖、蚡冒，筚路蓝缕，以启山林。箴之曰：‘民生在勤，勤之不匮’。不可谓骄。”（《左传・宣公十二年》）始终不屈不挠，顽强抗争，终于跻身春秋五霸、战国七雄之列，敢于问鼎中原，争霸天下。另外，楚人不受传统束缚，敢破敢立。《史记·楚世家》："熊渠曰：'我蛮夷也，不与中国之号谥。'乃立其长康为句亶王、中子红为鄂王，少子执疵为越章王。皆在江上楚蛮也"。楚族人这种不畏艰难、不惧强暴、敢为人先、勇往直前的倔强与霸气跟苗蛮"劲悍决烈""忍苦习劳"的民性相融，铸就了湖南人刚毅坚卓、敢打敢拼的禀赋和血性。"其民气之勇，士节之威，实甲天下"。

第二，冶铁、纺织、制陶、玻璃器制作技艺得以相传和改进，生产力水平大幅度提高。社会组织结构趋于规范、严密。城市大量出现，社会发展加快。

第三，精神领域别开生面，思想文化更加丰富深厚、耀眼夺目。上古时期学在王官，随着楚族、楚国士宦贵族的进入，将远古帝王、明君先贤的传政治道、哲学观念和社会政治思想带到了湖南，施以教化。使湖湘本土崇拜自然的原始宗教和信鬼好祠习尚进入更高的精神层面。湖南本属荆楚，很早就受到楚人先祖鬻熊的思想影响。承《鬻子》之教泽，受湖湘相对自由、少受羁束社会环境的影响，春秋战国时期这里"黄老哲学"较为盛行。马王堆帛书《黄帝四经》着重探索成败、祸福、存亡之理，论述除害为仁、治理天下之术。从这里我们可识得上古道术深处，窥见黄帝之学的真谛。黄帝之道与《鬻子》思想一脉相通，其思想体系一直是湖湘的主流意识。《老子》哲学发源于楚。它对黄学法天则地、顺适守柔的思想观念和主张予以极度强调、夸张，主张"绝圣弃智""绝仁弃义""绝巧弃利"，放弃一切人为努力；"塞其兑，闭其门，终身不勤"，断绝与现实世界的一切联系。这即《汉志》所说："各引一端，崇其所善，以此驰说，取合诸侯"之类。历史上"黄老"并称，并不是说黄帝之道与老子之道具有相同的旨趣和主张，而是就两大哲学流派而言，犹如孔老、佛道之连称。楚人大量入湘后，黄帝哲学和老子哲学在更广的范围、更深的层面得以承传和发扬，相互碰撞，体现了不同阶层、群体的思想倾向与价值诉求，适应了不同的社会需求和精神满足。湖湘思想文化更加活跃，日趋深厚，多有创新发展。

荆楚文化与湖湘本土文化的交融往往都是相生相因、互动相促的。据专家考证，马王堆帛书《五十二病方》与上古湖南地区流行的巫术方（吴越方、辰溪方）有密切关系。楚人崇凤尚赤，这一习俗长久、深入地渗透于湖南人的精神生活。在发掘的帛画中有生动形象、富于地域特征、充满浪漫主义想象的表现。屈原流放沅湘期间所创作的骚体歌赋，就是湖湘民俗文化与荆楚精英文化互动交融的结晶。王逸《楚辞章句》上说："昔楚国南郢之邑，沅湘之间，其俗信鬼而好祠。其祠必作歌乐鼓舞，以乐诸神。屈原放逐，窜伏其域，怀忧苦毒，愁思怫郁。出见俗人祭祀之礼，歌舞之乐，其辞鄙陋，因为作《九歌》之曲。上陈事神之敬，下以见己之冤结，托之以风谏。"有了这种交融互动和改造，楚辞中的《九歌》才得以产生。

湖南春秋战国楚墓中出土了大量珍贵文物。这在岳麓书社出版的《湖南楚

墓与楚文化》中有具体介绍。它生动展现了楚文化南渐的真实情况，从中可找到许多楚文化与湖湘本土文化交融新变的痕迹、实证及其成果。

（二）湘楚文化与中原文化的融合

苗蛮文化与荆楚文化融合而形成的湘楚文化，是湖湘文化趋于成熟的标志。而在湖湘文化建构、成型过程中，作用最大、影响最深的是中原文化。中原文化对湖湘本土文化的渗透是漫长而逐渐增强的。早在先秦时期，通过民族迁徙、帝王巡狩、官吏调任、设教施化、典籍传播等渠道和方式，湖湘大地就广受中原文化的浸润，黄帝、尧舜、文武、周公之德和孔孟儒学深入人心。自秦汉建立中央集权的政治体制，尤其是汉代实行独尊儒术的文化政策，以儒家伦理为核心的中原文化以风靡之势向湖湘全面、深入渗透，进而占据了主导地位。士人搢绅致力明道弘道，冀望入圣。至两宋，湖南成为理学重镇，实现了中华文化重心南移。思正德厚、博大精深的中原文化与无复依傍、敢为人先的湘楚文化达到深度融合，给湖湘文化植入了政治礼义和道德理性，使湖湘文化在精神领域得到极好焠炼和提升。同时湖湘士子们力倡并笃行“格物致知”“经世致用”。彰显、增强了儒家伦理的质实品格和实践价值，让思想理念与具体履践相统一，发挥了优秀传统文化的巨大威力。千百年来，湖南人吊民伐罪、抗敌御侮不畏艰险，浴血奋战，“吹掉脑壳碗大个疤”“打落牙齿和血吞”，就体现了中原文化的道德正义和湘楚蛮族的倔强血性。有宋以还，周敦颐、张栻、胡宏、王夫之等大儒迭起，无不得益于对中华传统文化的全面把握、深刻理解，又始终秉持湖南人的独立根性。另外，贾谊、柳宗元、刘禹锡、胡安国等大批迁谪流寓湖南的名宦精英，他们在湖南的经历，就是中原文化与湖湘文化融合、互动的生动体现和成功实践。可以说，一部迁谪文学史，就是实实在在的文化交流史。这些迁谪文人或潜心研读经典，探赜解惑，深悟义理；或“口讲指画”授徒讲学，传播圣道仁术；或深入民间，考察社会现状，揭露现实矛盾；或改变当地颓风陋习，“化民成俗”。同时，他们受湖湘古风楚韵、绮丽山水感染，精神较为放达，心性得到陶冶；因政治上遭受打击沉落下潦而深切了解底层民众的疾苦，近身触摸现实政治的种种弊端，使认识得以提高，创作了大量诗文杰作，取得了一般人、常境下难以企及的思想、文化成就。

柳宗元在永州创作的《永州八记》“漱涤万物，牢笼百态”，寓含幽愤，情深意远，被誉为山水游记之祖。他还在《送薛存义之任序》中提出了“吏为民役”的伟大思想。柳宗元这些文章成为唐代古文典范，与韩文并峙，达到了中国古代散文的高峰。柳宗元为湖湘文化添彩，湘土湘风也成就了柳宗元。

湘楚文化与中原文化的交融、互动，也是中华民族两大文明源头：长江文明、黄河文明的相互碰撞、相互融洽，从而提升了湖湘文化的品位，增添了湖湘文化的实力。湖湘文化作为华夏文化的重要组成部分，从内到外了无疑义。

由于出色的表现与突出贡献，湖湘文化在华夏传统文化体系中具有了举足轻重的地位和影响。

（三）湖湘文化与西方文化的融合

湘楚文化与中原文化融合，使湖湘文化在传承、发展中华文化方面卓然领先。“学术源流之盛，未有出湖湘之右者”。湖湘文化与西方文化的融合，则有力推进了湖湘思想观念、社会风尚、认知方式、价值判断、目标使命等从传统向近、现代转型。湖湘文化已臻于时代高峰，达到了空前繁荣。

湖南接受外来文化并从中吸收有益成分起始较早。杨昌济说：“有宋道学其能别开生面，为我国学术界开一新纪元者，实缘讲合印度哲学之故。”理学开山祖周敦颐在建构理学体系过程中，入佛学之垒，吸收了佛教“法相唯识”“心是诸法之本”“众生平等”“善恶报应”等思想资源。这对他探究心性义理之精微，形成以诚为本、以诚为核心的道德观和理学理论基础，有很大启迪和助益。到了近代，“夷祸日烈天下”，西方列强用坚船利炮击碎了“天朝上国”的自大与虚骄。中华民族屡受欺侮，被人宰割，惨遭屠戮。面对内忧外患交织、数千年未有之变局，有着强烈经世意识、家国情怀和担当精神的湖南人痛心疾首、勇膺艰巨，积极寻求自强御侮之策，探索救国救民之道。一大批进步人士大胆冲破名教纲常的樊篱，开眼看世界，以孤忠闳识从南天湘土首先发出了向西方学习的群体呼号，并不畏艰难积极履践。魏源编著的《海国图志》开风气之先。全书100卷，80余万字既介绍了世界史地情况，又对各国的政治、经济、文化、军事、科学技术及人的素质等进行了研究和分析，响亮地提出了“师夷长技以制夷”的主张。这是当时中国最完备的一部世界知识宝库，为兴起向西方学习热潮及后来的洋务运动起到了有力推动作用。杨昌济在日本、英国和德国留学、考察长达10年之久，对西方的政治体制、人文科学、社会风尚，特别是哲学体系有较全面了解和深入研究。回国后通过讲学和撰文系统介绍了西方各个哲学流派及其主要观点。为“唤起国民之自觉”作出了积极努力。他热切企望“吾国能输入西洋之文明以自益后，输出吾国之文明以益天下。既广求世界之智识，复继承吾国先民自古遗传之学说，发扬光大之”。自己毕其生躬身力行，树立了光辉楷模。郭嵩焘将出任英、法公使期间的所见所闻逐日记录下来，不炫目于西方器物之奇、工艺之巧，更注重于西方政治制度、思想体系的独特之处。“其谈政艺时措，能发人之所未见”。谭嗣同把洋务作为“今日切要之大政事”，不遗余力地宣传西方自由、平等、博爱思想。就连旧派人物王先谦、王闿运也有保留地应从，倡言“今日地球大通，各国往来，朝廷不能不讲译学”。创办于维新运动中的时务学堂，要求学生“灵通中外”，对中国经史大义通彻后，“肆力于西籍”，着力培养中西学兼通、适应时代所需的有用之才。在晚清自强图存的洋务运动中，曾国藩、左宗棠、刘坤等一批湖南籍人士充当先锋和

中坚。由曾国藩规划而创办的江南机器总局设立了翻译馆，大力介绍、引进西方的科学技术，12年间共翻译刊出西方科技书籍98种、235本。

特别是马克思主义传入中国后，湖湘先进分子如得甘霖，精神大振，就像在茫茫大海中找到了指引航向的灯塔。他们踊跃奋起，奔走呼号，大力宣传救国救民的伟大真理，积极参与社会变革的伟大实践。在传播、学习、研究马克思主义，尤其是践行马克思主义基本原理方面，湖湘先进分子最具胆识，奋然领先。常德鼎城人赵必振，早于1901年至1903年就翻译了三十多本反映新思想、新潮流的著作。其中的《近世社会主义》《社会主义广长舌》《二十世纪之怪物帝国主义》三部译著，系统地阐释、传播马克思主义社会主义学说，高度赞扬马克思是“一代之伟人”，《共产党宣言》“是一大雄篇”，《资本论》为“一代之大著述”。他断言：“社会主义之发达，为二十世纪人类进步必然之势”“二十世纪者，社会主义时代也”。赵必振为马克思主义传入中国的先驱者之一、系统译介宣传马克思主义社会主义学说第一人。这已得到史学界的认可。尔后李达、毛泽东、蔡和森、李立三、罗章龙、刘少奇、任弼时、李富春、柳直荀、向警予、李维汉等一大批进步青年抱着坚定的共产主义信仰，勇冒腥风血雨，搏击狂澜巨涛，充当时代先锋。五四运动期间，李达在《觉悟》副刊连续发表了《什么是社会主义》《社会主义的目的》《陈独秀与新思想》等12篇文章，以简明通俗的语言介绍科学社会主义思想。接着又翻译、出版了《唯物史观解说》《马克思经济学》《社会问题总览》等著作，对马克思主义三个重要组成部分作了较全面的阐释。毛泽东于“五四”之前就开始接触马克思主义，认真学习、研究马克思主义经典文献，深刻领会马克思主义精髓。他在新民学会会员中开展共产主义讨论，并将讨论的一组文章编入《新民学会会员通信集》第三集中。自从找到了民族解放、人民翻身之路，毛泽东焕发浑身活力和蓬勃朝气，目标坚定、矢志不移地以马克思主义为旗帜，积极开展建党建军、反对压迫剥削、改造旧中国的斗争。醴陵人李石岑通过考察法国、德国等资本主义国家现状，悉心研读赫拉克利特、费尔巴哈、马克思、恩格斯、列宁等大师和导师的著作，加深了对辩证唯物主义的认识，较好地消化、掌握了马克思主义理论体系。1933年3月，他在白色恐怖笼罩的上海宣讲《科学社会主义哲学》，公开宣传马克思主义的哲学思想。他预言经过若干年军阀混战和几次暴动后，“中国必然走上科学的社会主义之路”。马克思主义的传播和经世致用思潮的激励，湖湘志士方向明确、意志坚定，奋不顾身地投入如火如荼的反对帝国主义、封建主义和官僚资本主义的新民主主义革命。

湖湘文化与西方文化的融合经历了新学与旧学、中学与西学的激烈论争，走过了一段不平凡的历程。总体来说，在观念和指导思想上经历了“中体西用—中西并重—中西会通”三次嬗变。在学习、取法西方的具体实践上经历了：专注于器物层面学习、仿造，着重于思想层面的吸收、消化，倾力于政治层面的革新、改造三个阶段。每次观念的转变都影响全国，每个阶段都走在时代的前面。陈宝箴说："内地之讲求西学者，湘人士实导其先。曾文正（国藩）督两江，创议资遣学生出洋；左文襄（宗棠）建福建船厂，招子弟习西国语言文字及新奇工艺，以时出洋，宏识远谟，早收明效；曾慧敏（纪泽）崛然继起，遂能力争俄廷，不辱君命；而魏默深（源）《海国图志》之书，郭侍郎（嵩焘）使西以还之著作，皆能洞见隐微，先事而发，创开风气，尤为海内所推。"五四运动以后，吸收西学、改造旧学、推陈出新的步子迈得更大，成效更为显著。在这过程中，第一，湖南人始终有坚定执着的目标导引，即为了救国图存，为了改变近代中国积弱积贫的面貌，走上自由、平等、民主、富强的道路。第二，能把握本末，讲求实效。郭嵩焘说："西洋立国有本有末。其本在朝廷政教，其末在商贾。造船、制器相辅以益其成，又末中之一节也。"他认为半封建半殖民地的中国向西方学习，应以政教为本，以人心风俗为重。他一针见血指出"今言者动曰取法西洋制造乃至富强。人心风俗、政治法令阘冗如此，从何取法西洋?"不改造政治法令、人心风俗，取法西方的任何改革都行不通。谭嗣同也对那种眼里只看到西方的轮船、电线、火车、枪炮、水雷及织布、炼铁诸机器，"于其法度、政令之美备，未曾梦见"的现象提出批评，指出："此皆洋务之枝叶，非其根本。执枝叶而责根本之成效，何为不绝无哉!"第三，坚持实事求是，不脱离本国国情。杨昌济清醒认识到："夫一国有一国之民族精神，犹一人有一人之个性也。一国之文明，不能全体移植于他国。""善治病者，必察病人身体之状态；善治国者，必审国家特异之情形。"将西方文化致之于用，"不可不就吾国之情形深加研究，何者当因，何者当革？何者宜取，何者宜舍？了然于心，确有把握，而后可以适合本国之情形，而善应宇宙之大势"。郭嵩焘坦言：向西方学习必须实事求是，既要"知洋情之为然"，又要"测知中国之能行与否，以求得其所以然"。陈宝箴着重强调："盖知己知彼，乃谋国之急务。然必具朴诚忠勇之质，方备折冲樽俎之用。庶不至沾染洋风，舍己从人，艳彼教而忘根本"。第四，笃志融合，合冶开新。实践证明："以中国伦常名教为根本，辅以诸国富强之术"的路子行不通，中西相倚并行、单纯取舍也难于创新发展、适于其用。湖湘才俊力倡中西融合，杨昌济形象表达为"合东西两洋之文明于一炉而冶之"。他在同黎锦熙的谈话中把"合冶"所要达到的目标讲得很明确，即要像宋贤周敦颐那样，将欧学、东学"融铸之，而确立一新学派"。近代以来湖湘卓有建树的思想家、政治家无不得中西合冶之力，显欧东融铸之效。谭嗣同的《仁学》，将中国传统哲学思想和西方哲学思想糅合在一起，创造出一种"不中不西、亦中亦西"的哲学体系。为维新变法提供了激进而强有力的理论武器，对资产阶级民主革命派产生了积极影响。最成功的是毛泽东。他受老师合冶思想的亲炙，把马克思主义基本原理与中国革命的具体实践紧密结合起来，回答和解决了中国革命一系列重大理论与实践问题，创立了以人民观为核心的

毛泽东思想。这一思想是马克思主义中国化的典范，是中华民族极为宝贵的精神财富。

自近代打开国门以来，西方的自然科学知识也不断传入湖南，与传统科学结合，开拓了许多新的学科领域，产生了一系列引人瞩目的创新性成果。湖湘自然科学得到了长足发展和质的跃升。湖湘学人、科学家受西方科学精神和船山道器观哲学思想的交互影响，顽强进取，艰辛探索，在地质学、生物学、医学、物理学、农学、数学、矿学、材料学以及军工、航天、计算机技术、高铁等领域均有所突破，不少成果领先国内、赶超世界，涌现了一大批对社会经济发展、人类文明进步作出重要贡献的科学巨擘和功臣。

三、敬学重道　明体达用

湖南是重教育、尚真知的方域，湖南人是爱学习、善思考的族群。这里自古就有耕读传家的传统，其尊师重教、敬学问道之风尚，崇尚知识、追求真理之虔诚，浸润里闾、称誉海内，已成为非常突出乡风民俗和社会自觉。

东汉长沙太守郅恽就“崇教化、表异行”。桂阳太守卫飒大兴庠序之教。宋时全国四大书院，湖南占其二，州学、县学普及率达92%，超过全国平均水平的一倍。清代官学、私学、义学遍布城乡，仅族学就有1144所。人皆向学，以知书达理为尚；耕读相传，弦歌达于四野。一些劝学格言、谚语流传人口，妇孺皆知。前清进士吴獬整理编写、用作蒙学课本的《一法通》中就有十多条劝学的俗语格言：“黄金满籯，不如教子一经。”“金桌银桌，重不过书桌。”“三代不读书，关倒一屋猪。”“秀才不要种，只把书来统。”“一时劝人以口，百世劝人以书。”“圣贤言语，神钦鬼伏。”“开卷了然，释卷茫然。”“丈夫拥书万卷，何假南面百城。”“身不读书，无容作才语相向。”“学问之功，不日进，则日退。”“一事不知，儒者之耻。”“既读孔孟之书，必达周公之礼。”“书到用时方恨少，事非经过不知难。”这些来自民间的俗语通言真实反映了过去时代的世风民俗和社会导向。家里再穷，也要送子女读书；路途再远，也要翻山越岭求学。湖湘士子莫不笃学问道，竞相砥砺。闾巷乡村多出类拔萃之士、怀珠握瑜之材。“蒿草之下或有兰香，茅茨之屋或有侯王。”许多学高品敦的俊彦奋厉有为，建功立业，成为人之楷模、国之栋梁。从某种意义上说，湖湘之兴，学术之兴；湖湘之力，学术之力；湖湘之功，学术之功。

考察湖南人才群体的读书治学，有以下几个突出特点：

（一）刻厉苦学

博览群籍，积理练识。曾国藩说：“成大事者，必先读书。”湖南人把读书

当作入世之根基，一生之功业，舍得花大气力、下苦功夫。总是尽一切努力，淹览群籍，悉心探求大本大源。不少人边种田、边读书，即使穷困潦倒、家徒四壁、揭不开锅，也嗜学如痴。

宋代临武人陈章伯“茅屋数椽，釜盅亦无完器，闭门吟啸自得”。明代东安人蒋烈“虽饔飧不继，读书乐道，泊如也”。湘军将领罗泽南在“家人以岁饥不能具食，妻以连哭三子丧明”的逆境中，“益自刻厉，不忧门庭多故，而忧所学不能拔俗入圣。不忧无术以资生，而忧无术以济天下”。齐白石家贫不能入学，“灯盏无油害何事，自燃松火读唐诗”。许多湖湘才俊都是以自学精研为主，勤学不辍，力求渊博，潜心思考，重于明理，终身手不释卷。曾国藩深知“废志无以成学，废学无以成才”。平生无一日不读书。以“有志”“有识”“有恒”激励自己，数十年坚持每日读书、写笔记。即使在戎马倥偬的疆场仍然口不绝吟，手不停批。临死前还在苦读校订《二程全书》。他博览经史子集，自编了《经史百家杂钞》；调和宋学汉学，采撷众家之长；反复咂摸滋味，沉潜深究义理。人称为“中国近代史上最后一位大儒”“中国传统文化的最后一个偶像”。毛泽东堪称三湘第一读书种子，年轻时嗜书如命，“用辐射线的办法”广泛阅读。他觉得“常识不具，难语专攻。集拢常识，加以条贯，便容易达到深湛”。今天我们能见到的毛泽东与师友通信，内容大多是借书索书，讨论学问，交流读书所思所得，坦诚表达自己的观点。他四处向人讨书，甚至到了凡有字的纸片都央求人家给他寄来。他有时把借来的书读烂了，特地写信致歉。他到湖南新军当列兵时，每月七元军饷除去伙食开销外，其余全部用来订报购书。他自定的读书路径是“先博后约，先中后西，先普通而后专门”。学校教育渐渐满足不了他的求知渴望，1912 年 7 月，未经家里同意，毛泽东擅自从省立一中退学，到省图书馆度过了半年“最有收获时期”。他自己说“正像牛闯进了人家菜园，尝到了菜的味道，就拼命吃菜”一样，贪婪吸取知识营养。在这期间，他除了精研国学，还阅读了卢梭的《民约论》、达尔文的《物种起源》、孟德斯鸠的《法意》、赫胥黎的《天演论》、亚当·斯密的《原富》、约翰·密尔的《伦理学》、斯宾塞尔的《群学肄言》等西方社会科学、自然科学经典，以及世界地理、历史的书籍，希腊、罗马的古典文艺作品。今保存在《毛泽东早期文稿》中的《伦理学批注》，有 260 多条他所作的旁注和眉批有近万字，真实记录了他研读时的所思、所获和所疑，表达了他对很多问题的独到见解和清醒认知。直到晚年视力很差、力不能支时，仍要工作人员为他念书念报。正因为“庇千山之材而为一台，汇百家之说而成一学，取精用宏，根茂实盛”，毛泽东成为了文韬武略、经天纬地的“伟大之器”。

湖南俊杰好读书有称于世，苦读书为世所称，尤其讲求读书之法。曾国藩总结读书四法——“看、读、写、作，四者每日不可缺一”。他极力推崇朱子的“切己体察，虚心涵泳”，强调读经典，求明白，务专精。毛泽东注重“通其常

识”，融会贯通，“求公例公理，绳古今为一贯”。他赞成采用“演绎法”“中心统辖法”，“擦其曲以知其全”，“执其微以会其通”；“守其中而得其大者”，“施于内而遍于外者”。特别善于独立思考，“不盲从他人是非”，用全副心思探索大本大源。

读书明理，积理练识，是湖湘读书人的共同追求。钻得深、悟得透、化得开，是湖湘才俊的显著特征。

（二）力务正学

研治经史，会通大道。湖湘学人基于强烈的爱国主义精神和文化传承、民族振兴的责任感、使命感，对儒学经典怀有很深的学术情结，有执着的原道精神。读经闻道、格物致知蔚成风气，三湘多儒学博洽之才，通儒、大儒迭起。

儒学非一家之学说，而是远古以来明君先贤所创造、积累、并圣圣相传的精神成果总结、传扬与赓续，是民族精神之主脉，中华传统文化之正声。孔子“祖述尧舜、宪章文武”，有“集大成”之伟功。孔门儒学绝非一部《论语》可以包举。以《诗》《书》《礼》《乐》《易》《春秋》为主的上古经典，蕴含着极为丰富、极其宝贵的思想、经验和智慧，是儒学产生的土壤、源头、依据和前提。故而，所谓经学，实际上就是中华传统文化之学，是传承、光大民族精神与血脉之学。

在过去，众多湖湘才俊以经学为正学，倾力于治经弘道。他们终身矻矻不倦，精研群经，穷究义理，探赜析疑，志在会通。一部湖湘学术史，其实就是湘人原道、明道、弘道、卫道、践道的思想史。无论学统、文统、治统都是以道统为魂灵，为矩矱。岳麓书社整理出版的《湘人著述表》中登录了数千种研究、讲习、发明经学的著作，几过其半。无一经未精研，无一典未深探。研究《易经》的著作就有近两百种。湖湘才俊的治经之作中有不少富于真知卓识，具有抉奥发微、破暗开新之功的名著。有些在学术史、思想史上有一定影响和地位，被《四库全书》及相关类书所收录，一部分还在正史和方志里有所记载。周敦颐的《通书》、李东阳的《讲读录》、皮锡瑞的《经学通论》、王先谦的《皇清经解续编》、李文昊的《十三经古义古音考》、王文清的《周礼会要》、王闿运的《论语训》、曾国藩的《经史百家杂钞》等，都流行当世，泽润后学。

一个值得注意的现象是，湖湘士子治《春秋》《尚书》和三礼者为多，成就最著，这跟湖南士子注重用世有关。明代茶陵李东阳、陈南宾，益阳罗喻义几次被皇帝召讲《尚书》大义。长沙杨守鲁“尝为学者讲《春秋》疑义”，深得其旨，为学者所宗。清末湘潭王闿运治经主《春秋》而宗《公羊》，著有《春秋公羊传笺》《谷梁申义》《春秋例表》，闻名于世。今有学者撰写了《王闿运春秋学思想研究》的专著。

研治经史、阐明正学用功最勤、守志最坚、成就最大的是王船山。他在抗清复明失败后，避难隐居荒山野岭，“吃野菜、住山洞、形同野人”。四十年潜心读书著述，“探古学之精微，发义理之堂奥”，对中国传统学术思想进行了全面审思、透彻研究，写出了100来种、400多卷、近千万字的学术著作，“所言皆有根柢”，被誉为“南国儒林第一人”，成为了中国近代最伟大的思想家之一。他的“族类强植”爱国主义精神和“以公天下为心”“不以天下私一人”的民主思想，对后世影响很大。

经学盛行，教泽深泓。湖湘学人相与研磨，薪火传承，共探圣学之正鹄，涵泳义理之真谛，涌现了一大批著名经学家、理学家。自有宋以来，湖南就成了名闻天下的儒学中心。南宋理学传人、名臣真德秀评价说：“考据近学，倡明正学，以绍孔孟之传者，率在湖湘间。”北宋著名政治家、文学家王禹偁在《潭州岳麓书院记》里面赞誉说：“使里人有必葺之志，学人无将落之忧。谁谓潇湘？兹为洙泗。谁谓荆蛮？兹为邹鲁”。将湖南比同孔孟之乡。乾隆帝为岳麓书院颁赐了“道南正脉”御书匾额，以表彰其传播理学的功绩。湖湘在传承中华道统、弘扬民族精神方面的作用和地位无与伦比。

（三）注重实学

经世致用，亢志济民。湖南读书人大都怀有“济人利物”“兼济天下”的志向，十分留心经济之学，强调经世致用，注重躬身实践。他们把这种有用于世、有益于身的学问称为“实学”“有用之学”。大家都“以实学自警”“以实事自律”，反对“多寻空言，不究实用”的空洞学说。陶澍说：“有实学，斯有实行，斯有实用。非是，则如五石之匏，非不枵然大也，其中乃一无所用”。

王夫之是“经世致用”学术主张的大力提倡者和忠实践行者。他要求学习传统经典、征引古人文章，应以修身、治事、救世为急务。要关注社会现实，面对复杂矛盾学思相偕，知行相资，达理明用，勇于履践。他说：夫读书将以何为哉？辨其大义，以立修己治人之体也；察其微言，以善精义入神之用也”。反对脱离实际、奢谈性理的“空疏之学”，明确提出“知而不行，犹无知也”。力主“明人道以为实学，欲尽废古今虚妙之说而返之实”。他特别重视史学，认为“所贵乎史者，述往以为来者师也”，“史之为书，见诸行事之征也”。他深入探究政权兴替、国祚盛衰的原因，积极参与当世之务，毅然投身反清复明的斗争。

实学的目的是实用。罗泽南倡导体用一致，努力纠正心性之学的虚空好博。他明确提出：“探心性之精微，穷圣贤之蕴奥，究其当然，复究其所以然。以之体于身心，则为修德之要功；以之达于国家，则为经世之大用。此圣学入德之门，非好博也”。

“经世致用”成为湖湘学人忠实信守的圭臬、挺然高举的旗帜。导向最明、践行最力、功效最为显赫。湖湘才俊群体始终以”研究经史为致用之具”，把经

学义理应用于经世济民、淳风化俗的具体实践中，“以经术为治术”“以经术饰吏治”。一代儒宗曾国藩认为“经济之学即在义理之中”，坚持“以礼经世”“以醇儒笃实行”。时刻诫勉自己，“知一句便行一句”“不说空话，不务虚名，不行驾空之事，不谈过高之理”。魏源“沉潜宋儒程朱之书”，同时对“经史及宋、元、明、清、当代儒生之书悉究其源流，而务为实用”。所编著的《皇朝经世文编》，“数十年来风行海内，凡讲求经济者无不奉为矩矱，几于家有其书”。

近世社会矛盾日趋激化，国家面临深重危机，将经世致用推向了更切实、更紧迫的阶段。湖南书院教育打破专读圣贤之书、唯重科举仕进的旧制积习，将经学与实务结合起来，经史之学与实务之学相与砥砺，相互发明，开时代风气之先。创办于道光十一年的“湘水校经堂”，以经史和当世之务为课业，要求学生遍读经世之书，研读农桑、钱币、仓储、漕运、盐课、榷酤、水利、屯垦、兵法、马政之属，以征诸实用。光绪年间创办的沅水校经堂，设经史、治事、词章三科，兼习“骑射打靶，以动其血气”。

风气所播，靡不应从。湖湘书院培养了一大批通经史、识时务、履艰险、膺大任的脊梁式人物，形成了经世派人才群体。这些经世派人物既淹博经史，精邃义理，又对各种有助于经世应务的知识学问都广泛涉猎，潜心钻研。经世派代表人物陶澍“少负经世志，尤邃于史志舆地之学”。湘军将领、桐城派古文家刘蓉也”究心水利、边防、河患等书”。他对同窗好友罗泽南说：“此皆经世要务，不可不尽心讲求者。古人于时事利病、规画得失之故，莫不视为学问要切之事。故一旦出应世务，如取诸怀而应之不滞。后世讲之不夙，临政而后从事，其布诸政令者往往拘泥而不切于事情，斯其所以蒙腐儒之诮也。”刘蓉深明经世要切之事，要求凡涉及经世要务的书籍都须“尽心讲求”。左宗棠读破万卷，横览九洲。年轻时，他崇尚宋学，博通儒道，又“究心舆地、兵法”。他在科考落第后，不顾时人窃笑，认真阅读了顾祖禹的《读史方舆纪要》、顾炎武的《天下郡国利病书》、齐召南的《水道提纲》等举业以外的书，精研大清历史、地理、军事、经济，分别做成札记。他还自编了《地学图说》，主编了《湘阴县图志》。这对他后来治理政务、底定回疆帮助很大。左宗棠在给儿子的信中说:”吾频年兵事，颇得力方舆之学。入浙度陇，兼及荒政农学，大都昔时偶有会心，临急遽以得力”。《清史稿》称赞左宗棠“人多智略，内行甚笃”“用兵善审机，不常其方略”。多才源于博学笃实，卓越才能成就卓越事功。

湖南士人热衷实学，不闭门读书，不与世隔绝空谈阔论、冥思苦想，而是紧密联系社会现实，密切关注时势急务，注重社会调查和实地考察。魏源提出：“夫士欲任天下重，必自其勤访始”。他充分阐明其理由：“古今异宜，南北异俗，自非设身处地，乌能随盂水为方圆也？自非众议参同，乌能闭门造车出门合辙也？历山川但壮游览而不考其形势，阅井疆但观市肆而不察其风俗，揽人才但取文采而不审其才德，一旦身预天下之事，利不知孰兴，害不知孰革，荐黜委任不知孰贤不肖，自非持方枘圆凿而何以哉？”《岳麓书院学规》要求诸生“通晓时务物理”。湖南一师《教养学生之要旨》也规定“宜使学生明现今之大事，察社会之情状”。在湖南一师就读的毛泽东，经常利用假日或独自或与同学一起，徒步跋涉作社会调查。1917 年暑假他与萧子升漫游考察了长沙、宁乡、安化、益阳、沅江五县，获益匪浅。对现实社会矛盾、民生疾苦的深切了解和清醒把握，使士人们经世方向更明、意志更坚、履践更有实效。加之“以实事程实功，以实功程实事”的风气鼓动，近代湖湘出现了志士朋兴的生动局面。正如梁启超所说：“人人皆能言政治之公理，以爱国相砥砺，以救亡为己任，其英俊沉毅之才，遍地皆是。”

（四）不囿旧学

自辟蹊径，返本开新。钱基博评价湖南学风：“湛深古学而能自辟蹊径，不为古学所囿。”湖南历来是出新思想、新创举的地方。之所以如此，究其根源，主要有三：

第一，大胆怀疑，追求真知。湖南人有大胆怀疑、追求真知的勇气和天性。屈原首开其风。他创作的《天问》，以强烈的理性探索精神和激越的文学情思，对古代具有神圣、至尊地位的“天”一连提出了170 多个问题，涉及天文、地理、历史、传说、哲学等许多方面。深究“天地万象之理，存亡兴衰之端，贤凶善恶之报，神奇鬼怪之说”，可与《离骚》中“何方圜之能周兮，夫孰异道而相安？”“世并举而好朋兮，夫何茕独而不予听？”“何琼佩之偃蹇兮，众薆然而蔽之”等诗句相参看。这反映了屈原对历史和现实荒谬性、不确定性的大胆质疑，倾吐了他内心深处的极度困顿和无法排遣的重重郁结，表达了他挣脱藩篱、寻求精神自由的渴望，体现了他上下求索、追求真理的坚强意志和无畏精神。不啻为一座精神与思想的巨峰。受其熏陶，湖湘才俊治学好寻根究底、决疑求是，具有较强的批判精神。往往究心于辨古今之异词，析经传之疑窦，掘深隐之精微，补前贤之未逮，破群伦之定谳。这类著述甚多，如：易祓的《周礼辨疑》，王夫之的《周易考异》《诗经考异》《四书考异》，王学谦的《三礼辨疑》，皮锡瑞的《尚书古文疏证辨正》《古文尚书冤词平议》，孙占鳌的《四书质疑》《读诗质疑》，王荣兰的《诗义商》《三国志决疑》《晋书决疑》，李子茂的《书经求是》《诗经求是》，郭嵩焘的《尚书疑义》《诗疑义》《礼记质疑》《中庸章句质疑》《大学章句质疑》《周礼辨疑》，王梅贞的《群经疑义举要》，王绅的《经疑》、左钦敏的《诗疑辨正》《书疑辨正》。服膺真理，不囿成见，质疑问难，实事求是，能够拨开迷雾、获得真知灼见；能够活跃思维，促进科学、文化的创新发展。毛泽东曾说他在湖南一师读书时，“于书本得者少，于质疑问难得者多”。

第二，兼容并蓄，无门户自限。朱张会讲，入垒佛道，不拘师说，摭取众

长。湘学呈现一种开放、广纳状态，不断吸纳新的学术思想、不同的观察角度、认知路线和思辨方法，由此而催生出一个又一个新的精神文化成果。

周敦颐博学力行，融注开新，“得圣贤不传之学”。他以儒家学说为基础，对《老子》的“无极”、《易传》的“太极”、《中庸》的“诚”，以及阴阳五行学说等思想资源进行熔铸改造，并融合佛道，提出“无极而太极”“太极而无极”的宇宙本体论和宇宙生成论思想。他所作的《太极图说》《通书》，“明天理之根源，究万物之始终”，构建了融宇宙本体论、生成论和儒家伦理学为一体的理学理论体系，把儒学推进了一步。周敦颐成为了名副其实的“思想巨子”，炳耀千古的理学“开山宗师”。

王夫之以“六经责我开生面，七尺从天乞活埋”的使命感和理论勇气，对传统儒学进行批判继承和革新。他在全面清理、剖析、总结传统儒学的基础上，吸取佛、道两家及不同学派的思想养料和有益成分，融入新的时代因素和民心民智，创立的朴素唯物主义和朴素辩证法相结合的古典哲学体系，达到了与现代哲学同步的高度。杨昌济称王夫之为“圣无不通的伟大哲学家”。

第三，把握潮流，趋时尽器。王夫之响亮提出：“道莫盛于趋时“，“尽器则道在其中”。他说：“天地之德不易，而天地之化日新”“守其旧物而不能日新，虽其未消，亦槁而死”。天地万物只有与时俱进、不断运动变化才能焕发生机、有所发展。“动者，道之枢、德之牖也”。湖湘俊杰总是敏锐审时度势，准确把握时代潮流和民心所向，本着“天变道亦变”的原则，适时提出新的理论和主张。顺天应世，伺机而动。而不为旧的观念、习惯所束缚。

魏源面对国力贫弱、屡遭欺侮的残酷现实，为救国图存，突破“以谈洋务为耻”的思想禁锢，广征博引，并根据自身经历与感受，撰写了《海国图志》这一划时代巨著。他在该书序言中写道：“是书何以作？曰：为以夷攻夷而作，为以夷款夷而作，为师夷长技以制夷而作”。“师夷长技以制夷”这一主张成为向西方学习的思想源头、洋务运动的先声。

谭嗣同积极投身维新变法运动，他清醒认识到：要挽救国家民族危亡，一定要反对顽固、黑暗、腐朽的封建统治，挣脱封建伦常的束缚，打破民族压迫。他创作了在中国思想史上具有重要地位的《仁学》，猛烈冲决各种罗网，批判封建纲常，抨击专制统治，主张用资产阶级的博爱、平等、自由代替封建纲常，用资产阶级民主代替封建专制主义。“无所依傍，浩然独往”。《仁学》成为了维新变法、民主革命的思想利器，唤醒民众、激励民气的鼙鼓洪钟。

受“趋时尽器”的引导和鞭策，湖湘才俊不断分析新情况，解决新矛盾，孕育新思想，提出新策略，创立新学说，开拓新境界。

正因为有这样严谨卓绝的学风，湖南一直以来学术昌盛，人文荟萃，英才迭起，群星璀璨。从战国时期的屈原，汉代的贾谊，蔡伦，魏晋的刘巴、邓粲、车胤，唐代的欧阳询、怀素、齐已、李群玉、刘蜕，宋代的朱洞、周式、周敦颐、胡安国、胡宏、张栻、吴猎，到元代的欧阳玄、冯子振，明代的刘三吾、李东阳、黎淳、刘大夏、杨一清、李腾芳、杨一鹏、江盈科、周圣楷，清代及民国时期的王夫之、王文清、李文炤、陶澍、曾国藩、贺长龄、唐鉴、魏源、胡达源、邓显鹤、皮锡瑞、王先谦、曾运乾、杨树达、杨昌济。代有通儒硕学，光耀青史。岳麓书社出版的《湘人著述表》所登录的1949年前湘籍学者各种学术著作达三万多种，作者八千余人。《宋元学案》中收录988名著名学者，其中湖南就有141人，约占总数的15%。湖湘之地可谓“郁郁乎文哉!”出生于湘潭晓霞山石坝乡一个小村落里的黎锦熙、黎锦晖、黎锦曜、黎锦纾、黎锦炯、黎锦明、黎锦光、黎锦扬八兄弟，个个学识渊博，卓有成就，成为我国文化、科学界翘楚，被誉为“黎氏八骏”。这在古今中外都极为罕见。

特别值得注意的是，湖湘的经世俊杰几乎都是知识型人才。他们将学、道、治相贯通，力学悟道，以道施治。既有不同凡响的政绩事功，又有超拔常伦的学术根柢和文化建树；既是政治家、军事家，又是思想家、学问家。绝大多数都有著作传世，《湖湘文库》中一半以上的经典著作出自湘籍政治人物、或有从政经历者之手。其中有《李东阳集》4册，《陶澍全集》8册，《魏源全集》14册，《曾国藩全集》31册，《左宗棠全集》15册，《郭嵩焘全集》15册，《胡林翼集》5册，《彭玉麟集》2册，《曾国荃集》6册，《宋教仁集》2册，《蔡锷集》2册，《熊希龄集》8册。晚清中兴第一名臣曾国藩，对儒学有很深的研究，诗文亦出类拔萃，是晚清宋诗运动的主导者、桐城派古文中兴的代表人物。曾国藩所创建的湘军，是一支弥漫着理学人文精神的特殊军队，是一支由读书人领导的有文化的军队。据统计，湘军的统帅、统领、分统及幕僚等重要人物共74人，其中书生出身的54人。湘军名将罗泽南就是一位“上马杀贼，下马著书”的理学大家。他著有《周易本义衍言》《人极衍义》《读孟子札记》《西铭讲义》《小学韵语》《皇舆要览》等书。他以理学治军，最早把学习之风带入军营。“朝出鏖战，暮归讲道”，骁勇善战，屡战屡胜，立下了赫赫战功。毛泽东精通经史，具有扎实深厚的传统文化功底和综合人文素养，既是杰出的思想家、政治家和军事家，又是卓越的、世所公认的现代散文大家，诗词、书法圣手。1947年晋察冀中央局编印了《毛泽东选集》六卷，1988年中共中央文献编辑室编印了《毛泽东早期文稿》。这些文章都堪称现代散文的典范，语言质朴清新，笔法灵活多变，内容深刻精警，情感真挚实诚，绝少空言套语。他在读中学时写的作文，省城名师就评价说“目光如炬，落墨大方”“积理宏富”“力能扛鼎”“历观生作，练成一色文字，自是伟大之器，再加功候，吾不知其所至”。其古体诗词境界壮阔，气势豪迈，意蕴宏富，鼓舞斗志。书法潇洒奔放，遒劲奇崛，自创毛体，独具神韵。

过去湖湘即使是“些小州县吏”也有不俗的学术造诣。南宋衡阳人廖行之任岳阳巴陵县尉，“多著循绩”，著有《省斋集》《省斋诗馀》。《宋史・艺文志》

载其有文稿四十卷，别稿十卷。其《省斋集》收入《四库全书》。清代临湘人吴獬，做过荔浦知县，著有《不易心堂集》《一法通》。据传还有多部手稿未刊印而散佚。杨树达称他“以时文名世，一时有才子之目”。湖广总督张之洞曾对僚属说：“学问有如洞庭一湖水，凤笙（吴獬）可算饮了一杯，余与诸君不过尝其点滴而已。”

历代正史和地方志书中经常用“好学负才名”“学问淹博”“学有根柢”“淹贯经传”“博览强识”“博洽经史”“强学励行”“明习典故”“博学有文词”“博学善属文”等语评价湖南治国理政之士。“读书可以改变骨相”“知识有助意志”。一些洞悉湖湘文化的知名学者早就明确指出：湖南之所以人才辈出、功业卓著，“实学风所播”（杨昌济）、”同归于好学深思”（钱基博）、“其功业皆本源学术”（叶德辉）。

四、刚毅顽强　敢作敢为

湖南人以坚卓刚毅、勇猛顽强而著称于世。一些史籍资料常用“剽悍”“劲悍决烈”“其俗好勇”“刚直峻厉”“劲直任气”“人性悍直”来描述湖南人的性格。现在有人将湖南人的性格概括为：吃得苦、耐得烦、霸得蛮、不怕死。其实这都是外在表现，而内在的精神驱动则是忠义血性。这种忠义血性出于炽烈的爱国情怀和民族大义，出于坚贞的正义感和良知，出于沦肌浃髓的道德节操和责任担当。湖南人才群体敢作敢为、叱咤风云，均具有鲜明、坚定的道德正义和价值理性。

——湖南精英都有“以天下为己任”的浩大志向，不汲汲于个人荣华富贵，不屑屑于一己得失毁誉，而倾尽全力谋天下事、创千秋业，有经天纬地、治国安邦、改造社会、造福人民的大襟怀、大视野、大格局、大气魄和大胆识。

湖湘学派创始人之一胡安国倡导：“为学则当以圣贤自期，为政则当以宰相自任”。王船山提出：“公其心，去其危，尽中区之智力，治轩辕之天下。”

一大批志士豪杰身居闾里，心忧天下，矢志报国。左宗棠“书生岂有封侯想，为播天威佐太平”。蔡锷“环顾中原谁是主，从容骑马上峰巅”。毛泽东“问苍茫大地，谁主沉浮”。壮志凌云，豪情万丈。有大抱负、大胆识，就能扛起大的责任、肩负大的担当，就能激发巨大的力量和勇气。正如青年毛泽东发出的呐喊：“天下者，我们的天下；国家者，我们的国家；社会者，我们的社会。我们不说，谁说？我们不干，谁干？”

——湖南人矢志报国，敢打敢拼，能想常人所不敢想、为常人所不敢为之事，往往创奇迹于艰危，挽狂澜于既倒。

曾国藩“起书生抗大敌”，驰骋疆场，浴血拼搏，助成了晚清中兴。毛泽东将星星之火燎于原，指挥三万疲惫之师跳出铁桶重围，用人民战争打垮蒋家王朝，建立了新中国。彭德怀横刀跃马，除魔降妖，率领刚下战场、战袍未脱的热血将士赴朝作战，凭着小米加步枪，将武装到牙齿、极其凶狂的美军和联合国军赶到了“三八线”以外。湖南人就是凭着一腔忠义血性，猛打猛拼，决战决胜，所向披靡。孙中山说：“革命人用一个人去打一百人，这样的战争是非常的战争，不可以常理论。象这样不可以常理论的事，是湖南人做出来的。”陈独秀说：“二百几十年前的王船山先生，是何等艰苦奋斗的学者！几十年前的曾国藩、罗泽南等一班人，是何等‘扎硬寨、打死战’的书生！黄克强历尽艰难，带一旅湖南兵，在汉阳抵挡清军大队人马；蔡松坡带着病亲领子弹不足的两千云南兵，和十万袁军打死战。他们是何等坚韧不拔的军人！”湖南人这种“勇”，是“忠勇”，忠于祖国和人民；湖南人这种“强”是“明强”，明于大道和大义。有这种忠勇明强，就能在极其艰险恶劣的条件下战胜顽敌，建立奇功。梁启超说：“直可以保中国而强天下者，莫湘人若也”。这并非虚言。

——为了捍卫国家和民族利益，反对暴虐和压迫，湖南人不惜命，不怕死，敢于以身赴难，以死殉国。

纵观历史，每每在民族危亡之际，湖南人总是争相赴汤蹈火，前仆后继，共济时艰；在新的历史机遇来临之时，湖南人总是挺立潮头，奋勇搏击，建立煌煌功业；在邪恶势力面前，湖南人从来不低头，毅然以死抗争。

唐代政治家、诗人吕温在《题阳人城》诗中写道：“忠驱义感即风雷，谁道南方乏武才？天下起兵诛董卓，长沙子弟最先来。”正是这种忠驱义感，湖南人奋不顾身，不怕牺牲，做出了许多惊天地、泣鬼神的壮举。

南宋德祐元年（1275），元兵围攻长沙。岳麓书院几百诸生“荷戈登陴，死者什九”（《宋元学案》）。明末张献忠寇湘，杀人无算。宁乡廪生黎复淳落入匪手，“迫受伪职，复淳不从，厉声大骂。贼以刃斫其膝，截其吻，骂亦厉。贼怒，寸磔之。时年二十五。”（《光绪湖南通志》）清代左宗棠面对国家危机深重、新疆大片土地沦丧的残酷现实，愤然表示“着何敢自惜残生，置身事外”。年逾七旬，舆榇出关。他在家信里铮铮立誓：“大丈夫身临战阵，有进无退，死到沙场，便是终考”。抱定了拼死报国的决心。最终平定阿古柏叛乱，维护了祖国领土完整。维新志士谭嗣同以“我自横刀向天笑，去留肝胆两昆仑”的大无畏精神，充当维新变法的急先锋。在生死关头，他掷地有声地说：“各国变法无不从流血而成，今日中国未闻有因变法而流血者，此国之所以不昌也。有之，请自嗣同始。”行刑前，他大呼：“有心杀贼，无力回天，死得其所，快哉快哉！”气壮山河，勇惊鬼神，不逼斧钺，为变法图强慷慨就义。《天津日日新闻报》记者沈荩，将丧权辱国的《中俄密约》昭示天下，惨遭杖毙。受刑时血肉横飞、骨已如粉，始终未出一声。“鬼神为之号泣，志士为之饮血。”（《中国日报》唁文）

同盟会会员、民主革命先驱陈天华，为祖国积弱积贫、受人欺凌而痛彻心骨，蹈海明志，以唤醒国人。忧时愤世蹈海投江的湖南人还有姚宏业、杨毓麟、易白沙、夏思痛。舍生忘死投身民主革命的夏思痛，为救百姓于水火，挽民族于危亡，数次策划和参与反清、反袁武装起义。他三次流亡日本，遍走二十二行省，呼号鼓动革命。七十岁时，感于军阀混战、生灵涂炭之惨状，写好一副“自叹联”：“愧我无能力诛亡国妖，愤而自杀提民气；问天究何时悔绝人祸，死亦难忘救世心”。身上吊着一块写着“益阳夏思痛”的木牌，仿效屈原，在武汉愤而投江。黄兴说这些义士”所死之情形虽不同，所死之目的则无不同”。

早期共产党人夏明翰为了正义事业，为了共产主义信仰，坚贞顽强，死不足惜。临刑前写下就义诗：“砍头不要紧，只要主义真。杀了夏明翰，自有后来人。”

在抗日战争时期，湖南掀起了规模最大、声威最壮、持续最久的抗日救亡运动，成为“南天一柱”，日本军国主义的葬身之地。三次长沙会战和常德、衡阳、湘西会战，重创日寇，取得了四胜一平的战绩。为整个战局转败为胜、加速日本帝国主义灭亡，湖南军民发挥了重要作用，但也付出了惨重牺牲，死亡92万多人，重伤170多万人。

为了人民翻身得解放，创建新中国，湖南人英勇顽强，前仆后继，许多革命先烈献出了宝贵生命。毛泽东一家为革命牺牲了6位亲人。何长工家族包括妻儿在内的30多位亲属惨遭反动派杀害。贺龙全家有109位烈士，他的宗亲里有名有姓的烈士多达2050人。平江这个解放前人口不足50万的县，从1921年至1949年，全县先后有23万多人壮烈牺牲，其中登记在册的烈士21000多名。真是碧血染地，英魂撼天，谱写了“为有牺牲多壮志，敢教日月换新天”的英雄史诗。

——湖南人有很强的正义感，刚正不阿，嫉恶如仇，敢于犯颜直谏，坚持真理；敢于与邪恶势力作殊死斗争。

历史上出了不少风骨凛然的忠臣直士。明代武陵人侯位任兵部主事，“性格刚毅，不畏强权。武宗皇帝好游幸，他“累抗疏谏”，遭受廷杖，直声震一时。临湘人方昇，累官浙江道监察御史，以清廉正直闻名。因公正执法，触犯权贵，“前后逮系几死者三，曾无怨悔”。宦官刘瑾窃权乱政，湖南籍官员予以群体性抗争，被处死、系狱、贬谪者数以百计。其中胡节“抗疏条瑾罪恶，凡十三上”，“被瑾党毒死”。周玺“三被廷杖”，崔岩“两系召狱”。

——湖南人执着于事业，履责行义，奋不顾身，一往无前。勇于任事，也能成大事。

众多湖湘精英以坚韧顽强的意志和敢为人先的勇气，百折不挠，奋厉开拓。凡认准的理、看准的事，不畏前头万重险，披荆斩棘勇向前。章士钊说：“湖南人有特性。特性者为何？好持其理之所自信，而行其心之所能安。势之顺逆，人之毁誉，不遑顾也。”郭嵩焘回忆在岳麓书院读书时，与曾国藩、刘蓉、江忠源、罗泽南等同气相求，“晓然知有名节之说”。这些才俊们“薄视人世功名富贵，而求所以自立。数十年出处进退以及辞受取与，一皆准于义，未尝稍有贬损。于人世议论毁誉，一无所动于心”。就凭着湖南人的三分“蠢气”、七分“蛮干”，做出了轰轰烈烈、名垂青史的大事业。

郭嵩焘为了国家富强，不受列强欺侮，大胆宣传西学、开通民气。当时“谤议讪讥，举世同辞”“士大夫目为汉奸国贼，群欲得杀之而后快”。郭嵩焘不为所动，“冒不韪而勿惜”，自信“流传百代千龄后，定识人间有此人”。洋务运动的前驱和实际推行者以湖南人为主体。他们克服重重困难，排除各种干扰阻力，开工厂、办学校、造轮船，制枪炮。在近代科学技术和制器方面迈开了向西方学习极为艰难的第一步，有破冰拓荒之功。外交家曾纪泽凭极大的意志力和胆识，索虎口已投之食，挽川流既逝之波，迫使强虏沙俄改订条约，从谈判桌上夺回了伊犁主权。长沙明德学堂创始人胡元倓，为筹集办学经费到处下跪借钱，连夫人的嫁妆首饰都悉数捐出，人称“胡九叫化”。他磨血育人，学堂添置的图书和仪器设备当时为全国中学之冠。办学的质量与声誉与“南开”齐名，当时有“北南开、南明德”之称。

湖南士子的家国情怀不是停留在“忧国忧民”的意识上，而是体现在强国富民的行动上。无论穷达进退，无论身处何方、做何职业，都不忘天下之志，践履兼济之责。出播政声，处范风俗。“居下，则排一方之难；在上，则息万物之嚣。”“处则以道善其身而为醇儒，出则以道济天下而为王佐。”三湘才俊在各个方面、各条战线都建立了不朽勋业。凡足之所履、身之所在、心之所向、情之所系都谱写了动人篇章。“杂交水稻之父”袁隆平从安江农校走出来，就是凭着这样一种精神、这样一种豪气、这样一种忍辱耐劳、永不放弃的执着、坚韧和刚强。

五、砺德修身　公廉自淑

湖湘士民历来极重视自身的道德修养，做事拼得死力，修持能倾血诚。立身制行，存敬畏，知荣耻，敦伦纪，尚清操。尤其是步入仕途、积极用世者，终身循从儒家的“内圣外王”之道，严于自守，刻苦清修，公而忘私，风操可范。他们把砥砺德操、修身养性当作处世做人、建功立业的根本。公廉自可昭日月，事无不可对人言。其律己之严，操履之清，世所罕有。王船山说“有豪杰而不圣贤者，未有圣贤不豪杰者也”。毛泽东青年时也提出：“吾人有心救世，而于修治未到，根本未立，枝叶安茂?”千百年来，湖湘有大作为、建大功业的豪杰才俊往往都是严格自律、清正廉洁的典范。他们有以下几个方面的共同特征：

第一，从根本上把握人生大节大端。

人生的最大价值和最高境界在为己还是为民？怎样才能高尚其志节、洁清其操履？湖湘精英对此有毫不含糊的抉择和无怨无悔的履践。他们中的许多人终其一生公忠体国，勤苦为民。以民胞物与之仁心，建强国福民之功业。这种竭尽血诚为社稷苍生的精神常常“迸发于脑筋而不能自已”。左宗棠“身无半亩，心忧天下”。他看到民众“流离颠沛之苦，疾疫流行之惨，饥饿不堪之状”，一刻难安。王鑫执着信守”人生一息尚存，即当以天下万世为念。”旷世伟人毛泽东更有根深蒂固、炽烈如火的人民情怀。美国记者斯诺说毛泽东身上“有一种天命的力量”，“一种实实在在的活力”，这都产生于他对中国人民，尤其是农民的真挚情感和深切关怀。他的这种人民情怀“达到了不可思议的地步”。毛泽东一生“不惜己身”、不营私利、不徇私情，一心一意为人民谋幸福，勤苦劳碌，披肝沥胆，鞠躬尽瘁。他的意识里只有国家和民族，只有天下百姓，无论什么时候、什么情况下他都把人民的休戚冷暖挂在心上。在物资极为匮乏的战争年代，毛泽东深情而恳切地对身边的工作人员说：“我们有困难，人民更困难。我们任何时候都首先要想到人民。我们宁可自己吃苦菜，也要把粮食分给群众；宁可自己盖稻草，也要把衣被分给人民”。

为民并非口头说，事涉关己鉴真诚。在毛泽东与亲友交往上就能鲜明体现他的大公境界、人民情怀。毛泽东很重亲情、乡情和友情。他不止一次在书信中表达对众亲友的殷殷深情和满心牵挂，“问阖族各前辈、同辈、后辈们的安好”，向他们致以美好祝福。虽然亲人间情深谊厚，但毛泽东总是把广大人民的利益、党和国家的事业放在首位。从不以公济私，搞特殊化，从未凭借自己的声望和地位为亲友们谋取半点好处和照顾。他坚持亲友交往三原则：恋亲，不为亲徇私；念旧，不为旧谋利；济亲，不为亲撑腰。当他的亲戚生活有困难希望得到救济，毛泽东首先想到的是要和全国人民一道解决，而没有利用些许公权力给予特殊丝毫照顾。1950 年 5 月 27 日他给湘乡县县长刘亚南写信说：“文家（我的舅家）生活困难要求照顾一节，只能从减租和土改中按一般农民那样去解决，不能给予特殊的救济。以免引起一般人民的不满”。1954 年 4 月 29 日又给石城乡党支部、乡政府写信嘱咐：“文家任何人，都要同乡里众人一样，服从党和政府的领导，勤耕守法，不应特殊。”毛泽东常常尽个人之力接济贫困亲友，不揩公家一滴油。中办一位曾为毛主席办家信的秘书撰文说：“毛主席对亲友的接济，一次少则一百元，多则一千元，都是从他稿费中支付的。”“毛主席亲友来北京的路费和食宿费用，都是由毛主席负担，从他的收入中支付。”唯有一次公家寄了 20 元旅费给毛泽东的弟媳周润芳。毛泽东在给表兄的信中特别说明：“因她系泽覃死难烈士之妻，公家出此，亦非我私人的缘故，敬祈原谅”。

凡亲友因家事有所请托，或提出不当要求，毛泽东一概予以婉拒，劝勉他们各安本分，服从组织，勤奋努力，积极创造条件解决好自己的事情。而且越是关系亲密的近亲，毛泽东对他们要求越严格，态度越严肃。解放的翌年，与毛泽东过从甚密的表兄文运昌来到北京，给负责接待的田家英开出了十五人的名单，都是毛泽东外婆家的亲戚。文运昌请求毛泽东为他们介绍工作或推荐入学。毛泽东在名单上批示："许多人介绍工作，不能办，人们会说话的。"

心里装着黎民百姓这个大我，才能分清主仆，正确处理公与私、已与群、义与利、情与理、得与失、荣与耻等各种复杂关系。立定根本，守住方寸，这是众多湖南精英在人生之旅、奋斗之途行得正、站得稳、不迷离、有作为的重要原因。

第二，在日常生活中谨躬戒惧、严格约束。

曾国藩曾说："绝大学问即在家庭日用之间"。自古以来，湖南士人特别注重平常的道德修炼和行为规范，将天下大道、价值原则、道德箴戒和人生志向落实到日常生活起居、言行举止上。事事处处唯谨慎，每时每刻不放松。"不能日新，尤当月异；不能月异，尤当寸进"。

在近代湖湘为官者中，曾国藩的日常修治功夫下得最深，毅力最为坚韧，约束最为严厉。梁启超称曾国藩"岂惟近代，盖有史以来不一二睹之大人也已；岂惟我国，抑全世界不一二睹之大人也已"。曾国藩"非有超群绝伦天才，在当时诸贤杰中称最钝拙，其所遭值事会，亦终身在拂逆之中"。他能成就立德、立功、立言三并不朽，主要在于他的坚毅执着，日复一日刻苦努力，严格要求。"不求近效，铢积寸累。受之以虚，将之以勤，植之以刚，贞之以恒，帅之以诚，勇猛精进，坚苦卓绝"。他一生都怀临深履薄之惧，"立志自拔于流俗"。因而能"以朴拙之姿，起家寒素，饱经患难，于人心陷溺之极运，终其生于挫折讥妒之林，惟恃一已之心力，不吐不茹，不靡不回，卒乃变举世之风气而挽一时之浩劫"。他步入仕途不久，他就为自己订立了日课十二条，即主敬、静坐、早起、读书不二、读史、谨言、养气、保身、日知其所无、月无忘其所能、作字、夜不出门。过了几年，他又作"五箴"（立志箴、居敬箴、主静箴、谨言箴、有恒箴）以自警。他对家人的要求近于苛严，谆谆告诫诸弟、子侄不离"八本""三致祥"。"八本"为：读书以训诂为本，作诗文以声调为本，事亲以得欢心为本，养生以戒恼怒为本，立身以不妄语为本，居家以不晏起为本，作官以不要钱为本，行军以不扰民为本。"三致祥"是：孝致祥，勤致祥，恕致祥。他嘱咐"家中无论老少男妇，总以习勤劳为第一义，谦谨为第二义。劳则不佚，谦则不傲。万善皆从此生矣"；要求"子侄半耕半读，以守先人之旧，慎无半点官气。不许坐轿，不许唤人取水添茶等事。其拾柴收粪等事，须一一为之；插田莳禾等事，亦时时学之，庶渐渐务本，而不习于淫泆"。

湖湘许多先贤平时一粥一饭、一取一与都严约束，不苟且；一言一行、一举一动都循礼节、守德操。几乎所有族规、家训中都有这种防邪止僻、持直守正的日常德行约饬。我们到韶山参观毛氏宗祠，宗祠里就有家训十条。"一生惟

谨慎，百世有馨香”。严于日常，则安于一生。堵得住蚁穴，则保得住大堤。

第三，清廉俭约，惜福保家。

湖南古今多廉吏，屡有典型播清芬。众多名宦能臣毕生整躬饬行，操履洁清。他们不贪钱财，不慕奢华，甘于清贫，守死善道。其高洁廉直的节操政声，誉播世间，名炳史册。

宋代理学鼻祖周敦颐为官三十余载，“以名节自砥砺”，尽瘁民事，清廉如水，全家人一直在困窘中艰难度日。他在诗中真实反映了自己的生活境况，表明了清节自守的人生态度和恳切心声。《濂溪书堂》里面写道：“芋蔬可卒岁，绢布是衣食。饱暖大富贵，康宁无价金。”《任所寄乡关故旧》：“停杯厌饮得醪味，举箸常餐淡菜盘。事冗不知筋力倦，官清赢得梦魂安。”周敦颐本来就十分清苦，他还常以薄俸周济亲友、灾民。后来连粥也喝不饱了，他“旷然不以为意”。他在南昌任知县时，一次因病休克，好友潘兴嗣去看望他。“视其室，服御之物，止敝箧，钱不满百。人莫不叹服。”潘兴嗣将亲眼所见之事，写进了《濂溪先生墓志铭》。《宋史》引黄庭坚语，称赞周敦颐“人品甚高，胸中洒落，如光风霁月。廉于取名而锐于求志，薄于徼福而厚于得民，菲于奉身而燕及茕嫠，陋于希世而尚友千古”。

周敦颐的立身处世就是《爱莲说》端直高洁精神境界的最好体现和真实写照。古往今来，湖南各地像周敦颐这样的清廉守正之士比比皆是，形成了洁身淑世、辨风正俗的廉吏群体。

衡山人侯友彰，北宋仁宗庆历六年进士，先后任临武尉、桂林丞，史载他“廉谨俭约，取与不苟。居官十年，布衣蔬食，无异寒士”。明代长沙人杨孟祥，知巴州，“抚民慈爱，守己清廉。布衣蔬食，妻子仅免饥寒”。江永人周鹏，官至刑部主事，“持己端严，家无儋石”。茶陵人陈谦，任泸州知府十多年，身后遗产仅“布被一袭，米数升而已”。江华人周卿，历任吏、兵、刑三部主事，“卒后，惟藏书百卷”。清代善化人唐鉴，“服官三十余年，而无儋石，泊如也”。武陵胡顺华，“知兴化县，擢升南京兵部侍郎，出为江西参政。家素贫，所得俸悉置义田赡族。终其身无私储”。贺桂龄“虽官侈靡之乡，不以脂膏自润”。巴陵杨俊，“知池州，有惠政。卒于官，遗橐惟一琴”。不少士子在京城、外省为官，致仕返乡时“身无余财”，“官橐萧然”。明内阁首辅李东阳，“立朝五十年，清节不渝”。《明史》记载他“罢政居家”后，替人写诗文书篆“资以给朝食”。“一日，夫人方进纸墨，东阳有倦色。夫人笑曰：‘今日设客，可使案无鱼菜耶？’乃欣然命笔，移时而罢。其风操如此。”

更令人惊讶的是，有的湖南籍官吏死在任所，因贫穷而无钱归葬，靠同僚或亲友、士民凑钱，才得以将灵柩运回故里。

那些为时所重、踔厉有为的俊杰们牢记“蕴利生孽”的明训，深深懂得积财生祸、惜福保家的道理。愈是位高权重，愈是刻厉自守。位及宰辅的大官曾国藩“以做官发财为可耻，以官囊积金遗子孙为可羞可恨”。他曾对神明发誓：“总不靠做官发财，以遗后人。”他在官衙，除衣服和书籍外，“断不别存一物以为官囊，一丝一粟不以自私”。“除廉俸之外，不取一钱”。他明确告诉家人：“银钱愈少，则愈可免祸；用度愈省，则愈可养福”。“多积金”就是“多积过”。“多积一钱”就是“多造一孽”。“后来淫佚作恶，必且大玷家声”。左宗棠是功勋卓著的朝廷重臣，历任闽浙总督、陕甘总督、两江总督，累官至东阁大学士、军机大臣，封恪靖侯。他要求子女“衣无求华，食无求美”，能“不至困饿”就行。他写信嘱咐儿子“家中除尔母药饵，先生饮馔外，一切皆从简，断不可浪用，致失寒素之风，启汰侈之渐。惜福之道，保家之道”。

这种俭朴廉洁的风操在湖湘代代相传，已成规范。老一辈无产阶级革命家更是发扬先贤盛德，清方自守，堪为楷模。毛泽东始终俭约克己，不改本色。他教育子女，一定要恭谦谨慎，不能存任何高贵、特殊的念头。韶山“毛泽东遗物馆”展出的1008件遗物，无声地向人民展示这位旷世伟人的生活是何等俭朴，用度是何等节省！他的服装鞋袜破了又补，补了又穿。一件普通睡衣穿了20年，打了73个补丁，仍舍不得丢弃。三年困难时期，他主动降薪节食，自己和女儿李讷都因营养不良得了浮肿病。他没有为自己后人留下任何金钱财宝，子女们都过着普通人的生活。胡耀邦长期居于党中央重要领导岗位，他的哥哥胡耀福一直在家务农，亲侄儿被县里领导照顾招工了，他硬是要有关部门将其退回。他哥哥胡耀福得知弟弟病重，带着10斤茶油和5斤红豆进京探望，蜷缩在火车过道里，被过往旅客挤踩，后只好挪到车厢厕所门前。乘务员以为是乞丐盲流，她做梦也没想到这位连座位票也买不到、满身尘灰的老人，竟是胡耀邦总书记的亲哥哥。这件事感动了全中国人。

第四，注重慎独，表里如一。

《礼记·中庸》说：“君子戒慎乎其所不睹，恐惧乎其所不闻。莫见乎隐，莫显乎微，故君子慎其独也。”湖湘精英群体立身修德、廉洁奉公具有高度的自觉性，最贵慎独，严于自律，尤其在私底下、无人知晓的幽暗处保持应有的清醒和警惕，努力做到不逾规，不犯错，不偏失，不盲从。他们在“静”中悟理，在“悟”中明志，在“明”里做事。他们公廉守己，清修如一，不作秀，不虚假，不给自己贴标签，一切出于内心之至诚，出于通彻的觉悟和良知。他们认识到：“欺人自欺，灭忠信、去廉耻，皆本于此。”众多廉吏表里如一，幽微无隐，人前人后一个样。可面对天地，无愧鬼神。其公廉清正经得起考验稽查，经得起历史和人民的检验。

明代华容人王宏道曾任安义知县，素有清操。后解印归乡，家无余资。有一年遇到灾荒，“不举火者一月”。一次几个强盗潜入他家中，“穷搜所藏，惟绯衣一袭，盗笑弃之”。明御史、临湘人方昇，无私无畏，正直敢言，被人诬陷有贪赃行为。朝廷派卫校拦截于“按浙还朝”途中，“检其囊，无他物，乃获免”。

攸县洪云蒸，明万历庚戌进士，先后擢任三省按察使、国子监助教、北户部主事，追赐都察院左御史，清慎居官，仁廉恤民，政绩斐然。死后朝廷在其故里攸县县城中建忠烈石坊，御书“三湘名世、百粤保障”予以褒扬。

湖湘俊杰大都精悟《易》理，深谙祸福相倚、盈虚消长、量变质变、福善祸淫的道理和规律。自觉在克己慎为、修己安人、守身范世方面下真功夫，受大考验。他们做人接物、应世经务谨守雌节，力戒骄纵；谦恭守礼，主敬下人；积德行善，抑制私欲；防邪止僻，持直守正；习劳节俭，反对奢佚。无论何时何地、或明或暗，都是非分明，公私有别，知儆戒，守规矩。曾任两江总督的陶澍是清朝有名的清官。他奉旨巡视江南漕务期间，暗暗来送礼、通关节者络绎不绝。他将送来的银钱全部登记在册，然后登堂宣读，以明其耻、彰其弊，正风肃纪。他秉持“要半文不值半文”的箴戒，将所收礼金全部返回地方，用于修建书院，自己分文不取。同时，他还将道光皇帝奖赏他的3000两银子，悉数用于公益事业。除一部分接济贫困乡民，在故乡安化办了48所义学。洪云蒸因讨贼抚民有功，崇祯皇帝赏给他赤白金四百两。他也将这笔赏金用于了长沙长郡学堂、攸县县学及家庙祭器。

守正向善的社会风尚、家庭教育也起到了很好的督责规正作用，使士子们能够自内至外杜私制欲，洁净其行。现在保留下来的名人手帖家书，都是俊杰们养心、慎独的真实纪录，是灵府的袒露与交流。这些家书私信多以精学业、砥德操、求真知、练识见、去鄙陋、厚人伦、美习俗、守道义、改过失、贵践履相诫勉。最本真、最直接、无保留、无遮掩地反映了写作者的道德情操、理性思考、实践经验和人生感悟。湖南省图书馆编辑的《湖南历史名人家书》，精选了自北宋至近代四十四位湖南俊杰有代表性的49篇家书。这些家书述情述怀、见心见性、重德重道，极其珍贵。梁启超所辑录的《曾国藩嘉言钞》，什九取之于曾国藩的家书。他称曾氏嘉言“字字皆得之阅历而切于实际”，“非唐宋以后儒先之言所能逮也”。将它比之于“真全国人之布帛菽粟而斯须不可去身者也”。

最为难得的是，这些手帖家书都是亲人之间的私家话、交心语。是说给自己家里人听的，而不是用来教训别人，即孔子所言“为己”之词。却都磊落正大，无一言一事不可以示人。杨嗣昌写给父亲的信中说：“吾家家书是人可看。有两件干净处：一件是手头干净，无有孔方；二件是心肠干净，无欲害人”。因其“干净”，无利欲，无坏心，不但“是人可看”，且看者有益，甚至灵魂都受到洗涤。我们进行思想品德教育、开展反腐倡廉、加强党的建设，都可从中受到很深启迪，吸取很多有益的精神养分。

第五，不断地反省、鞭策自己。

湖南人诛恶伐罪、察失规过很厉害，其躬身反省、自我针砭、迁善改过也是非常突出、透骨见血的。精英们不论学问多深、官爵多显、功绩多大、声望多高，经常深刻检查、反省自己的思想和言行，不断地改过自新。

左宗棠“日日检点，总觉得自己多少不足，多少欠缺”。曾国藩将自己书斋起名为“求阙斋”，时刻严厉审思，省察过失。“凡日间过恶：身过、心过、意过，皆记之，”督责自己知过即改。他说：“一有自利之心，则小人矣。同一日也，朝而公正，则为君子；夕而私利，则为小人。同一事也，初念公正，则为君子；转念私利，则为小人。惟圣罔念作狂，惟狂克念作圣，所争只在几微。”警钟长鸣，防微杜渐，不放过任何细小的差错，不原谅任何不经意的失误。《曾国藩日记》记录了许多条自揭其短、针砭己过的内容。如：“客来，示以时艺，赞叹语不由衷。余此病甚深。”“观人作应对诗，面谀之。不忠不信，何以为友！圣人所谓善柔便佞之损友，我之谓也。”“见隋观察时，词色太厉，令人难堪，退而悔之。”“近日心绪之恶，襟怀之隘，可鄙可耻。”对生活中一些细微失检、人际交往中偶尔失敬，他都深感不安，深刻反省，视为大恶。“至杜兰溪家拜寿，说话谐谑，无严肃意，中有一语谑而为虐矣，谨记大恶。”就是脑子里偶然产生的一些不好意念，甚至梦境里浮现的好利慕名幻觉，他都痛加鞭笞。

曾国藩对自己治学应务、待人接物中所犯过失，不是记记而已，而是认真查究原因，深挖其根，剖析危害，真正做到了“无情解剖自己”。如“会客时，有一语失检。由忿字伏根甚深，故有触发耳。”“近来有小不如意者，方寸郁塞殊甚，亦足见器量不闳，养气之不深也。”“予对客有怠慢之容。对此良友。不能生严惮之心，何以取人之益？是将拒人千里之外矣。况见宾如此，遑问闲居火灭修容之谓何？”与人发生矛盾，或部属出现差错，他都从自身寻找根源，与人宽，律己严。

更为难得的是，曾国藩能以豁达的胸怀，正确对待物议。他说：“人之生，不幸不闻过，大不幸无耻。有耻则可教，闻过则可贤。”以不能听到人家的批评指责为人生之不幸。他见到前辈为他作批的日课册，“读之悚然汗下，教我扫除一切，须令换一人。安得此药石之言”。他的九弟曾国荃写信指出了他一些不足和值得注意的地方。他由衷高兴，称其为“争弟”“直弟”。他在回信中说：“九弟信，言古称君有争臣，今兄有争弟。余近以居位太高，虚名太大，不得闻规谏之言为虑。今九弟果能随事规谏，又得一二严惮之友，时以正言相劝勖。内有直弟，外有畏友，庶几其免于大戾乎？居高位者，何人不败于自是？何人不败于恶闻正言？”

修身自律之至严至诚，成就了曾国藩。后人评价他为“千古第一完人”。有人撰联：立德立功立言三不朽；为师为将为相一完人”。

毛泽东受曾国藩的影响很深。在一师读书时，毛泽东最崇拜的老师杨昌济“因以农家多出异材，引曾涤生、梁任公之例以勉之”。毛泽东在致黎锦熙的信中说：“余于近人，独服曾文正公”。在《讲堂录》和一些文章中，毛泽东多次摘录、引用曾国藩治学修身的嘉言格语。

无欲则刚，克念则强。湖湘才俊群体都深知“刚为立身之本”“有嗜欲则不能刚”。正因为刻厉修身、操行公廉、尽瘁职事，众多湖南才俊为人楷模，士庶都服其清操，有的死后还受百姓“祠祀之”。他们无私无畏，勇往直前，能立于不败之地。在他们管辖的地方往往”士风大振”“不肃而化”。宋代曾任蓬州和泗州知府、人称”小万卷”的衡山人朱昂，“一生未尝有所私请，进退有礼，士类多之”。清代长沙知府张沄“尚清节，风骨遒上，人莫敢干以私”。善化人张星焕历任繁昌、太和知县，“政尚慈惠，所至氓庶怀德，士喁喁向化焉”。通览史书，唯公廉清正者留其名，唯克己为民者成其功。著名外交家、社会活动家容闳在《西学东渐记》中说曾国藩平定大乱、肃清全境，“良以其学识道德均有不可及者”“其正直、廉洁、忠诚诸德，皆足为后人楷模”。光绪皇帝褒扬左宗棠”学问优长，经济宏达，秉性廉正、莅事忠诚”。这十六字乃成功要诀，也是湖湘杰出人才的共同特征和品性。

六、功业卓著　影响深远

湖湘文化是有根、有魂、有品、有为的地域文化，是具有鲜明特征、“颇能自振于他省之外”，并有相对稳定传承关系的历史文化形态，是中华传统文化的重要组成部分。它在中国社会历史进程中产生了深远影响，在今天实现中华民族伟大复兴的事业中依然发挥着积极作用。有人说：“行走在湖湘大地，就像阅读一部中华人文学科的经典巨著”。这并非虚言。

湖湘文化最突出的成就和影响有以下几个方面：

（一）受湖湘文化的润泽、熏陶和激励，涌现出了一大批具有崇高理想、远大抱负、卓越才能的杰出人物

湖南代有雄才，各领风骚。《明史》列有专传的湖湘才俊就有 27 人，其中多人膺任尚书以上职务。尤其是近两百多年来，湖南涌现了全中国几乎所有领域的精英。其中有：

民主革命先驱、维新派代表人物之一　谭嗣同
维新运动中坚，著名政治活动家、自立军首领　唐才常
晚清中兴第一名臣、最后一个儒学集大成者 曾国藩
舆榇出关、收复新疆失地的民族英雄　左宗棠
晚清经世派主要代表人物　陶澍
清代启蒙思想家、开眼看世界第一人　魏源
清末立宪运动主要推进者　杨度
清末民初著名经学家　王先谦、叶德辉、王闿运、皮锡瑞

近代民主革命家、中华民国创建者之一　黄兴
中国首位驻外使节　郭嵩焘
中国宪政之父　宋教仁
中华民国首任内阁总理　熊希龄
首举讨袁大旗的杰出军事领袖　蔡锷
晚清著名书法家　何绍基
近代武侠小说开山宗师　向恺然（平江不肖生）
国画大师　齐百石
马克思主义理论家、宣传家，中国共产党创始人和早期领导人之一　李达
中国共产党、中国人民解放军和中华人民共和国的主要缔造者　毛泽东
党和国家主要领导人、开国元勋　刘少奇
八一南昌起义总指挥、中国人民解放军的创始人与主要领导人之一　贺龙
著名政治家、党的卓越领导人　胡耀邦
杰出的军事家、抗美援朝总指挥　彭德怀
著名文献学家、目录学家　余嘉锡
早期女权运动先驱、女子教育家　葛健豪
著名语言文字学家　黎锦熙　杨树达
近代报告文学和纪实文学开拓者　谢冰莹
著名教育家　徐特立
中国近代戏剧之父　欧阳予倩
著名剧作家和社会活动家、《国歌》词作者　田汉
中国近代歌舞之父、中国流行音乐奠基人　黎锦晖
国画大师　齐白石
中国现代乡土文学之父　沈从文
著名现代作家　周立波　丁玲
著名音乐家　贺绿汀
中国马克思主义史学开拓者和奠基人　翦伯赞
史学大家　周谷诚
著名哲学家、逻辑学家　金岳霖
近代琴学大师、“九嶷派”创始人　杨宗稷
辞海主编　舒新城
著名物理学家、中国科学院原院长　周光召
著名经济学家和社会活动家、中国民主建国会杰出领导人　成思危
世界杂交水稻之父　袁隆平

军事人才辉煥耀目。晚清时期，“中兴将相，十九湖湘。”中国人民解放军的将帅中，湖南人所占比例，无一外省可比。十名元帅中有3位，十名大将中

有 6 位，57 位上将中有 19 位，100 多名中将中有 45 位。

近代湖南是人所公认的“人才渊薮”“人才首都”。这些杰出人物的成长都跟湖湘文化的熏陶、激励分不开。在他们每一个人身上都带有很深的湖湘文化烙印。

（二）湖湘儿女奋勇敢为，对国家、民族的发展、强盛作出了不可磨灭的巨大贡献

事由人兴，业在人创。在漫长的历史发展过程中，湖湘士民逞南土之雄风，秉先贤之厚泽，筚路蓝缕，前赴后继，开拓奋进，敢为人先，创立了非凡业绩。

从宋代以来，湖南就成为了中国传统文化中心，为传承、发展、创新中华传统文化作出了积极努力。在近代中国社会变革和抵御外侮中，湖南人每役必从。戊戌变法、洋务运动、辛亥革命、抗日战争、新中国创建，湖南人都奋然领先，砥柱中流、功勋卓著。

最辉煌卓绝的是：从湘土走出去的、以毛泽东为代表的一大批老一辈无产阶级革命家，为争取民族独立、人民解放，领导亿万群众进行了艰苦卓绝的斗争，创建了人民当家作主的新中国。毛泽东从长期的革命斗争实践中，吸引传统文化精华，将马克思主义普遍真理与中国革命具体实践相结合，所创立的以人民为核心的毛泽东思想，已成为中国共产党和中国人民的宝贵精神财富。它指引全国人民取得了社会主义革命和社会主义建设一个又一个伟大胜利，让积弱积贫的旧中国发生了翻天覆地的变化，华夏神州巍然屹立于世界东方。毛泽东思想的许多精辟论断、重要原则已深深烙入民族记忆，融进人民群众的血脉。如：“领导我们事业的核心力量是中国共产党，指导我们思想的理论基础是马克思列宁主义”。“人民，只有人民才是创造世界历史的动力”。“全心全意为人民服务”。“在战略上藐视敌人在战术上重视敌人”。“自力更生，艰苦奋斗”。“贪污和浪费是极大的犯罪”。“帝国主义和一切反动派都是纸老虎”。“没有调查就没有发言权”。“谦虚使人进步，骄傲使人落后”。这些论断言简意赅，语易理深。面临百年未有之大变局，实现中华民族伟大复兴，坚持毛泽东思想依然大有裨益。

（三）凝聚、形成了弥足珍贵的湖湘精神

湖湘精神主要体现在：上下求索、九死未悔的原道精神；心系民瘼、为民造福的仁爱精神；勇于任事、敢于负责的担当精神；刚毅顽强、踔厉敢死的拼搏精神；浩然独往、不受羁束的创新精神；兼容并蓄、广纳众善的和合精神；躬身实践、不尚空谈的务实精神；敢为人先、任气好胜的竞争精神；持直守正、坚持真理的道义精神；嫉恶如仇、是非分明的斗争精神；克己奉公、清廉自守的淑身精神。

将湖湘精神发扬光大、传承下去，应用于新时代以习近平总书记为领路人

的民族振兴伟大实践，既是湖南之幸，也是中国之幸！

著名科学家杨叔子讲过一席令人深省、促人警醒的话：一个国家，一个民族，没有先进科学技术，一打就垮；而没有人文精神，不打自垮。

同样的道理，有了灿烂文化和刚健正大的人文精神却不珍惜，甚至集体遗忘、肆意污损和贬低，绝非进取、兴旺之征。

湖南人杰地灵，人文荟萃。我们脚下的每寸土地都留有悠久、璀璨的文明印痕；我们眼前的每一条河流都诉说历史的沧桑和荣耀；照临我们的每一缕阳光都闪烁着前贤智识的灵光，温润我们的每一滴甘露都蕴含着先辈浩大的恩泽。

我们应对湖湘文化、对整个中华文化深怀敬畏，每个人都要做优秀传统文化的传灯人、履践者。为国家的强盛、民族的兴旺、人民的幸福再创辉煌！

杜纯梓

（湖南开放大学教授、国家开放大学中国传统文化研究中心特聘研究员）

第一章

湖南这块神奇的土地

湖南历史悠久，人文荟萃，俊杰辈出，功业卓异。清朝时任翰林院侍读学士潘祖荫在奏疏中说“国家不可一日无湖南”[①]，梁启超曾说：“其可以强天下而保中国者，莫湘人若也。”[②]湖南的魅力和影响力为何如此之大？湖南人为何如此“可侠可仁”，执着坚毅？让我们一同走进湖南这块神奇而令人神往的土地，深刻领悟湖湘大地的神韵风情和湖湘文化的深厚根基。

① 出自《潘文勤公奏疏》(古籍复印本).

② 出自梁启超《饮冰室合集》第二册.

第一节　天下奥区

这是一块神奇的土地。这里有独特的地理环境、发达的交通网络、悠久的人文历史。这是天下闻名的灵境奥域。

一、地域特点

湖南省在祖国的版图上居南部中央，位于长江中游南面。因大部分区域在洞庭湖以南，所以称湖南。又因湖南最大的河流湘江自西南向东北流贯全境，简称“湘”。汉唐以来湘江流域遍植水芙蓉（荷花）和木芙蓉（木莲），唐代诗人谭用之《秋宿湘江遇雨》诗中有“秋风万里芙蓉国”的名句，后人便以“芙蓉国”借指湖南。一代伟人毛泽东在《七律·答友人》中用“芙蓉国里尽朝晖”赞美家乡，“芙蓉国”的美称便闻名天下。

湖南地处西部内陆省连接东部沿海省的桥梁地带，毗邻六省、自治区、直辖市：北以滨湖平原与湖北接壤，西北以武陵山脉毗邻重庆与鄂西，西南以雪峰山脉连接贵州，南枕南岭（五岭）山脉与广东、广西为邻，东面以幕阜山脉、罗霄山脉交界江西。湖南位于东经108°47′—114°15′，北纬24°38′—30°08′之间。北纬30°，这是一个一直令人类学家着迷的、神秘的、令人惊异的地理概念。地球的北纬30°区域，布满了众多怪异的山川，如美国第一大河密西西比河，世界第二长河埃及尼罗河，中国第一长河长江，世界最高峰珠穆朗玛峰，世界最大的沙漠撒哈拉沙漠……存在着各种神秘的超自然现象以及难以破解的人类文明之谜——无法破解的埃及金字塔的法老魔咒、玛雅文明的突然消失、百慕大三角离奇的飞机轮船失踪之谜……中国文化沉积带的巴人、巴文化、桃花源、洞庭湖也出现在这神秘莫测的纬线上。[1]这种神秘的自然地理，也许是湖湘文化形成、

① 方吉杰，刘绪义. 湖湘文化讲演录[M]. 北京：人民出版社，2008:51.

湖湘人向上的性格和忧患意识养成的一种特殊原因。

湖南土地资源丰富，全省土地面积21.18万平方公里，其中耕地面积为362.92万公顷，土地资源丰富，类型齐全。湖南土地特点鲜明，一是山多平原少，林业用地广，垦殖指数低，为发展农牧渔业、开展多种经营提供了多种土地资源。二是岭谷相间，丘陵盆地交错，湘、资、沅、澧四水分别贯穿众多盆地。湘江流域盆地最多，规模也较大，重要的有零陵—祁阳盆地、衡阳盆地、株洲盆地、湘潭—湘乡盆地、长沙盆地、醴陵盆地、茶陵—永兴盆地等。资水流域则有邵阳—隆回盆地。沅水流域有溆浦丘陵盆地、黔阳盆地。澧水流域以大庸盆地较大。这些盆地多数耕地较为集中，利于农业发展。

湖南居亚欧大陆东南部，东南边境距海400公里，受东亚季风环流的影响大，属大陆型亚热带季风湿润气候，四季分明。1月份平均温度最低，最低温度可达－8℃；7月份平均温度最高，最高温度可达40℃以上，年平均气温16－18℃。降雨十分丰富，年均降水量1200－1500毫米，雨季主要在5－7月间。日照充足，无霜期长，光、热资源丰富。气候年内与年际的变化较大，冬季寒冷而夏季酷热，春温多变，秋温陡降，春夏多雨，秋冬干旱。气候垂直变化明显，昼夜温差较大，尤以湘西与湘南山地更为显著。一方面，湖南的灵山秀水养育着一代一代的湖湘儿女，孕育着湖湘人永不枯竭的思维启迪与创新灵感；另一方面，湖南的严冬寒冷与盛夏酷暑以及骤冷骤热、气候多变的恶劣环境，又练就了湖湘人的坚强勇毅。三湘四水赐予它的儿女以不随人俯仰的性格和不屈不挠的奋斗精神。

二、族群人口

早在远古时代，湖南就有原始居民在此劳动、生息、繁衍。不断发现的旧石器时期遗址和新石器时期遗址遗存说明，湖南最早的土著先民足迹遍布湖南广大地区，尤以湘、资、沅、澧四水和洞庭湖等大江平原地区较为集中。从炎黄时期、尧舜禹时期、夏商周时期、春秋战国时期、秦汉时期到后来的唐、宋、元、明、清各个时期，在中华民族大融合的过程中，湖南成为各族群分化、迁徙和重新组合的重要区域，由此也形成了湖南

古代居民复杂繁芜的变迁。自炎黄、尧舜禹时期以来，湖南境内这种延绵不断的居民变迁经历过苗越归楚、蛮族演化和北人入湘、赣人进湘及湘人西迁三个比较大的阶段。从远古时代的原住民至今，所称“湘人”或“湖南人”都包括了汉族和各个少数民族。今天的湖南，仍然是我国一个多民族的省份，有汉族、土家族、苗族、瑶族、侗族、白族、回族、壮族、维吾尔族等56个民族。自古以来，各少数民族与汉族、各少数民族之间相互交融、相互依存，共同生活在美丽的三湘大地。各民族中，汉族占全省总人口的89.94%，少数民族人口占10.06%，其中土家、苗、侗、瑶、白、回、壮、维吾尔8个世居少数民族有一定的人口规模。现在土家族有260万人，苗族190万人，侗族80万人，瑶族70万人。世居少数民族大多数居住在湘西、湘南和湘东山区。

湖南在远古时期就有人类居住和繁衍的痕迹，但由于历史资料的限制，湖南在秦汉以前没有确切的人口资料记载。湖南最早、最确切和合理的人口数据，当是王勇《湖南人口变迁史》认定的西汉元始二年（2）的记载，湖南在籍人口为95 069户，533 962口。此后的史料记载，各个时期湖南在籍人口数是：东汉永和五年（140），490 570户，2 125 421口；南朝刘宋大明八年（464），33 838户，274 950口；隋朝大业五年（609），52 450户，271 168口；唐贞观十三年（639），61 268户，301 249口；唐天宝元年（742），211 141户，1 165 742口；北宋崇宁元年（1102），1 221 522户，2 646 256口；元至元二十七年（1290），1 910 017户，5 701 384口；明万历六年（1578），276 081户，1 917 052口；清嘉庆二十一年（1816），3 233 797户，18 652 007口。清代中期以后，湖南社会安定，人口猛增。道光十年（1830），湖南在籍人口19 523 000人，道光三十年（1850）20 614 000人，咸丰元年（1851）20 648 000人，咸丰十一年（1861）20 990 000，同治元年（1862）20 992 000人，同治十三年（1874）21 000 000人，光绪二十四年（1898）21 174 000人。可见，有史以来湖南就是人口聚居稠密之地。今天的湖南仍然是我国人口众多的省份之一，据2020年第七次全国人口普查数据，湖南省常住人口为66 444 864人，占全国总人口的4.71%。在全国31个省区市中，仅低于广东、山东、河南、江苏、四川、河北，排名第7位。湖南这块仅占全国2.2%的地域，养育着占全国4.71%的人口，是全国人口聚居最稠密的地区之一，平均每平方公里326人，在全国排名第16位，比全国平均人口密度高1倍多。

三、区划沿革

我国行政区划的形成及管理体制的确立与演变，是在漫长历史过程中逐步发展并日趋完善的。湖南现在的疆域系经过多次演变而成。中国古代的行政区划大致经过了先秦萌芽时期，秦、汉郡县制时期，魏晋南北朝、隋州制时期，唐、宋道（路）制时期和元、明、清行省制时期五个时期。湖南文明开发较早，同样经历了这样五个时期。

（一）行政区划制度萌芽时期

这个时期约从公元前21世纪至公元前3世纪，即从建立我国历史上第一个国家政权——夏朝起，到秦始皇统一中国、确立郡县制为止。夏、商两代和西周尚无完善的地方行政制度，当时也不可能对整个国家进行全面的行政区划，当时的所谓“方国”“诸侯国”都是一个个独立的国家，与夏、商、周王朝之间都只是松散的臣属关系。传说中的大禹时代的“九州”之说，是春秋、战国时期学者对当时所知周朝领土所做的地理区域的划分，而不是行政区划制度。《尚书》《吕氏春秋》《周礼》《尔雅》中都有“九州”之说，所指不一但都有荆州。春秋以后县、郡的出现是我国古代行政区划的肇始。春秋时期，周室衰微，一些诸侯国逐渐强大，开始建立中央集权制度。他们在新开拓的疆土上不再进行分封，而由君主直接统治。为便于统治，萌生了县、郡等行政区划的单位。县是我国最早出现的行政区划单位名称，最早设县的是秦国。《史记·秦本纪》载，武公十年（前688）“伐邽、冀戎，初县之”。不久楚、晋等国亦置县。《左传》载，哀公十七年（前478）楚文王“实县申、息”。

湖南省现行行政区域在夏、商和西周为荆州南境。春秋战国时期湖南纳入楚国版图，属于苍梧、洞庭两郡，当系湖南行政区划制度萌芽。可知，湖南是最早实行行政区划制度的地区之一。

（二）郡县制时期

从秦始皇统一中国，正式确立郡县制为全国统一的行政区划，到魏晋时期实行州制行政区划制度，郡县制经历了秦、汉400多年。秦时设郡40余个，郡辖县，置县1000个左右。汉承秦制，基本上实行郡县制，郡下辖县，但有所发展。一是汉代实行郡、国并存制度。汉初实行郡—县二级制和国—郡—县三级制并行的行政区划制度；景帝平定“七国之乱”之后实行郡或国辖县的二级制。二是汉代的县级区划单位的形式多样化，除县以外，还有邑、道、侯国。三是汉代的行政区划单位中出现了“州”。东汉末年开始出现州—郡—县的三级行政区划制度，表明中国的行政区划演进到了一个新的阶段。

秦朝时湖南地区设置有黔中郡和长沙郡。西汉实行州、郡、县三级制，与封国并行，湖南境内设有武陵郡、桂阳郡、零陵郡和长沙国。王莽新朝曾废长沙国改立长沙郡，桂阳郡改南平郡，武陵郡改建平郡，零陵郡改九嶷郡。东汉时恢复原郡名，但长沙不再立国而保留长沙郡。三国时期，湖南为蜀汉和东吴角逐之地，零陵、武陵郡属蜀，长沙、桂阳郡属吴。后零陵、武陵郡归入东吴版图，并增置南郡、临贺郡、衡阳郡、湘东郡、天门郡、昭陵郡6郡。

（三）州制时期

在中国行政区划中出现“州”一级，始于西汉武帝。《汉书·武帝纪》载，元封五年（前106）“初置刺史，部十三州”。但当时的州刺史仅代表汉王朝监察所辖的郡、国，并无固定驻所，还没有形成一级行政区划。至东汉，灵帝中平五年（188）改刺史为州牧，命朝中九卿任州牧，执掌一州军政大权，州逐渐成为郡、县以上的一级机构。于是，全国的行政区划由虚的三级制演变为实的三级制，由郡县制演变为州郡县制。东汉中平五年，“州”开始成为一级行政区实体。自此，中国的行政区划进入州制新时期，经三国、两晋、南北朝直至隋代，延续了400年，一直成为中国最高的行政区划单位。

西晋时湖南分属荆州、广州。东晋时湖南分属荆州、湘州和江州。南朝宋、齐和梁前期，湖南分属湘州、郢州和荆州。陈朝时湖南分属荆州、沅州、湘州。隋朝裁并州、县，改州、郡、县三级制为郡县二级制，湖南省境设长沙郡、武陵郡、沅陵郡、澧阳郡、巴陵郡、衡山郡、桂阳郡、零陵郡8郡。

（四）道（路）制时期

自隋至唐初，州、郡两名曾经迭相改用。贞观元年（627），唐太宗始设道；开元元年（713），唐玄宗始设府；景云二年（711），唐睿宗把节度使变成正式建制。唐代的行政区划基本上成为三级制，主要是道—府（州）—县。后期的道—节度使—府（州）—县制，由于道已为虚设，实际上还是三级制。宋初因袭唐朝旧制，淳化五年（994）改道制为路制。有宋一代基本上实行的是路—州—县三级制，但州级单位有府、州、军、监，县级单位有县，也有军、监。唐、宋王朝道（路）制时期达600余年。

唐初改郡为州，武德四年在湖南地域置潭州总管府，管辖潭州、衡州、永州、郴州、连州、南梁州、南云州、南营州8州。武德七年（624）改总管府为都督府，统辖潭州、衡州、永州、郴州、连州、邵州和道州。太宗朝设道，湖南分属山南东道、江南西道、黔中道和黔中道黔州都督府。广德二年（764）置湖南观察使，湖南之名自此始。五代十国时期，马殷据湖南，立楚国，都长沙。楚分其所辖地为28州1监，湖南境为13州1监，即潭州、岳州、郴州、朗州、辰州、溪州、邵州、锦州、澧州、叙州、衡州、永州、道州和桂阳监。宋朝改道为路，湖南分属荆湖南路和荆湖北路。

（五）行省制时期

元代始实行行省制度，其最高一级的行政区划单位为行中书省，简称“省”。从13世纪后期至20世纪初，行省制度历经元、明、清三代700余年。元英宗至治时（1321—1322），全国划分为12个一级行政区，包括1个中书省和11个行中书省。11个行中书省为岭北、辽阳、陕西、河南、江浙、江西、湖广、云南、四川、甘肃、征东。元代行政区划基本上是行省下辖路，路领府、州，府、州辖县。明代基本上保留了元代的行省制。洪武九年（1376）朱元璋改革元代行省制度，改行省为承宣布政使司，由其总揽一省行政大权，其性质仍同行省，习惯上也称“省”。宣德三年（1428）以后，全国统分为两京、13布政使司。两京即北直隶京师和南直隶南京，13布政使司简称13司，俗称13省，为山东、山西、河南、陕西、四川、湖广、江西、浙江、广东、广西、云

南、贵州、福建。明代行政区划基本上是布政使司（省）下辖府，府下领州，州下领县。清代大体沿用明代体制，只是改布政使司为省。清初将北直隶改为直隶省，将南直隶改为江南省。之后划小部分省制，分湖广为湖南、湖北两省，分江南为江苏、安徽两省，分陕西为陕西、甘肃两省，全国内地为18省。此外先后在东北、新疆、西藏、台湾设省，全国共设23省。清朝的省制为我国近现代省的政区划分奠定了基础。

在元代，湖南属湖广行省，分14路3州，即岳州路、常德路、澧州路、辰州路、沅州路、靖州路、天临路、衡州路、道州路、永州路、郴州路、宝庆路、武冈路、桂阳路、茶陵州、耒阳州、常宁州。元朝政府还在今湘西少数民族聚居地实行土司制度，置有十多个长官司或蛮夷长官司，分别隶属思州军民安抚司、新添葛蛮安抚司和四川行省永顺等处军民安抚司管辖。

在明朝，湖南属湖广布政使司，辖地在今湖南境的有7府、2州、2司，即岳州府、长沙府、常德府、衡州府、永州府、宝庆府、辰州府以及郴州、靖州、永顺、保靖州军民宣慰使司。

在清朝，康熙三年（1664）置湖广按察使司，湖广右布政使、偏沅巡抚均移驻长沙。湖广行省南北分治后，湖南独立建省。湖南置长沙、衡州、永州、宝庆、辰州、常德、岳州7府，郴州、靖州2州由偏沅巡抚直接管辖。雍正二年（1724），偏沅巡抚易名湖南巡抚。至此，现行的湖南省行政区域作为独立的地方一级政权组织基本确立下来。

中华民国成立后，湖南的行政设置几经变化。至1949年8月5日湖南和平解放前，全省共有2个直辖市、10个行政督察区、77个县。其2个直辖市是长沙市和衡阳市。10个行政督察区是：第一行政督察区，治岳阳，辖岳阳县、长沙县、湘阴县、临湘县、浏阳县、平江县、湘潭县、醴陵县8县；第二行政督察区，治耒阳，辖耒阳县、衡阳县、衡山县、攸县、茶陵县、常宁县、安仁县、酃县8县；第三行政督察区，治郴县，辖郴县、桂阳县、永兴县、宜章县、资兴县、临武县、汝城县、桂东县、蓝山县、嘉禾县10县；第四行政督察区，治常德，辖常德县、澧县、桃源县、石门县、华容县、南县、慈利县、安乡县、临澧县9县；第五行政督察区，治益阳，辖益阳县、湘乡县、安化县、汉寿县、宁乡县、沅江县6县；第六行政督察区，治邵阳，辖邵阳县、新化县、武冈县、新宁县、城步县、隆回县6县；第七行政督察区，治零陵，辖零陵县、祁阳县、宁远县、道县、东安县、永明县、江华县、新田县8县；第八行政督察区，治永顺，辖永顺县、龙山县、大庸县、保靖县、桑植县、古丈县6县；第九行政督察区，治沅陵，辖沅陵县、溆浦县、辰溪县、凤凰县、乾城县、永绥县、泸溪县、麻阳县8县；第十行政督察区，治洪江，辖会同县、芷江县、绥宁县、黔阳县、晃县、靖县、通道县、怀化县8县。

中华人民共和国成立后实行省、地（市）、县行政区划制度。湖南行政区划几经调整，现辖14个地级行政区，即13个地级市，1个自治州；设122个县级行政区，即19个县级市，67个县（其中7个自治县），36个市辖区。

四、交通状况

水资源是人类生存生活的重要条件，远古先民凭借水资源繁衍生息，大都选择水文地理条件较好的河流缘水而居。远古先民为适应捕鱼和渡河等需要，便创造出舟筏利用河流运行。考古发现，最迟在7 000年前，我国长江中下游地区的先民就会操舟驾筏，开启了利用天然水道航行的历史。湖南靠近中原腹地，北临长江，内有洞庭湖及湘、资、沅、澧四大水系构成的水路交通网络，自古就是中国内陆的交通枢纽：既是南下两广北上中原的走廊，又是西进云贵川、东出闽浙赣的必经之道。到春秋战国时期，湖南水运已相当发达，史载“舳舻蚁集，商贾云臻，连阁千里，炊烟万户”便是对湖南水运鼎盛时期的生动描述。湖湘得“舟楫之便”，早在古代就创造了“转输半天下”的辉煌业绩。

湖南发达的水运为繁衍和传播文明发挥了重要作用，但是自古以来有不少人站在车马交通工具的角度来看地处祖国内陆的湖南，认为它交通闭塞，交往不便，称之为“四塞之省”。明人何乔新有诗曰：“潭阳远在夜郎西，石径萦纡路转迷。俗犷犹存盘瓠旧，树深难听鹧鸪啼。”钱基博曾说过：“湖南之为省，北阻大江，南薄五岭，西按黔蜀，群苗所萃，盖四塞之国，其地水少而山多。重山迭岭，滩河峻急，而舟车不易为交通……”可见湖南陆地交通之艰难。湖南东有幕阜、罗霄山脉与江西相隔，南有五岭环纡千余里，西有武陵、雪峰山脉与云贵高原相连，直至近代都难以陆路交通是事实，但忽视湖南发达的水系

与水路交通的优势而称之为“四塞之省”却有失偏颇。

自古代直至近代，相对于水运而言，湖南的陆路交通比较落后，1913年长（长沙）潭（湘潭）公路破土动工，才开了湖南公路建设的先河。湖南交通的大发展和大改观是在中华人民共和国成立之后。现在的湖湘，已经形成了铁路、公路、航空、水路结合、四通八达的立体交通网络。

现在的湖湘铁路交通发达。境内铁路形成了以南北向京港澳线、焦柳线、呼南线和东西向沪昆线、渝长厦线、杭瑞线、湘桂线、厦蓉线“三纵五横”骨干铁路网，连通全省各个市府州府和大部分市县。湖南是全国高铁的排头兵，2022年实现市市通高铁，2023年高铁营运里程2408公里，居全国第5位；目前，长沙可高铁直达全国23个省会及直辖市。

现在的湖湘公路纵横交错，四通八达，形成了以省会长沙为中心、以高速公路为主骨架、以国省干线公路为依托、以县乡公路为脉络，覆盖全省、辐射全国的公路交通网络。目前湖湘境内有包括京港澳高速、杭瑞高速、沪昆高速3条国道主干线的20条国道纵贯南北，横穿东西。还有142条省道连接到各县，由县乡公路连接到全省所有乡村。至2022年底，湖湘的高速公路通车总里程数达到7330公里，位居全国前列，省会长沙与全省13个市州全部实现高速公路相连，距省会长沙最远的市州都可以实现4小时抵达。“五纵六横”的高速公路网连通全省所有的县市区，打通出省通道24个。

现在的湖湘航空发达，拥有由长沙枢纽机场、张家界旅游干线，机场以及岳阳、衡阳、怀化、常德、永州、邵阳支线机场构成的运输机场群，民航通达国内外166个航点，实现了五大洲直航。长沙黄花机场成为全国民用航空干线的重要枢纽，2022年旅客吞吐量1250.8万人次，列全国机场第12名，位居中部之首。张家界荷花国际机场已开辟国际国内航线34条，分别与11个国际城市和18个国内城市通航。

现在的湖湘水运条件更加优越，全省拥有通航河流373条，航道1.2万公里，约占全国内河通航里程的十分之一，位居全国第三。全省90%的地级市临江通航，95%的县市航线贯通，70%的中心城镇傍水有渡。城陵矶港货物沿洞庭湖可达湘、资、沅、澧四水各站，形成了以洞庭湖为中心、以湘、资、沅、澧四大干流为主干、沟通全省、通达长江的航道网络。全省有港口63个，其中有10个港口年货物吞吐量在200万吨以上。长沙港和岳阳港是全国内河主要港口，岳阳港城陵矶港区系国家一类开放口岸。湘潭、株洲、衡阳、常德、益阳等港口年通过能力均在 100 万吨以上。2022 年湖湘承运客运量 823 万人次，居全国第 5 位；货物吞吐量 2.67 亿吨，居全国第 12 位。

第二节 人文荟萃

这是一块神奇的土地，这里的先民开启了璀璨夺目的人类早期文明，这里自古以来就广受王道教化的浸润，这里构筑了世人瞩目的文化高地，孕育了卓绝的人才群体。

一、文明渊薮

土地、河流、气候，这些自然的重要元素和生命的依托，从一开始便和人类生活、文明产生与文化历史形成了一种不解之缘。地处中国中南部的湖南，处在北回归线上，气候四季分明，温湿而多雨；湘、资、沅、澧四水和近 5000 条支流构成庞大的水系覆盖湖南全境。这一自然环境很适合作物栽培和人类生存。在湖南永州道县玉蟾岩遗址发现的超乎1.2万年前的栽培稻谷，是一种兼有野生稻、籼稻和粳稻综合特征的从普通野生稻向栽培稻演化过程中较早阶段的原始栽培稻，它是迄今世界上发现的最早的栽培稻标本。这表明，湖南先民在自然界不能满足人们食用需要的野生稻面前，通过栽培改造野生稻，率先为人类燃起了开拓稻作文化的希望。湖南洞庭湖区土质松软的澧阳冲积平原，具有发展规模稻作文化的自然条件，从旧石器时代晚期开始，先民们陆续进入了这个平原。在澧县八十垱遗址，发现了距今 8000 年以上的上万粒稻谷和稻米，它是全世界发现史前稻作谷物最多的地方。农业是文明起源与形成的物质基础，也是人类文明的基石，它使我们有了家庭，有了民族。

道县玉蟾岩、澧县八十垱等遗址中稻谷的发现和成功解读，雄辩地证明湖南湘江上游和澧水流域农业文明发源在中华远古文明史和世界文明史上的独特地位和重要作用。

在玉蟾岩遗址还发现了古代陶器制品。中国、美国和以色列学者对玉蟾岩遗址进行的合作研究成果显示，这些陶器的年代为距今18 000－17 000年。这是迄今发现的人类最早的陶器制品。它表明湖南先民在旧石器时代晚期就发明了陶器，它比世界其他任何地方发现的陶片都要早数千年。陶器曾被认为是人类社会新、旧石器时代分界的标志之一，也是人类文化史和技术史上一项非常重要的发明创造。湖南先民最早发明了陶器，谱写了人类早期灿烂的科技篇章。

湖南优越的地理环境无疑是原始人群最理想的生存场所，先民们首先在江、河、溪地段的一些缓坡、土台创造了“棚架”“茅棚”“窝棚”等简单的生活住所，再逐步向较先进的石棚“台式建筑”过渡。考古材料证明，距今8000多年前，原始人群即已栖息于湖南广阔的山川之间，并转入定居的农耕生活，然后逐步形成集中居住的“台式建筑”。这种“高台式土木建筑”，当是“高台式宫殿建筑”的源头，也应当是早期城市的源头。1991年以后连续多次考古挖掘发现的湖南澧县车溪乡城头山古城址，对城墙的碳14测年数据表明，第一期城墙建于大溪文化早期，距今6000余年，是目前我国发现的年代最早的古城址。这一发现，将中国古城出现的时间提前了近千年，它表明湖南是早期城市文明的发源地。

在湖南这块土地上，先民们创造了人类早期的物质文明，同时也创造了精神文明。在湖南省洪江市发掘的高庙遗址，发现了一处已揭露面积达700余平方米的大型祭祀场所，距今在7400年以上，被认为是迄今为止全国规模最大、年代最早的祭祀文化遗址。在高庙遗址发掘的中国目前所见年代最早的装饰有凤鸟、兽面、太阳和八角星等神像图案的陶器，当是先民们用于宗教礼仪活动的“艺术神器”。这些陶器纹样中出现的太阳、八角星图案和“×”刻画符号，既初具图画文字符号功能，又体现了先民们的原始宗教意识和宇宙观念。它形象地反映了原始农业发明以后先民们对知时鸟和太阳的崇拜，对于阳光、雨露和五谷丰登的祈求。这些陶器上的凤鸟图案表现的应该就是当时古人心目中的凤凰，它所蕴含的正是一种崇凤的民族情结。八角星图案和“×”刻画符号，应当是寄寓着先民的方位或天地等观念，可视为中国八卦原始模型和五行观念的源头。“八卦”的八方空间观念和“五行学说”的五方空间观念等，是中华文明的基本内核。从目前所发掘的考古资料看，这些符号与观念都在湖南率先出现，可以设想，湖南是形成中华民族共同观念的一个重要的发源地。

在湖南这块神奇的土地上，发现了18 000－17 000年前的陶器，发现了12 000年前的栽培稻，发现了7400年前的八卦原始模型、标志着中国五行观念滥觞的一个重要符号“×”亦即后来甲骨文中的“五”字，以及作为中国文化底色的凤鸟图案。这一大规模、成系列的考古发现表明，在湖南产生的人类早期文明，不仅在中国文化史上是最早的，而且有的在世界文化史上也是最早的。稻作是人类农业文明的起源，陶器是人类工业文明的起源。上古时期的湖南不仅不是蛮荒之地，而且是文化开发最早、最发达的地区，堪称文明渊薮。上古湖湘文化有一万多年的历史，从这个意义上说，湖湘文化的源头也可以认为是中国文化的源头。

二、帝德广被

由于湖南水路交通极为便捷发达，很早就受到远古帝王的德泽教化影响。

我国史籍记载的中华文明史，一般是从“三皇五帝”开始的。“三皇五帝”也就成为中华民族的始祖。而湖湘文化与“三皇”中的神农氏炎帝和“五帝”中的舜帝均有着密切的关系。在中华文明史上，神农氏炎帝被认为是农耕文化的奠基人。《周易·系辞》记载神农氏“斫木为耜，揉木为耒，耒耨之利，以教天下。”神农氏炎帝在湖南地区创立了比较发达的农业文明。在湖南，他遍尝百草，为民治病，后来因为误尝断肠草而崩，葬于长沙茶乡之尾即今天的炎陵县。神农氏族因缔造农耕文明而被拥戴为中心氏族，其子孙也就受延揽而衍于四方。湖湘文化在神农中心氏族的心脏地区发展起来，浸透了神农氏族文化的精神。

“五帝”之一的舜帝是中华道德文化的奠基人。历史典籍中大量记载的他的道德精神，诸如孝敬父母、谦恭礼让、以德治国、举贤任能等，成为中华传统道德的典范。《史记》记载舜帝

“崩于苍梧之野，葬于江南九嶷”，《山海经》记载“湘水出，舜葬东南陬”。屈原在流放楚国留下的《湘夫人》等千古绝唱，都与湖湘地域的“二妃寻夫”等民间传说密切相关。从《史记》等史料记载可以看出，舜帝传说源自湖湘，舜帝道德精神的传播出自湖湘。

炎帝、舜帝作为中华民族的人文始祖，开拓华夏人文文化，对中华文明进步做出了巨大贡献，他们的丰功伟绩对华夏子孙世世代代产生了深远的影响。湖南作为炎帝、舜帝重要的活动地区和安眠之地，承载着更多的浸润、传播、传承中华始祖功绩与教化的光荣与幸运。

《周易·系辞》高度概括的“自强不息”“厚德载物”的炎黄文化的基本精神，毫无疑义地成为湖湘文化的渊源与底色，炎黄文化传统中持续作用着的勇于征服洪荒的艰苦创业精神、勤于科技发明的开拓创新精神、乐于为民造福的牺牲奉献精神、包容互补的民族大团结精神一脉传承至今，成为湖湘文化的价值取向和思维方式的基础，有宋以来湖湘文化受到世人的广泛瞩目与确认，近百年来湖湘人物在历史舞台上的出色表演，无不有力地证明湖湘文化是中华文化的多样性结构中的一个独具特色的组成部分。

三、文化高地

三湘四水的灵动多彩，孕育着激越冲突型的文化思想，激发起湖湘人敢为天下先的创造冲动。湖南先民率先制作陶器，率先栽培水稻，率先建造古城，率先创造了八卦原始模型、五行观念和作为中国文化底色的龙凤图案，创造了灿烂的远古湖南文化。

湖南在春秋战国时期属楚地。当时的楚文化高度发达，光彩熠熠，在很多方面卓然领先。同时受到中原文化的浸润，两者交融生发，构筑了世人瞩目的文化高地。

宋代以后，形成了学术体系的湖湘文化更加受到世人的广泛瞩目与确认。我国的学术思想发展，继先秦两汉经学、魏晋玄学、隋唐佛学之后，至北宋兴起了理学文化思潮，逐渐成为中国封建社会中占统治地位的哲学学术思想。北宋理学先有周濂溪的濂学、张载的关学、二程（程颢、程颐）兄弟的洛学三派。后来洛学由朱熹发扬光大，在福建开创闽学，形成濂、洛、关、闽四个学派。理学创立者有周敦颐、邵雍、张载、程颢、程颐，至南宋朱熹而集大成，而创始人和奠基者是周敦颐。程颢、程颐是周敦颐的学生，朱熹又是二程洛学的继承者。《宋元学案》高度评价周敦颐作为北宋理学开山之祖的地位："孔、孟而后，汉儒止有传经之学。性道微言之绝久矣。元公（周敦颐谥号）崛起，二程嗣之，又复横渠诸大儒辈出，圣学大昌。"清代学者杨凯运有联曰："吾道南来原是濂溪一脉，大江东去无非湘水余波。"湖湘作为理学源头，实至名归。

两宋之时，在文化重心南移的大背景下，湖南成为以儒学文化为正统的省区，被学者称为"潇湘洙泗""荆蛮邹鲁"，岳麓书院讲堂所悬的"道南正脉"匾额，显示着湖湘文化所代表的儒学正统。从周敦颐、张南轩，到王船山、曾国藩，他们的学术思想、学术追求，都是以正统的孔孟之道为目标；以宋代胡安国为开创者，历胡宏、张栻、王船山、曾国藩、谭嗣同、杨昌济，以至毛泽东，湖湘文化形成了自己独特的风格，这就是将理学的道德精神与经世致用的实事实功相结合。这种学术文化影响深远，自北宋至近代，湖湘一直处于我国的文化高地。

湖湘经世致用的哲学思想是湖湘文化的底色，它深刻地影响着湖湘文化的方方面面。宋、元以来，在湖湘文化兴盛的大环境下，湖湘史学得以迅速发展，产生了胡宏的《皇天大纪》、胡寅的《读史管见》、路振的《九国志》、李东阳的《大明会典》等一大批史学著作。特别是到了明、清之际，湖湘史学在全国处于领先地位，出现了像王夫之这样的史学大家。王夫之所著《读通鉴论》《宋论》等史学著作，运用唯物主义自然观和朴素辩证法观察和解释社会历史现象，显示出超越前人的理性主义光辉。晚清以来至现代，湖南产生了魏源、陶澍、王闿运、翦伯赞、周谷城等一大批史学大家。湖湘教育大兴于宋代，历时千年而形成了自己独特的传统：重视学思并重与知行统一，重视独立思考与理性批判。岳麓书院就是这一传统的见证与代表。自宋以来，湖南的书院教育十分兴盛，北宋时期，湖南开办书院 9 所，在全国各省份名列第二；南宋时期，湖南开办书院 43 所，在全国名列第四；元代湖南有书院 31 所，在全国仍名列第四；明代有书院 100 所，名列第八；清代达到 360 所，仍在全国排名第七位[1]。自宋以后，湖南县学也迅速普及，至宋代，荆湖南路县学的普及率为 92%，而当时全国仅为

[1] 邓洪波. 中国书院史·增订本[M]. 武汉：武汉大学出版社，2012.

44%[①]。湖南至今保持着兴学重教的光荣传统，据统计，2022年湖南办有各级各类学校11659所，在校学生1256.6万人，教育事业总规模位居全国第七位，教育发展总体水平居全国前列。

① 张楚廷，张传燧.湖湘文库·湖南教育史·第一卷[M].长沙:岳麓书社，2008:178.

湖湘文化孕育了灿烂的湖湘文学。《楚辞》是中国古典诗歌的源头之一，也是中国浪漫主义文学的源头，而湖湘大地正是《楚辞》产生的重要区域。屈原作为楚辞艺术的奠基人与杰出代表，他的许多代表作如《离骚》《九歌》《九章》《天问》等，大多是在他流放湖南地区创作的。这些代表楚文化奇谲诡异艺术精神的诗篇，都是在当时湖南民间巫傩文化的基础上诞生的，充分吸收了沅湘之地的神话巫风，是湖湘文化为中国文学鼻祖屈原的诗歌创作提供了源头活水和文化土壤。湖湘文学艺术秉承着屈原忧国忧民的文学传统和湖湘文化“经世致用”的哲学传统，具有“文道合一”的鲜明特色。以曾国藩为首的“湘乡文派”就是这一特色的代表，毛泽东的诗文创作也表现出湖湘文化的鲜明特色。

四、人才群体

一方山水孕育一方文化。卓越文化陶铸卓越人才。

在我国5000年文明史的长廊中，湖南产生了一批名震天下的人才，如发明造纸术的蔡伦，书法家怀素、欧阳询，学问家周敦颐、李东阳、王夫之等。但就史籍记载的古代人物来说，湖南人才数量偏少。然而，近300年来，湖南人忽如睡狮梦醒，在中国的政治、军事、文艺、学术各个领域异军突起，名冠中华，誉满全球。“惟楚有材，于斯为盛”，湖南作为“功业之盛，举世无出右者”的省份，造就了令人眩目的“湖南人现象”，受湖湘文化熏陶的湖南近代人才群体，一个个走上中国政治历史舞台。

近代湖湘第一个人才群体以陶澍为先祖，贺长龄、贺熙龄、唐鉴、汤鹏、魏源、邓显鹤、欧阳中鹄、罗尧典等团聚呼应，形成全国瞩目的湘籍经世派，活跃在中国政治舞台上，发出了湖南人“天下兴亡，舍我其谁”的先声。

第二个人才群体以曾国藩为统帅，以胡林翼、左宗棠为首领，彭玉麟、罗泽南、郭嵩焘、刘蓉、江忠源、刘长佑、刘坤一等一大批书生出身的人才在中国政治军事舞台上纵横驰骋，锐不可当。湘军及湘籍士子之盛，“200 余年中所未见”。据罗尔纲的《湘军新志》统计，湘军将领官至督抚者达 27 人之多，其中总督 14 人，巡抚 13 人。《清代七百名人传》立传名人 714 人，其中湖南人 51 人，居全国第四位。尤其到了清朝后期，湖南人才在全国占有突出的地位。“天下不可一日无湖南”，湘军声名赫奕，豪气干云。

湘军的成功，极大地激励了第三个湖南人才群体，谭嗣同、唐才常、熊希龄、蔡锷、黄兴、宋教仁、陈天华、姚洪业、蒋翊武等，他们大多未曾博得显赫的功名，但在维新运动和辛亥革命前后，在中国历史更迭、风云变化的大潮中，痛快淋漓地展现了湖南人的牺牲血性与无畏气概。维新运动中，湖南得风气之先，成为“全国最富朝气之一省”。而孙中山领导的辛亥革命，1905 年夏在日本参加筹备会的共 79 人，人数居首位的是湖南，计 20 人。后来在东京正式加入同盟会的湖南籍志士为 157 人，再居各省之首。浏阳人谭嗣同以“我自横刀向天笑，去留肝胆两昆仑”的悲壮，成为第一个变法流血者；新化人陈天华，曾以《猛回头》《警世钟》闻名，在日本投海自杀，以生命警醒国民；益阳人姚洪业，在上海黄浦江投江殉志，以示湖湘子弟“尽掷头颅不足痒”的精神；澧县人蒋翊武领导武昌起义，拉开中国近代史的帷幕，28 岁时在桂林从容就义，孙中山先生给予其“开国元勋”的赞誉。杨度曾以《湖南少年歌》表达湖南人的决绝与倔强：“若道中华国果亡，除非湖南人尽死。”辛亥革命中，湖南人影响之大、牺牲之惨烈无出其右。长沙市岳麓山便安葬着 32 位辛亥革命志士，是全国仅有的一座辛亥革命山。

第四个人才群体便是以毛泽东为代表的中国新民主主义革命的先锋群体，有中国共产党、中国人民解放军、新中国的缔造者刘少奇、彭德怀、贺龙、罗荣桓等。解放战争时期，中共中央五大书记中，湖南人有 3 位，占 60%；1955 年中华人民共和国第一次授军衔，“十大元帅”中有彭德怀、贺龙、罗荣桓 3 人，占 30%；“十名大将”中有粟裕、黄克诚、陈赓、谭政、萧劲光、许光达 6 人，占 60%；57 名上将中有 19 位湖南人，占 33.3%；176 名中将中有 45 位湖南人，占 25.5%；1359 名少将中有 129 位湖南人，占 10%。

从 1840 年到 1949 年，活跃在中国近现代历史舞台的各种知名人物 1238 人中，湖南人 116 人；在著名的 761 位历史名人中，

湖南人有 83 人；在 495 名中国共产党史人物中，湖南人有 89 人，其中党的杰出领导人和创建时期的主要领导人有 13 人，占 48%。著名历史学家谭其骧称：“清季以来，湖南人才辈出，功业之盛，举世无出其右。”美国华文报纸《北美日报》1986 年 7 月 1 日的社论认为：“湘籍历史名人、学者、政治家人数之多，近百年来一直居各省之冠。”

第三节 山水神韵

这是一块神奇的土地，造物主赐予它奇特的山川，秀美的风光，这是一个令人向往令人陶醉的好地方。

一、湘山之奇

湖南东、西、南三面峰峦起伏，西部为武陵—雪峰山脉，南部为五岭（统称为“南岭”）山脉，东部为幕阜—罗霄山脉，山岭相连，地势高峻，中部多为丘陵和盆地，起伏和缓，只有北部为洞庭湖平原，地势低平。总体上看，湖南地貌以山地、丘陵与岗地为主，它占了全省总面积的 80%。在这广袤的山地和连绵的山脉中，显露出奇伟的风貌，蕴含着深邃幽眇的神韵。因此，要了解湖湘山水风光，得先看山。

让我们先看湖南西北部的武陵山脉。提到武陵山脉，人们便会首先想到被誉为“天下第一奇山”的武陵源自然风景区。“武陵源”一词最初见于盛唐诗人王维《桃源行》中的诗句“居人共住武陵源，还从物外起田园”。此后“武陵源”一词便常用来指代美好的生活境地。现在我们把这个美好的名字献给了湖湘西北部这个最美丽的地方。武陵源自然风景区包括了张家界国家森林公园、索溪峪自然保护区、天子山自然保护区和杨家界自然保护区。张家界国家森林公园是 1982 年成立的中国第一个国家森林公园，1992 年联合国教科文组织世界遗产委员会批准武陵源列入《世界遗产名录》。张家界国家森林公园无疑集中了武陵源自然风景区最精华的风光，以至于人们常常以“张家界”统称武陵源景区。亲近张家界，当我们俯视着这片 20 万亩的峰林，它就像一个巨大的盆景，集中展览出 3000 多座石英砂岩山峰，美不胜收。当我们走进景区，又可以看到它们或列长队，或三五成群，或群英聚会，或一枝独秀，各显容姿。仰观则铺天盖地，俯视则呼啸奔腾，大自然的鬼斧神工造就它无可匹敌的崛立和举世无双的壮景。湖湘诗人彭浩荡曾这样讴歌它：“十万山国的巨灵聚会在这里／每只手里攥着一个／斯芬克斯的谜。”张家界国家森林公园东北面便是索溪峪自然保护区。这里洞穴奇异，峡湖倚天，景中有景，园外有园，5000 座岩峰千姿百态，800 条溪流蜿蜒曲折，如诗如画，美不胜收。经过索溪峪便到了天子山。这里以峰高、峰大、峰多著称天下，石峰林立，沟壑纵横；雄壮的石林或如刀枪剑戟直刺云天，或如千军万马奔腾而来，或如蓬莱仙境若隐若现，蔚为壮观。

武陵山脉北向支脉有一座称为“东半球物种的挪亚方舟”的壶瓶山。壶瓶山位于湖南西北部，主峰在石门县与湖北省鹤峰县、五峰县交界的地带，海拔 2098.7 米，为湖南省第二高峰。壶瓶山群山起伏，苍翠连绵，有壮观的图画，有优美的传说，有奇特的石头和溶洞，还有瀑布峡谷，但它最显著的特点是有着众多的古老的孑遗物种。这里有国家一级保护植物银杏、江豆杉、南方红豆杉、钟萼木、珙桐、光叶珙桐，有国家二级保护植物 21 种，有国家一级保护动物华南虎、金钱豹、云豹、林麝、金雕 5 种，有国家二级保护动物 48 种，无愧于“天然动物园”和“植物王国”。

在武陵山脉北向支脉还有一座五雷山，位于慈利县东部。其山不高，最高峰仅海拔 976 米，但它是道教名胜，其道教“始于唐，盛于明”。现存道观建筑群始建于元代，竣工于明代，至今已有六七百年历史。这里共建有大小寺庙 100 多座，计 36 殿、72 宫、48 寨，全部依山势而建，聚集在一条山脊之上，长达两里多路远。它浮现在浮云淡雾和苍林翠竹之间，给人以仙台琼阁的美感和道教真谛的冥想。

当我们的视线移到湖南南部的南岭山脉，在其中部有著名的九嶷山。九嶷山群峰挺拔，疏密得当，起伏自然，俊俏而秀美，其风光自有迷人之处。但九嶷山引人朝圣的更重要的原因

是祭拜中华民族始祖舜帝。《史记》中载："（舜）南巡狩，崩于苍梧之野，葬于江南九疑，是为零陵"。九嶷山本名苍梧，传说人们祭奠舜帝时看到的竟然是九座一模一样的陵墓，后来又化成九座一模一样的山峰，"九峰相似，望而疑之，谓之九疑"。《水经注》则称："蟠基苍梧之野，峰秀数郡之间。罗岩九举，各导一溪；岫壑负阻，异岭同势；游者疑焉，故曰九疑山。""九疑"又写作"九嶷"，"疑"字上面加一"山"字，平添了九嶷山的韵味与神奇，也成了九嶷山不可替代的商标。九嶷山是一个地域，它拥有数十座山峰，其中有一座气势不凡的山峰叫舜源峰，山下是气势恢宏的舜庙。舜源峰附近还有娥皇峰、女英峰、美女峰、梳子峰、舜峰、萧韶峰、斑竹岩、玉琯岩等。想一想这些或史书记载或百姓流传的山名，我们就可以想象舜帝在人们心中的分量。20 世纪 60 年代，一代伟人毛泽东写下《七律・答友人》的壮丽诗篇，九嶷山为之壮色。

南岭山脉有数不胜数的奇山。在宜章县境内有南楚奇峰莽山，在传说李自成率领大顺军大败清兵的鬼子寨，那鬼斧神工的奇峰奇石和从叠石岩上飞泻而下的溪泉令人惊叹。在新宁县境内有崀山。崀山属于典型的丹霞地貌，那由不同阶梯的红色夹杂着的山头，构成馒头般的优美弧线，格外圆润而柔美。登上云台山看八角寨景区"鲸鱼闹海"的壮景，我们会惊奇不已。在双牌县境内有阳明山，它东西纵横 75 公里，南北蜿蜒 60 余公里，主峰高耸，沟壑纵横，峰峦重叠，显得巍峨而险峻。名山诱人啊！唐代柳宗元来到阳明山写下《游黄溪记》，宋代佛僧来到阳明山建筑佛殿庙寺。到明代，人们在这里建立了万寿寺，敬奉着高僧秀峰。

在横亘千里的南岭山脉，在郴州境内有一座山不高却颇有名气的苏仙岭。苏仙岭的知名因了苏仙。传说西汉惠帝时代，郴州城东一位潘姓姑娘到郴江浣洗衣裳吞萍成孕，生下苏耽。苏耽长大后孝敬母亲，聪颖勤奋，得异人授仙术，为民治病，造福乡里。苏耽 13 岁时跨鹤升仙，辞别母亲时，将老仙翁授给的石匣捧送到母亲手中，嘱曰：有需必得，慎勿发也。明年郡有疫，可取庭前井水橘叶救之。第二年，郴州果然暴发瘟疫，苏母按照儿子的嘱咐，凡来求医者，汲取庭前井水泡橘叶救之，使人们幸免于难。自此，人们敬祀苏仙香火不断，"橘井泉香"这一典故也因此流传下来，传遍全国及日本与东南亚等国。唐开元十九年（731），唐玄宗令桂阳郡太守在马岭修建了苏仙观。

此后，道教徒们又在半山腰兴建一座苏仙中观，在岭下的白鹿洞兴建了一座苏仙下观，这样整座山全被苏仙占了。宋大中祥符元年（1008），宋真宗赐名“集灵观”“桔井观”。这样，马岭山名渐渐被人遗忘了，而苏仙岭的名字倒越传越远，历代文人墨客也在这里留下诗文与故事。晋人葛洪的《神仙传》和清人蒲松龄的《聊斋志异》都记载了苏仙的传说，唐代大文学家韩愈在这里写下名篇《送廖道士序》。宋代词人秦观在这里写下名词《踏莎行·郴州旅舍》，后来苏东坡为秦观词作跋，米芾为之作书。南宋度宗咸淳二年（1266），任郴州知军的邹恭请石匠将米芾书写的秦观词、东坡跋刻于白鹿洞旁的崖壁上，是为“三绝碑”，至今尚存。1960年，毛泽东到湖南视察接见省委主要领导同志和各地、市、自治州委书记时，特地向当时的郴州地委书记问起三绝碑，还饶有兴致地背诵了秦观的《踏莎行·郴州旅舍》，并作了精辟的讲解。

当我们的视线从湖南南部向东移去，可以看到与江西接壤、逶迤起伏的罗霄山脉。罗霄山脉自南向北，莽莽苍苍，气势非凡。在罗霄山脉与南岭山脉相接处有一南向分支，叫八面山。八面山连绵80公里，雄踞湖南东南端桂东县与资兴市境内。因其高大，“登之，可见郴、衡、吉、赣诸郡”[①]故名“八面山”。八面山主峰海拔2041.2米，为湖南第五高峰。

八面山北面有著名的酃峰，海拔2115.4米，为湖南第一高峰。酃峰地域有一个桃源洞。面对桃源洞仰望洞的上方，眼前便是气势磅礴的珠帘瀑布。这瀑布从50多米高的山垭里跌扑下来，在洞口处流出，每逢春季，水面漂浮着一层桃花瓣，这溪便成了桃花溪，洞也称作桃花洞。桃花洞其实只是这个国家级自然保护区的一个门厅，其中有许许多多的溪流、幽谷、水潭，有云豹、金钱豹、穿山甲等国家一级、二级保护动物，有银杉、大院冷杉、铁杉、福建柏、红豆杉等珍稀植物200多种。桃源洞更引人的是那些神奇优美的传说。桃源洞不远处就是炎帝陵园，桃源洞原本就是当年炎帝采药的地方，所以这里有炎帝的脚痕、洗药潭、晒药台、捣药臼、藏药洞。又传说唐代的骆宾王为避武则天的发难，曾在此居住，并在瓜寮婆婆崖留下寄情的石刻。又有铁头太子的传说，但不知他是哪朝人物，至今仍存铁头太子之墓。还有桃源仙寺等庙观不绝于耳的钟声。

罗霄山脉中段有武功山，它地处攸县境内。武功山西南端有酒埠江风景名胜区，这里有国家水利风景区，有国家地质公

① 出自（清）顾祖禹《读史方舆纪要》。

园。罗霄山脉连绵北伸，至浏阳市、平江县境内有连云山。连云山除同名主峰以外，还有福寿山、甑盖山、石柱峰、道吾山等峰。群峰绵亘，常有云气覆其上，连云山因此而得名。罗霄山脉北面的最高峰，是雄踞平江县境内的幕阜山。幕阜山又名天岳山、天柱山，岳阳郡府在天岳山南面，因此叫“岳阳”。

湖南地势东南西三面环山，逐渐过渡到中部的丘陵地带和北部平地和湖区。高耸在这广袤中部丘陵台地之上的衡山为湖湘名山，同时也是华夏名山、天下名山。衡山又名南岳，是我国五岳之一。它雄踞湖南腹地，气候条件优越，以至是处茂林修竹，终年飘香滴翠，景色秀丽迷人，故有“南岳独秀”的美称。清人魏源《衡岳吟》中说：“恒山如行，岱山如坐，华山如立，嵩山如卧，唯有南岳独如飞”。可见衡山独具的秀丽与灵动。衡山号称以回雁峰为首，以岳麓山为足，逶迤 72 峰，周回 800 里，其中心景区占了 43 峰。衡山有祝融峰之高，有藏经洞之秀，有水帘洞之奇，有方广寺之深。这里春观花，夏看云，秋望日，冬赏雪，婀娜多姿，美不胜收。衡山又是人文奥区，《诗经》“如南山寿，不骞不崩”诗句中的“南山”即指“南岳衡山”，因而衡山又有“中华寿岳”之称。衡山又是中国南禅、天台宗、曹洞宗和禅宗南岳、青原两派的发源地，因而又称为“宗教圣地”，道教有“十大洞天、三十六小洞天和七十二福地”地上仙境之说，衡山便有朱陵洞天和青玉坛、光天坛、洞灵源三处福地。南宋理学大师胡安国曾在山麓结庐治学设教，“其所为《春秋传》，专以息邪说、距行诐、正人心为本”。（真德秀语）成为湖湘学派的重要创始人。

南岳衡山逶迤 400 里，连绵 72 峰，最后一峰在长沙，它是南岳的山麓，故名岳麓山。岳麓山海拔仅 300.8 米，连峦叠峰仅数十里，但厚重的文化使它名扬天下。在这里，你可以游览白鹤泉、云麓宫、爱晚亭、穿石坡，你可以观赏晋朝罗汉、唐代银杏、宋代香樟、明清枫栗。你可以看到“汉魏最初名胜，湖湘第一道场”，你可以读到唐代著名文学家、书法家李邕撰文并题的“麓山寺碑”，你可以读到宋代摹刻的全国最古老的“禹王碑”。你可以聆听到骆宾王、杜甫、李白、李商隐等著名诗人的往来吟咏，你可以聆听到列宋代全国四大书院之首的岳麓书院的朱张会讲，你可以读到黄兴、蔡锷、陈天华、姚宏业等民主革命党人凛然浩气，你可以读到毛泽东、蔡和森、罗学瓒、张昆弟等老一辈无产阶级革命家的青春风采。

二、湘水之秀

如果说罗霄山脉、南岭山脉、武夷山脉构筑起湖湘大地东南面和西北面的天然屏障，显示着湖湘大地的雄奇与壮美，那么，从这东南面和西北面的山脉中流出的大小 5000 余条河川，大都汇经湘、资、沅、澧四水而注入洞庭湖，在湖湘大地上织成宏阔大气的水网，便显示出湖湘大地的灵动与秀逸。

三湘四水，首推湘江。湘江为湖南第一大江，它发源于湖南省永州市蓝山县紫良瑶族乡蓝山国家森林公园的野狗岭，自西南向东北蜿蜒而下，斜贯湖南省境，跨永州、郴州、衡阳、娄底、株洲、湘潭、长沙、岳阳 8 市，从湘阴县濠河口注入洞庭湖。湘江干流全长 948 公里，沿途接纳大小支流 2 157 条，流域面积 94 721 平方公里，占全省总面积的 44.7%，流域内人口4070万人，占全省总人口的 60%。湘江是湖南的母亲河，是孕育湖湘文明的生命之河，湖南因有湘江而简称“湘”。

湘江的上游称“潇水”。潇水，古名深水，又名营水，东晋以后改名潇水。《水经注·湘水》说：“潇者，水清深也。”可知潇水是因其水流清绿幽深而得名。潇水蜿蜒曲折 354 公里，至永州市蘋岛始称湘江，并有了雅称“潇湘”。湘江至此荟萃了永州美景之精华，朝阳旭日、迴龙夕照、蘋洲春涨、香零烟雨、恩院风荷、愚溪眺雪、绿天蕉影、山寺晚钟组成的永州八景，便是景致美向意境美的升华。如此美景，致使历代诗画层歌迭唱，五代南唐画家董源最早创作了《潇湘图》，后来又有宋迪作《潇湘八景图》。画之不足又诗咏之，唐代诗人杜荀鹤咏叹“残腊泛舟何处好，最多吟兴是潇湘”，宋代诗人刘克庄惊叹“画图曾识零陵郡，今日方知画未如”。潇水至此不仅使湘江有了更为宏润的气势，更重要的是为湖湘增添了厚重的文化和无尽的诗意。舜帝南巡潇湘大地，他那以人为本、施政以德、勤政爱民、让贤荐能、谦恭尚礼、诚实守信、至孝笃亲的深广情怀和中国古代主流思想的道德文化，伴随着潇湘滔滔江流，穿越几千年的时空流淌至今，滋润着一代代华夏子孙。舜帝二妃千里寻夫、泪洒斑竹的感人传说，为潇湘的历史文化增添了丰富的情感内容，使其更加哀婉动人。在这条河流里，还流淌着中国乃至世界最古老的稻作文化和后来的周敦颐理学文化，它们如此深远

地影响着中国乃至世界。潇湘积淀和滋生的源远流长的中华文化，使“潇湘”不仅是一个地理意义的名词，而且具有历史意义和文化意义。于是，唐代大诗人李白在这里留下“怀沙去潇湘，挂席泛溟海”的诗句，唐代文学家柳宗元在这里写下名篇《湘口馆潇湘二水所会》，宋代诗人陆游留下了“挥毫当得江山助，不到潇湘岂有诗”的千古绝唱，清代文学家曹雪芹在《红楼梦》里把“潇湘”馆名赠给了他心爱的主人公林黛玉的住所，“潇湘”因此而成为湖南又一个全新的代名词。

湘江自永州流经祁阳，接纳了一条涓涓小溪名叫浯溪。浯溪溪口的右侧，耸立着一座屏风似的小山，峻峭盘曲，秀木环生，亭台间杂，若隐若现，宛如一座山水盆景。唐大历年间，大诗人元结来此筑庐，大历六年（771）请大书法家颜真卿将他的名作《大唐中兴颂》镌刻在浯溪摩崖之上，于是便有了古今中外碑文化奇观。尔后，唐代刘长卿，宋代黄庭坚、米芾、秦观、李清照、范成大，明代解缙、董其昌，清代袁牧、何绍基、吴大雨等文人墨客纷至沓来，留下摩崖诗文书法作品 505 方之众，形成全国罕见的保存完好的露天碑林。湘江流经耒阳，接纳了耒水。耒水流芳是因为她孕育了蔡伦这位划时代的人物，蔡伦发明的“蔡侯纸”取代笨重的简牍和昂贵的缣帛，对人类文化的传播和世界文明的进步做出了杰出的贡献。

湘江流经衡阳与蒸水汇合，是为蒸湘，自蒸湘以下为湘江下游。接纳了众多支流的湘江下游，烟波浩渺，阔大壮观。湘江流经株洲、湘潭、长沙三个重镇，这里文明堆叠，风景如画。湘江奔腾不息，浩浩荡荡，自湘阴注入洞庭湖，汇入长江。

湘、资、沅、澧四水，按方位排序，资江排第二，按河长排序，资江是湖南省的第三大河流。资江又称资水，它有两源，西源赧水源出城步苗族自治县茅坪镇青界山，是其主源。南源夫夷水源出广西壮族自治区资源县越城岭。两水在邵阳县双江口汇合，始称资江，流经邵阳、娄底、益阳三市。至益阳赫山区甘溪港后分为两支，北支于杨柳潭注入南洞庭湖，南支于湘阴县临资口注入湘江。资江自源头至甘溪港长 653 公里；其中湖南境内长 630 公里，流域面积28 142平方公里，其中湖南境内26 738平方公里。资江至新邵县小庙头为上游，小庙头至桃江县马迹塘为中游，马迹塘以下为下游。资江中上游穿行于山区，巉岩簇拥，河道狭窄，水流湍急。它流淌着奇险的风光，也流淌着厚积的人文，流淌着“五溪蛮”“梅山蛮”等“蛮民”与天斗、与地斗、与人斗不堪回首的往事，也流淌着资江两岸沧海桑田的变化。在资江之源赧水上游有历史文化名城武冈，这里流传着后汉伐五溪蛮的传说，留下了南宋诗人陈与义的诗作石刻，留下了明代朱元璋之子岷王等 14 代立王都 272 年的古城。顺赧水而下至隆回，这里是近代经世学派代表人物魏源的故乡，他提出“师夷长技，变古愈尽，便民愈甚”的思想对后世产生了深远的影响。资水与邵水汇合处便是邵阳市。邵阳古称宝庆，自西汉置县，历代繁华。这里是民主革命党人蔡锷的故乡。沿资江而下便是娄底市的新化县和益阳市的安化县。新化旧称“上梅山”，安化则称“下梅山”，两地的土著则是所谓的“梅山蛮”了。因此就有了宋神宗的“开梅山”之举，始有新化、安化置县。人到安化便会想起小淹，因为小淹出了陶澍，这位清嘉庆道光年间大员，曾任两江总督兼江苏巡抚，以勤政爱民著称，其治理江淮、兴水利、昌海运、革除盐政弊端等政绩有口皆碑。资江过安乡滚滚东去，两百里水路到益阳。在这个“背靠雪峰观湖浩，半成山色半成湖”的城镇，有绿波浩荡的竹海，有渔歌唱晚的湖乡，有唐元和年间高僧广慧主修的白鹿寺，还有著名的裴公亭。裴公即唐代名相裴休。唐大中年间，裴休潜心佛学，曾在资江边结庐读书诵经。

湘、资、沅、澧四水中，沅江排第三，实际上是湖南第二大河流。沅江又称沅水，它有南北两源，南源龙头江，发源于贵州省都匀市云雾山；北源重安江，发源于贵州省麻江县平越大山，两江于河汉口汇合后称清水江，由銮山入湘，至洪江市与渠水汇合后始称沅江。沅江流经怀化市、湘西自治州和常德市，在常德汉寿县注入洞庭湖，全长 1033 公里，湖南境内长 568 公里，流域面积89 163平方公里，湖南境内51 066平方公里。资江从江源到洪江为上游，从洪江到沅陵为中游，沅陵以下为下游。沅江是需要用心去读的，因为她承载了太多的历史记忆。进入沅江中游，首站是湘黔边境上的大墟场洪江古商城，它地处沅水与巫水交汇处，是古黔、汉之间水运必经之地。洪江古称雄溪，早在春秋时期就是楚国的桐油基地，西汉时是中原与大西南的物资交换枢纽，唐代形成了“草市”，宋代成了商业重镇。从沈从文《常德的船》一文描写的沅江上白帆点点、船桅如林的壮观场面，可以想见当年洪江商埠的繁华。沅江北下，接纳了一条美丽的沱江，沱江边有一座美丽的小城叫凤凰。来到凤凰，当你步行在古城紫砂石板路上，目睹那蜿蜒起伏的老

城墙，亲近那清澈秀丽的沱江，不时地听到那从隐在薄薄雾纱的吊脚楼上传出的婴儿的啼哭声和江边浣衣女子的捣衣声，你才会真切地体会到沈从文《边城》那美丽得令人心痛的文字中描写的“梦里的故乡，远去的家园”。沅江流经沅陵，接纳了西面而来的酉水。酉水与酉溪河汇合处有两峰并立的二酉山，这两座山峰分别叫大酉和小酉，小酉山上有一个天然岩洞。传说秦时儒生伏胜因不满秦始皇焚书坑儒，冒着诛灭九族的危险，偷偷地将千卷书简运出咸阳，择地而藏。船经沅水来到二酉山下，便选中二酉洞作为藏书之所，直到秦灭后才将全部藏书献汉。所谓“学富五车，书通二酉”典源于此。溯酉水而上，在湘渝交界处有一个叫里耶的古镇，考古专家从古井中发掘出的万枚秦代简牍，足以证明它的古老文明。说不尽的沅陵还有神秘久远的盘瓠洞、夸父遗址“夸父山”、屈原遗迹“望屈亭”、江南第一古刹“龙兴寺”。

沅江经沅陵而下，波涛滚滚，直抵常德，自此缓缓流入洞庭。常德因德山而得名。德山古称枉人山，隋嵩州刺史樊子盖以尧时隐者善卷尝居于此，改名善德山，转音为“常德”。善卷因其贤善之德与教化之功，被誉为中华民族“善”和“德”的化身，有“帝者师”的美称。传说尧舜南巡都曾慕名到枉人山拜访善卷；尧帝感其“德行达智”，行参拜大礼，讨教国策，舜帝则愿以天下相让。宋代朱熹游常德曾极力推崇善卷，谓“先生之道不可一日无。苟得之以致君，可使君为尧舜之君；得之以泽民，可使是民为尧舜之民”。一则形成时间无考的民谣“常德德山山有德，长沙沙水水无沙”流传至今，“善德积彰”精神随沅水流淌数千年，浸润着一代代沅湘儿女乃至湖湘和中华儿女。

澧水是湖南的第四大河流，它有北、中、南三源，以北源为主。北源在桑植县杉木界，中原在桑植县八大公山，南源在永顺县龙家寨。三源在桑植县南岔汇合后往南经桑植、永顺再向东流，沿途接纳溇水、渫水、道水和涔水等主要支流，经张家界市、慈利县、石门县、澧县，在津市小渡口分数支注入洞庭湖。全长 388 公里，流域面积18 496平方公里，湖南境内15 505平方公里。澧水自河源至桑植为上游，桑植至石门为中游，中上游溶洞暗河遍布，岩险石怪，潭多流急，峰回水转，气象万千。石门以下为下游，河道平缓。阅读澧水，在中上游也许会更多地被其青山秀水所吸引，而顾不上去看看茅岗土司世袭领地的苦竹河古镇和曾是九溪卫治所的江垭，顾不上去听

听罩后投射的传说和明朝廷卫屯兵卫城的往事。但是，当你顺江而下，进入澧水下游，面对“稻油丰稔甲湖广，棉桑夙著震九州”的澧阳平原，你却无暇去欣赏那一望无际的稻田或油菜花，尽管漫溢着稻香或油菜花清香的空气足以令人陶醉。因为澧阳平原的远古文明会令你惊诧不已、激动不已。这里的彭头山遗址、城头山古城址、八十垱遗址、十里岗遗址、鸡叫城遗址、丁家岗遗址会唤起你对远古文明的遐想，一万多年前居住在这里的我们的祖先已经学会种植水稻、建筑城市、制作陶器，而此时世界上许多地方的先民还没有水稻、城市、陶器的概念。

三、洞庭之美

湖湘大地湘、资、沅、澧四水，无论它发源何处，无论它历经多少曲折与颠簸，最后一齐奔向洞庭湖。洞庭湖之名，始于春秋战国时期，因湖中洞庭山（今君山）而得名。《战国策》中有“昔三苗之居，左有彭蠡之波，右有洞庭之水”之语，屈原《离骚》中有“洞庭波兮木叶下”的诗句。在湖区内陆续发现的众多新石器时代遗址证明，洞庭湖在新石器时代甚至旧石器时代就有了人类活动。现今在湖区中心大通湖农场发现的遗址埋藏于地表下 7 米左右。这 7 米厚度的沉积物是新石器时代以来沉降、堆积的产物。

洞庭湖经历了一个漫长的演变过程。洞庭湖古属云梦泽，亦称云梦。4 世纪以后洞庭湖逐步扩展，北魏郦道元的《水经注》中称洞庭湖“湖水广圆五百里，日月者出没其中”。至唐宋时代洞庭湖进一步扩大，东部洞庭湖主体已西吞赤沙，南连青草，周围七八百里，故有“八百里洞庭”之称。元明以后，荆江统一河床形成，迅速淤高。明中叶以后，北岸穴口尽塞，南岸调弦、虎渡两口的大量水沙排入洞庭湖区，湖域扩大至周围八九百里。清道光年间洞庭湖扩展至顶点，跨四府一州九邑之境，达 6000 平方公里，为今湖面积两倍以上。19 世纪中叶以来，随着藕池、松滋两口的形成和荆江四口分流，大量泥沙排入洞庭地区，致使洞庭湖迅速萎缩。今日洞庭湖，总面积为 2625 平方公里。“洞庭湖”是个总称，它还包括了东洞庭、南洞庭和可以称作西洞庭的目平湖和中心地域的大通湖。洞庭湖区，包括湖南省岳阳、汨罗、湘阴、沅江、汉寿、常德、安乡、南

县、华容等市县，还包括湖北省石首、公安、松滋、枝江等市县部分地域，但是主体在湖南。

洞庭湖是人类繁衍生息的家园，城头山古城遗址和八十垱古栽培稻证明洞庭是人类最早生息地之一。从这些遗址和石器可知，生活在数万年乃至数十万年前的湖湘先民便会选择靠近水源居住，会从溪河砾石中寻找石器以便于采集食物。湖湘先民以惊人的智慧，在顽强的生存斗争中创造着绚丽壮观的原始文化，叙写出湖湘文化美丽的序言，贡献了中华原始文化的湖湘元素。正如考古学家袁家荣评价，"以洞庭湖为中心的湖南旧石器文化对中国旧石器文化的发展起着独特的作用"①。

洞庭是湖南的宝地，是千百万湖湘人美丽的家园。八百里洞庭物产丰富，鱼米飘香，充足的水和光造就了洞庭湖区农业的富足，适宜的气候赋予了洞庭湖区万物生机。它像一个巨大的聚宝盆，装着湖南三分之一以上的粮食、二分之一的芦苇和油料、八分之七的棉花、十分之九的麻类。洞庭湖是鸟类、水禽、鱼类的王国，这里有300余种鸟类，有雁、鹤、野鸭等数十种水禽种群，有中华鲟、白鲟、江豚等珍稀鱼种。东洞庭湖作为我国加入国际湿地保护公约的六个重要保护区之一，已记录到的鸟类有16目41科216种，年栖鸟量达1590万只，万只以上的集群栖息觅食地37处，是国家一级、二级保护的水禽和候鸟的重要越冬地。洞庭湖是丽质天成的景区，古湖湘八景中的"洞庭秋月""远浦归帆""渔村夕照"尽在洞庭一湖。洞庭湖是兵家必争之地。三国时刘备与孙权分荆州以湘水为界，屯田防守；汉代马良入武陵，招纳五溪蛮，曾屯兵于益阳马良湖；钟相、杨幺在此揭竿起义；吴三桂据岳阳金鹗山与清军抗衡达6年之久。洞庭湖是文人墨客歌咏不尽的天堂，最早有屈原为它写下了《云中君》《湘君》《湘夫人》《招魂》等传世名篇。

"洞庭天下水，岳阳天下楼。"在洞庭湖之西、巴陵古城西门城头，耸立着一座千古名胜——岳阳楼。它擅洞庭之胜，揽湖湘之气，壮阔吞云梦，气象甲寰区。相传最初为鲁肃操练水军的阅兵楼，后为城楼。几兴几废，经过了多次修整。其壮美景观吸引不少文人墨客登楼观瞻，饮酒赋诗，遣兴抒情。李白、张说、杜甫、元稹、白居易、李商隐、颜延之、吕蒙正、欧阳修、陆游、赵翼、袁枚等都有吟唱。特别是范仲淹的《岳阳楼记》，极巴陵胜状，述忧乐情怀，境界阔大，寓意深远。斯文一出，岳阳楼更加名重天下，备受世人青睐。

① 转引自童潜明《从地学谈湖湘文化的起源》，载《国土资源导刊》2010年第5期.

说洞庭就不能不说君山，这颗洞庭湖的明眸，水生莹莹，顾盼生辉。君山又名湘山、洞庭山，在岳阳市城西的洞庭湖中，与岳阳楼隔水相望，面积0.96平方公里。据《巴陵县志》载，山上有古迹4台、5井、36亭、48庙，为道家第十一福地。相传舜帝南巡，娥皇、女英二妃追踪至洞庭，闻舜已死于苍梧之野，南望痛哭，终因悲痛过度而亡，遂葬于此。后人为纪念二妃，将“洞庭山”改名为“君山”，在山上筑二妃墓，奉二妃为“湘水之神”，建湘妃祠以祀。二妃墓前斑竹数丛，传为二妃血泪滴洒而成。历代诗人为之感动，写下一篇篇悽美的诗章。这里有杨幺寨旧址，传为南宋农民起义领袖杨幺起兵之处。湖边悬崖最高处有铸鼎台，相传轩辕帝曾在此铸鼎，奏“天钧之乐”。台东为酒香山，传说八仙中的吕洞宾“三醉岳阳人不识，朗吟飞过洞庭湖”，后人凭此建朗吟亭。离亭不远处有柳毅井，传说落第书生柳毅从京返乡，经泾河北岸，遇落难的洞庭龙女，受其所托，从此井而下为其传书报信，龙女得救。后人为彰其义勇忠直，奉柳毅为巡湖神，建洞庭庙以祀。君山，承载着如此众多的神奇传说和悽美情思，千年万年漂泊在浩瀚无涯的洞庭湖，为美丽的洞庭湖平添十分灵动与神奇。

第四节 物产殷阜

这是一块神奇的土地，造物主赐予它肥沃的土地、丰饶的物产，使它成为享誉天下的“鱼米之乡”“有色金属之乡”和“非金属之乡”。

一、鱼米之乡

湖南属于中亚热带地区，气候温和，四季分明，土地肥沃，雨水充沛。境域内东、南、西三面山地丘陵环绕，中部

岗丘起伏，层峦叠翠，北部为平原湖泊；全省大小5000余条河川，大都汇经湘、资、沅、澧四水而注入洞庭湖。得天独厚的地理气候条件，使湖南物产极为丰富。山区盛产竹笋、蕈、蕨等山珍和动物野味，江河湖泊盛产鱼、虾、龟、鳖、螺、蚌等水产和野鸭等水禽，平原盛产稻粱菜蔬等丰富的食用植物，星罗棋布的大小塘坝大都种有湘莲湖藕，真可谓“物华天宝”。

湖南被誉为“鱼米之乡”，首先是这里盛产稻谷。湖南是天然的水稻生产地，有耕地362.92万公顷，产量高，是全国13个粮食主产区之一。2022年全国粮食总产量为68 652.8万吨，湖南3018万吨，占全国粮食总产量的4.39%，在全国排名第10位。湖南以占全国2.8%的耕地面积，保障了全国4.71%人口的用粮。称湖南为“鱼米之乡”当之无愧，还因为这里是世界稻作文明的发源地之一。在湖南道县玉蟾岩遗址发现的栽培稻谷实物，是世界上目前已知最早的实例，距今为1.2万—1.4万年，这说明湖南先民在旧石器时代晚期便实现了由食物采集向食物生产的转变。在洞庭湖平原的一些地区如澧县的彭头山、城头山等处，也陆续发现了距今9000年和6000年以前的大量稻谷及稻田遗址。传说中华民族始祖之一的炎帝南徙，居于湖南，发明耒、耜等农具，传播农耕技术，被奉为农业创始者，所以湖南郴州有嘉禾县，衡阳有耒山、耒水，耒水之阳则有耒阳市。史书载，远在周代，湖南就以“其畜宜鸟兽，其谷宜稻”（《周礼·职方氏》）著称于世。齐国使者游说越王攻占楚国，理由就是“长沙，楚之粟也。”（《史记·越王勾践世家》）《史记·货殖列传》记载：“楚越之地，地广人希。饭稻羹鱼，或火耕而水耨，果隋蠃蛤，不待贾而足，地埶饶食，无饥馑之患……”《汉书·地理志》记载：“江南地广，或火耕水耨。民食鱼稻，以渔猎山伐为业，果蓏蠃蛤，食物常足。”唐代“赋出于天下，江南居十九。”（唐·韩愈《送陆歙州诗序》）而湖南所辖“诸郡出米至多”。（《唐大诏令集》）明代“湖广熟，天下足”之美誉天下知晓，清代则进一步称“湖南熟，天下足”。近现代长沙为全国四大米市之首。湖南稻谷产量高而且品质佳，自古就是贡米的出产地，江永“三香”之一的香稻有煮之“香闻十里”的美誉。当代，湖湘农业文化孕育的袁隆平，运用现代农业科学技术培育高产稻种，让世界上一半以上的人口免受饥饿之苦。从湖南玉蟾岩遗址发现的栽培稻谷实物，到炎帝在湖南始创农业的传说，再到袁隆平在湖南培育高产稻种，这不能说只是一种巧合。

湖南有着千万公顷的丘陵和可利用的山地，这是天然的牧场和经济作物种植地。湖南的畜牧养殖业历史悠久、十分发达。在发现古栽培稻的玉蟾岩新石器时代遗址中，同时还出土了大量的动植物化石。这些动物化石大致可以分为哺乳类、鸟禽类、鱼类、龟鳖类、螺蚌类、昆虫类等。经鉴定，其中哺乳动物有28个种属；鸟禽类动物有27个种属，其中水栖禽类有18种；鱼类有鲤鱼、草鱼、青鱼、鲢鱼等，今天四大家鱼中的3种已经位列其中；龟鳖类有鳖、隐颈龟等；螺蚌的种类为数众多，蚌类有7种，螺类有26种以上。可以鉴定的植物有17个种类。它表明湖湘的先民已经在充分地利用这些物产资源。今天的湖南更是我国的畜牧养殖大省，猪、牛、羊肉产量均居全国前列。著名的传统养殖禽畜武陵马头羊、武雪山羊、浏阳黑山羊、涟源黑山羊、湘潭沙子岭猪、宜章猪、桃源黑猪、浦源坪猪、黔邵花猪、长沙大围子猪、宁乡流沙河花猪、溆浦龙潭猪、东安猪、新晃凉伞猪、绥宁东山猪、泸溪浦市猪、湘西黄牛、滨湖水牛、雪峰乌骨鸡、湘黄鸡、桃源鸡、新邵小塘驼鸭、攸县麻鸭、临武鸭、鼎城湖鸭、宁乡灰汤鸭、道州灰鹅、武冈铜鹅、溆浦鹅、炎陵白鹅等，无不历史悠久，品质优良。湖南地处江南，水产资源丰富，渔业历史悠久，是我国淡水渔业重点省份之一。现在全省放养面积达800万亩，水产品总产量达200万吨。湖南水产丰富，特产有才鱼、中华鲟、乌龟、白鲸、白鳍豚、芙蓉鲤、祁阳竹鱼、沅江银鱼、君山金龟、岳鲤、岳阳吞花鱼、河蟹、细鳞斜颌鲴鱼、洞庭鳖、洞庭鲤、洞庭河蚌、娃娃鱼、资江鱼、银鲴、湘鲫、湖南鳖、鲥鱼、鳙鱼、鳅鱼、鳜鱼、鳝鱼等。湖南地处中亚热带，气候温和，植被繁茂，为野生动物提供了适宜的生存场所，所以湖南野生动物资源十分丰富。湖南的野生动物中属国家级保护的珍稀动物有44种，其中一类保护动物有白鳍豚、华南虎等18种，二类保护动物有猕猴、短尾猴等19种，三类保护动物有黑熊等7种。湖南的家禽家畜品种齐全，分布广泛，禽鸟种类繁多，共有500多种，占全国禽鸟种数的45%。湖南有国家级保护的一类、二类、三类珍禽共22种，占全国鸟类保护数的44%，其中一类珍禽有白头鹤、白枕鹤、红腹角雉、白鹤、黑鹤、白冠长尾雉、中华秋沙鸭，二类珍禽有红腹锦鸡、白腹锦鸡、大天鹅、

小天鹅、鸳鸯等。

湖南种植有经济植物1000多种，有药用植物800多种。湖南主要农副产品棉花、油料、苎麻、烤烟产量均居全国前列。湖南农林特产丰富，盛产湘莲、湘茶、油茶、辣椒、苎麻、柑橘、湖粉等。湘莲是有3000多年历史的著名特产，产量历来居全国首位。特产蔬菜大松菌、湖南香菇、湖南麻菌、湘西枞菌、罐罐菌、溆浦莲藕、汉寿玉臂藕、西岭无渣生姜、福洞生姜、宝庆生姜、安乡香芋、桃川香芋、邵东黄花菜、邵阳黄芽白、茶陵大蒜、南县辣椒、临澧大红袍辣椒、新田陶岭三味辣椒、皇图玻璃椒、嘉禾辣椒、醴陵辣椒、桃源七星椒、邵阳朝天椒、黄花菜、玉兰片、湘安仙笋、零陵红衣葱、安化山野菜、红薇菜、岩耳等；特产果品九溪橘红、中华猕猴桃、安化山匿、攸县西瓜、沅江太平果、祁东荸荠、枇杷、春华李、爵山白糖李、金香柚、大庸菊花心香柚、安江香柚、江永香柚、黔阳冰糖橙、黔阳大红甜橙、浦市甜橙、永州夏橙、新宁脐橙、靖州血橙、邵阳蜜橘、雪峰蜜橘、麓山南橘、雁池红橘、浏阳金橘、蓝山金柑、安化柑橘、宫川蜜柑、甜香梨、脆皮香李、湘莲、台源乌莲、宝庆它栗、永顺板栗、湘西油板栗、溆浦红枣、溆浦朱红橘、道州红瓜子、炎陵柰李、道县桐子李、永顺红柿、祁东藕柿、隆回腰带柿、靖县木洞杨梅、长沙北山梅、桂阳红枣等等，无不风味独具。特产药材山苍子、木瓜、五倍子、玉竹、白芷、白术、玄参、永州薄荷、芍药、杜仲、金樱子、金银花、宝庆苡米、城步苡米、宝庆龙牙百合、栀子、厚朴、枳壳、绞股蓝、黄檗、黄精、葛根、茯苓、澧县天山蜈蚣等，以药材地道、历史悠久而闻名遐迩。

湖南自古就是中国最重要的茶叶产地，素有“茶乡”之称。2022年茶叶总产量为32万吨，居全国第6位。名茶众多，如君山银针、古丈毛尖、安化黑茶、保靖黄金茶、白马毛尖、安化红茶，月岩茶、太青云峰茶、五盖山米茶、长沙毛尖茉莉花茶、天崇毛尖、江华毛尖、茅坪毛尖、沩山毛尖、甑山毛尖、乌云毛尖茶、塔山毛尖、临湘白石毛尖、索溪毛尖、龙虾花茶、龙阳白鹤茶、东峰绿茶、石门银峰、石门湘红功夫红茶、江华苦茶、汝城白毛茶、城步虫茶、龙虾花茶、奉家米茶、蒙洱茶、南岳云雾茶、兰岭绿之剑、安化松针、东山秀峰、湘波绿、永丰红茶、安化银毫、石门牛抵禅茶、沅陵碣滩茶、安仁豪峰茶、炎陵天堂茶、狗脑贡茶、青山银毫、青岩茗翠、茅岩莓茶、城步虫茶、城步峒茶红碎茶、岳山茶、狗脑苒贡茶、南岳云雾茶、临湘茯砖茶、狮口银牙、洞庭春茶、桃溪贡茶、桂东玲珑茶、碣滩茶、新化月芽茶、衡山岳北大白茶、藤茶等。湖南茶叶不但为民众提供了优良的饮品，与湖湘各民族民俗文化一道形成了形形色色的茶文化，并且自古便远销漠北及欧亚各地，有些还成为贡品。君山银针早在唐代即为贡品，1959 年列为我国十大名茶之一。古丈毛尖也是古代贡品，2007 年成功申报为国家地理标志保护产品。

湖南有林地 1 221.03 万公顷，占全国林地总面积的 4.8%。森林覆盖率为 49.69%，居全国第 8 位。湖南为我国植物区系丰富的地区之一，全省已知植物种类 4 859 种，位居全国第七位。其中有木本植物 2470 种。全省活立木蓄积量 1.84 亿立方米，其中用材林 1.84 亿立方米，年生长量 1100 余万立方米。"广木之乡"的雪峰山区、"江华木"产地的湘南南岭等，是我国南方重要的用材林基地之一。还有竹林面积 847 万多亩，毛竹蓄积量 89 亿根，居全国第三位。湖南特产的竹木有九嶷斑竹、子母竹、丹竹、水竹、龙鳞竹、龙孙竹、白竹、毛竹、观音竹、寿竹、赤竹、桂东方竹、篁竹、紫竹、满心竹、合欢竹、孟姜竹、银杉、水杉、水松、马尾松、银杏、珙桐、五爪桐、云山白兰花、乌柏、化香树、华东黄杉、红木、泸溪葡萄桐、香榧、栓皮栎、雪花树、梓木、棕榈、大米桐、漆树、楠木、樟树等。其中有国家重点保护的珍稀植物 70 多种，特别是尚存世界罕见的植物"活化石"银杉、水杉、水松、银杏和珙桐，被列为国家一级保护树种。产于武陵山区和南岳衡山的世界珍稀树木珙桐，其花片洁白，形如飞鸽，美丽奇特，有"中国鸽子花"之称，为世界著名观赏树种；其树干挺拔，木质坚硬，纹理美观，色白如玉，切削胶结性能好，为高级家具用材；其果实富含油脂，可供工业用，外果皮酸甜，味美可食。云山白兰花则早在唐代即被武冈人作为名花植于家园以供观赏。还有许多植物载诸文献，不只是与民生休戚相关的经济作物，也不只是名贵的观赏植物，而被人们赋予了浓郁的文化色彩。九嶷斑竹因舜帝二妃挥泪成斑的凄美传说为人们所熟知，成为历代文人骚客歌咏的对象，唐代诗人刘禹锡写下著名的《清湘词》"斑竹枝、斑竹枝，痕泪点点寄相思。楚客欲闻瑶瑟怨，潇湘深夜月明时"，唐代诗人杜甫留下"苍梧恨不尽，泪染在丛筠"的诗句，引起历代人们无尽的流连与

遐想。当你置身九嶷斑竹林中，你听到的不只是娥皇、女英的抽泣与哭声，而是五千年来人类感情史上最悲凉的回音和对人间伟大的爱的力量最深挚的讴歌。

二、地下宝藏

湖南地质构造独特、复杂，火成岩、沉积岩、变质岩系发育，地层出露齐全，三大岩系多期次侵入，形成特殊的成矿条件，蕴藏着丰富的矿产资源，是著名的“有色金属之乡”和“非金属矿之乡”，是全国矿产品种较多的省份之一。世界上已发现的具有开发利用价值的矿产资源有200余种，中国已发现的矿产有173种，而湖南就有121种，占全国已发现矿产种类的69.94%。钨、锑、铋、独居石、莹石、重晶石、长石、铅、锌、钼、锡、铍、雄黄、铀、锰、锂、钽、硫铁、磷、砷、汞、高岭土、石墨矿、金刚石的储量在全国均占有重要地位；其中锑的储量居世界首位，钨、铋、海泡石黏土、陶粒页岩、普通萤石、隐晶质石墨、玻璃用白云岩、石榴子石、铌（褐钇铌矿）、钽（细晶石矿物）、轻稀土矿（独居石矿物）等11个矿种的保有储量居全国首位；石煤、锰、钒、锑、铷、碲、重晶石、玻璃用砂岩等8种矿产居全国第二位；铯、锂、铌（铌钶铁矿矿物）、钽（Ta_2O_5）、冶金砂岩、砷、金刚石、芒硝、水泥配料用泥岩等10种矿产列全国第三位；锡、锌、钛（金红石矿物）、铼、磷、石膏、铸石辉绿岩、蚀面用辉长岩等8种矿产列全国第四位；汞、重稀土（磷钇矿矿物）、硼、长石等4种矿产列全国第五位。居全国前五位的矿产共41种，居全国前10位的矿产有66种。此外，煤炭储量达34亿吨，在江南9省（区）中名列榜首。大理石、花岗石、芒硝、硅灰石、石膏、膨润土等储量大，均有开采价值。全省共发现各类矿床、矿点6 000余处，一批矿山和采矿企业享誉全国甚至蜚声国外。冷水江锡矿山一直保持着“世界锑都”的地位。郴州市竹园矿区是世界罕见的特大型多金属钨矿床，被誉为“世界有色金属博物馆”，其钨、钼、铋、萤石总储量分别占全省的46.19%、53.23%、89.83%、79.85%。浏阳市境内海泡石的发现，填补了我国矿产资源的一项空白。郴州市北湖区鲁塘石墨矿是我国最大的无定型石墨生产出口基地，辰溪莫来石厂是我国第一家全天然烧结莫来石生产企业，石门海泡石矿为中国大型的珍贵黏土矿，永兴县被誉为“中国银都”，衡山钠长石矿是亚洲最大的钠长石矿企业，石门矽砂矿是亚洲八大矽砂矿之一，常宁水口山铅锌矿国内外闻名，桂阳黄沙坪铅锌矿是我国重点铅锌原料生产基地之一，石门雄黄矿是世界最大雄黄矿，是中国药用雄黄的唯一产地，浏阳菊花石不论在中国还是世界都是独一无二的产品。此外，石门石膏矿、常宁硼锡矿、泸溪李家田铝土矿、石门东山峰磷矿、临武香花岭锡矿、常宁龙王山金矿、新晃重晶石矿、临武县锡矿、张家界市镍钼矿、花垣县锰矿、澧县芒硝矿、凤凰县汞矿、宜章瑶岗仙钨矿在省内饶有名气。据国家统计，2022 年全国 10 种有色金属总产量为 6774.3 万吨，湖南为 232.34 万吨，占全国总产量的 3.4%，位居全国第 11 位。湖南非金属矿是仅次于有色金属矿的第二大矿产资源。丰富的矿产资源，使湖南成为国家发展有色冶金工业、建筑材料工业的重要基地和江南黑色能源的产地之一。

湖南矿业历史悠久。湖南 1922 年在桃源发现的商周皿天全青铜方彝美艳绝伦，1959 年在宁乡出土的商代青铜大铙制作精美。1983 年在宁乡出土的一件高 103.5 厘米、重 221.5 公斤的象纹青铜大铙，是我国目前所见的最大的商代铜铙。1938 年在宁乡出土的四羊方尊精美绝伦，被誉为中国古代青铜器精美的代表，是国内乃至世界上绝无仅有的珍品。相比中原出土的青铜器，湖南出土的器物样式更为精美，形制更为庞大。它足以说明，在商周时代，湖南的青铜冶炼技术在世界上处于技术高峰。自商周以来，湖南矿业日益发展，北魏有江华锡矿，宋代有益阳金矿，明代有今新晃酒店塘汞矿、新化锡矿山锑矿，清代有桃江板溪锑矿、常宁水口山铅锌矿、资兴钨矿、平江黄金洞金矿。1896 年，清政府批准巡抚陈宝箴的奏请，湖南设立矿务总局，自此，湖南的矿业有了更大的发展，特别是铅锌矿、锑矿在全国占有显著地位。《中国官办矿业史略》评述：中国“官矿机构之最重要者，莫如湖南，其始为湖南官矿局”。

第五节 旅游胜境

这是一块神奇的土地，绮丽的风光、悠久的历史和灿烂的文化交相辉映，构成中华大地上不可多得乃至无与伦比的观光胜境。

湖南现有世界自然遗产2处（武陵源风景名胜区、崀山风景名胜区），世界文化遗产1处（老司城遗址），国家级历史文化名城4座，国家级历史文化名镇10个，国家级历史文化名村25个，国家级重点文物保护单位234个，国家级风景名胜区22个，国家级自然保护区7个，国家森林公园64个，国家级湿地公园60个，国家水利风景区14个，国家地质公园14个，全国红色旅游经典景区27个，还有众多的省级风景名胜。

一、自然旅游资源

湖南地形多样，千峰林立，层峦叠嶂，江河纵横，湖泊水库星罗棋布，山水相映，自然景观资源十分丰富。湖南的山，千姿百态，有以衡山为代表的花岗岩地貌景观，有以九嶷山为代表的喀斯特地貌景观，有以崀山为代表的丹霞地貌景观，有以武陵源为代表的石英砂岩地貌景观，有以岳麓山为代表的丘陵山地景观。湖南的水，景致多样。湘资沅澧四水连接大小支流，沿河峡谷和水景奇观层出不穷，飞瀑流泉比比皆是。境内自然景观自东南至西北，有郴州市宜章县的莽山国家森林公园，有邵阳市新宁县的崀山风景名胜区，有娄底市新化县的紫鹊界梯田，有湘潭市湘乡市的水府庙国家湿地公园，有益阳市赫山区的鱼形山水利风景区，有常德市石门县的夹山国家森林公园，有怀化市通道县的万佛山风景区，有湘西自治州永顺县的猛洞河风景名胜区，有张家界市的武陵源风景名胜区等，数不胜数。

湖湘最集中的自然景观当数湘西北武陵山地区，尤其是张家界国家森林公园，汇黄石寨之雄、金鞭溪之幽、袁家界之奇、腰子寨之险、琵琶溪之秀、砂刀沟之野，极具奇山异水特征。

我们走进湘西的古镇山寨，欣赏奇特的自然风光的同时，还会收获意想不到的感受。这里有凤凰古城的旖旎风光和民族风情，这里有德夯苗寨的独特风俗。这里的民族传统习俗保存完好，其独特的风物风情闻名遐迩。当你陶醉在这奇异的山水风光、绚丽的民族风情和古朴的生存状态之中，你会从这崇山峻岭中找到活着的远古湖湘文化。也只有在这个神奇的地方，当你亲眼看到这里的人们“制芰荷以为衣兮，集芙蓉以为裳”，披兰戴芷，佩饰纷繁，萦茅以占，结茝以信，能歌善舞，呼鬼呼神，你才会更真切更深刻地体会到远古湖湘文化的那种神秘、绮丽、狂放、孤愤的境界。[①]

① 韩少功．文学的根[J]．作家，1985(4)．

二、人文旅游资源

湖湘名山、名城、名楼、名人数不胜数，文物古迹众多，饱含着数千年湖湘文化的迷人风韵。人文景观自南至北，有株洲市炎陵县中华民族始祖神农氏炎帝陵寝所在地，永州市宁远县九嶷山有虞氏舜帝陵寝所在地，永州市柳子庙，有永州市祁阳县中国四大碑林之一的浯溪碑林，郴州市苏仙岭，有中国五岳之一、著名的佛教圣地和避暑胜地南岳衡山，有中国历史文化名城和省会长沙市，历史文化名城岳阳市，岳阳汨罗市有世界古代四大文化名人之一屈原怀沙沉江和墓葬之地，有常德市桃源县的桃花源，常德市石门县夹山寺传为明末农民起义领袖李闯王的陵墓所在地，等等。

省会长沙无疑是湖南集古扬今首屈一指的历史文化名城，南岳衡山逶迤72峰，潇湘之水流淌600里，都把灿烂的湖湘文化汇聚到了长沙这座古老而又永远充满生机的城市。长沙三千多年有文字可考的历史，几乎与中国历史的文字记载同步。早在西汉时代，长沙就是著名的楚汉古都。汉文帝时贾谊贬居长沙，致使长沙被历代士人视为伤心之地。马王堆汉墓出土的珍贵文物和走马楼孙吴简牍的惊天发现，让人击赏中华古代文明的灿烂光华。岳麓山上建于晋朝的麓山寺、刻于南宋的禹王碑、中国四大名亭之一的爱晚亭和众多的仁人志士墓，都在无声地

述说着湖湘悠久的历史与灿烂的文化。赋予岳麓山以不朽灵魂的更有那坐落在岳麓山东麓被誉为“千年学府”的岳麓书院。1000余年间，这里人才济济，单就清代以来，书院培养学生1.7万余名，陶澍、魏源、曾国藩、左宗棠、郭嵩焘、唐才常、沈荩、杨昌济、程潜等人便是其中的杰出代表。创建于北宋太祖开宝九年（976）的这所书院时为全国四大书院之首，其显赫地位历久不衰，至今仍然是学人的精神家园。书院大门“惟楚有材，于斯为盛”这副睥睨时空的对联，永远让人只能仰视。书院讲堂之中那两把并不起眼的座椅，似乎仍然保留着朱熹、张栻两位巨儒的气息，让后来者不由自主地心生敬畏。[①]

湖湘的又一座历史文化名城岳阳市，地处洞庭湖与长江交汇处。这座精巧的城市，汇聚了众多风光美丽而又富含中华文化精华的山水胜景，又以其悠久的历史、美妙的传说和雄伟的气势蜚声中外。“洞庭天下水，岳阳天下楼。”中国四大淡水湖泊之一的洞庭湖碧波万顷，中国江南三大名楼之一的岳阳楼精巧玲珑，君山柔美的景致与凄美的传说引人入胜。尤其是面对浩瀚的洞庭，吟诵那四海传扬、无人不晓的《岳阳楼记》，眼前佳景与胸中浩气完美交织，足可使每一位游客怦然心动，回肠荡气。

① 朱汉民.惟楚有才，于斯为盛[N].光明日报，2010(4).

三、红色旅游资源

湖南还是近代一百多年来中国人民求解放、争自由的革命圣地，是一片红色的热土，是享誉全国的红色旅游胜地。自五四运动、秋收起义、湘南起义、平江起义，至土地革命、抗日战争、解放战争，湖湘大地的每一寸土地都饱经鲜血的侵染和战火的洗礼。“心忧天下，敢为人先”的湖湘儿女“靡役不从，舍身殉国，前仆后继”，涌现出毛泽东、蔡和森、刘少奇、任弼时、胡耀邦等革命领袖，彭德怀、贺龙、罗荣桓、粟裕、黄克诚等革命将领，夏明翰、郭亮、左权、陈树湘等革命先烈，向警予、蔡畅、杨开慧等女中豪杰。红色湖湘英雄辈出，灿若群星，辉映神州。革命志士和领袖人物的革命胜迹遍布湖湘大地，中央宣传部、财政部、文化和旅游部、国家文物局公布的革命文物保护利用片区分县名单，湖南有13个市72个县在列；中央宣传部命名的爱国主义教育示范基地，湖南占33个，数量居全国省各区市第一。著名的有湖南中部湘潭韶山冲毛泽东故居、宁乡县花明楼刘少奇故居、湘潭乌石镇彭德怀故居等，南部衡东县罗荣桓故居、衡阳县夏明翰故居、郴州市湘南起义旧址等，东部浏阳文家市会师旧址、茶陵县工农兵政府旧址等，北部汨罗市任弼时故里、平江县平江起义旧址等，西部桑植县贺龙故居、张家界市湘鄂川黔革命根据地纪念馆等。这些革命圣地为我们留存了珍贵的红色记忆，珍藏着取之不尽、用之不竭的精神财富。

第二章

湖湘文化的渊源与发展

树有根，水有源。作为中华文化中一种地域文化，湖湘文化有着自己独特的背景、渊源和发展过程。正是独有的背景、渊源和发展过程，决定了湖湘文化独特的内涵与特质。

第一节 湖湘文化的渊源

湖湘大地，从古至今就被称为“古道圣土”“屈贾之乡”“潇湘洙泗”。所谓“古道圣土”，是指这里是炎帝、舜帝传播中华道德古训、培育中华伦理文明的主要地方。所谓“屈贾之乡”，是指这里是屈原、贾谊忧国忧民的地方，是他们心系天下万民、求索国家前途的地方，更是他们的精神得以安顿、人格臻于完善的地方。所谓“潇湘洙泗”[1]，指湖湘大地是光大儒家伦理精义、传承孔孟儒家学脉的地方。湖湘文化是具有鲜明特色的区域文化，是多元文化相互影响形成的。

① “洙泗”是山东境内的两条河流，洙水在曲阜之北，泗水在曲阜之南，洙泗之间，是孔子聚徒讲学之所，后世因此以洙泗代称孔孟儒家文化.

一、上古湖湘本土文化的萌生与繁衍

远古时期，湖南被称为“三苗之地”[2]，苗蛮聚居。“无君臣，不相统属之谓苗”[3]。所谓“蛮”，即未被教化之人。这都是以中原文化、中央五朝为正统的称呼。而正是这些被称为“苗蛮”的生于斯、长于斯的原住民，创造了辉煌的上古湖湘本土文化。

② 文津阁四库全书［M］. 第605册. 杜佑·通典. 北京：商务印书馆，2006：387.

③ 魏源全集(三)［M］. 圣武记卷七，长沙：岳麓书社，2011：186.

（一）湖湘先民创造的远古文明

早在旧石器时代，湖南先民就创造了令人惊诧的远古文明。从迄今考古发现看，湖南的旧石器时代呈现出“澧水文化类群”和“舞水文化类群”并存的特点。“澧水文化类群”就是澧水流域和洞庭湖西岸的平原地区发现的旧石器时代文化，典型的有常德虎爪山、鸡公档、乌鸦山等遗址，其石器都是利用遗址附近的砾石简单加工而成，打片与加工方法以锤击法为主，偶尔采用碰砧法，石器形体粗大，绝大部分石制品保留着砾石面，典型器物有大石片、各种形式的大尖状器、似手斧石器和石球

等。“舞水文化类群”就是在舞水、渠水和沅水河谷地带发现的旧石器时代文化，而古时的舞水为沅水的主要支流，因此也有人称之为沅水文化类群。其打片和加工方法以锤击法为主，有时常用锐棱砸击法，间或使用碰砧法，还有一些诸如尖刃、长身侧刃、双边刃和端刃砍砸器等有特点的器物。①

考古发掘表明，湖南各地旧石器遗址出土的石器，不仅在整体上具有旧石器文化的普遍特点，而且也表现出了我国南方旧石器文化的某些个性特征，这种石器特征与北方地区的石片石器工业相比有着明显的区别。目前学术界认为澧水类群文化属于华南砾石石器工业北部亚区，沅水类群则属南部亚区。②

从迄今发现的文化遗址和遗物来看，湖南境内旧石器时代的古人类，在生产和生活状况方面与其他地方的古人类大致相同。粗糙的砍砸器、刮削器和尖状器等，以及木棒工具，只能适用于采集和狩猎等最原始方式的生产与生活。湖南的远古先民当时也是过着穴居野处、茹毛饮血的原始生活。

湖南新石器时代文化的形成较早。迄今为止湖南境内已发现不少新石器早期文化遗址。如澧县彭头山、李家岗、黄家岗遗址，石门县皂市下层文化遗址，临澧县沙堤荷家台、余家铺、金鸡岗、胡家屋场、王家祠堂等遗址，长沙县南托大塘遗址等。这些遗址中时代最早的是澧县彭头山遗址，但最具代表性的为石门皂市下层遗址，因此我国考古界多将湖南早期的新石器文化称为“皂市下层文化”。从分布地域看，湖南早期新石器文化遗址大多集中于澧水中下游沿岸至洞庭湖滨的台地和丘陵上，还有一些分布在湘中地区和湘、资流域。

距今约6500年，湖南的新石器文化发展到一个新的阶段——大溪文化阶段。大溪文化是以最先在四川巫山县大溪发掘的文化遗址命名的一种新石器文化，分布范围由川东、鄂西三峡地区、江汉平原，往东延伸至湖北中部、东部，向南扩展到湖南。大溪文化遗址在湖南最集中的地区是澧水中下游和洞庭湖西北边缘地带。近几年来，在沅水流域的常德、桃源、辰溪、麻阳，湘江中下游的株洲、长沙、汨罗、平江以及湘南地区，都发现了属于大溪文化范畴和相当或相近于大溪文化的新石器文化遗址。澧水中下游和洞庭湖区大溪文化最具代表性的有澧县梦溪三元宫、安乡汤家岗等遗址。此外，晚期还有屈家岭文化和龙山文化等。③

在新石器时代，湖湘先民创造了灿烂的远古文明。20世纪

①② 袁家荣. 湖南旧石器文化的区域性类型及其地位[C]. 长沙：岳麓书社，1996：20—48.

③ 伍新福. 湖南通史·古代卷[M]. 长沙：湖南出版社，1994：13—15.

80年代，在道县寿雁镇白石寨村发现的玉蟾岩遗址中发掘出了最原始的古栽培稻，将人类栽培水稻的历史提前到了1万年以前。[①]在澧县城头山遗址发掘中发现的距今约6000年的古代城址，可以视为中国古代城市文明的发祥地。[②]

① 张文绪，袁家荣．湖南道县玉蟾岩古栽培稻的初步研究[J]．作物学报，第24卷(4)：416—420．

② 朱汉民．湖湘文化通史[M]．长沙：岳麓书社，2015：96．

（二）影响深远的湖湘上古传说

在古代典籍中记载着许多关于上古湖湘的传说。最早见诸史籍的有炎帝在湘行迹。

炎帝，又称神农氏，为远古传说中一个强大氏族部落的首领。炎帝氏族部落与黄帝氏族部落，原来都出自我国甘肃一带，后沿黄河东下，发展为中原的华夏部落集团。炎帝、黄帝也因此一同被尊为中华民族的共祖。据传炎帝部落东下后，同蚩尤九黎集团发生冲突。最初炎帝败于蚩尤，后来炎帝与黄帝联合起来擒杀蚩尤。战胜蚩尤九黎以后，黄帝部落又反过来攻打炎帝部落。经过这场战争，黄帝部落势力迅速扩张，取代炎帝，成为华夏部落联盟之首和黄河中下游的主宰。据《新书·益壤》载，黄帝“伐涿鹿之野，血流漂杵，诛炎帝而兼其地”。由于黄帝部落的征伐，炎帝部落往南流亡迁徙，从洞庭之野直达九嶷苍梧。湖南许多地方留下了炎帝神农氏的传说与遗迹。据传炎帝神农氏曾在湖湘土地上播种华夏文明的火种，教民稼穑，为解除疾病对人民所造成的痛苦，“尝百草之滋味，水泉之甘苦，令民知所辟就，当此之时，一日而遇七十毒”，置自己的生命于不顾，谱写了一曲中华道德精神的颂歌。今株洲炎陵县保存有炎帝陵，自唐代起已经得到奉祀，至今一直堙祀不断。

传说中华道德的远古典范舜帝也曾南巡来到这块土地，将“五伦之教”[③]传授给湖湘大地的黎民百姓，使自己的孝行德义播撒在湖湘文化的源头。《孟子》曰：“舜明于庶物，察于人伦。”即舜帝不仅力行孝悌之道，而且“使契为司徒，教以人伦，父子有亲，君臣有义，夫妇有别，长幼有序，朋友有信”。从此“五伦之教”在湖湘大地上传播，道德文明薪火相传，化育万代。舜帝南巡时崩葬于九嶷山，对舜陵的祭祀更是历代朝廷庄严的重大活动之一。

③《尚书·舜典》：“汝作司徒，敬敷五教，在宽。”孔颖达疏：“文十八年左传云‘布五教于四方，父义、母慈、兄友、弟恭、子孝。’”

中国远古先贤大禹也曾深入湖湘。大禹征三苗是中国古史传说时代的重大事件，人们常用“禹征三苗而有天下”来形容其意义。传说大禹治水时越过长江，到达湖湘。相传为大禹治水记功的衡山《岣嵝碑》，又称《禹碑》或《神禹碑》，是迄今所知最早的石刻碑文。

（三）上古时期湖湘地区的苗蛮古越文化

史前时期湖南主要是三苗、南蛮人活动的区域，盛行作为部族文化的苗蛮文化。距今四五千年左右，与传说中的尧、舜、禹三代同时，在洞庭、鄱阳之间和江淮、江汉平原出现了一个名为“三苗”的新的氏族部落集团。传说一般认为，它原是以蚩尤为首的九黎部落集团在与炎黄部落的战争中失败后流亡迁徙到南方发展而成。蚩尤“九黎”部落集团被炎黄打败后，一部分蚩尤族人臣服于炎黄部落集团，留居黄河中下游，融合到炎黄华夏集团；而大部分成员战败后退出黄河流域向南流徙，形成新的部落集团，成为南方“苗蛮”民族最初的先民之一和重要的组成部分。[①]《国语·楚语》有“三苗复九黎之德”。苗蛮文化是湖湘文化的土壤和根基。

《史记》记载三苗之国在“洞庭、彭蠡之间”，即现在的湖南、江西一带。《韩诗外传》则说“衡山在南、岐山在北”，表明分布范围到达湘江中游。《山海经·大荒南经》载：“有宋山者，……有木生山上，名曰枫木。枫木，蚩尤所弃其桎梏，是为枫木。”[②]湖南以及贵州等地的苗族一直崇尚祭“枫神”，崇拜枫树。湖南湘西北的苗族古歌中有很多内容是叙述其祖先在洞庭彭蠡之间斗鳄鱼、开水田的史迹。在各地苗族中，至今还保持了不少有关蚩尤的古歌、传说和习俗。湘西地区苗族至今祭祀的先祖“剖尤”，传说是远古苗族一位勇敢善战的首领，苗族人祭祖时必须杀猪供奉“剖尤”。按苗族东部方言，“剖”是公公的意思，“尤”为名字，“剖尤即尤公”，就是“蚩尤”。也有学者认为，三苗只是一个国名，并不一定是苗族。但说明古代湖湘地区曾是少数民族聚居地区。这种状况一直延续到汉代，汉初分封的长沙王吴苗就是一个番君。现在湖南少数民族分布之广，还是这种历史文化的遗存。

古籍记载“潭州古三苗之地”“三苗建国在长沙”，所以三苗活动的中心应当是在长沙一带。明周祁《名义考》：“三苗建国在长沙，而所治则江南荆、扬也。”其文化特征可以在文化遗址和文物上得以大致反映，如湘乡岱子坪、长沙腰塘与团里山、浏阳樟树潭等文化遗址。按考古学界的分类，前期相当于屈家岭文化范畴，后期为龙山文化范畴。除生产工具有显著的进步外，作为生活用具的陶器也大有发展，种类多样，有甑、鼎、

① 出自《淮南子·脩务训》。

② 袁珂. 山海经校注[M]. 上海：上海古籍出版社，1983：373.
郭璞注：“蚩尤为黄帝所得，械而杀之，已摘弃其械，化而为树也。”

盆、罐等，少量已有镂孔、卷沿、折沿造型。除了粗糙厚重的炊、容器外，还出现了小型、精致的薄胎食器，色彩多样，印纹形式丰富。这说明当时的陶器除作生活实用外，已开始艺术化。特别是在遗址中发现了陶鸟、陶环和玉器等纯粹的玩具和装饰品，被学者誉为质朴的原始艺术之花，反映了湖湘先民对美的追求。

经过与北方华夏部落长期激烈的战争，三苗集团的势力日益削弱，一部分退避山林溪峒，成为以后湖南境内和西南苗、瑶、侗诸民族的先民，还有一部分衍化成古越民族集团中的一支[①]。

古越，是商周时期分布于江南的一个庞大的古民族集团，根据所处地位又分为扬越、于越、闽越等，统称为“百越”。湖南境内三苗衍化而来的古越人属于“扬越”，处于新石器时代末期。如宁乡炭河里、长沙杨家山与接驾岭遗址及其大量出土的石器、陶器、青铜器和玉器，是当时古越文化的主要体现。在这些器具中可以发现，其生产工具仍以石器为主，但与以前相比，出现了许多诸如马鞍型石刀、穿孔宽刃石锄等新器型，而且磨制十分精巧；生活陶器出现了圈足黑皮陶碗、敞口折唇皮陶盆等器形和S型纹、米字纹、器形纹饰，特别是捺印粗点组成的人字形纹及瓦纹为以前所未见，充分反映了湖湘苗蛮古越文化的特征。最值得注意的是，这一时期湖湘地区的古越文化遗址中出现了鬲、大口尊、粗细绳纹等陶器器型及纹饰，而这些本是中原黄河流域新石器晚期的陶器特征。由此说明，当时湖湘地区文化和中原文化已有所交流和融合。商代起湖湘地区的古越人已大量使用青铜器，体现了成熟的青铜文化。另外，考古还发掘出大量玉器，有玉管、玉珠、玉虎、玉鱼等。其中玉珠以白玉居多，次为碧绿玉，中间均有穿孔，制作精细，是商代玉器中的罕见之物，表明当时湖湘地区古越人已具有相当高的艺术鉴赏水平与制作技术。

作为湖湘地区最古老的民族之一，古越人最早广泛分布于除湘西之外的湘东北、湘东、湘中和湘南地区，即湘江流域和资水中下游地区。在春秋晚期至战国中期楚人进入湖湘以后，居住在湘北和湘中地区的越人集体南迁，集中徙居于湘南地区，即湘江上游流域。在历经时间变迁后，部分留在湘南的越人成为现今湖南侗族的先民，他们至今尚保留有其先祖的风尚习俗。

①《尚书·舜典》：“黜陟幽明，庶绩咸熙，分北三苗。”《国语·周语》：“黎苗之王……上不象天，而下不仪地；中不和民，而方不顺时；不共神祇，而蔑弃五则。是以人夷其宗庙而火其彝器，子孙为隶，下夷于民。”

二、楚文化的浸润对湖湘文化的影响

在湖南本土产生的区域文化发展到春秋战国时期，随着湖南纳入楚国版图，无疑地受到了楚文化的重大影响[①]。

楚文化是周代至春秋时期在长江流域兴起的一种地域文化，是中华文化的重要组成部分。楚国作为春秋战国时期的强国和大国，在800多年的历史长河中创造了无比灿烂辉煌的文明成果，如楚国独步一时的青铜铸造工艺、巧夺天工的漆器制造工艺、领袖群伦的丝织刺绣工艺、精彩绝艳的辞赋、汪洋恣肆的散文、义理精深的哲学、恢诡谲怪的美术、五音繁会的音乐、翘袖折腰的舞蹈，等等。“书楚语、作楚声、纪楚地、名楚物”的楚辞被喻为中国浪漫主义文学的源头，对于其后的汉赋有直接的影响，更对中国古代文学艺术的发展有着巨大的贡献。楚辞与其他楚文化精华一起，构筑起瑰丽奇异的楚地文明。

（一）湘、楚居民的融合推动了湖湘生产力水平和物质文明的进步

随着楚国征湘，楚人、巴人等楚国境内的民族相继进入湖南并逐渐成为湖南境内的主体民族。史书《左传》记载，“文公十一年，楚子伐麇”。这里的“麇”就是今天的湖南岳阳、临湘之地。战国时，楚悼王以吴起为相，向南征伐，合并东部的湘水和资水地区，其后又合并沅水和澧水流域，称为“巫中”。因此，楚国最初移入湖湘大地的多是军人。湖南原住民的生产力水平相对低下，楚人入湘后，一方面征服和统治着湖南的原住民，另一方面也推广了较为先进的生产工具和生产技术，使得湖湘大地的农业、牧业、手工制造业和商业等都有了很大的进步和发展。从湖南各地发掘的楚墓来看，用来祭祀的有牛、羊、鸡、凫等家禽，有鹄、鸿等猎物，有鳖、龟等水产；铁制农具包括锄、锸、铲、斧、锛、刀等已普遍使用；粮食生产除种粟之外，还广种稻米、麦子、豆类等，此外还种有甘蔗、椒、姜等农副产品和经济作物。这一时期湖南地区已成为楚国重要的铜矿采炼和铜器铸造基地。手工制造品有各种各样的铜镜、漆木器、竹器、琉璃器以及丝织品。商业流通领域不仅出现了货币蚁鼻钱，即铜贝，还有黄金货币，表明当时的商品经济已有

① 朱汉民：《湖湘文化通史·导论》：“战国以前，湖南地区是不同民族部落居住、活动的地方……具体来说包括三苗、南蛮、百越等民族部落，人们统称为苗蛮文化。春秋中后期，楚人南下湖南地区促进了楚文化与苗蛮文化的融合。到了战国初期，湖南地区正式纳入楚国的管辖范围，并设立了行政区。”

相当的发展，并促使了湖南各地城市的兴起，如湘水流域的长沙城，澧水流域的鸡叫城，沅水流域的黄楚城等等。发掘材料表明，其中最有代表性的是长沙城。战国时期的长沙已是楚人聚居、人口稠密、农业、手工业和商业都相当发达的城市。到目前为止，仅长沙地区发掘的春秋战国楚墓已达3 000余座。

（二）楚人不仅与湖南的原住民共同创造了辉煌灿烂的物质文化，而且也创造了新兴的封建制度文化和充满神奇色彩的精神文化

楚人对湖湘制度文化的影响是十分深刻的。楚国在春秋时代已是较早实行封建郡县制的国家，征服湖南的原住民后，即在湖南设县任尹，封君封邑，无论郡县或者封邑，都必须向楚王室缴纳贡赋。对原居住湖南各地或新迁入的楚人或巴人，都一律按土地征收实物地租与田赋。

随着楚人入湘，湖南原居民开始普遍学习由楚国输入的中原文字。先进制度文化的引入，使较为先进的礼仪习尚在湖湘传播开来，刻在青铜器上和书写在简牍与帛书上的文献典籍在湖南广为流传。

楚文化对湖湘地区思想特色的形成产生了至关重要的影响。长江文化作为古代一种高度发达的文化，呈现出与中原文化明显不同的特点。楚人礼仪习尚主要是江北的生活习惯与民俗风情，其文化思想表现为五行学说、阴阳术数学说与老庄的消极避世观念。从学术文化来说，这里是道家思想的发源地。被尊为楚人始祖的鬻熊同时也是道家的早期代表人物，而道家的代表人物老子也是楚国苦县人，庄子是蒙人，后来也属于楚国。在中国文化中道家思想可以与儒家分庭抗礼，儒道互补，视为中国文化的两翼。鬻熊之“参乎天地、循礼行仁、顺合民意”的治道之说，老子“无为而无不为”“柔弱胜刚强”“反者道之动”的思想与方法，庄子返璞归真、淡泊名利的人生哲学，都在中国文化中产生了巨大的影响。战国至汉初流行的黄老之学，仍然是继承道家的基本传统，同时吸取了百家内容，“因阴阳之大顺，采儒墨之善，撮名法之要”，成为当时的社会政治的主导思想。李学勤认为，汉代的长沙原为楚文化的中心，马王堆帛书凡能推定作者的，大都是楚人的著作。长沙马王堆汉墓出土的帛书“黄帝书”，就是这一时期黄老派道家的著作。“黄帝书”中提出了“执道、循礼、审时、守度”的思想，是早期道家的

代表学说。“‘黄帝书’的文字多类于《越语》和《淮南子》，也与《鹖冠子》相似，显然是长江流域文化的结晶。”[1]

① 湖北社科院历史所·楚文化新探［M］.武汉：湖北人民出版社，1981年.

（三）湘楚文化的融合，形成了独具特色的湖湘宗教文化

春秋战国时，湖南的原住民大都信奉原始宗教，呈现出多神崇拜的特点，楚人入湘带来了楚人的宗教信仰与神话传说。湖南原住民的宗教与楚人带入的宗教、神话相互影响、融合，构成了春秋战国时独具湖南特色的宗教与神话，至今在湘南湘西地区仍可清晰地感受到这些上古宗教和神话的痕迹。

此外，由楚人与湖南原住民共同创造的文学艺术，包括诗歌、散文、绘画、音乐、工艺美术等，在春秋战国时都已经达到相当的水准。

三、中原文化的影响与湖湘文化的形成

发源于黄河流域的中原文化和发祥于长江流域的楚文化是中华文化的两大源头。两种文化互相影响、互相融合，共同构成了灿烂的中华文明。但是，随着历史的进程，中原文化逐渐占据了支配地位。这一支配地位，使得中原文化对各地域的文化产生了牵制性影响。中原文化主要通过以下方式影响着湖湘文化的产生和形成：王朝的统治与教化，贬官和流寓文人的影响，移民和战争的影响。

（一）上古帝王的德治教化

中原文化对湖湘地区的影响可以追溯到夏、商、周时期。中原文化的影响在相当程度上决定了湖湘文化发展演变的节奏和进程。

夏、商、周时期，湖南居于《禹贡》所称“九州”的“荆州”[2]。在中原诸部族看来，这里还是“蛮荒”之地，但据史籍记载，中原华夏部族首领炎帝、舜帝以及周代的周昭王皆南巡到湖湘之地并仙逝于此，其传说和足迹在湖湘地区流传至今。这表明，在上古时期，中原与湖湘之间就有着一定的政治、经济、文化交流。

② 《尚书·禹贡》：“荆及衡阳惟荆州：江、汉朝宗于海，九江孔殷，沱、潜既道，云土、梦作乂。”《蔡传》：“九江，即今之洞庭也。”

上古帝王在湖湘的传说反映了湖湘文化中最深层的价值取

向：以天道、治道、人道为正统，重德亲仁，持直守正。这种深层次的价值取向可以为后来两宋时期湖南成为全国理学中心做出合理解释。

（二）王朝的统治与教化

自秦统一中国，湖南就被纳入中央王朝的统一治理之中。秦朝行郡县、修驰道、统一币制与度量衡等举措都在湖南得到施行。秦朝时，湖南地区分属于黔中郡和长沙郡。2002年，在湘西龙山县里耶古城发现的简牍，多为政府文书，内容涉及社会政治、经济生活各个方面，说明此时期湖湘之地已在中央政府有效治理之下。西汉设武陵郡、桂阳郡、零陵郡和长沙国。唐代宗广德二年（764）置湖南观察使，“湖南”之名自此始。此后，尽管中央王朝对湖南的辖制也有些许变化，但湖南的行政区域自唐代以后相对稳定，湖湘文化的形成与发展有了较为稳定的区域环境。

另外，湖南行政区划的相对稳定，不仅使中原文化的制度、礼仪、风俗、习惯等直接影响着湖南的本土居民，而且也为湖南本土的文化保留自己独特的风俗、习惯等地域文化特色创造了较为稳定的外部和内部环境，使之成为中华文化中一支富有地方特色的区域文化。

（三）贬逐官员和流寓文人的影响

贬官是中国历史上一直不曾间断的政治现象。古之中国，宦海沉浮，稍不留意，就要受到贬谪。但是，从文化史的角度考察，历史仿佛赋予了贬官们特殊的重任——文化的传承、人性的思考、对制度的反思等，他们也从另一个角度为地域文化的发展做出了特有的贡献。

湖南地区远离中原，河湖纵横，生活条件艰苦，古人视之为南蛮之地、荒凉之地、烟瘴之地，因而宋以前常常成为历代贬官的流放之所。由于贬官都是从较为发达的中原地区而来，并且都是有学识有文化的文人官宦阶层，更为重要的是这些被贬官员大多怀抱高洁志操，恪守正道直行，他们不为流俗所容，屡受排斥打击，他们的忧乐情怀对湖湘文化中忧国忧民、嫉恶向善的性格心理养成产生了直接而深远的影响。被贬湖南，是他们个人的不幸，湖湘之地故而被称为“屈贾伤心之地”，而对文化的进步，却是湖湘之福。

中国历代被贬到湖南地区的官员不计其数，对湖湘文化的形成和发展产生重要影响的有屈原、贾谊、柳宗元、刘禹锡等。此外还有李白、杜甫、韩愈、秦观、辛弃疾、范仲淹、朱熹、王明阳等文人曾流寓湖南。他们带来了中原先进的思想文化，将其与本土文化互相交融，相互激发，促进了中原文化和湖南本土文化的交流与融合，湖湘之地的风土民情也对他们自身情操文采的升华产生了重大影响。

屈原是楚国伟大的诗人和政治家，其爱国主义思想和斗争精神是他的性格特点。被流放后，他仍然热爱祖国和人民，寄希望于楚国的强盛，从而实现统一中国的大业。屈原伟大的爱国主义形象、高尚的政治情操和理想，不屈不挠的斗争意志，天才创作的诗歌和文学，是中华民族精神的瑰宝，显示了中华民族的无穷力量，同时也展示着湖湘文化的精髓。屈原开创的楚辞，不仅打破了《诗经》的诗歌体例，对后来的汉赋以及五言诗、七言诗等产生了深远的影响，同时也奠定了湖湘文学的基础。

贾谊是西汉初年著名的政论家、文学家，其被贬居长沙 4 年多。贾谊在长沙王太傅任内的活动和著述，如政治见解及其代表作《过秦论》《论积贮疏》《陈政事疏》，辞赋《吊屈原赋》和《鹏鸟赋》等，对于湖湘文化的发展产生了重要影响。他刚踏入湖南就写作了《吊屈原赋》，对屈原爱国忠君的情怀、高洁独立的人格给予了高度评价。他来长沙后所著的《新书》更是采择了不少湖湘思想养料和文化成果，例如在湘楚之地盛行的鬻子思想，丰富了他的学术思想。同时，贾谊的见解与著述也对湖湘文化特质的形成产生了很大的影响。贾谊的辞赋在文学发展史上也占有重要地位，特别是《鹏鸟赋》是汉代第一篇散体赋，对后来散体大赋的兴起产生了很大影响。

柳宗元是唐代文学家和政治家，是贬官文化的典型代表人物。他被贬湖南永州后写下的《永州八记》，不仅描绘了永州优美的山水，而且还把自己的忧愤心情寄情于景，真正做到了情景交融。他耳闻目睹当时的社会现实，其民本思想得以升华。在《送薛存义序》中，他鲜明地提出了“吏为民役”的思想。在永州 10 年间，柳宗元创造了辉煌的文学业绩，在散文、诗歌、寓言、游记、杂文、小说、辞赋以及文学理论等方面，都做出了突出的贡献，共留下 600 多篇作品，使之成为唐宋八大家之一。

刘禹锡与柳宗元并称“刘柳”，是唐朝著名的文学家、哲学

家，自称是汉中山靖王后裔，在唐德宗时期曾任监察御史，是王叔文政治改革集团的一员。他的代表作有《乌衣巷》《西塞山怀古》《秋词》《浪淘沙》《竹枝》《杨柳枝》等。刘禹锡性格刚毅，但始终不曾绝望，被贬后仍以积极乐观的精神从事创作，其所创作的《秋词》等仿民歌体诗歌说明了他积极向民歌学习的态度。刘禹锡在湖南期间受柳宗元《天对》的启发，在其所写的《天论》中，明确提出了"天人交相胜、还相用"的命题，不仅在天人关系观中独树一帜，也对湖湘学风与士风产生了深远的影响。

（四）移民和战争对湖湘文化的影响

在文化的传播过程中，移民是古代中国最重要的文化传播载体。纵观中国历史，移民主要是由于战争或者国家行为产生的。中国历史上的移民，以中原汉族南迁最具规模，影响最大，对其他区域文化的产生和发展具有举足轻重的意义，这其中也包含着对湖湘文化发展产生的影响。

中原移民早在炎帝战败时就开始了。在商朝盘庚迁殷后，商王朝逐步加大对"荆蛮"的征伐，军事、经济、政治势力的南下，加上商人某些氏族支系的迁入，进一步促进了中原文化对湖南本土文化的影响。秦汉时期，户口消长呈现一种循环状态，总数并没有什么增加。但是，北方和中原人口因兵祸和天灾大规模地向南迁徙，导致湖南境内的人口成倍地增长，人口的民族成分也发生了较大的变动。湖南境内原有的大部分原住民在中原和北方征服者逼迫下，逐步向西部、西南部以至湖南境外的西南山区退徙。这些中原人和楚人再同那些没有退徙的湖南原住民融合，便构成了湖南境内新的主体民族——汉族。[①]

① 周秋光.古代湖湘文化的形成与历史演变[J].湖南社院学报,2009(1).

魏晋南北朝时期，国家长期分裂，政局动荡，战乱频繁。但在国家和民族不断动荡、变迁中，周边民族同中原民族、北方民族与南方各族相互间的接触、交流和融合却进一步加强。隋唐五代时期，湖南虽与全国一样历经农民起义和王朝的更替，但所受战乱的波及和直接影响较小，社会经济文化继续发展。土地得到进一步开拓，农业、手工业生产技术不断提高，商业、交通扩展，同全国的联系进一步加强，封建经济和封建文化的发展进入了新的阶段。

中国的经济重心南移和北方的一些游牧民族不断骚扰，迫使中原人士纷纷南下，因而文化也随之南移。于是，一直居于中国经济、政治、文化中心的北方的地位开始下降，南方在经济、文化各方面逐步崛起，到了两宋之时，南方的经济、文化已经十分发达，超过了北方。尤其是靖康之乱后，南宋有名的文人均在南方从事文化教育活动，湖南等地成为文化最发达的地方，产生了许多著名的学派、建立了许多著名的书院，从而促进了湖湘文化的发展。这也是湖湘文化成熟于两宋时期的一个重要原因。之后的元明也有大规模的战争和移民，其大迁徙加快了中原文化和湖湘文化的进一步相互影响和融合。

综上所述可以清晰地看出，湖湘文化是一个开放的体系，它是在与其他文化交流融汇过程中发生的，是一个多源性的文化。任何一种文化都有其产生的渊源，湖湘文化也不例外。《三国志·管宁传》：“测其渊源，览其清浊，未有厉俗独行若宁者也。”我们在面对湖湘文化的时候，要认真了解本土上古文化、楚文化、中原文化对湖湘文化形成的影响。通过对湖湘文化渊源的了解，我们能更清楚地理解湖湘文化的深刻内涵和精髓，也更加明白湖湘文化在中国文化发展史上的重要地位。

第二节 秦汉隋唐时期湖湘文化的初步形成

湖南上古本土文化与楚文化的融合、湘楚文化与中原文化的浸润和交流，为湖湘文化的形成奠定了基础。至秦汉隋唐时期，湖湘文化有了基本的轮廓和雏形。秦汉隋唐大一统多民族国家的巩固、经济社会各方面的发展，使得湖湘文化初步形成。

一、秦汉时期湖湘文化初露端倪

秦统一六国后，湖南成为中央王朝统治下的大一统多民族国家的一部分。在这样的社会历史条件下，秦汉时期国家统一的民族文化开始形成。

这一时期，湖湘地区的社会、政治、经济、文化获得了较大的发展。主要原因是在当时全国统一的背景下，北方、中原及各个地域的大量移民涌入湖湘，带来了包括生产技术在内的不同的地域文化。

秦朝统一后，在湖南地区有着大量的驻军，带来了随军人员的南移。据史书记载，秦始皇曾谴发50万人“戍五岭”，其中就有五分之二驻扎湖南。根据对里耶秦简的研究，秦简的发现处即为秦代军队的驻扎地。随着秦朝短暂政权的瓦解，由于北方中原地区的兵祸，加之天灾，或者官府组织进行，造成北方和中原地区人口开始大量向南迁徙，使得湖南地区人口大规模增加，人口数从西汉元始元年的71万增加到东汉永和五年的281万，增长近3倍。在所增殖的人口中，既有本地人口的自然增殖，也包括大量的外来移民。而随着外来移民的进入，湖湘地区人口的民族成分开始发生较大变动。从秦始皇开始，到东汉时期，中原人口的南徙使湖南境内的各少数民族先民逐步向西部、西南部，以至向湖南境外西南山区迁移，而广大江湖平原地区则成为中原人和楚人聚居地，他们又同部分土著居民日益融合，构成湖湘地区的汉民族的主体。

这种由移民而形成的不同地域文化的融合，为湖湘文化的初步形成注入了新的文化思想。此外，秦朝统一后实行的“车同轨，书同文，行同伦”体制，共同的政治、经济体制和意识形态体系取代了各个地域文化的原有的自然发展，逐步形成中国文化的共有的价值系统，使得湖南不仅融入中央王朝统治体系中，也融入中华文化的体系中，成为大一统多民族国家不可分割的重要组成部分。

在经济方面，牛耕的普遍使用提高了农业的生产水平，使得秦汉时期湖南在当时的粮食不仅能够满足内需，而且还大量外调。某些手工业已达到全国领先的水平。如马王堆出土的轻薄素纱禅衣重49克，其经纬丝纤度已达到与近代缫出的最精细

的纤度相当的程度。[①]东汉时湖南耒阳人蔡伦发明了造纸术，为人类文明的发展做出了贡献。

在文化方面，黄老之学在当时的湖南已十分流行，并形成了有别于先秦道家的“黄（帝）老（子）道”，被称为“秦汉新道家”，它甚至成为西汉王朝的治国指导思想。长沙马王堆汉墓出土帛书中，就有关于黄老道的著作，说明道家在秦汉时期对湖南地区的文化已经产生了深远的影响，它为以后道教在湖湘地区的传播奠定了基础。马王堆汉墓出土的3幅古地图，说明当时湖南天文学与地理学已发展到较高水平。马王堆汉墓出土的大批帛画与古乐器，反映出当时湖南在艺术上的突出成就。

① 伍新福. 湖南通史·古代卷[M]. 长沙：湖南出版社，1994：199.

二、魏晋南北朝时期新的文化基因的注入

魏晋南北朝时期，相对于中原而言，湖湘地区社会仍然较为稳定，这种稳定为湖湘文化的持续发展创造了基本条件。北方及中原的移民继续不断迁入较为稳定的南方地区，由此开始了中国经济文化重心南移的过程。这一时期，湖南先属孙吴、西晋，后依次归于东晋和宋、齐、梁、陈四王朝。数百年间，战争使得全国的人口大幅度减少，湖南地处江南，相对而言受战祸兵灾又较小，社会比较安定，加之北方人口的南迁，湖湘地区得到进一步开发，经济、文化都有长足的进步和发展，这也使得湖南地区成为朝廷赋税的重要来源地。

魏晋南北朝时期，“刀耕火种”的湖南粗放农业逐步向精耕农业转变，再加上优越的自然条件，农业生产得到较快的恢复与发展。湖南开始成为全国大米的重要产地和供应地，三国时，“长沙好米”之名已流传于北方和中原地区。湖南除盛产大米外，还大量种植粟等粮食作物。粮食的丰足，也促进了牲畜饲养业的发展，更带动了工商业的繁荣，以粮食为原料的酿酒业、农副产品加工以及陶瓷、纺织、金属冶炼及金属器、玉器制作等工业在湖南特别发达和兴盛。随着农业和手工业生产的发展，以及船舶交通的发达，各地产品交易增多，从魏晋到南朝，湖南的商业也获得了发展。作为早期中国封建社会的巅峰时期，湖南以世家豪族为代表的封建大土地所有制和封建的庄园经济也得到了充分发展。

与此相应的是，作为魏晋南北朝时期的一种突出的社会思

潮，反映世家豪族意识形态的清谈和玄学在湖南也盛极一时。玄学是清谈的主要依据和内容，清谈是对玄学的阐述和表现形式。湖南当时颇有名气的清谈家和玄学家有刘先、虞授等，他们都崇尚“老庄”。由于崇尚“老庄”和清谈玄学之风的盛行，以道家经典为其理论依据的道教在湖湘地区得到广泛的传播。道教的主要据点在南岳衡山。衡山的祝融峰有南岳观，其他地方的著名道观有巴陵的青霞观、醴陵的登真观等。

佛教传入湖南也在魏晋之际。湖南最早的一座佛教寺庙为长沙麓山寺，建于西晋初年。稍后又有巴陵君山寺、圆通寺、桃源净照寺、衡阳上圆清寺、衡山衡岳寺、攸县证果寺等一批佛教寺庙的出现。①

魏晋南北朝时期，湖湘地区在文学艺术方面也产生了一些人才，取得了相当的成就，如三国时湖南著名文士刘巴、南朝的阴铿，还有蒋琬、桓阶、车胤等。东晋罗含所著《更生论》是湖南最早的哲学著作。同时湖湘地区也出现了一批历史学家和地理学家，他们在历史和地理方面的撰著，为我国古代科学的发展做出了贡献。史学家邓粲所撰的《晋纪》和一些关于湖南地理的著作就是典型代表，他们都受到了中原主流科技文化发展的影响。②

① 伍新福．湖南通史·古代卷[M]．长沙：湖南出版社，1994：274－276.

② 张伟然．湖南文化的发展过程[J]．中国史研究，1996（2）：133－140.

三、隋唐时期湖湘文化崭露头角

隋唐时期，国家由分裂重新走向统一，湖南与中原的联系比过去加强了，中央也加强了对地方的控制。唐代宗广德二年(764)，湖南作为一个独立的、具有重要政治战略意义的行政地域概念及人文地理概念正式形成，在此基础上，湖湘地区的社会政治、经济、文化有了长足发展。

隋唐时期，湖南多数地区农业得以发展，水稻已实行一年二熟制，还种了小麦与粟、黍等，以及经济作物茶叶、桑、苎麻和棉花等。安史之乱后，北方农业凋敝，粮食问题十分突出，湖南地区的粮食更大规模北运。隋唐时期在农业经济恢复和发展的基础上，各种手工业生产得到了很大发展。这在湖南地区最突出的是瓷器业，以前的青瓷烧制工艺已发展到釉下彩烧制工艺，如长沙铜官窑的釉下彩瓷器代表了当时国内瓷器生产的最高水平。湖南传统的有色金属矿，如朱砂、水银、金、银矿的开采和冶炼，到隋唐时期也在继续发展。湖南地区商业的发展，在唐代主要反映在瓷器方面，长沙铜官窑的釉下彩瓷器还远销朝鲜、日本、印度和东南亚地区，甚至远达非洲。到五代马楚时期，湖南则以茶叶贸易最为突出。

隋唐时期湖南文学获得了相当大的发展，特别是中唐以后，产生了诸如刘蜕、李群玉、胡曾、曹松、僧齐己等在全国颇有名气的诗文作家。五代时马殷据湖南为国，使得湖湘文化有了更大发展，特别是在长沙聚集了一批文人，如邓洵美、韦鼎、廖昌图等人，对湖南文学的发展起了重要作用。此外，许多杰出的政治家、思想家、文学家因各种不同的原因来到湖湘地区，如王昌龄、柳宗元、刘禹锡等人都先后贬谪到湖南。湖湘大地各族居民的生产生活实践、山川风物等为这些外籍文人提供了创作的土壤和条件，同时他们又促进了湖南诗歌的兴盛和文学的发展，对湖湘文化的发展产生重大影响。

隋唐时期，湖南还先后开办了石鼓、岳麓两所书院，是见诸记载的中国书院之始，开创了湖湘以崇学重教著称的先河。此外，湖南在唐代出现了全国第一流的大书法家欧阳询、欧阳通父子及怀素，他们都是湖南长沙人。在这一时期，湖湘文化开始以地域思想文化特色而崭露头角了。

由此可见，在秦汉隋唐时期受大一统政治、道教、佛教等因素影响，湖南地区的经济文化得到进一步发展，湖南地区的地域文化初步形成，初具雏形的湖湘文化开始步入中华文化发展的历史舞台。

第三节 两宋时期湖湘文化的成熟

两宋时期，以湖湘学派的崛起为标志，湖湘文化走向成熟，并在全国产生重大影响。

一、经济文化重心的南移与湖湘文化的发展

湖南在唐末五代时曾由马殷建立楚国割据50余年，这是历史上唯一一个以湖南为中心建立的国家政权，应当说为湖南的区域性开发奠定了一个良好的基础。北宋建立后不久，即逐步消灭了南方包括湖南“马楚”在内的地方割据政权，并着力经营南方。

在魏晋以前，中国的政治、经济、文化中心均在北方，代表中国文化主体的中原文化亦产生于北方，但是自东晋以后到两宋之时，由于北方党项、辽、金等少数民族的相继南侵，出现了两晋的永嘉之乱、宋代的靖康之乱，致使中原地区战火不绝，经济破坏严重，迫使以汉族为主体的中原王朝将重心移向南方。南宋时期，北方的广大疆域沦入金人之手，一直居于中国经济、政治、文化中心的北方的地位开始下降，南方在经济、文化各方面逐步崛起，此时南方的经济、文化十分发达，已经超过了北方，湖南更是成为南宋王朝所倚赖的重要地区。

宋代尤其是南宋时期，湖南的手工业、商业及交通得到了较大的发展，当时几乎所有的著名学者都来过湖南，并为湖湘文化的发展做出了贡献。尤其是靖康之乱以后的南宋，那些有名的学者均在南方从事文化教育活动，浙江、江西、湖南、福建等省成为文化最为发达的地方，产生了许多著名的学派，建立了许多著名的书院。北宋形成的“四大书院”在南方和北方各两所，到南宋时期，四大书院已全部移到南方，而北方的文化则大大衰落。这一政治、军事、经济、文化局面的出现，无疑促进了湖南社会经济文化飞跃发展，为湖湘文化走向成熟奠定了扎实的基础。

二、湖湘学派的兴起

两宋时期是湖湘文化在全国形成自己特色并产生重大影响的时期，其标志是湖湘学派的崛起。

与先秦儒学和汉唐儒学相比，湖湘学者们不单是从社会政治角度或者从人的生活实践方面大量地讨论儒家伦理问题，而是把这一切置于“性与天道”的宇宙论、世界观的哲学角度来考虑，使先秦以来的儒学发展成一种更为精深、具有系统性的学说，重新获得了生命力。

先秦孔孟所创立的儒家学说原本是诸子百家中的一派，通过“百家争鸣”，儒家学说逐渐成为主流学术思想。自汉代起，儒家学说更是成为中国社会的正统思想，并且成为中华传统文化的核心学说。由于先秦儒家只讲其然，不讲其所以然，以致儒者们常常沉浸于寻章摘句、考据训诂的“皓首穷经”的学问中，不能够对儒学的理论思想和伦理价值做出新的阐发。道释两家兴起，也使得儒家思想受到了前所未有的挑战。湖湘学者们在吸收和批判佛、道的宇宙论、思辨方法的基础上，通过重新诠释儒家经典，重建儒学体系，重振儒家信仰，创立理学，形成湖湘学派，为中华传统儒家思想的发展做出了突出贡献。在这一过程中，湖湘学者们表现出了兼收并蓄、会通诸家和致知力行、知行并重的思想特点。

理学奠基人周敦颐的《太极图说》与《通书》奠定了宋明理学的基本体系。《太极图说》将儒家的仁义道德跟道教的宇宙图式结合起来，建立了“无极—太极—阴阳五行—万物化生”的宇宙论哲学，将儒家伦理建立在宇宙论基础之上。《通书》则提出了一个以“诚”为核心的道德形而上学的理论体系，从而奠定了理学思想体系的核心——心性论。书中写道：“诚者，圣人之本。大哉乾元，万物资始，诚之源也，乾道变化，各正性命，诚斯立焉。”其中，“诚”既是“大哉乾元，万物资始”的宇宙本体，又是“圣人之本”道德人格本体。从而把“天人合一”奠定在哲学本体论的基础之上，为儒家伦理建立起一个终极存在的本体依据。

周敦颐为理学的兴起起到了奠基作用，他的思想备受湖相学派推崇。湖湘学派创始人胡宏在《通书序略》中确定了周敦颐在“道统”中的地位。胡宏的弟子张栻更是不遗余力地宣传周子的学术地位与成就，并亲自撰写了大量的文章，如《太极图解序》《太极图解后序》《通书后跋》等，肯定周敦颐是孔孟道统的继承人。湖湘学派的哲学体系和概念范畴也深受周敦颐的影响。胡宏将“性”看作既是宇宙本体，又是人格本体，从而建立起“性为大体”的“天人合一”的本体论哲学。这与周敦颐《通书》中的理论模式十分相似。张栻不仅重视周敦颐的

《通书》，还十分重视《太极图说》，他将周敦颐的太极论与胡宏的性论统一起来，提出了“太极即性”的本体论学说。正是由于周敦颐对理学的重大贡献，后来的湖湘学人杨恺运才发出了“吾道南来原是濂溪一脉，大江东去无非湘水余波”的感慨。这种感慨中既有作者的谦虚，也有湖湘文化的自信，它客观地评价了周敦颐对理学和中华学术思想的贡献和影响。

流寓而定居湖南成为“湖南人”（祖籍福建）的胡安国、胡宏父子，开创了以“经世致用”为核心理念、以理学为学术特征、并致力于弘扬民族精神的湖湘学统，成为“湖湘学派”的奠基者。胡安国的传世著作有《春秋传》《资治通鉴举要补遗》等。其中《春秋传》是他以毕生精力纂修而成，成为元明两朝科举取士的经义定本，也是湖湘文化的经典著作。他的儿子胡宏曾“优游于衡山脚下余二十年，玩心神明，不舍昼夜”，创立了“性本论”的新理论，作为对其父理学思想的进一步发展。“性本论”将“性”作为连接天、人的中介，即人性是联结、沟通“天”“人”的枢纽，是从宇宙论到伦理学的关键。不是宇宙观、认识论，而是人性论才是宋明理学的体系核心。[1]胡宏为儒学的发展提供了一条新的思路，也实现了他复兴儒学的夙愿。胡宏的主要著作有《知言》《皇王大纪》等。其中，《知言》内容涉及哲学、政治、伦理、教育等各个方面，被湖湘学派奉为经典，是传授师说的重要范本。当时，一批批志学求道的青年纷纷来到衡山追随胡宏研经读史。

① 李泽厚. 中国古代思想史论[M]. 天津：天津社会科学出版社，2003：212.

张栻为新儒家思想的传播也做出了突出贡献。张栻年轻时奉父亲之命到衡山拜胡宏为师学习理学，经潜心苦读和四方讲学交友，学业日进。胡宏曾称他：“圣门有人，吾道幸矣。”张栻注重“力行”，反对空言，强调道德践履，行至言随。此外，在宇宙论、人性论等方面张栻的议论也有其特点。因而，他成为南宋著名的理学大师之一。1165年，张栻在长沙城南书院授徒传业，后又主讲岳麓书院，从学者广及江西、浙江、江苏、四川等地，名声远播，湖湘学派规模得到很大扩展，湖湘学派倡导的儒家思想也得到迅速的传播，而岳麓书院则是新儒家思想传播的主要阵地。此外，张栻与朱熹的探讨，成为当时学术思想界最大的盛举，被称为“朱张会讲”。

以“朱张会讲”为标志，湖南已成为重要的学术思想地域和理论学术中心，湖湘文化的思想学术标记从此产生，影响全国并绵延后世。“湖湘学派”所开启的以“经世致用”为核心理

念的湖湘学术，成为文人士大夫关心政治、关注民主、着眼社会发展的思想资源，致使近代乃至现代的湖湘文化、湖湘人才群体独步于中华历史。

三、书院教育和学术的一体化发展

以岳麓书院为代表的湖南书院的持续发展，无疑对宋代及以后湖湘文化和湖南教育的发展发挥了重要作用。名列天下四大书院的岳麓书院、石鼓书院在宋代引领着全国书院的发展，使湖湘士人获得了文化的自信，为湖湘文化和湖湘教育的发展奠定了坚实的基础。

北宋时期，湖南至少有12所书院，大多起着替代官学培养人才的作用。人才是文化的重要载体，又是文化积累、创造的主体。人才的兴盛，为文化的发展提供了坚实基础与强劲动力。历代湖南书院卓有成效的人才培养工作，在湖湘文化的传承、发展、更新、创造的过程中发挥了颇为关键的作用。尤其是岳麓书院和石鼓书院，它们以其规制完备而备受世人瞩目，成为各地书院的榜样，引领着全国书院的发展。马端临所谓“后来所至，书院尤多，而其田土之赐，教养之规，往往过于州县学，盖皆欲仿四书院云”[①]，讲的就是这种表率作用。书院的发展促成了湖湘坚持兴学的社会风气和与礼乐之邦洙泗、邹鲁一比高下的自信与自豪。这种社会风气和心理机制，正是湖湘文化得以于宋代趋于成熟，产生重大影响的重要原因。

① 谷嘉，邓洪波. 中国书院史资料[M]. 杭州：浙江教育出版社，1998.

至南宋，湖湘书院总数已达70所，基本覆盖到了整个湖湘地区。书院的普遍设立，不仅有了人才培育之所，也有了学术研究之所。如胡安国的代表作《春秋传》完成于碧泉书院；胡宏则在书院讲学过程中完成其代表作《知言》，建构其理学思想体系。张栻的主要著作《论语解》《孟子解》，也修订、完成于其主教城南、岳麓书院期间。宋代湖南书院的普及导致主流文化向边远地区不断推进，拓展了湖湘文化的空间分布。同时，宋代湖南书院的各种面向社会的会讲、讲学活动也促进了文化的社会传播。教育的兴盛使得湖南开始出现人才蔚起的现象，据《湖南通志》记载，两宋时期湖南县以上官吏390余人，其中进士达179人。

可见，自宋代以后，历代湖湘士人不仅以书院为基地进行

学术研究与创造工作，而且以“教化”为己任，承担着教育的历史责任。这种教育与学术一体化的趋势，表现在湖南书院教育既注重先秦儒家道德，又注重把教育与个人修养结合起来，从而形成了传道求仁、经世致用、兼容并蓄的学风，并使之升华为湖湘文化重要的精神内涵，是中国古代教育史中的宝贵财富。

此外，两宋时期湖南除了湖湘学派兴起和书院教育蓬勃发展外，在经学、史学、地学、文学艺术、医学及考据学等方面也都有非凡的建树。宁乡的易祓、武陵的丁易东、永明的周尧卿等都是宋代湖南非常值得称道的经学家。宋代湖南也不乏才华卓越的史学家和具有较高价值的史学著作，如路振的《九国志》、陶岳的《五代史补》等。地理学、地方志方面湖南也有可观的成就，当时编撰的《南岳总胜记》《岳阳风土记》《辰州风土记》等著作对研究湖南历史有较高的史学价值。南宋时期湖南出现了几位著名的诗人、词人，如潭州人刘翰、宁远人乐雷发、衡山人侯延庆等。宋代湖南书画界较为突出的有刘次庄、单炜、武洞清、释仲仁等。宋代湖南的医学也有很大发展，产生了很多医学典籍，当时著名的医学家有湘乡人朱佐与衡州热门宋永寿等。[1]

① 伍新福. 湖南通史·古代卷[M]. 长沙：湖南出版社，1994：460—467.

第四节 明清时期湖湘文化的蓬勃发展

明清之际，湖湘文化得以复兴和进一步发展，并呈现出蓬勃发展的局面，从而使得湖南成为全国具有重要影响力的地域之一。

一、明朝时期的湖湘文化

元朝统一中国后实行行省制度，湖南绝大部分地区属于湖广行省，其余隶属于四川行省。元朝贵族的政治压迫和民族歧视，使得湖南地区的发展表现出迟滞的态势，湖湘文化的发展也进入短暂的低迷时期。但是由于元朝政府的提倡，元代书院兴盛一时，湖南地区的书院教育也得到进一步发展，除长沙岳麓书院、衡州石鼓书院、南岳邺侯书院等一批旧有书院外，湖南各地新建了一大批书院，如乔江书院、东岗书院、南台书院等。元朝湖南的科举入仕人数在全国比例很高，约占十三分之一，远高于全国平均水平，居于前列。元朝湖南地区乡试中举者 271 人，成进士者 143 人，入选为官者 86 人，并且出现了众多的状元，如衡山何克明、兴宁曹一本等。[①]

① 张伟然. 湖南文化的发展过程[J]. 中国史研究，1996（2）：134－136.

经过元代的低迷之后，湖湘文化在明朝得以复兴乃至进一步发展。明王朝建立后，采取了一系列的措施加强中央集权、整顿吏治、恢复生产，湖湘的社会经济文化也与全国一样开始复苏并得以发展。

较之前代，明代湖南的社会经济重大发展首先体现为农业的发展。明代中期开始有“湖广熟，天下足”的民谚，表明其时湖广已取代了苏浙，粮食生产已在全国占有举足轻重的位置。其次是手工业和商业也有较大发展，明代湖南地区手工业和商业的繁荣超过了往昔，例如湖南地区各州县纺织业均出产绢、绫、丝和棉布，其中棉布尤多；制瓷业由岳阳、长沙、衡阳等湘中发达的地区向湖南的边远地带扩展。其他如造纸业，也出现了诸如长沙府的浏阳纸，衡州府的耒阳纸等一些名优产品。并且湖南地区已出现了一些商业重镇与贸易中心，如岳州府的巴陵、湘江之滨的长沙府城等。

随着政治的稳定和社会经济的恢复和发展，明代的教育也获得了空前的发展。明太祖朱元璋提倡“治国以教化为先，教化以学校为本”，元末被兵燹损坏的学宫和书院在明代都陆续恢复，并且还兴建了不少新的学宫和书院。特别是书院，在嘉靖年间兴建最多，湖南书院总数达到 120 余所。书院教育的发展促进了湖湘人才的兴盛，明代举行的会试 82 场，湖南进士题名者计 541 人，其中状元、榜眼、探花各 1 人，分别为华容的黎淳、

安仁的邓伟奇、临武的曾朝节。这些进士中官至显位的有在正统年间担任兵部尚书的宜章人邝埜，天顺年间担任两广总督的汝城人朱英，担任礼部尚书的华容人黎淳等。[①]

与前代相比，明代湖南的人才格局已有新的突破，用晚清湖南经学家皮锡瑞的话说是“骎骎始盛”。当时可称道的文学人物，在明前期有文学家、诗人茶陵人刘三吾，湘阴人夏原吉，攸县人王伟；在明中后期有茶陵人李东阳、郴州人何孟春、巴陵人杨一清、宜章人邓庠、善化人黄学谦、益阳人郭都贤等。可称道的经学家有益阳人罗敦仁、罗喻义父子，有衡阳人王介之（王夫之长兄）、临武人曾朝节等；史学家有湘潭人周圣楷、茶陵人谭希恩、醴陵人唐寅、华容人严首升、孙宜等；地学家有华容人黎淳、攸县人陈论、长沙人魏焕、衡州人杨佩、善化人吴道行等。值得一提的还有明正德二年（1507），对程朱理学持批判态度的“阳明学”创始人王守仁贬谪贵阳时途经湖南，曾应邀在湖南醴陵的靖兴寺、泗州寺和岳麓书院讲过学。其后，王派弟子季本、罗洪先、张元忭、邹元标亦在湖南大倡其师门之说，有力地推动了王学在湖南的传播。王学在湖南传播的结果是与湖湘学融合，最终使得湖湘学和王学都得到了改造，同时，王学在湖南的传播对于后来王夫之学术思想的形成也有一定的影响。[②]

① 伍新福. 湖南通史·古代卷[M]. 长沙：湖南出版社，1994：573－575.

② 周秋光. 古代湖湘文化的形成与历史演变[J]. 湖南社会主义学院学报，2009(1).

二、清前期的湖湘文化

清代湖南单独建省，是湖湘文化空前发展的先决条件。今天湖南省区的范围，早在清康熙三年就已经基本确定了，略有不同的只是建省时靖州领有天柱县（即今镇远地区），在雍正四年（1726）划归了贵州。与过去相比，湖南不再依附于湖北，这就使它有可能形成自己的重心和规模，从而为湖湘文化的进一步发展创造条件。

另外，清代湖南人口大幅度增长，是清代湖湘文化空前发展的基本动力。至道光二十年（1840）鸦片战前，湖南人口增长为1989万人。[③]人口的增长，自然要促进经济的建设与开发。大批移民的进入，实际上最大限度地开垦了湖南的荒地，使耕地面积显著扩大。耕地面积的扩大，加上注重兴修水利，注重耕作方法的改进，推广双季稻，提高单位面积产量，又种植各

③ 刘泱泱. 近代湖南社会变迁[M]. 长沙：湖南人民出版社，1994:21－26.

种经济作物，使得清代湖南的农业生产发展超过了此前任何一个朝代。明中期民间流行的“湖广熟，天下足”的谚语，到了清朝乾隆年间便一改而为“湖南熟，天下足”。

教育的兴盛与两湖乡试的“南北分闱”，是清代湖湘文化空前发展的重要因素。清代比明代更重教育，除恢复清初被兵燹的各地学宫和书院外，在康熙至嘉庆年间，又在全省各地新创建了71所书院。并且湖南在各府州县还广设义学，作为初级教育的场所。这些义学，每州每县少则一所，多则10余所。同时遍及到少数民族地区，使教育的发展出现了前所未有的兴盛局面。教育的兴盛与南北分闱，导致了湖南人才群体的蔚起。大约从嘉庆朝开始，湖南参加乡、会试的中试人数，便较之前代有明显的增加。据载清朝自顺治九年开科至道光二十年（1804）共75榜（不包括咸丰至光绪朝），湖南成进士者达441人，中举者则达数千人。[1]

① 伍新福．湖南通史·古代卷[M]．长沙：湖南出版社，1994：667－671.

三、湖湘学人王夫之与中国早期启蒙思想

明清之际是中国早期启蒙思想产生的阶段，湖湘学人王夫之是这个阶段最杰出的代表人物。一方面，他是湖湘理学的继承者，承传了两宋形成的理学型文化，并对理学作了全面系统的总结和批判；另一方面，他又是促进湖湘文化近代转型的先行者。

王夫之一生著述众多，体系浩大，内容广博，在哲学思想、社会政治思想各方面都有自己独到的见解。历史评价他既是充满爱国热忱的志士，又是有着强烈文化关切和文化抱负的哲学家。他的著述存世的约有73种、401卷，散佚的约有20种。存世著述主要有《读通鉴论》《宋论》《周易外传》《周易内传》《诗广传》《思问录》《尚书引义》《黄书》《张子正蒙注》《噩梦》《庄子通》《老子衍》《读四书大全说》《相宗络索》《续春秋左氏传博议》《春秋世论》等。在死后150多年间，他的著作流传甚少，直到19世纪40年代情况才发生变化，邹汉勋、邓显鹤整理编校的《船山遗书》问世，此后，曾国藩、曾国荃兄弟又在金陵设局刊印较完备的《船山遗书》，使他的学说为人们所知悉，并立即受到全国尤其是湖南士人的高度尊崇。

王夫之一生以“六经责我开生面”文化使命感自期自许，

为中国传统学术文化的发展做出了历史性的总结和创造性的贡献，在哲学观念、政治思想、伦理道德、人格精神各个领域均有新的开拓，尤其是在古代哲学领域，王夫之更是开创了新纪元。他的“天下非一姓之私”的君主政治批判，“天下惟器”的哲学思考，以利为义的伦理观念，“内极才情、外周物理”的美学思想，以及对豪杰人格的推崇等，均代表着那个时代的精神，具有浓厚的启蒙色彩。

王夫之的政治观点接受了程朱理学中关于“礼”的思想，坚持维护封建等级制度，主张“尊其尊，卑其卑，位其位”，同时他又反对绝对君权，认为如果君言不为“天下之公”，以一己私利而获罪天下百姓，就必须革除他的君位，也就是“天下非一姓之私”。王夫之的哲学思想将朴素的唯物论和朴素的辩证法在一定程度上结合起来，达到了中国古代哲学发展的高峰，对中国文化的发展产生了重大影响，可以说是中国“启蒙运动”的先声。此外，他对中国文化传统中的经、史、百家之学以及释、道之学，都有研究并吸取。他可以说是中国思想史上的一位巨人，湖湘文化因王夫之而发扬光大。王夫之作为一个伟大的思想家，在中华文明史上享有崇高地位。当代学术大师侯外庐先生也认为王夫之的思想，“蕴含了中国学术史的全部传统”。王夫之不只是将湖湘文化，而且是将整个中国学术思想文化发展到了一个新的高峰。

以王夫之为代表的早期湖湘启蒙思想的影响，对于近代湖湘文化的转型具有至关重要的意义。贺长龄、魏源、邓显鹤等人最先接受王夫之的思想，并极力宣传船山学说。除邓显鹤刻《船山遗书》外，贺长龄也在贵阳刻有船山著作，魏源还专门研究过王夫之的著作，其《诗古微》即附了船山的《诗广传》。以曾国藩、曾国荃、彭玉麟等为代表的理学经世派，其学术思想同样受到王夫之的影响，如曾国藩等理学经世思想就是来源于船山理学思潮中的儒家伦理内核“内仁外礼”以及“明体达用”的学术思想。以谭嗣同、唐才常等为代表的维新派也接受了船山学说的影响，故而极端推崇王夫之。谭嗣同甚至说：“五百年来学者，真通天人之故者，船山一人而已。”[①]资产阶级革命派章士钊、杨毓麟、易白沙、禹之谟等对船山学说的推崇不亚于维新派，如杨毓麟于1902年发表了《新湖南》一文，提出“船山王氏，以其坚贞刻苦之身，进退宋儒自立宗主，当时阳明学说遍天下，而湘学独奋然自异焉”。辛亥革命的宣传家大多爱看

① 梁启超．清代学术概论[M]．北京：中华书局，2010：29．

《船山遗书》，辛亥志士利用他的夷夏之辨的民族意识进行反满革命；民国初年，刘人熙等人在长沙设立船山学社，创办《船山学报》，鼓吹保护国粹。

此外，一些现代湖湘人物也受到王夫之思想的影响，如杨昌济及其学生毛泽东、蔡和森均接受过船山学说的影响。"五四"新文化运动时期，在长沙第一师范任教的杨昌济对王夫之的知行学说倍加赞赏，主张力行实践，并影响到青年毛泽东。

直到今天，坐落于长沙闹市区的船山学社旧址和湘江西岸王夫之就读过的岳麓书院，仍吸引着人们去追怀这位杰出的人物。这不由使人想起梁启超所说的一段话："近世的曾文正、胡文忠都受他的熏陶，最近的谭嗣同、黄兴亦都受他的影响。清末民初之际，知识阶级没有不知道王船山的人，并且有许多青年，作很热心的研究，亦可谓潜德幽光，久而愈昌了。"

由上可见，作为中国文化的重要组成部分的湖湘文化，随着中国文化和社会的发展，在明清时期不断地发展与重构，显现出不同于以前的时代文化特征，呈现着蓬勃发展的势头。同时这种发展又有着明显的传承性，表现出固有的地域性文化特质遗传，对中华文明的发展与进步做出了突出贡献。

第五节 湖湘文化的近代转型

鸦片战争使中华民族面临着"三千年未有之变局"，面临着亡种、亡教、亡国的危局。在这种情形下，湖湘士人再次站在文化变革的前沿，以其独特的思想与行为推动着中国的近代化进程。同时，近代也是湖湘文化开始转型的关键时期，近代湖湘文化在这场近代化运动中散发出耀眼的光彩。

一、湖湘经世派与湖湘文化

湖湘文化中经世致用的思想塑造了湖南士人外倾感应型的性格，当面临近代西方文明的冲击时，经世致用的思想使一部分湖湘知识分子得以率先从忧国忧民的角度去认识西方文明，形成了湖湘经世派。

经世派的主要代表人物有陶澍、魏源、贺长龄等。其中湖南邵阳人魏源最具典型性。早在1842年，魏源出于对鸦片战争失败的反思，编写了《海国图志》一书，详细介绍了英、美、俄、西等五大洲90个国家的历史地理知识，为国人提供了关于世界的崭新概念，并提出了“师夷之长技以制夷”的口号。

这一时期清朝由盛而衰，西方势力东来，使得当时的湖湘学者们不得不从汉宋之学的烦琐与空疏中摆脱出来，探求能挽救危机的经世之学，寻找解决实际问题的社会改革方案，如改革漕政、盐政，抑制兼并、流民，乃至杜绝白银外流、西力东渐的种种方法。这是一批学术旨趣相同、政治倾向较为一致，同时又互为师友、互为乡籍、互为同事的湖湘学人，也可以视为一个学术群体。他们的共同学术特征和群体联系，对湖湘士子产生了深刻的影响，也对湖南学术产生深远的影响，实则是湖湘学风形成的标志。

二、湘军之兴和洋务运动与湖湘文化

湘军兴起于清朝咸丰年间，这既是这一时期重大的历史现象，也是这一时期主要的文化现象，它对湖南百年来的历史发展产生了巨大的社会影响，构成湖南近代史重要的一页。湘军的兴起曾被人称为晚清历史上的一大“奇迹”，以为“书生用兵以立武勋，自古以来未尝有也”[①]。湘军对近代中国的军事、政治乃至文化产生的影响是巨大的，是无可比拟的，以致时人发出“天下不可一日无湖南”的感叹。“中兴将相十九湖湘”，湘军将领成为当时中国政治、军事、文化的主角，整个湘军系统中15人位至总督，14人位至巡抚。位至总督的湘军将领有湘乡人曾国荃，长沙人杨岳斌，湘阴人左宗棠，衡阳人彭玉麟，新

① 蒋方震：《中国五十年来军事变迁史》，转引自罗尔纲．湘军志[M]．北京：中华书局，1984．

宁人刘坤一、刘长佑等；位至巡抚的湘军将领有益阳人胡林翼，湘阴人郭嵩焘，新宁人江忠义、江忠源，湘乡人刘锦棠、刘蓉、李续宾等。湘军之所以会在湖湘大地兴起，与湖南地区特有的社会经济、阶级状况以及文化传统有着密切的关系，它是在湖南社会历史土壤中孕育出来的。

湘军的兴起乃是以曾国藩为中心的一批湖南洋务派士人为挽救封建末世、中兴王朝、实现经邦治国的宏愿而建立和发展起来的。湘军人物的这种经世致用的学术旨趣、改革政治的经世之志，正是嘉道之际以魏源、陶澍、贺长龄为代表的湖湘经世思想的自然延续，也是他们开创的湖湘学风濡染的结果。就直接的学术渊源而论，二者之间也存在着师承关系。湘军与湖湘文化又是相互联系和密不可分的。湘军可以说是湖湘文化的产物；湘军人物对湖湘文化传统的弘扬与光大，堪称湖湘文化重要发展阶段；湘军深远的影响又成为弘扬湖湘文化的动力，构成推动湖湘文化近代转型的内在机制。

湖南的洋务派实际上是湘军兴起的产物，曾国藩被当作洋务派最典型的代表。在魏源逝世 10 年后，湖南人曾国藩、左宗棠率先将“师夷长技以制夷”的口号付诸社会实践，掀起了轰轰烈烈的洋务运动，通过办军械所、制造局，翻译介绍西书，派遣留学生等去学习西方先进的科学技术（“西学为用”），同时保持中国传统的思想体系和价值观念（“中学为体”），即所谓的“中体西用”。但是由于西方的强烈反对和干预，这时的主流想法已经不再是“师夷长技以制夷”，而是“师夷长技以自强”。1876 年，湖南人郭嵩焘被清政府任命为第一任驻英法公使，他利用出使英法的机会，对西方的历史文化、政治、经济和科学技术进行了深入的考察与研究，大力传播西方文化，成为中国近代史上提倡向西方学习的先驱人物。

三、维新派与湖湘文化

中日甲午战争后，维新派逐步走上中国社会政治舞台。湖湘维新派主要代表人物有谭嗣同、唐才常等。与经世派、洋务派相比，他们主张在更高的层次上和更广阔的范围内向西方学习，在继续强调学习西方科学技术的同时，更多地关注西方的政治体制。因此，他们更加注重引进西方的学术思想。谭嗣同

的维新思想就是这种新思潮的典型代表。

由湖南维新人士谭嗣同、熊希龄、唐才常等创办和主持的时务学堂是湖南创办的第一所近代新式学堂，标志着湖南的教育由旧式书院制度转向新式学堂制度，它对湖南近代教育的发展起了巨大的推动作用，这也是湖南近代化教育的开端。时务学堂是由岳麓书院王先谦领衔呈报，巡抚陈宝箴批准，熊希龄等出面报请时任两江总督的刘坤一拨款，建于长沙小东街的新式学堂。时务学堂先后更名为求实书院、湖南省城大学堂，之后与改制后的岳麓书院合并，组建湖南高等学堂，这就是湖南大学的前身。时务学堂的创立是湖南维新运动的重要组成部分，为使湖南成为当时中国最富朝气的省份做出了巨大贡献，这也使得湖南的维新运动成为后来戊戌变法的前奏和实践基础。因此，梁启超多次赞扬："新旧之哄，起于湘而波动于京师。"毛泽东同志也说过："湖南之有学校，应推原戊戌春季的时务学堂。时务以短促的寿命，却养成了若干勇敢有为的青年。"

维新人士在一定程度上接受了西方"平等""自由"的思想，这种思想促使湖南维新人士对"人"自身存在意义进行思考。谭嗣同以赞美人的身躯为起点而肯定人的尊严与价值，唤起人格的觉醒。他激昂陈词：宇宙造成人体，"原是要使人顶天立地，做出一番事业来……堂堂七尺之躯，不是与人当奴隶，当牛马的"。谭嗣同对人的尊重，给予了封建伦理纲常最为猛烈的抨击。他认为三纲五常蒙蔽人的理智，禁锢人的灵魂，否认人的"自主之权，是它数千年来惨祸酷毒，愈演愈烈，使中国成为一座'黑暗地狱'，必须完全否定和冲决"。可见，人格的觉醒，在谭嗣同身上表现得非常明显。

谭嗣同主张中国要强盛，只有发展民族工商业，学习西方资产阶级的政治制度，他公开提出废科举、兴学校、开矿藏、修铁路、办工厂、改官制等变法维新的主张，抨击清政府的卖国投降政策。并且谭嗣同由忧国救国而舍身变法，这是一种强烈的爱国主义和为国献身精神的突出体现。面对甲午战争后中华民族"风景不殊，山河顿异，城郭犹是，人民复非"的民族危亡形势，他奋起投身维新变法的救亡图存运动，主张激进的改革，坚信"非守文因旧所能挽回者"。当维新改革遇到顽固守旧势力扼杀时，他常说："块然躯壳，除利人外，复何足惜!"在戊戌政变发生后的危难时刻，他坚决拒绝友人到日本避难的劝说，毅然用自己的鲜血铺就变法之路。"各国变法，无不从流血而成，今日中国未闻有因变法而流血者，此国之所以不昌也。有之，请自嗣同始！”[1]

[1] 清史编委会. 清代人物传稿·下编卷·谭嗣同[M]. 沈阳：辽宁人民出版社，1987.

作为湖南维新运动的中坚人物，唐才常积极参与湖南的维新活动。在戊戌政变、谭嗣同遇害后，唐才常悲愤不已：“满朝旧党仇新党，几辈清流付浊流。千古非常奇变起，拔刀誓斩佞臣头。”唐才常主张忠君思想，拥戴光绪皇帝，组织成立正气会，后改名为自立会，组织自立军，号召人们抵御侵略，奋起救国。唐才常的自立军起义虽然失败，但其申明要废除“所有清朝专制法律”“变旧中国为新中国”，采取了武装起义的形式，带有新时代特征。自立军起义既是19世纪末改良运动的继续，又是20世纪革命运动行将高涨的征兆。

四、近代资产阶级革命与湖湘文化

孙中山曾说：“革命军用一个人去打一百个人，像这样战争，是非常的战争，不可以常理论。像这样不可以常理论的事，是湖南人做出来的。”的确，在近代资产阶级革命运动中，湖湘士人再一次充当了急先锋。近代湖湘革命派人物的杰出代表有黄兴、蔡锷、陈天华、宋教仁、章士钊等。

黄兴是资产阶级革命实干家，在长沙成立革命团体华兴会，被公推为会长。之后他与孙中山一起创办同盟会，并任庶务，成为同盟会中仅次于孙中山的领袖。黄兴积极发展革命分子，参与策划和组织多次武装起义，如广州起义等，更是辛亥武昌首义的主要领导人之一。中华民国南京临时政府成立后，黄兴任陆军总长兼任参谋本部总长等重要职务。

蔡锷是湖南众多中华民国杰出军事领袖之一，曾经响应辛亥革命，发动反对袁世凯洪宪帝制的护国战争。他注意辨别政治风云，顺应历史潮流，积极投身革命运动，展示出了忧国忧民的湖湘精神和敢为人先的英雄气概，为军事理论和战争实践等都做出了突出的贡献。

陈天华是中国同盟会主要发起人之一，先后撰写的《猛回头》和《警世钟》深刻揭露了帝国主义列强侵略中国和清政府卖国投降的种种罪行。他参加了抗议日本政府《清国留学生取缔规则》的斗争，并在东京大森海湾投海自尽，以死为警世钟，来唤醒同胞，激励国人“共讲爱国”。

宋教仁先后翻译了《日本宪法》《国际私法》等有关国家制度和法律的著作，是中国伟大的民主革命先行者、中华民国的缔造者之一，是中华民国初期第一位倡导内阁制的政治家。

章士钊清末任上海《苏报》主笔，所著《论中国政党内阁当应时发生》《何为政党》等政治论文，对当时关心政治制度改革的人们以巨大的启迪，促进了中国近代先进知识分子群体的形成。

由于这些湖湘先进知识分子对近代中国历史发展的重大贡献，湖南成为引领中国近代社会发展方向的重要地区。

五、马克思主义的传播与湖湘文化

1919年五四运动前后，以中国传统文化儒学为核心的湖湘文化在近代转型的基础上，开始与西方文化马克思主义融合。这是从思想层面上的中西文化冲突和交融的过程。这种思想层面的文化包容熏陶又造就了许多湖南爱国志士，如毛泽东、蔡和森、李达等，他们在湖南宣传、传播马克思主义新文化。这些湖湘文化传人以最大的能量影响并左右着近现代中国的政治、思想、军事等领域，使湖湘文化发挥了巨大的社会效能。

新文化运动的兴起，标志着近代中西文化的冲突与融合已从制度层面进入精神层面，在这种冲突与融合进程中，湖湘文化得到进一步发展。辛亥革命失败后，五四时期的先进分子认识到“皇权阴魂不散的原因是帝制与儒学相表里，尚未崩塌的旧文化轴心在起作用”。如果不摧毁旧文化轴心，它必然再次成为复辟活动的灵符，使辛亥革命的成果化为乌有。于是以陈独秀、李大钊等为代表的一批新型的知识分子以《新青年》为传播新文化的阵地，在实践当中，他们选择西方的各种学说，把文化重建和社会改造密切结合起来。在先进知识分子中，毛泽东、蔡和森等湖南青年颇具湖湘文化的底蕴。他们创建新民学会，以“改造中国与世界”为己任，反映了湖南志士对振兴中华、改造社会的使命感和自信心。他们还创办文化书社，组织俄罗斯研究会，开始接受和传播十月革命送来的新的思想武器——马列主义。

这一时期的湖湘文化以反孔和传播马克思主义为标记。易白沙在《新青年》杂志上发表《述墨》《孔子评议》等多篇论文，向以孔子为代表的封建礼教宣战，为新文化运动鸣锣开道。蔡和森在赴法勤工俭学期间，从法文翻译了《共产党宣言》《社会主义从空想到科学的发展》《国家与革命》等著作，在留学生中广为散发。毛泽东在长沙创办文化书社，并与上海、北京、南京和省内各地建立联系，发行《共产党宣言》《科学社会主义》《劳动界》《新青年》等书刊，推进五四新文化运动，宣传马克思主义，培养了湖南最早的一批马克思主义者。

从某种角度上来看，这是一次以中国传统儒学为核心的湖湘文化与西方文化（马克思主义）的又一次融合。在新民主主义革命时期，湖南成为毛泽东思想和中国革命的策源地。在这块土地上，爆发过秋收起义、平江起义、湘西起义，创建过湘赣、湘鄂西和湘鄂川黔根据地。成千上万的英烈为着国家的独立和人民的解放贡献了自己的全部力量直至生命。这一代又一代的湖湘文化传人“最大限度地发挥着文化和社会功用”，使湖湘文化发扬光大。江泽民同志 1991 年 3 月在湖南考察时说：“近代以来，湖南出现了许多爱国志士。中国共产党成立又涌现了一大批无产阶级革命家。在这块土地上，诞生了许多英雄人物，留下了许多可歌可泣的革命精神。”革命战争为湖南造就了一批能文善武的人才，他们进一步将湖湘文化发扬光大，使之如日中天，在现代史上熠熠生辉。

综上所述，我们可以看出，从主张“师夷长技”“中体西用”的经世派、洋务派，到学习、宣传以至主张实施西方民主共和制度的资产阶级维新派、革命派，再到马克思主义的传入，湖湘文化完成了近代巅峰时期的转型。在这个转型过程中，湖湘文化自始至终贯穿一种心忧天下的爱国精神、博采众长的开放精神与敢为人先的创新精神。许多湖湘学人站在时代的前列，积极地推动着中国文化的变革和转型，充分展示出湖湘文化对中华文化发展的重大贡献。

第三章

湖湘文化的卓越成就

湖湘文化在其形成与发展的过程中，无论是学术思想、教育、文学艺术，还是政治、军事、科技等方面，都取得了令人瞩目的卓越成就，为中华民族的繁衍发展和文明进步做出了不可磨灭的重要贡献。湖湘文化正是以其独具的思想成果和卓越事功而彪炳青史、为世人所重的。

第一节 湖湘学术思想成就

湖湘学术思想是湖湘文化的灵魂，是对中华文化贡献最为突出的部分。在长期的历史发展过程中，湖南人以上下求索、九死未悔的精神，究天地本源，思人生真谛，发社会奥枢，探科学规律，形成了具有地域特性、传承有序的学术思想、学者群体和知识传统，在中国思想文化史上写下了光辉灿烂的篇章。由中共湖南省委、湖南省人民政府组织编纂出版的《湖湘文库》煌煌702册，将文明肇始以来体现湖湘文化、影响历史发展、具有重要思想和文献价值的学术成果尽揽其中，蔚为大观，彪炳宇内。

一、宋以前湖湘学术思想概述

严格意义上的、体系性的湖湘学术思想是从宋代才开始形成的。但是，古老的湘楚文化，是孕育它的温床。湘楚文化中对于宇宙天道的探索热情、崇巫习俗、勇武爱国、独立创新与兼收并蓄等特征，对湖湘学术思想的形成与特质产生了深刻影响，可以视为湖湘学术思想的地域文化基因。

产生于南方地区的楚文化，与以儒、墨为代表的北方文化有很大的不同。这种不同首先表现为楚人对于天道宇宙问题有着极大的热情。王国维指出："古代北方之学派中，非无深邃统一之哲学，然皆以实用为宗旨……惟老庄之徒生于南方……其言性与道颇有出于北方学者之外。"[①] 对于天道的探索与喜爱，根源于楚地丰富的神话传说。现今所见的中国古代神话，如女娲补天、夸父追日、羿射九日、共工怒触不周山等脍炙人口的神话故事，主要来源于《山海经》《淮南子》《楚辞》等楚人著作。这些神话传说是楚地先民探索和解释天道宇宙的最初思想成果，

① 王国维．王国维遗书·静庵文集[M]．上海：上海书店 1983:80.

反过来又刺激了楚地思想家对天道宇宙的兴趣。楚文化中求索天道宇宙的传统对湖湘学术精神产生了深远的影响。可以说，从老子、庄子、屈原开始，中经周敦颐、胡宏、张栻、王夫之，一直到近现代的湖湘思想家，都始终保持着探讨宇宙大本大原的传统与热情。

远古湘楚文化就极为关注现实人生和治政之道。被誉为周王之师、楚学之祖的鬻熊，对三皇五帝的德刑思想、民本理念和教化观多有继承和发扬。所著《鬻子》“以柔克刚之谊，乃道家之先声；除害为仁之言，乃儒家之嚆矢”（甘鹏云《楚师儒传·序》[1]）。贾谊居湘期间，屡闻其教，深受沾濡，在《新书》中多次引述《鬻子》，足见《鬻子》之学在湖湘有广泛的影响，对湖南人向善亲仁、心性品德的培育与养成大有裨益。

楚文化与北方文化的另一个不同是楚人崇巫。楚地巫风盛行，源远流长，这在很多历史文献中都有记载。汉代王逸说：“昔楚国南郢之邑，沅湘之间，其俗信鬼而好祀，其祠必作歌乐鼓舞以乐诸神。”[2]有学者认为北方文化以龙为图腾，是一种日神文化；南方文化以凤为图腾，是一种酒神文化。巫术活动中强烈的情感宣泄以及对鬼神世界的大胆想象，在放纵中具有自由浪漫的精神特质，较少循规蹈矩的拘束与自封，而多创造的激情和不拘礼法的独立精神，对湖湘学术思想特质亦产生了深远影响。

勇武爱国是楚文化的另一个古老的传统。林语堂在他的《吾国吾民》中认为“古时楚国战士之后裔‘湖南人’勇武耐劳苦”，具有“可喜之特性”。“其人率多劲悍决烈，盖亦天性然也”[3]。其实，楚人尚武，“劲悍决烈”并非天性使然，而是与楚人在求生存和发展中的艰难历程分不开的。楚国偏处南方蛮荒之地，若不图强，势必为他国所灭。《左传·昭公十二年》中记载楚灵王时右尹子革的话：“昔我先王熊绎，辟在荆山，筚路蓝缕，以处草莽，跋涉山林，以事天子，唯是桃弧、棘矢，以共御王事。”清楚说明了楚先祖创业图存之艰辛，勤王奉公之悃诚。因此，楚人尚武，其精神内核是爱国。这种勇武爱国的精神在楚地深入人心，使楚人即使身处逆境也不至于一蹶不振。这种精神对湘人治学有一种不可低估的影响。在湖湘学术思想中始终绵延着一种勇武之气，一种爱国之情。

楚国地处南方蛮荒之地，立国时不过是五十里弹丸之地的小国，受到周王朝及其中原各诸侯大国的轻视。在完全遵循从

① 甘鹏云.楚师儒传·序[M].武汉：湖北人民出版社，1999.

② 王逸.楚辞章句[M].上海：上海古籍出版社，1987：16—17.

③ 林语堂.吾国吾民[M].北京：群言出版社.2010.

林原则、弱肉强食的春秋战国时期，如果不另辟蹊径，走出一条独特的强国之路，楚国被人吞并的结果是不难预料的。在这样一种历史条件下，楚人自强不息，苦心经营，最终发展成为兵强势大而“陵轹中国”的泱泱大国。在这种冒难履危、辟地兴业的历程中，楚人一是靠具有相当民众基础的勇武爱国传统，二是靠独立创新和兼收并蓄的政治和文化策略。独立创新和兼收并蓄对湖湘学术思想产生了深远影响，周敦颐之所以能成为“道学宗主”，王夫之之所以能成为中国古代思想的集大成者，魏源之所以能提出“师夷长技以制夷”，曾国藩之所以成为洋务运动的发起者，毛泽东之所以能成为马克思主义中国文化的突出代表，无不与楚文化中的独立创新精神与兼收并蓄的传统有关。

与此同时，湖南在历史上被称为蛮荒之地，交通不便，地瘠民贫，宋以前曾长期作为被逐官员的流放之地。这些因被贬而流寓湖南的官员，大多是人文学者。他们来到湖南，一方面深受湘楚地域文化的影响，用一种特殊的心情抒写探索宇宙天道与忠君爱国的篇章，成就了他们在文化史上地位；另一方面，他们带来了以儒家内圣外王之道为主要内容的中原文化，成为湖湘文化学术思想的重要资源。更为重要的是，这些被贬官员大多怀抱高洁志操，恪守正道直行，固不为流俗所容，屡受排斥打击。他们的名节忠愤、忧乐情怀，对湖南人忧国忧民、嫉恶向善的性格心理产生了直接而深远的影响。这些贬官和流寓文人中最著名的是屈原、贾谊、何承天、宗炳、柳宗元、刘禹锡等人。

屈原是我国历史上伟大的诗人、思想家、政治家和外交家，大约生活在公元前339—前263年。屈原具有杰出才华、高洁品德和远见卓识。但在君王昏聩、谗佞当道、“黄钟毁弃、瓦釜雷鸣”的恶劣环境中，“信而见疑，忠而被谤”，屡受打击，历经磨难，被流放湘楚，忧愤满怀，最后投汨罗江殉节。他忠贞的操守和情怀，深深植根于湘学传统中，影响一代又一代湖湘学人。屈原作为一位伟大的爱国诗人，他所开创的楚辞这种文学样式在中国文学史上贡献巨大，影响深远。在他为后世留下的大量作品中，有相当一部分，如《天问》《招魂》《离骚》《九歌》等都是在流放时所作，而且这些作品大多是屈原的代表作。屈原还是一位伟大的思想家和政治家。恰如冯友兰所说：“继吴起之后，在楚国主要变法的政治家就是屈原，他是在楚国推行法治的政治家，是一个黄老之学的传播者，他在文学方面的成就太大了，所以他的政治立场和哲学思想为他的文学成就所掩。其实他的文学作品也都是以他的政治立场和哲学思想为内容的。”[①] 的确如此。比如屈原的《天问》既可视为一首想象奇特、气势恢宏的诗歌，又可视为一篇探讨宇宙天道问题的哲学奇文。这篇奇文一连串问了172个问题，从追问宇宙的起源到诘问传统的天命观，反映了屈原试图将人从天命神权的桎梏中解放出来的一种尝试。屈原对宇宙天道、天人关系、人的主体精神的重视，对湖湘学术思想有着深远的影响。屈原的一生，其结局是悲剧性的，但这并不妨碍他在人生过程中对美好理想的向往与追求。这种美好的理想在屈原那里既表现为内美，也表现为外美。“纷吾既有此内美兮，又重之以修能”。所谓内美，是指人格上的自我完善和道德上的修养，所谓外美是希望通过坚持不懈的上下求索而通达于现实政治，冀望通过实现美政来拯救实已岌岌可危的楚国。宋以后湖湘学术思想特别注重内圣外王的贯通，既有儒家思想的影响，更有屈原思想的浸润。正是屈原对美有着不懈的追求，有着超出常人的审美意识，才成就了他的爱国精神，自从屈原在湖南汨罗江赴死之后，这种爱国精神就在湖湘大地上奔腾不息，成为湘人爱国的精神源泉。清儒叶德辉在《答友人书》中说：“湘学肇于鬻熊，成于三闾。”（苏舆《翼教丛编》卷六《叶吏部答友人书》）就其对湖湘学术精神的影响来说并非过誉。

① 冯友兰.中国哲学史新编（第二册）[M].北京：人民出版社，1984：235.

贾谊是西汉初年的政治家、文学家和思想家。《史记》中之所以将他与屈原合并立传，是因为在司马迁看来，贾谊与屈原有着相似的抱负、才华和遭遇。屈原、贾谊和湖湘大地的思想文化有着重要的渊源关系，故而湖南、长沙被称为“屈贾之乡”。公元前177年，年轻的贾谊被贬为长沙王太傅，并在长沙度过了四年的时光，后人一般称他为“贾长沙”。来到长沙的贾谊深受屈原那种为理想而献身的执着精神和忠君爱国高尚情操的感染，虽身处逆境，仍然关心国事，积极进言献策。他注重历史经验的总结，注重“势”对社会历史发展的作用。谪居湘楚期间，在湖南，贾谊同时还受到楚地思想家喜言性与天道的影响，热衷于对宇宙本体作形而上学的思考。值得注意的是，贾谊所言的“道”兼具了形上与形下的双重特点，而且以“道”开其端，落脚点却是儒家的。不难看出，贾谊思想中有融合儒、道的努力。这一特点对湖湘学术特质的形成很有影响。

何承天作为晋宋之际的重要学者，与湖湘文化有着不解之缘。他不仅在湖南度过了他的青壮年时期，留下了《达性论》《报应问》等一系列著作，还因为“衡阳论辩”而在湖湘学术思想史上留下了浓重的一笔。所谓“衡阳论辩”，是何承天在任衡阳内史期间与佛教居士宗炳和佛教徒颜延之之间的两次就儒佛问题的争论。在“衡阳论辩”中，何承天针对宗炳和颜延之维护佛教的立场，阐述了自己关于“神灭论、众生观、华夷之辩”3个重要观点，表明了自己扬儒抑佛的思想立场。

宗炳是南北朝初期的著名山水画理论家和佛教居士。他的《画山水序》论述了中国山水画的基本艺术特征和美学追求，在中国美术史上享有极高的声誉。作为佛教居士，他著有《明佛论》，站在佛教立场，为“神不灭”的理论进行辩护，在南朝刘宋时期的“形神关系”辩论中占有一席之地。

柳宗元是唐代著名的文学家和思想家，唐贞元年间，被贬为永州司马，在湖南度过了10年的时光。柳宗元的《天说》《天对》等主要著作是在湖南完成的。其中最重要的是在根据屈原的《天问》专门作的《天对》，试图回答屈原对宇宙自然、社会人生的各种疑问，提出了宇宙是由运动着的元气构成、“天人不相预”等一系列重要的观点。柳宗元对天人关系的追根溯源，包含着对天人之道的更加理性的认识。这种认识对宋代思想家构建新的理性主义天人观具有积极意义，尤其是对湖湘思想家有重要的启示作用。还值得重视的是，柳宗元在《送薛存义序》中鲜明地表达了“吏为民役”的观念，将儒家民本思想大大向前推进了一步。

刘禹锡也是唐代著名的文学家和思想家，和柳宗元同时被贬为朗州司马，在湖南生活了10年。这期间他受柳宗元《天对》的启发完成了《天论》三篇。刘禹锡对宇宙天道的解释比柳宗元更为理性、更为深刻，也更具特色。特别值得注意的是，刘禹锡在柳宗元“天人不相预”的基础上，进一步提出了“天人交相胜，还相用”的思想，这一思想深刻影响了后世的湖湘学者。

二、周敦颐与湖湘学派

宋以前，湖南本土学术主要受到楚文化和中原文化的影响，地域文化特征尚不明显。在经学方面，这一时期，湖南出现了一批经学家和经学著作，但历史影响甚微。主要有东晋车胤的《讲孝经义》和《孝经注》，唐代阴宏道的《周易新传疏》和《春秋左氏传序》等。在玄学方面，受南渡士人影响，湖南地区也兴起了一股玄学清谈之风，并出现了专门注释《老子》的著作，最著名的是东晋人邓粲及其著作《老子注》。在哲学思想方面，东晋时期罗含的《更生论》是湖南历史上第一部哲学著作，以“形神关系”为主题，探讨了当时思想界热切关注的问题。

近世考古发掘中也出土了一些与宋以前湖湘学术有关的文籍。主要有两批，一是1974年马王堆三号汉墓出土的马王堆帛书，二是1994年沅陵虎溪山汉墓出土的虎溪山汉简。这两批珍贵的简帛典籍文献的发现，为我们揭示秦汉时期湖湘学术的面目提供了丰富的原始资料。

至宋代，湖南产生了大理学家周敦颐。周敦颐的出现，在中国思想史上具有革命性意义，同时也标志着湖湘学术思想开始形成自己的传统和独特形态。《宋元学案》是这样评价他的：“孔孟而后，汉儒止有传经之学，性道微言之绝久矣。元公崛起，二程嗣之，又复横渠诸大儒辈出，圣学大倡。故安定、徂徕卓乎有儒者之规范，若论阐发心性义理之精微，端数元公之破暗也。”[①] 正因为如此，从《宋史》开始就肯定周敦颐是宋明理学的开创者，到后来被推到“道学宗主”的地位。与此同时作为学术成就卓越、第一个对中国思想文化产生重大影响的湖南人，周敦颐也象征着具有独特形态的湖湘学术思想的兴起。此后湖南一跃而为理学重镇，被学者们称为理学之邦、荆蛮邹鲁、潇湘洙泗。

周敦颐的著作不多，今见有《太极图》《太极图说》《通书》以及少许诗文，篇幅都很小，但影响极大。周敦颐的学术理论主要分为两个方面：一是以太极立人极，建立了一个太极阴阳化生人与万物的宇宙本体论模式；二是乾元立诚，以诚论性的性命之学。这两个方面在中国学术史上都产生了巨大的影响。不仅为以后的宋明理学确定了论域，而且确定了论题。学界认为，宋明理学中的主要范畴都能在周敦颐的著作中找到源头，堪称宋明理学的“观念库”。

周敦颐的出现不是偶然的，而是与唐宋以后中国社会的发展与思想文化的演变密切相关。两宋之时，中国社会与思想文化发生了一系列重大的变化。首先是中国文化重心南移，为北方文化和南方文化的深层融合、儒家思想和道家思想的有机结

① 黄宗羲等. 宋元学案·濂溪学案[M]. 北京：中华书局. 2015.

合提供新的契机。其次是儒学地域化的出现，为新的学术思潮的出现准备了条件。汉代儒学的鼎盛是在汉武帝“罢黜百家，独尊儒术”的思想文化政策刺激下出现的，而且它是通过国家控制的学术中心和教育中心——太学来研究和传播的，这就从本质上决定了汉代儒学是一个自上而下的国家意识形态，是一种统一的儒学。到了宋代，一大批有志于重振儒家价值信仰、重建儒家知识谱系的学者或聚集于不同学院，授经讲学，或结庐专研，潜心著述，形成了以书院为中心的、师承私淑相济的、具有各自学术传统和思想特色的地域化儒学派，周敦颐的濂学及其后出现的湖湘学派就是其中的代表，这是一种分散的儒学。最后，也是最重要的一点，中国文化发展到两宋之时，面临着来自佛道两家的严峻挑战。自唐代韩愈到宋代的胡瑗、孙复、石介等一大批思想家为此做出了不懈的努力，但他们一直未能形成新的哲学理论，一直未能解决而又必须解决的道德哲学的本体论依据问题。这一时代使命历史地落到了宋代思想家身上，因缘际会，湖南人周敦颐成了承担这一历史使命的第一人。

周敦颐之后，湖湘地区涌现出许多文化名人，并迅速形成了理学上的重要流派——湖湘学派。对此，南宋后期的理学家真德秀有一段精彩的论述：

> 窃惟方今学术源流之盛，未有出湖湘之右者。盖前则有濂溪先生周元公，生于舂陵，以其心悟独得之学，著为《通书》《太极图》，昭示来世，上承孔孟之统，下启河洛之传。中则有胡文定公，以所闻于程氏者，设教衡岳之下，其所为《春秋传》专以息邪说、距诐行、扶皇极、正人心为本。自熙宁后，此学废绝，公书一出，大义复明。其子致堂、五峰二先生，又以得于家庭者，进则施诸用，退则淑其徒，所著《论语详说》《读史》《知言》等书，皆有益于后学。近则有南轩先生张宣公寓于兹土，晦庵先生朱文公又尝临镇焉。二先生之学，源流实出于一，而其所以发明究极者，又皆集诸老之大成，理义之秘，至是无复余蕴。此邦之士，登门墙承謦欬者甚众，故人才辈出，有非它郡国所可及。[①]

由此可见，在宋代，理学已大盛于湖南，而且形成了有独特内涵的理学型学术文化。这一独特内涵与特质在湖湘学派那里得到了集中体现。“湖湘学派”是指南宋时期与朱熹的“闽学”、陆象山的“江西之学”、吕祖谦的“婺学”大致同时代的，以胡安国、胡宏父子和张栻为代表、在湖南地区产生和传承的

① 真德秀．真西山集（卷七）[M]．北京：商务印书馆，1936：106.

一个主张“体用合一”、内圣与外王并重的理学学派。湖湘学派以其博洽通变的学者群体、独具特色的学术主张、鲜明的精神人格而广受关注。

湖湘学派是一个由诸多学者组合的学者群体，《宋元学案》中有传的就有数十人之多。湖湘学派的开创者是胡安国。南宋绍兴年间，他退出官场，隐居在湖南湘潭、衡山一带，创办书堂，授徒讲学，并完成了代表著作《春秋传》。湖湘学派中学术成就最高、并且完成了湖湘学派理论体系建构的是胡安国季子胡宏，其主要著作有《知言》《五峰集》《皇王大纪》等。把湖湘学派发扬光大的是胡宏的学生张栻。张栻确立了湖湘学派的学术宗旨，要求“成就人材，以传道济斯民”，使岳麓书院成为湖湘学派的学术研究与人才培养的大本营，成为全国理学思潮发展的重要基地。张栻的重要学术著作《论语解》《孟子说》《南轩易说》，丰富并发展了胡宏奠基的思想体系。一时间，“登门墙承謦欬者甚众”，著名学者吴猎、彭龟年、游九功、游九言、胡大时等纷纷求学于此。朱熹游宦湖南，与张栻等湖湘学者交流辩难，对湖湘学派的发展起了重要的促进作用。这批学者之所以被视为同一学派，除了地域因素之外，更重要的是他们有着共同的学术旨趣和学术追求。归纳起来，这种共同的学术旨趣与学术追求表现在三个方面：

第一，以性为宇宙本体，提出了性本论的理学体系。南宋理学阵营内部主要有朱熹的理本论一派和陆九渊的心本论一派，这两派以“理”或“心”作为宇宙本体。以“理”为宇宙本体，侧重从客体意义上解释儒家伦理，将儒家伦理上升为天理。以“心”为宇宙本体，则侧重从主体意义上解释儒家伦理，强调儒家伦理发自于主观内在的本心。湖湘学派的本体论与此不同，主张以性为宇宙本体。胡宏说：“天命之谓性，性，天下之大本也”．“性也者，天地之所以立也。”[①] 在宋明理学的范畴中，“性”是连接天、人的中介，既有客体意义，又有主体意义。因此，湖湘学派主张性本论，实质上是从天道与人道的统一，或者说是主体与客体的统一来建立宇宙本体论。湖湘学派的这一本体论建构既是对湘楚文化古老观念的创新，又奠定了湖湘学术思想的本质特征。

第二，以形而上与形而下为一体的存在论。湖湘学派虽然也像理本论和心本论者那样，把世界作了形而上和形而下的区分，以形而上的性、太极、道作为宇宙本体。但是他们坚持认

① 胡宏．胡宏集［M］．北京：中华书局，1978：328，333．

为形而上的道和形而下的器是一体的，是不能分离的。胡宏说："性外无物，物外无性。"[①]张栻也说："道不离形，特形而上者也，器异于道，以形而下者也。"[②]湖湘学派坚持形而上和形而下一体不分的存在论，是其思想体系的重要特色。

① 胡宏．胡宏集[M]．北京：中华书局，1978：328—333．

② 张栻．南轩易说[M]．上海：上海人民出版社，1999：卷十．

第三，坚持"体用合一"、心性之学与经世致用结合、内圣与外王并重的学风。湖湘学派虽然也是一个理学学派，但是他们并没有因为热心讨论性与天道而流于空谈，没有因为强调心性之学而弱化经世致用，没有因为追求内圣品格而忽视外王事功，也没有因为急于事功而放弃内圣修炼，而是注重体用合一，力倡有体有用之学，力求保持内圣与外王、道学与政治的统一。正因为如此，湖湘学者对割裂体用关系、不究实用的倾向提出了尖锐的批评。胡宏指出："学圣人之道，得其体，必得其用。有体而无用，与异端何辩？井田、封建、学校、军制，皆圣人竭心思致用之大者也。"又说："天理人欲一句，使人之所以保身、保家、保国、保天下之道。而后知学者多寻空言，不究实用，平居高谈性命之际，亹亹可听，临事茫然，不知性命之所在者，多矣。"[③]湖湘学派这种"体用合一"思想，要求把内圣追求与外王事功有机结合起来，这既是以性为宇宙的本体，坚持道器一体的理论主张的逻辑结果，又对湖湘士风与学风产生了决定性的影响。

③ 胡宏．胡宏集[M]．北京：中华书局，1978：124．

三、王夫之在湖湘学术思想史上的独特地位

王夫之是中国古代思想和宋明理学的集大成者，也是湖湘学术思想的集大成者，是古代湖湘学术思想向近代转型的关键人物。他早年为抗清救亡而颠沛流离，"随地托迹"，中年以后隐居治学，潜心著述，留下了100多种、400余卷、800多万字的著作。他的学问博大精深，广泛涉及哲学、史学、文学、政治、自然科学等多个方面。谭嗣同曾说："五百年来学者，真通天人之故者，船山一人而已。"[④]王夫之以"六经责我开生面，七尺从天乞活埋"的悲愿与创新意识，通过重新诠释儒家经典，致力于对中国文化作一全面系统的反思。王夫之治学的初衷在于希望总结出明王朝灭亡的教训，继而进入全面系统批判总结中国思想文化传统。他认为要总结教训，匡正时弊，最主要的

④ 谭嗣同．谭嗣同全集[M]．北京：三联书店．1954．

是从根本上解决宋明以来思想文化界的崇无蹈虚倾向，使被宋明理学玄虚化的形而上之道重新回归到具体的真实的现实世界中来。由此可见，王夫之思想的最大特点在崇实黜虚。

第一，王夫之批判继承了张载的气本论的思想，明确提出“道器一体”的宇宙本体论。一方面，强调器物世界、阴阳之气是构造宇宙天地的实体存在；另一方面又强调“道”作为中华民族的精神依托的重要性。“乾坤并建而捷立”，宇宙虚实同构。由于王夫之的“道器一体”是建立在“诚”的基础之上，这就不仅使“道”具有了“实有”即客观实在性的理论基础，同时亦使“天道”作为宇宙法则和人文法则，显示出客观必然性的特点。

第二，王夫之提出了人性“日生日成”的思想，并以此来建构他的人性论思想体系。王夫之认为，人是一种自然存在，人性是人的自然属性和社会属性的统一。这一见解，突破了传统的片面以人的社会道德属性或是片面以人的自然物质属性为人性的观点。在此基础上，王夫之将人性视为与“习”相结合的建构过程，把人的先天因素和后天因素统一起来。这种统一不会自动发生，必须依赖于主体的“存诚”功夫。王夫之说：“诚以实心行实理之谓。”[1]由此，王夫之为了在知行观上突出人道之诚，又提出了“行先知后”“知行相资以为用”等重要命题，强调了“行”在人性形成方面的重要作用和突出地位。王夫之以他的人性论为基础，又明确重倡了传统的“夷夏之辩”“人禽之辩”“君子小人之辩”等观念，使其学术思想具有浓厚的民族主义色彩。

第三，王夫之提出了“理势合一”的全新历史观。王夫之认识到“理”与“势”的统一是探索历史规律性的关键。他认为，“理”不是像有些宋明理学家所认为的那样，是某种超越于历史进程之外的道德理念，而是在历史进程的趋势中所体现出来的历史规律和历史法则，因而“势”与“理”是统一的。

第四，王夫之提出了“两端一致”的基本方法论原则。王夫之为学，出入于儒释道之间，但主要继承和发展了易学传统，能“守正道以屏邪说”。在王夫之看来，《易》之道真实地体现了宇宙本真的时间性和生命性。他将宇宙活动看成是循“乾坤并建而捷立”而展开的，阴阳变合，当下生成，适时呈现。由此，王夫之认为，乾坤本一体，分一为二，有一体之两用；合二为一，由二而见一，即两端而一致。世上事物无论如何千变

① 王船山.船全书·四书训义.卷四[M].长沙：岳麓书社，1986.

万化，归根结底，其生存变化都根源于自身的矛盾。

作为中国思想学术史上最重要的人物之一，王夫之无疑也是湖湘学术史上最重要的人物之一。他上承南宋湖湘学派，下启近代湖湘学术思想与士风，既传承了湖湘学术思想的诸多传统，又对近代湖湘学术思想的转型产生了决定性影响。这种影响是多方面的，概括起来，集中表现在三个方面：一是注重春秋大义，严格夷夏、人禽之防和君子小人之辩，力主经世致用的政治社会思想，弘扬湖湘学术中深厚久远的民族主义精神；二是传承和弘扬以“体用一如”“心性互释”为特点的湖湘学术精神；三是强调兼容并蓄、博采众长与浩然独往、不囿于成见的创新精神相结合的学风。可以说，王夫之使湖湘学术传统向着更有哲理深度和更加务实的方向发展，对近代湖湘学术产生了极大的影响。湖南近代出现的理学经世派、湘军儒将集团、维新派、革命派等人才群体，大都十分推崇王夫之，并深受其思想的影响。从曾国藩、郭嵩焘、王闿运、杨昌济等人的日记中都可以看出，《船山遗书》是他们的案头必备之书，邓显鹤因搜集整理《船山遗书》而号称“湘学复兴导师”，谭嗣同则以“私淑船山”自称。梁启超说：“船山在清初湮没不彰，咸同以后，因为刊行遗书，其学渐广，近世的曾文正、胡文忠都受他的熏陶，最近的谭嗣同、黄兴亦都受他的影响。清末民初之际，智识阶级没有不知道王船山的人，并且有许多青年做很热烈的研究，亦可谓潜德幽光，久而愈昌了。”[①]

① 梁启超. 梁启超论儒家哲学[M]. 北京：商务印书馆，2012.

四、湖湘学术思想的近代转型

鸦片战争标志着中国近代社会的开始，也标志着中国近代文化的开始，标志着中国文化从此走向东方文化与西方文化、封建主义文化和资本主义文化的冲突、调适、融合的艰难历程。文化保守主义、文化折中主义、文化虚无主义、文化综合创新等整合中西文化冲突的价值选择模式先后登上历史舞台。在这些模式中均可见到湖湘学人的身影。当中华民族遭遇“数千年未有之变局”，湖湘士人凭借一以贯之的道的关怀与经世致用贯通、内圣与外王并重的传统浸润，在中国近现代史上独树一帜，对中国近现代社会与文化产生了重大影响。

（一）晚清湖湘经世派与魏源的经世思想

在湖湘学人看来，清代由盛转衰是因空疏无用的学风造成的，要改变这一局面，就应当推行能经邦济世的实学，使研究学问与解决社会实际问题结合起来，这也恰好是湖湘学人具有悠久深厚传统的学术旨趣。陶澍、贺长龄、贺熙龄、魏源、汤鹏、邓显鹤、唐鉴、刘蓉等是这批学人的先驱，被后人称为“晚清湖湘经世派”，也是近代湖湘出现的第一个人才群体。

晚清湖湘经世派的代表人物是魏源。魏源是近代最重要的今文经学大师之一，有《皇朝经世文编》《海国图志》《老子本义》等大量著作传世。同时，魏源作为陶澍、贺长龄的幕僚，长期参与二人的经世实践，成效卓著。这样，他一身兼二位，既是底蕴深厚的经世理论家，又是杰出的经世实践家。从他以后，兼具理论家和实践家双重品格可以视为近现代湖湘士人的突出特征，曾国藩、毛泽东也是其中代表。魏源把立言和立功视为经世的两条基本途径。立言包括立他人之言，立自己之言及立人我结合之言三类。立他人之言指的是将他人蕴含经世理论、总结历史教训的著述编辑成书，用以指导时人的经世实践，如《皇朝经世文编》《元史新编》《明代食兵二录》等。立自己之言是指撰文著书阐明自己学术与治道一致的经世之学。立人我结合之言是在吸收他人成果的基础上撰写的经世文论，如《海国图志》等。作为一位对现实充满忧患意识的学者，魏源一直被认为是晚清时期“好作经济谈”“喜以经术作政论”的经世之士。然而，魏源一切经世之学、治世之术，都建立在“天地万物自道出”的思想观念之上。而作为一位天道论的坚定信仰者，魏源又是一位开一代风气之先的近代思想家，他批判了“治经之儒与明道之儒、政事之儒又泮然三途”[①]的状况，将学术思想界已分裂的道、学、术重新统一起来，从而使形上之道落到经世致用的现实历史活动中。他甚至认为：“技可进乎道，艺可通乎神。”[②]正因为如此，魏源才合乎逻辑地喊出了“师夷之长技以制夷”的时代最强音。

① 魏源．魏源集［M］．北京：中华书局，1976：23．

② 同上书，5页．

（二）湘军之兴与曾国藩的理学经世思想

湘军兴起，对晚清湖南社会乃至整个中国都产生了深刻的影响。从某种意义上说，湘军之兴，乃是湖湘理学的产物。湖

湘理学是一种经世理学，注重把理学与经世致用结合起来、把心性修养与躬行实践结合起来，故少有流于空疏无用或荒诞不经的流弊。咸同年间，以曾国藩为中心的一批湖南理学经世派士人为维护纲常名教、挽救危局、中兴清王朝，实现经邦济世的宏愿而特起乡间，建立湘军，倡导洋务。湘军人物的这种经世致用的学术旨趣，改革政治的经世之志，既是嘉道之际湖湘经世学风的自然延续，更是湖湘学术长期追求弘道与经世相统一的逻辑结果。这些人物除了曾国藩之外，还有左宗棠、胡林翼、郭嵩焘、刘蓉、罗泽南、彭玉麟、江忠源，等等。

作为湘军首领和代表，曾国藩的经世理学，集中体现了湘军人物集团的学术旨趣。综观曾国藩的经世理学，主要有以下几个方面的特征：第一，推崇义理之学。以卫道士的立场，恢复儒家之道在思想文化领域至高无上的地位，将弘扬儒家之道的宋儒之学、义理之学作为一切学术、思想、文化的根本。他之所以被视为最后一个理学家，根据正在于此。第二，强调"经济之学，即在义理之内"。曾国藩有一个著名的学术主张："为学之术有四，曰义理、曰考据、曰辞章、曰经济。"[①] "至经济之学，即在义理之内。"他强调儒家义理之学应该落实于形而下的器用之中，义理必须和考据、辞章、经济之学统一起来，才能使儒家之道不至于成为空疏无用的义理，而是成为现实世界的真正主宰。第三，调和汉宋之争。曾国藩反对将汉学和宋学对立起来，互相排斥、互相攻击。他主张辩证地对待汉宋的优长与不足，而不宜画地为牢，强调"礼不考据不明，学非心得不成"，对于身、家、国三者，都应详核而求其是，其意义在于以考据为方法，而达到义理的境界，最后折中于礼，使汉宋矛盾得以消除。第四，礼学经世。曾国藩一贯重视研治礼学，认为礼为国家大政，礼俗教化之大本，主张实行礼治，推行礼教。他以"礼"合"理"，协调汉宋，把礼学与经世之学结合在一起，既维持和发展了理学讲求义理的传统，又发掘和拓展了理学经世、讲求事功的一面。这是曾国藩对理学和经世之学的一个重要贡献。第五，荷道以躬。曾国藩是一位"承朱子而务为实学"的理学家，他秉承理学的实学真精神，"不说大话，不务虚名，不行架空之事，不谈过高之理"，而是将毕生精力放在躬行实践上。他一生的功业都与这种务实力行的作风密切相关。以曾国藩为代表的湘军人物，对湖湘士子的心理与学风所产生的影响是全面而深刻的。走出书斋，以乡贤前辈为榜样，去创

① 曾国藩. 曾国藩全集[M]. 长沙：岳麓书社，1986：442.

造经邦济世的奇迹，以天下为己任，成为湖湘士人的一种标志。谭嗣同的“深念高望，私怀墨子摩顶放踵之志”，黄兴的自小“便萌发力求新知与救亡图存之志趣”，无一不体现了湖南士子经邦治国的理想与信念。这无疑是湖湘学术传统和湘军以来的士林风气濡染和熏陶的结果。

（三）维新运动与谭嗣同的《仁学》

19 世纪末叶，中华民族陷入深重危机之中，康有为等掀起了变法维新运动。湖南一改过去闭塞守旧的面目，成为维新运动时期最活跃的省份之一，涌现了谭嗣同、唐才常、皮锡瑞、易鼐、樊锥、毕永年等一大批朝气勃发的维新志士，他们一起在三湘大地上掀起了轰轰烈烈的维新运动，兴办实业，创办报刊，建立新式学堂，设立政治团体，从而使湖南成为“全国最富朝气的一省”[①]。尹飞舟指出：“如果说是康有为赋予了维新运动的理论设计的话，那么真正赋予维新运动以实践意义的则是湖南维新运动，它最具体地展示了维新派的思想主张与当时的社会现实相结合的历史图景。”[②]之所以如此，与湖湘深厚而独特的学术传统是密不可分的。经世致用的湖湘学风促使湖南维新运动表现出鲜明的实践特质，以政治伦理为价值取向的学术旨趣促使湖南维新志士的思想表现出常以政治为中心的特点，强烈的民族主义传统促使湖湘维新思潮带有鲜明的激进色彩，“无所依傍，浩然独往”的传统使湖南维新人士具有更多独立创造性，谭嗣同是其中最杰出的代表。谭嗣同作为“晚清思想界的一颗彗星”，不仅积极参与变法维新实践，而且兼采中西，熔炼古今，大胆构想，综合创新，构造出较为系统的仁学哲学体系。尽管它带有不中不西或即中即西的色彩，并存在着杂芜、矛盾的现象，但他所采取的综合创新的思想方法至今仍不失借鉴意义。仁是中国传统儒家哲学的一个中心范畴，它主宰了中国人的深层次的思维方式和价值心理结构。谭嗣同的《仁学》一方面继承中国传统儒家仁学的优秀成分，一方面借用西方资产阶级的自由、平等、博爱的观念和近代自然科学成果对它进行改造创新，使之具有近代内涵。这种内涵突出表现在四个方面。一是从宇宙本体论层面规定仁，认为“仁为天地万物之源”[③]；二是从人性论层面规定仁，认为人与人之间“本无对待”“爱无差”等；三是从认识论层面规定仁，认为“仁者寂然不动，感而邃通天下之故”[④]；四是从政治伦理层面规定仁。谭嗣同在思

① 范文澜.中国近代史(第一分册)[M].北京:人民出版社,1953:313.

② 尹飞舟.湖南维新运动研究[M].长沙:湖南教育出版社,1999:19.

③④ 谭嗣同.谭嗣同全集[M].北京:中华书局,1981:292.

想上的最大成就是用资产阶级人道主义重新解释儒家“仁”，从而有力地改变了中国人的价值观和道德观。

第二节 湖湘教育成就

湖南历来以尊师重教著称于世，崇尚“耕读为本，孝友传家”。湖湘教育历史悠久，最早可以追溯到春秋早期的申叔时。申叔时是楚庄王、楚共王时期的大夫，《国语》《左传》均记载了他的教育思想。《国语》中的《申叔时论傅太子》是一篇关于教育的专论，比我国的老子、孔子、屈原，古希腊的苏格拉底、柏拉图、亚里士多德等中外著名教育家的论述分别早一到三个世纪。[①]

① 张学军. 湖南教育大事记[M]. 长沙：岳麓书社，2002：6.

一、古代湖湘官办教育

据资料记载，早在春秋战国时期，楚国就建立了比较完善的王室教育和贵族教育制度，庶民的“分业而教”也比较兴盛，并出现了申叔时、屈宜臼、屈固、屈原等杰出的教育家。《管子·大匡》论述春秋各国教育的特点时说：“楚国之教，巧文以利。”[②]但没有其他资料表明，这种教育延及到了更大的范围。

② 同上.

到了汉代，官学已经开始出现。汉代的官学分中央和地方两种。东汉时期，桂阳郡（今郴州）是湖南地区教育最为发达之地，出了不少儒学人才。如桂阳人刘常，被称为“当世名儒”。临武人张熹，汉灵帝（168—189）时以甲科任平与令。三国时期，由于连年战乱，没有留下有关学校教育的记载。进入两晋以后，相传西晋名将陶侃任武冈县令时曾建有学校，但由于荆湘地区相继发生了张昌、杜弢领导的流民起义，学校教育受到冲击。正如东晋湘州刺史甘卓所云：湘州“往遭寇乱，学校久替，人士流播”[③]。

③ 张学军. 湖南教育大事记[M]. 长沙：岳麓书社，2002.

南北朝时期，湖湘官办教育得到一定程度的恢复。有资料记载，南朝齐梁时，文献王萧嶷、安成王萧秀先后在湖南任职。萧嶷曾为武陵内史、荆州刺史，为了改变当时局势萧条、民生“散亡”的局面，他下令立学校，设学官，置生员，大力发展教育。据《南齐书·豫章文献王》记载：“于南蛮园东南开馆立学……置生四十人，取旧族父祖位正佐台郎、年二十五以下十五以上补之，置儒林参军一人、文学祭酒一人、劝学从事二人，行释菜礼。”萧秀都督荆湘等九州军事，下令立学校，招引文士，教授人才。

隋唐时期，湖南虽与全国其他地方一样历经了农民大起义和王朝的更替，但所受战乱的影响比较小，社会相对稳定，经济也得到进一步发展。特别是科举制度的建立，极大地刺激了士人求学的热情，因而也促进了各种形式教育的发展。在这种大背景下，湖南教育在旧有的基础上进入新的发展阶段。据嘉庆本《湖南通志·学宫》记载，唐代建有永州府学、道州府学、衡山县学、江华县学、宁远县学、耒阳县学等。值得注意的是，唐代湖南作为流放之地，大学者大诗人王昌龄、柳宗元、刘禹锡、李白、杜甫、韩愈、元结等人被贬或流离至此，文采风流，广为沾溉，促进了当地的教育发展。

宋朝建立的最初 80 余年里，官学没有多大发展。但从宋仁宗开始，朝廷诏令普遍设立各级地方官学，恢复和发展了从中央到地方的完整学校教育体系。宋代的湖南教育呈现出三个特点：一是学校设立较为普遍。湖南 12 个州府中有 11 个建有学校，59 县中有 31 县建有县学，高出全国平均水平；二是地方官员，如周敦颐、吴中夏、朱熹、真德秀、汪之信、魏了翁等十分重视教育；三是教育与湖南学术研究相得益彰。元符二年(1099)，朝廷将王安石提倡的“三舍法”推行到各地。所谓“三舍法”，即把太学分为外舍、内舍、上舍三等，学生通过考试可以逐舍上升。湖南由此形成了“潭州三学”的升级体制。所谓“潭州三学”，即州学生月试后分高者可升入长沙湘西学院，湘西学院生徒分高者可升入岳麓书院。

元世祖深受汉文化的影响，他即帝位后积极推行“汉化”政策，尊崇和提倡理学，采取了任命学官、设置学校、划拨学田、遴选教师等一系列措施。在重视中央官学的同时，还大力恢复和发展地方学校，建立起从中央到地方以儒学教育为主体的官学教育体系，它们分别为路学、州学和县学。到元天历年

间，湖南共有天临（今长沙）、衡州、永州、道州、宝庆（今邵阳）、郴州、常德、桂阳、武冈等路学9所，达到了当时路治的65%；有澧州、茶陵2所州学，且三分之二的直隶州办有学校，大多数县设有县学。

明代官学鼎盛，湖南各州、县无不设学。根据明朝地方府、州、县、司、卫的行政体例，明成化年间，湖南的各级学校分别为：所设长沙府、衡州府、永州府、宝庆府、岳州府、常德府、辰州府等7个府治，全部设立了府学；在所设立的澧州（属岳州府）、茶陵（属长沙府）、桂阳（属衡州府）、沅州（属辰州府）、武冈（属宝庆府）、道州（永州府）、靖州（直隶布政司）、郴州（直隶布政司）全部8个州治中，也都开办了州学；还有长沙、善化、湘阴、浏阳等59所县学；以及22所司、卫学校。达到了“无地而不设之学，无人而不纳之教”[①]的局面，教育的普及程度超过历代。随着学校教育的发展，通过科举考取进士的人数也越来越多，自洪武十八年（1385）到崇祯十六年（1643），湖南各地共有进士564人。明代官学的教学内容以理学为主，教材主要是传统儒家经典以及《御制大诰》《性理大全》等。值得注意的是，明中叶以后，王阳明心学在湖南各学校得到传播。

① 明史卷六十九·选举志（一）[M]. 北京：中华书局，2005：1126.

社学作为对城镇官学的补充，是设在乡镇地区的一种最基本的地方官学。湖南各地举办了大量社学，如明嘉靖二年，宁乡知县胡明善分别在通济桥、白鹤观、道林、麻山、黄材、乾江洞建有社学6所。

清代统治者非常重视学校教育，使得清代官学在明代的基础上又有了新的发展。清朝的地方行政分为省、道、府（直隶州、厅）、县（散州、散厅）4级。到清朝末年，湖南置9府、4直隶州、5直隶厅、64县、3散州、1散厅，共86个行政单位。学校的数量分别是：府学9所、州学11所、散州学7所、厅学4所、县学62所。计有各类学校86所，除个别地方的学校与治所不相对应外，官办学校基本覆盖了湖南全省。而且，各级学校的管理制度也比明代更为规范。此外，在清代，不仅历来文教发达的湘中地区，就连向来偏远落后的湘西少数民族地区也建立了社学，如靖州、龙阳县亦建有社学。清代湖南官吏非常重视教育，各级学校的管理更加规范，办学经费更有保障。教学内容以理学为主，注重德行修养和行为陶冶的结合。

二、古代湖湘私立教育

从远古到春秋战国时代的楚国时期，湖南教育都处于原始状态，发展水平十分低下，尚未从生产劳动和生活活动的实践过程中分化出来，没有专门的教育机构、施教人员和固定的施教场所。教育的内容虽非常广泛，但十分简单，凡是生产和生活所必需的经验、知识、技能、品德、习俗、信仰等都成为教育的内容。教育手段、教育方法则主要是口耳相传和行为示范，教育具有全民性和平等性，即全体社会成员都是教育者和受教育者，都接受同等的教育。

春秋战国时期，各诸侯国为了稳定社会和经济发展，实行分业施教的庶民教育制度。教育的目的是使庶民“不败其业”“不迁其业”。教育内容以职业技术为主，也包括专业思想和职业道德教育。当时楚国的农业生产、铜铁冶铸和制造、漆器和竹木制造、琉璃制造等均已相当发达，其有关的技术、规程必然纳入教育范畴。此时的教育大多属于私人行为。《孟子》载：战国著名农学家许行，“其徒数十人，皆衣褐；捆屦、织席以为食”[①]。孔子则更是私立教育的先行与典范。但此时的这种教育形式规模小、影响也不大、受教育者也不多。

秦统一天下后，禁止私学，要求以吏为师，规定民间所藏诗书及百家经书，都要送到官府烧掉，有敢谈论诗书者弃市。

到了汉代，学校已经有了官学和私学之分。中央政府在兴立官学时，也倡导和鼓励个人开办私学。但由于当时的社会、经济等条件局限，私学还很不发达。在其后的三国、两晋、南北朝时期，由于时局动荡，各种形式的私立教育都受到抑制。

隋唐时期，私立教育得到发展。与官学相比，隋朝的私学具有形式多样灵活实用的特点，私学中有规模较大的学馆，学生人数可达数百。一般的则规模较小，学生人数几人、数十人不等。至于家中长老自授子弟的家学则更为普遍。而据《湖南通志·人物志》的记载，唐代湖南应该有大量私学存在。当时的不少文人骚客，或出自私学，或自学成才。

宋代的私学有小学、乡学、义学、武学等多种类型。如天禧年间（1017—1021），湘阴人邓咸创义学于邑南，训诲弟子；宋理宗淳祐年间（1241—1252），临武县令胡纯在乡里兴办了义

① 诸子集成·孟子·滕文公上[M]. 长沙：岳麓书社，1996：242.

学和乡学，并立规约、明教导，择有行艺者教其诗书礼乐；道州设有濂溪小学，专门用以教授周姓子弟；湖南有的州还设有武学，教授学生学习武艺，并学习文化知识。由于私学一般都设在乡间，便于贫民子弟求学问艺。因此，它在一定程度上弥补了官学的不足，促进了教育的普及和发展。

元代私学发达，不仅乡儒、富绅及宗祠创办私学，连政府和许多地方官员也捐资兴办私学，特别是为一些无钱读书的穷苦百姓子弟提供义学教育。也正因如此，元代的私学一般层次较低，教学内容多以识字、学算及伦理道德为主。与官学相比，私学的办学经费主要依靠捐助。如史载：李璋，新宁人，元至元年间为平江州史，月捐献 15 万贯，膏腴田 400 亩，“助赡学校”；陈经东，“邑中迁学，多所资助”；曾圭，衡山人，世业儒学，为零陵县尉。慕唐颜真卿、元结风节文采，命其子捐家资建浯溪书院祀之，又割私田三百余亩，以廪学者。[①]

明代重视义学和私塾，明太祖朱元璋“令天下府、州、县民，每里置塾，塾置师，聚生徒，教诵《御制大诰》，欲其自幼知所遵守”[②]。私塾一般以宗族为单位，教授本族子弟；义学则以本地孤寒儿童为主。私学的教师主要为离官归乡或告老还乡者，以及博学多才、不愿进仕者。由于明代湖南官学比较兴盛，私学总体上相对较弱。教学的内容除按规定必修《御制大诰》外，以《易》学为主，还传授农业生产知识。

清代的湖南私学主要有民办义学和一般的私学。与明朝不同的是，清代民办义学的办学途径除了沿用明代的形式，经费主要由乡绅和宗族通过捐田、捐银、捐房、集资等方式募集外，经常性开支的费用由政府列项开支，许多学校还置有数量不等的学田。如柯弼，襄平人，康熙中知永州府，在修建学宫的同时建立义学；张信，浔阳人，康熙中知岳州府，设置义学；阎璋，广宁人，康熙中知靖州府，创设义学；刘荣，诸城人，康熙中知长沙县，暇即至义学，与诸生论文，严立课程，亲为甲乙；蒋擢，大兴人，康熙中知浏阳县，创修义学，置田以资膏火；王国梁，嵫县人，康熙中知湘乡县，设置义学；赵尺壁，临县人，康熙中知安化县，建立义学，置田以资膏火；葛亮臣，商丘人，康熙中知衡山县，设义馆，二月两课，给饮食笔札，文风益振，增童子试至千余人；伊起莘，平阳人，康熙初知祁阳县，创义学；陈云种，锦县人，康熙中知东安县，建立义学；陈启元，汲县人，康熙中知邵阳县，创义学；万萧

① 张学军. 湖南教育大事记[M]. 长沙：岳麓书社，2002：41.

② 同上.

裕，汉军镶白旗人，康熙中知桃源县，设置义学等。清代湖南的私学很普遍，有家塾、村馆、门馆三种。嘉庆以后，湖南显宦、富户无不设家塾以教授子弟；各村落市井，无不设馆育童；一般知识分子和丁忧、罢黜在乡的官吏，无不开设门馆。因此，受教育的对象很广泛，教学的质量也有很大提高。

三、古代湖湘书院教育

（一）湖湘书院概况

书院起源于隋唐时期，最早是朝廷收藏、校勘图书的地方。后来受到官宦、商贾的仿效，设立私人书院作为个人读书治学之地。唐代湖南有此类书院8所：攸县光石山书院、衡州秀才书院、衡山南岳书院、韦宙书院、卢藩书院、耒阳杜陵书院、桃源天宁书院、澧州文山书院。由于唐末五代的社会动荡，官学衰落，许多年轻学子求学无门，便纷纷聚集到书院求学问教，书院便逐渐成为教书育人的主要场所。到南宋时期，书院有442所之多，尤以江西、浙江、福建、湖南为最多。湖南有书院43所，名列全国各省份第四位。湖南的书院广泛分布于长沙、湘潭、醴陵、宁乡、湘乡、茶陵、衡山、安仁、常宁、宁远、道州、平江、靖州、澧州、临武等地，而以长沙、衡山、醴陵、平江、茶陵等地最多。其中，最为著名的书院有长沙岳麓书院和衡阳石鼓书院。元代以后，湖湘书院教育得到进一步发展。据史载，又有长沙乔江书院、长沙东冈书院、浏阳南台书院、湘潭碧泉书院、益阳庆洲书院、攸县凤山书院、茶陵紫微书院、茶陵东山书院、祁阳浯溪书院、武冈儒林书院、澧州学殖书院、澧州道溪书院、慈利聚奎书院、安福（今大庸市）道溪书院、永定天门书院（今张家界市永定区）、南岳邺侯书院、湘乡涟滨书院、衡山南岳书院、安仁清溪书院、道州濂溪书院、常德沅阳书院、兴宁（今资兴市）观澜书院、龙阳（汉寿）龙津书院、宁乡莱山书院等得到新建和重修。按照《中国书院制度研究》的统计，从唐五代到宋、元、明、清，湖南书院的数量分别为8、43、31、100、360所，居全国前列。

(二) 有代表性的书院

1. 长沙岳麓书院

长沙岳麓书院因位于长沙城区、南岳七十二峰之一的岳麓山下而得名，是我国目前保存最为完好的一座古代书院。书院始建于北宋开宝九年（976），时任潭州太守的朱洞在僧人办学的基础上创建了岳麓书院。书院占地2.5万多平方米，初创时有“讲堂五间，斋舍五十二间”。其中，“讲堂”是老师讲学布道的场所，“斋堂”则是学生平时读书学习兼住宿的地方。书院定制为60余人，规模最多时达数百人；致力于学术研究和教书育人的先哲贤达周式、张栻、朱熹、陈傅良、王阳明、高世泰、王文清等先后在此讲学。书院以“经世致用”为宗旨，在教学上坚持“循序渐进”“博约相须”“学思并进”“知行互发”“慎思审择”等原则；在学术研究上强调“传道”“求仁”“率性立命”等精神，获得了社会各界的高度评价和广泛青睐。宋代曾出现“道林三百众，书院一千徒”的盛况，清代则有“中兴将相，什九湖湘”的说法，并被誉为“潇湘洙泗”。1015年，宋真宗召见岳麓书院山长周式，亲书“岳麓书院”匾额；1687年，清康熙皇帝御赐“学达性天”匾额；1744年，清乾隆皇帝又赐“道南正脉”匾额。如此使得岳麓书院的声誉和影响不断提高，也造就和培养了一批又一批优秀人才。被《宋史》称为“一时之英才”的吴猎，抗金名将赵方，立志于“六经责我开生面”的王夫之，被称之为“千国良臣”的两江总督陶澍，最早倡导“师夷长技以制夷”的魏源，被称为“中兴将相”并首倡洋务的曾国藩、左宗棠、胡林翼、刘长佑，中国近代第一任大使、著名外交家郭嵩焘，倡导维新变法的刚烈之士唐才常，北洋政府第一任总理熊希龄，以及杨昌济、范源濂、程潜、蔡锷、蔡和森、谢觉哉、邓中夏、黎锦熙、陈天华等皆曾求学于岳麓书院。

2. 衡阳石鼓书院

石鼓书院，位于衡阳市城北蒸、湘、耒三水汇聚的石鼓山上。迄今约有1200年的历史，原为唐代秀才李宽的读书之所，宋代李士真在此遗址上建立书院，并于1035年得宋仁宗赐“石鼓书院”匾额，是我国宋代四大书院之一。书院三面临水，四面凭虚，山上绿树成荫，亭台掩映，颇有宁静自我、独处闲适之趣，是读书休闲的好地方，为历代文人墨客所流连。朱熹、张栻、蔡汝楠、胡宏等名流大家都曾在此讲学，也培育出了王居仁、龚梦锡、彭玉麟、王夫之、夏明翰等众多济世之材。

3. 湖湘书院教育的特色

湖湘书院教育具有自身鲜明的特色，对湖南的教育发展和湖湘思想文化的发展都起到了十分重要的作用。尤其是在宋代以后，随着文化重心的南移和儒学地域化的出现，书院在地方教育和学术文化中的作用尤为突出。作为地方教育和学术研究的基地，形成了一种书院传承的模式。

一是倡导“经世致用”，知行合一。湖湘学派在形成之初，就强烈反对为学“不究实用，平居高谈性命之际，亹亹可听，临事茫然”的“腐儒”学风，主张“通晓时务物理”“留心经济之学”。这一学风在书院教育中占有主导地位。如果说湖湘文化有其独特的精神与魅力，或者说“湖湘人士”具有勤奋务实、敢为人先的优秀品质，也就在于秉承了经世致用与知行合一的文化气质与行为特征。因为，在湖湘文化凝练聚成的过程中，在学术领域和教育系统基本上以程朱理学为正宗，且绝大多数人都奉程朱理学为“心精”而“不敢改错”的背景下，唯有湖湘学人敢于“变通”，敢于求新。

二是主张自由开放，兼容并包。湖湘学派虽然独立建树，自成一体，却从不囿于成见，排斥异己；相反，它采取全面的开放政策，允许不同学派、不同言论同时存在，并相互论争，从中吸取精华，抛弃陋见。湖湘书院教育亦秉持这一治学原则，重视取人之长。如湖湘学派先后同朱子学派、陆王学派及南宋浙东学派等进行学术交流与论争，著名的“朱张会讲”不仅为湖湘学派而且为整个的书院教育提供了先导与借鉴。

三是讲学结合，以学为主。书院教育的教学方法主要采取的是教师串讲、学生提问的课堂问辩形式，注重启发诱导，因材施教。因而，教育出来的学生基本上都有自己的独立见解，都能独立行事。

四、近现代湖湘教育

进入近现代以后，湖湘人才辈出，出现了“惟楚有才，于斯为盛”“楚境一隅，经营天下”的局面。这一局面的形成与教育的兴盛密切相关。

（一）近现代中国学制变革与湖湘近现代教育体制的形成

1902年，清政府管学大臣、长沙人张百熙拟定了《钦定学堂章程》。它是中国历史上第一个全国统一的近代学制，史称“壬寅学制”。1903年，清政府又在“壬寅学制”的基础上，颁布了由各级普通学堂、师范学堂、实业学堂和仕学馆、译学馆、进士馆等各类学堂章程以及《家庭教育法》《任用教员章程》《实业学堂通则》《学务纲要》等组成的《奏定学堂章程》，史称“癸卯学制”。这一系列章程的制定与颁布，不仅标志着中国教育逐步走向制度化、规范化，而且极大地促进了中国教育的发展。

与此相适应，1902年，湖南省学务处正式成立，管辖省城大学堂及各府厅州县之中、小、蒙学堂并省城武备和农务工艺学堂。学务处的成立，使全省有了统一的教育管理机构和教育事业规划，促进了湖南新式教育事业的发展；1915年，全省地方教育行政机构统一为劝学所；1921年湖南省政府公布了《湖南全省实施义务教育暂行章程》，规定6—10周岁实施四年义务教育；1922年，全国新学制——“壬戌学制”颁行，次年，湖南各学校渐次实施，使得湖南的教育体制得到进一步完备；1928年，湖南省设立教育厅，其职能是管理全省各级学校教育、社会教育、教育学术团体、图书馆、博物馆、公共体育场及其他教育行政事业。并设立督学视察各县学务。教育厅的设置，进一步提高了教育行政机关的职权和地位，有利于湖南教育事业的发展。

（二）近现代湖湘学堂教育的发展

1. 高等教育的兴办与发展

湖南的高等教育是从书院改革开始的。甲午战争后，湖南走在全国的前列，在书院增设新学。1897年，湖南巡抚陈宝箴在长沙设立时务学堂。它标志着湖南旧式书院向近代学堂的转变。1898年，维新变法失败后，时务学堂改为求是书院。1902年，随着清政府近代学制的推行，湖南书院开始全面改制，首先是求是书院改为大学堂，并在学堂中开设地理、中外政治、物理及数学等近代课程。1904年，岳麓书院也改为高等学堂。两校旋即以岳麓书院为校址，合并为湖南高等学堂，这就是湖南大学的前身。到辛亥革命时，在省城长沙先后又创设了湖南医学堂、法政学堂、优级师范学堂、高等实业学堂、高等巡警学堂等官办学堂，一些会社、公司及个人也相继设立学堂。如粤汉铁路公司创办了高等铁路学堂，美国雅礼会创办了雅礼大学堂等。一时间，学堂教育如雨后春笋般在湖南兴起。

2. 普通中小学教育的崛起与兴盛

随着清末教育制度的改革，湖南各府厅州县陆续开办了中小学教育。湖南普通中学的设立始于光绪二十八年（1902）。随后，湖南中学教育逐渐发展起来。“自光绪二十八年迄三十年，湖南所属各府，如长沙、宝庆、岳州、常德、衡州、永州、郴州、辰州、沅州、永顺及澧州、桂阳州，次第各设官立中学堂一所；其余各州县，则善化、宁乡、湘潭、新化，光绪二十八年各设立中学堂，是为府县立中学之始。”至宣统元年，全省中学堂已接近50所，仅次于四川，居全国第二位。

辛亥革命后，教育部公布了《学校系统令》，规定：初小四年，为义务教育，毕业后入高小或实业学校；高小三年，毕业后入中学或师范学校或实业学校；中学四年，毕业后入大学或专门学校或高等师范学校；大学本科三年或四年毕业，预科三年；师范学校本科三年，预科一年；学校分甲乙两种，各三年；专门学校本科三年或四年，预科一年。极大地促进了民众的学习激情和办学热情。据统计，全省共有高等小学堂328所，学生18 972人；初等高等合一小学堂143所，学生8 156人；初等小学堂2 174所，学生6 835人；女子小学堂59所，学生3 607人；普通中学29所，学生4 478人。此外，全省还有简易识字学校12所，学生200人；半日学校8所，学生835人；夜校6所，学生164人；讲习所14所，学生1 489人。

3. 职业教育的兴起与繁荣

湖南的职业教育发端于1902年创办的农务工艺学堂。此后，各种事务学堂先后在湖南兴起。1903年，梁焕奎创办了路矿高等实业学堂；同年2月，禹之谟在长沙创办实业工厂，并附设工业学堂，是湖南技工学校之始；同年8月，周震麟、俞蕃同、许椎等在长沙创办修业学堂；熊希龄在芷江创办了务实学堂；是年底，湖南第一所比较正规的实业学堂——农务工艺学堂正式开学，招生120名；1905年，湘乡人李笃真集资开办农学馆；同年，朱剑凡创办周氏家塾师范部，首次培养幼儿教育师资；1906年，熊希龄创办了醴陵瓷业学堂；同年，湖南官立中等农业学堂在长沙北门外的原农事试验场成立；1908年，高等实业

学堂改为高、中等路矿本科，醴陵瓷业学堂并入，设立窑业科；1909年，长沙留日学生龙汝翼等开办蚕业学社等。到1912年时，全省共有各种实业学校74所，在校学生4807人。实业教育涉及农业、蚕业、工业、商业、林业、矿业、瓷业、护士、工艺等种类。同时，一些非职业学校也相继开设了职业课程，如龙绂瑞设立的第一女学中就开设了裁缝、刺绣、家政等课程。到1929年时，湖南的职业教育得到进一步发展，全省拥有职业学校176所。

第三节　湖湘文学艺术成就

湖湘文学艺术历史悠久，异彩纷呈。它的最初源头，是古代楚国湖南地区流传的神话传说和带有宗教色彩的民间歌舞。汉王逸《楚辞章句》中说："昔楚国南郢之邑，沅湘之间，其俗信鬼而好祠，其祠必作歌乐鼓舞以乐诸神。"湖湘文学艺术正是在这些"歌乐鼓舞"的基础上发展起来的。远古时代的这一习俗，对湖湘文学艺术的风格也产生了深远的影响。

一、湖湘诗歌

广义的诗歌包含古体诗、词、曲和白话诗。湖南诗歌史上最灿烂的篇章是由流寓学者们创作的，包括屈原、贾谊、李白、杜甫、韩愈、刘禹锡、柳宗元、李商隐、元结、刘长卿、黄庭坚、秦观、张孝祥、辛弃疾等大诗人。

中国文学史上第一个伟大诗人屈原被放逐湖南期间，"窜伏其域，怀忧苦毒，愁思沸郁"。他辗转于沅湘各地，察民情，睹风俗，结合自身遭遇，感时忧国，创作了大量彪炳千秋的诗篇，被王国维称为"文学之鼻祖"。屈原的主要代表作《离骚》《天问》《九歌》《九章》《湘君》《湘夫人》等都是在流放湖南时期创作的。这些诗作“上陈事神之敬，下见己之冤结，托之以讽谏”，表达出鲜明的爱国主义情怀，散发出浓郁的浪漫主义精神，传达出对真理的执着追求和对美好事物的向往。屈原之所以能形成独特的风格，创设出楚辞这种文学样式，与湖南本土丰富的神话传说和必作“歌乐鼓舞以乐诸神”密不可分。可以说，是湖湘文化催生了屈原的诗歌。

贾谊谪居长沙期间，写下了《吊屈原赋》《鹏鸟赋》等名篇。前者借对屈原不幸遭遇的悲悼抒发个人的郁积，颇有《离骚》的神韵；后者排遣作者心中忧愁，成为汉代散体赋的先声。屈辞贾赋的独特的悲情、悲悯与悲愿格调长时期影响了此后湖湘的诗歌创作。屈贾之后，湖湘诗歌史上迎来了一个又一个失意诗人。他们在屈贾伤心之地辗转流离，伤时悲己，或写景咏物，或吊古抒怀，或怀友惜别，或关注民瘼，留下了一段段诗坛佳话，一首首脍炙人口的佳作。李白的《陪族叔刑部侍郎晔及中书贾舍人至洞庭五首》，杜甫的《登岳阳楼》《江南逢李龟年》《岁晏行》，韩愈的《湘中》《八月十五夜赠张功曹》，刘禹锡的《望洞庭》《采菱行》，柳宗元的《江雪》，王昌龄的《送魏二》《送柴侍御》，李商隐的《楚宫》，元结的《舂陵行》，辛弃疾的《贺新郎·柳暗凌波路》，秦观的《踏莎行·柳州旅舍》等，都是千古传诵的名篇。

唐以前湖南本土诗人寥若晨星，见之史籍的仅有西晋时罗含，魏时桓阶，东晋时车胤、谷俭，南朝时阴铿等十数人。这种状况到中晚唐开始有所改变，湖南本土陆续出现了一些在全国诗坛有一定影响的诗人，如唐代的李群玉、胡曾、曹松、僧齐己和宋代的王以宁、乐雷发等人。李群玉有263首诗作、曹松有138首诗作、僧齐已有810首诗作被收入《全唐诗》。胡曾以咏史诗著称，现有诗作174首，多为《三国演义》等讲史小说所引用。进入明代，湖南诗坛出现了湖南诗歌史上最重要的诗派——茶陵诗派。以湖湘著名诗人李东阳为领袖，杨一清、刘大厦、彭泽等为主要成员的茶陵诗派，反对粉饰太平、歌功颂德的“台阁体”诗风，倡导真实自然的诗歌风格。明代后期，湖湘地区出现了几个著名的诗歌世家，如华容孙氏、邵阳车氏、辰溪来氏、长沙黄氏等。这些家族以诗名世，文采风流。明末清初，大思想家王夫之在文学领域也卓有建树，有《姜斋诗集》《姜斋诗余》《姜斋诗话》《楚辞通释》等诗歌作品和诗论著作传世，在古代湖湘诗坛独树一帜。

清代中前期，湖湘诗坛空前活跃，涌现了陈鹏年、张九钺、孙起栋、欧阳辂、唐仲冕、严如熤、周有声、陶澍等一大批负有盛名的诗人。其中尤以陶澍成就最高，诗名最著，他的作品感情深挚，器识宏远，雄放豪迈，有《印心石屋诗文集》传世。清中期以后，湖湘诗坛先后出现过“宋诗派”“汉魏六朝诗派”和“中晚唐诗派”等在全国有影响的诗派。文学史上常把这些诗派统称为“湖湘派”，列在江左、岭南等诗派之前而居首位，认为它“领袖诗坛，庶几无愧”。值得注意的是，湖湘近代诗坛不仅拟古思潮迭起，大家辈出，而且随着文化环境的变化和政治、学术主张的关联，形成了一个又一个个性鲜明的诗人群体，与近代湖湘学术人才群体、政治人才群体交相辉映。有以魏源、汤鹏为代表的“经世派”诗人群体，有以何绍基、王闿运、王先谦为代表的学者型诗人群体，有以曾国藩、左宗棠为代表的湘军儒将诗人群体，有以谭嗣同、唐才常为代表的“维新派”诗人群体，有以黄兴、宁调元为代表的资产阶级革命家诗人群体。

湖南最早写新诗的是女作家陈衡哲。早期共产党人邓中夏于20世纪20年代初发表过《游工人之窟》《过洞庭》等革命诗歌，并在《贡献于新诗人之前》一文中提出“做革命诗歌”的主张。在湖南新诗的拓荒者中，以田汉、刘梦苇、朱湘的成就最为引人注目。田汉于1921年出版的《江户之春》，是湖南诗人的第一部新诗集。由他作词的《义勇军进行曲》，后来成为中华人民共和国国歌。刘梦苇与朱湘被誉为新格律诗的双子星座，朱湘还是中国现代最杰出的抒情诗人之一。

在20世纪三四十年代，湘籍诗人中影响最大的是萧三、吕亮耕、朱子奇和陈辉等人。萧三在留苏10年间，用俄文出版了《拥护苏维埃》《湘笛集》等6部诗集，被译成多种外文，成为当时蜚声世界诗坛的一位无产阶级革命诗人。回国后，萧三在延安主编《新诗歌》，筹组新诗会，积极推动新诗运动。吕亮耕主持《诗歌周刊》，创办《中国诗艺》月刊，出版了《金筑集》。陈子奇在延安、陈辉在晋察冀创作了大量诗作，为革命圣地和解放区的诗歌园地写下了壮美篇章。

新诗出现后，湖湘诗坛的旧体诗词创作依然活跃。章士钊、程潜、何叔衡、熊瑾玎、刘善泽、刘永济、程千帆、齐白石等人为现代湖湘的旧体诗词创作做出了重要贡献。而在现代诗坛，以旧体诗词赢得崇高声誉的是一代伟人毛泽东。毛泽东酷爱古典诗词，从研习到创作有一个由古风而词，由词而律诗的过程。

毛泽东传世的诗词有100余首，其中经他亲自审定发表的作品，无一不是精品力作，把中华传统诗词推向了新的境界。

二、湖湘散文

唐以前，湖南散文作家很少，见诸史籍的不过刘巴、罗含、桓阶、阴铿等几人。和诗歌一样，在湖湘散文史上最先留下传世作品的仍然是流寓文人。首先是中唐两度任永州刺史、晚年又守制浯溪的元结，曾留下《右溪记》《寒亭记》等许多优美的散文，著名的“摩崖三绝”就是摹刻元结的《大唐中兴颂》。元结之后，大文豪柳宗元谪居永州，所作《永州八记》和《捕蛇者说》等散文是中国散文史上的名篇。晚唐时，湖南“破天荒”出了第一个进士刘蜕。他能诗能文，尤以散文名于世，在晚唐以笔致古朴独具一格，与当时流行的夸饰造作华丽的文风大异其趣。

宋代是湖湘文化史上一个有特殊意义的时代。真正意义上的湖湘地域文化，尤其是湖湘地域学术文化形成于这个时代。虽然这个时代的湖湘散文作品不多，但对湖湘文化品格有绝大影响的三篇雄文都出现在这个时代。一篇是范仲淹的《岳阳楼记》，一篇是周敦颐的《爱莲说》，一篇是张栻的《重修岳麓书院记》。元代欧阳玄，以文名世，号称“一代宗师”，其文廉静深醇，有《墨梅赋》《竹西亭记》等名篇佳构。

明初刘三吾善文，在洪武朝典司文章中自成一格，有《坦斋先生文集》传世。明代“茶陵诗派”领袖李东阳，“公安派”主将江盈科，除诗歌外，散文也很有影响。李东阳的论疏碑铭、书序记传真切自然而又文辞简洁，于平淡中见功力，典雅中见流畅。江盈科写过许多杰出的小品文，在湖南乃至全国都产生了重要影响。这些作品收在《谐史》《雪涛谈丛》《谈言》《雪涛小说》等文集中，包括幽默小品、笔记小品、寓言等多种文体。其中一些寓言故事，就是与世界寓言大师的作品相比也毫不逊色。明代大思想家王夫之的序记、尺牍之类的作品也颇有特色。尤其值得一提的是他的《姜斋诗话》，这部随笔式诗论著作，亦可作为美文来读。

清代陶澍有《陶文毅公集》，其文多为序记碑铭之作，行文疏朗畅达而有气势。邓显鹤在湖湘文化史上有着独特贡献。他

致力于搜集湖湘文献，以搜集刊刻《船山遗书》而号称“湘学复兴导师”，编成《资江耆旧集》《沅湘耆旧集》等书，本人也有《南村草堂文集》传世。

近代湖湘散文，与近代湖湘诗歌的思潮流派大体一致。有以魏源为代表的“经世派”散文，以曾国藩为代表的“桐城派”——“湘乡派”散文，以谭嗣同为代表的“维新派”散文，以陈天华为代表的“革命派”散文。魏源与龚自珍一起开创了古文创作“以经世作政论”的文风。他的《古微堂集》中的许多篇章都写得慷慨激昂，气势磅礴，具有震撼人心的力量。曾国藩是后期“桐城派”的代表人物，并成为“桐城派”的分支“湘乡派”的领袖。郭嵩焘、李元度、王闿运、吴敏树是这一派别中的重要人物。其中，以吴敏树成就最高，其散文取多家之长而形成自己的独特风格，如《书谢御史》《群中三诗人传》《移兰记》等都是湖湘散文中不可多得的名篇。

维新志士谭嗣同著有《寥天一阁文集》。他先学“桐城派”古文，继学魏晋文章，后学梁启超的“新报章文体”。其文议论纵横，境界辽阔，对后世湖湘散文的创作风格产生了较大影响。

毛泽东无疑是湖湘现代散文圣手，他也是湖南最早使用白话文写作的人。从《女子革命军》等大量杂文，到《星星之火，可以燎原》《纪念白求恩》《反对党八股》《愚公移山》《将革命进行到底》《别了，司徒雷登》等政论文，既具有战斗的思想锋芒，雄辩的逻辑力量，又具有鲜明的艺术特色，高屋建瓴，大气磅礴，文笔活泼，堪称现代中国议论散文的典范之作。

现代湖南散文作家辈出，廖沫沙、陈子展、魏猛克、严怪愚等的杂文，陈衡哲、田汉、易君左、向培良、胡之翼、叶紫、舒新城、黎烈文、沈从文、钱歌川、丁玲等的叙事、抒情散文，都独步一时。沈从文笔下的湘西社会变迁与风土人情，钱歌川笔下的大江南北，丁玲笔下的陕北风情与解放区的阳光，无不给人留下深刻的印象。

谢冰莹出版于1927年的《从军日记》是中国现代文学史上第一部正面记述大革命的报告文学。此后，她还创作了《在火线上》《新从军日记》等多部报告文学作品，与周立波的《战地日记》《南下记》、丁玲的《一二九师与晋察冀边区》等一同成为中国现代报告文学作品的扛鼎之作。

三、湖湘小说

晚清以前的湖湘文学史上，小说创作寥若晨星。查《中国文言小说书目》中的湘人作品，仅有宋人戴植的《鼠璞》，明人邓球的《闲适剧谈》、江盈科的《雪涛四小书》、韩朝维的《晴窗缀语》，清人江有溶、邹统鲁的《明逸篇》、黎士宏的《仁恕堂笔记》，等等。

清末，湖湘小说创作日益多了起来。1903 年出版了一部题为《洗耻记》、署汉国厌世者著，冷情女史述、日本印刷、湖南苦学社发行的小说。随之出现了陈天华连载于《民报》的《狮子吼》。章士钊在辛亥革命前后创作了《双枰记》《游侠外传》等文言小说。鸳鸯蝴蝶派成员何海鸣著有《十丈京城》等十来部长篇文言章回小说和多部短篇文言小说。南社成员张冥飞著有《剑客传》《十五度春秋》等十几种长篇文言章回体小说。日本留学归来的向恺然（平江不肖生），是中国近现代著名通俗小说作家。他创作的 10 多部长篇章回小说，主要有两个系列：一是写留学生的小说，如《留东外史》《留东新史》等；二是武侠小说，有《江湖奇侠传》《侠义英雄传》等。

湖湘现代意义上的第一个小说家陈衡哲，出版了短篇小说集《小雨点》。继她之后，从五四运动到 1949 年，出现了 30 多个湘籍小说家，出版作品 200 种。

中国现代文坛思潮涌动，流派迭起，文学研究会、创造社、左翼作家联盟等风起云涌，各领风骚，并形成了“问题小说”“主观抒情小说”“乡土小说”“革命小说”等思潮流派。敏感的湖南作家起而拥抱现实，投入时代潮流，创作出了许多优秀小说作品。属于“问题小说”作家的孙俍工有《生命的伤痕》《海的渴慕者》等作品，属于“人生派”作家的向培良有《飘渺的梦》等作品，黎烈文有《舟中》等作品，属于“乡土小说”作家的彭家煌有《怂恿》《平淡的事》等作品，黎锦明有《烈火》《雹》等作品，属于“浪漫派”作家的刘梦苇有《青年的花》等作品，刘大杰有《黄鹤楼头》等作品，胡云翼有《西泠桥畔》等作品。

同样是 20 世纪 20 年代开始创作，后来赢得了国际声誉的湘籍小说家中，成就最大的应数沈从文和丁玲。沈从文素有“多

产作家”“文体作家”“乡土作家”之称。在他的几十种小说中，有《萧萧》《边城》《长河》等取材于湘西现实生活的作品，有《龙朱》《神巫之爱》等取材于湘西少数民族民俗的作品，有《顾问官》《会明》等写湘西土著军队的作品。沈从文写湘西人文、风景、风俗和民性，感情深挚，笔触细腻，反映了湘西社会的历史和人心的变迁。

丁玲从20年代后期开始创作，以《孟轲》《莎菲女士的日记》轰动文坛。长篇小说《太阳照在桑干河上》深刻而生动地反映了中国农村在新民主主义革命时期的巨大变革，奠定了丁玲在中国现代文学史上的地位。

张天翼的小说以描写市民生活见长，如《包氏父子》《华威先生》。蒋牧良的小说多表现农民的苦难与抗争，如《高定祥》。叶紫的小说的以描写大革命时期洞庭湖畔的生活见长，如《丰收》。周立波、康濯、柯蓝是共产党培养出来的作家，他们的小说从一开始就力求通俗化。周立波的《暴风骤雨》、康濯的《我的两家房东》、柯蓝的《洋铁桶的故事》等都是中国现代小说史上的名作。

四、湖湘民间文学

壮丽的山川景物、悠久的历史文化、多民族聚居、革命的发源地，这四个方面的特点使湖湘大地成为神话、故事、寓言、笑话、歌谣的渊薮，民间文学丰富多彩，摇曳多姿。

神话传说和民间故事全省各地都有。我国古代的神话人物，如盘古、女娲、神农、黄帝、祝融、精卫、尧、舜和大禹等的事迹，在湖湘地区都有生动的传述。这些生动的传述呈现出比较明显的地域性。湘东一带多流传有关舜帝的传说，湘中一带多流传祝融的传说，湘北一带多流传湘妃、龙女、吕洞宾、屈原的传说，湘西一带多流传蚩尤的传说，等等。

除了这些关于神话人物的传说之外，三湘四水还广泛流传着丰富多彩的与湖湘历史人物、历史事件有关的传说故事。这些传说故事是人们的口头创作，是一种“口述的历史”。在口口相传的过程中，往往经过人们的虚构、夸张、渲染、幻化等艺术加工，实际上已成为某种社会力量、人类理想以至宗教意识的投射，反映了一个地方的民间意识，如广泛流传的关于孟姜女、柳毅、杨幺、杜甫、太平天国等人物与事件的传说。

湖湘地区山水奇特，民俗多样，有关湖湘风物的传说也就千姿百态，如关于洞庭、君山、南岳、九嶷山等山川名胜的传说，关于贴春联、燃爆竹、包粽子、划龙船、赏秋月、吃月饼等风俗民情的传说，关于长沙湘绣、浏阳菊花石、浏阳烟花、醴陵瓷器、益阳水竹凉席等的传说，是人们企图通过把自然物历史化、人格化，使它们成为寄托和传达自己的思想感情、生活愿望的载体。湖湘地区丰富多彩的民间传说从一个侧面反映了湖湘人民丰富的想象力和多色彩的生活情趣。

湖南近现代社会人才辈出，事件迭起，成为人们创作民间故事传说的重要内容。围绕陶澍、魏源、曾国藩、左宗棠、胡林翼、谭嗣同、唐才常、黄兴、熊希龄、宋教仁、杨昌济、毛泽东、刘少奇、彭德怀、贺龙等人物，湘军、秋收起义等事件创造出了许多脍炙人口的故事。

湖南是我国聚居少数民族最多的省份之一。流传于各少数民族的神话传说、民歌、民间故事和叙事体长诗，是湖湘民间文学中的重要组成部分。

由巴人发展而来的土家族是湖南境内人口最多的少数民族。土家族流传下来的古代神话谱系完整、想象奇特，独具魅力，内容包括人类起源、自然探索、洪水和射日，以及族源神话和民族生活神话等。土家族神话往往是神话、传说、故事融为一体，而且通常以歌谣的形式出现。因此，土家族文学的主体形式是歌谣。长篇叙事歌、短小抒情歌丰富多样。摆手歌、梯玛歌、锣鼓歌、哭嫁歌是其代表。

由“盘瓠蛮”发展演变而来的苗族，围绕“龙”的神话、传说、故事很多。苗族民间文学中，以歌谣最有特色，风俗歌、古歌、反歌、情歌、儿歌、史诗等应有尽有。最有代表性的长达5 000多行的史诗《休巴休玛》和《女神金沙》，古歌《开天立地》和《果聂》，反歌《吴八月》，等等。

瑶族的长篇叙事古歌《盘王大歌》，共2 000多行，内容包括人类、民族的起源，天地万物的形成，民族始祖的艰辛创业等。歌中盘王“龙犬”有着斑斓的传奇色彩和深邃的寓意。此外，瑶族有“耍歌堂”和“坐歌堂”习俗，其歌谣内容丰富无比，分为序歌、情歌、对歌、赞歌、劝歌、排歌、谢歌和送歌。

由古百越发展而来的侗族，有“诗的家乡，歌的海洋”之称，口头文学十分丰富，有浩如烟海的侗歌《嘎》，古老的神话

传说《暖》，想象丰富的创世史诗《垒》，古老的仪式舞蹈《耶词》，规范族人的侗理《款辞》，美丽的童话故事《君》，饱含哲理的谚语格言《垒必虽》等。最值得我们注意的是朗诵体歌诗“款辞”和成套的情人歌。情人歌是抒情长歌，计有《情人初》《情人新》《情人旧》《情人浓》《情人放》《情人病》《情人远》《情人分》《情人十八》，等等。

五、湖湘戏剧文学

相较于其他文学样式，湖南戏剧文学较为晚出。直到明朝时，湖南才出现了第一位杂剧作家许潮，他所创作的杂剧合集《泰和集》是湖南戏剧史上的第一部戏剧文学作品。随后，明代另一位湘籍传奇作家龙膺，创作了《蓝桥记》和《金门记》两种传奇。

清代，湖南的戏剧作家和作品逐渐多了起来，代表作家与作品有黄兴周的传奇《人天乐》、杂剧《惜花报》和戏曲论剧《制曲枝语》，它们在中国戏剧史上占有比较重要的地位；张久钺的杂剧《四弦词》、传奇《六如亭》，在湖南昆腔史上颇有影响；王夫之有著名杂剧《龙舟会》；张声阶有《琴别》《画隐》等9种。

湖南近代戏剧史上最重要的戏剧作家是杨恩寿，他的戏剧理论与创作在我国古典戏曲发展后期有较大影响。他创作的《姽婳封》《桂枝香》等传奇颇有影响。他的戏曲论著《词余丛话》及《续词余丛话》对戏曲的起源、地位、作用、创作规则提出了独到见解。清末，湖湘戏剧中比较重要的传奇作品还有曾广传的《惠兰芳》、黄其恕的《坤灵扇》、夏大观的《陆判记》、陈时泌的《非熊梦》和《武陵春》等。

湖南现代戏剧一方面承传明清以来戏曲创作传统，一方面开展以话剧为主的新剧创作。在这两个方面都做出了重大贡献的是戏剧大师欧阳予倩和田汉。欧阳予倩是中国话剧的奠基人之一，京剧改革的先行者。他创作的话剧《不要忘了》《青纱帐里》《桃花扇》等，京剧《孔雀东南飞》《渔夫恨》等，桂剧《木兰从军》《梁红玉》等在中国现代戏剧史上都有影响。

田汉是我国革命戏剧运动的奠基人和传统戏曲改革的先驱。他创办了“南国社”和“南国艺术学院”，致力于戏剧创作和戏曲改革。他的代表作有话剧《咖啡店之一夜》《月光曲》《丽人行》等，歌剧《扬子江的风暴》、电影剧本《母性之光》《三个摩登女性》等。湖湘现代戏剧文学的重要成果，还有白薇的诗剧《琳丽》、袁昌英的话剧《孔雀东南飞》、向培良的剧作集《沉闷的戏剧》等。

六、湖湘表演艺术

广义的表演艺术涵盖戏剧、音乐、舞蹈、木偶、皮影、杂技、曲艺、电影等多个门类。作为原始宗教乐舞盛行、多民族聚集的湖湘地区，表演艺术呈现出丰富多样的特点。

湖湘自古就有以“歌乐鼓舞”娱神的传统，这种既充满神秘色彩又颇具艺术意味的宗教乐舞，对湖湘文化心理和艺术风格都有影响。

戏剧，包括传统戏曲和现代戏剧，是一种综合性艺术，在艺术领域占有主要地位。湖湘戏剧艺术有着悠久的历史和广泛的群众基础。剧种多，声腔盛，有“戏剧大省”之称。湖湘传统戏曲，分为地方大戏和民间小戏两类，拥有众多的剧种。地方大戏主要有湘剧、祁剧、衡阳湘剧、辰河戏、武陵戏、荆河戏、巴陵戏、湘昆等。湖南地方大戏受明以后逐渐传入湖南的弋阳腔、青阳腔、昆腔和弹腔的影响，融合湖南地方语言和音乐的特点，形成了湖南高、昆、弹相结合的基本声腔。湖南民间小戏大都是在民间歌舞、傩戏、百戏的基础上形成的，主要有花鼓戏、花灯戏、阳戏、傩堂戏等。

湖南现代戏剧主要包括话剧和歌剧。话剧在湖南多称“文明戏”。欧阳予倩组织“春柳社”和“文社”，把话剧艺术带入湖南。五四运动和抗日战争时期是湖南话剧演出的两个最活跃的时期。著名音乐家黎锦晖是中国歌剧的创始人之一，并在20世纪30年代初将歌剧带入湖南。他的儿童歌剧代表作《麻雀与小孩》《小小画家》等一度风靡全国。

湖南的音乐舞蹈资源丰富繁多。湖南出土的楚、汉文物中，有许多惟妙惟肖的彩色乐俑和歌舞俑，古代文献中有许多关于湖南“歌乐鼓舞”的记载。隋唐时的潭州是全国著名的乐舞之地，大型歌舞《拓枝舞》《双妓舞》等风行一时，给人以湖南“俗尚弦歌”的印象。与此同时，湖南汉民族中的插秧歌、采茶歌、采莲曲、船歌、夜歌子等十分流行。少数民族的民间音乐

舞蹈更为繁多，桑植民歌，嘉乐民歌，苗族猴儿鼓和吹木叶，瑶族盘王歌和长鼓舞，侗族琵琶歌和芦笙舞，土家族薅草锣鼓和摆手舞等，都是深受各族人民喜爱的艺术形式。

湖南俗称“木偶戏”为“木脑壳戏”。木偶是湖湘巫、傩举行宗教活动必不可少的道具，这决定了湖南民间对木偶戏的热情。“皮影戏”在湖南俗称“灯戏”或“影子戏”，辛亥革命以后独盛，长沙皮影艺人沈葆生还曾成立皮影改良研究社。

湖南曲艺品种繁多，特色鲜明，主要包括流行于长沙等地的弹词，流行于常德等地的丝弦，流行于祁阳等地的小调，流行于衡阳等地的渔鼓等。明末清初大思想家王夫之首作《愚鼓词》27首。

七、湖湘造型艺术

广义的造型艺术，涵盖书法、绘画、篆刻、雕刻、工艺美术等多个门类。湖湘造型艺术源远流长。论书法篆刻，可以追溯到3000年前的青铜器上的铭文。论绘画，可以追溯到漆器和帛画。论工艺美术，可以追溯到2000多年的湘绣、陶器、石雕等。

湖湘书法在唐代即已出现了欧阳询、欧阳通父子和怀素等大家。欧氏父子的书法诸体皆精，尤擅楷书，书法史上合称“大小欧阳体”，欧阳询还与颜真卿、柳公权、赵孟𫖯合称中国古代“楷书四大家”。释怀素是继张旭之后又一位杰出的狂草书法家，二人并称“颠张醉素”，对后世影响很大。

宋代湖南书法家有希白、刘次庄、易元吉、武洞清、何澄、释梦英、周敦颐等人。希白擅长写大型行草，临摹古帖也最能传神，他临摹的“淳化阁帖”和“潭帖”，成为后世诸多字帖的祖本。元代湖南书法家有欧阳玄、冯子振等人。明代是湖南书法艺术的重要发展时期，出现了李冬阳、杨一清、刘三吾、刘大夏、夏元吉、何孟春、谢宇等一大批书法家。清代湖南书艺鼎盛，书家众多。据徐鑫龄《湖南书画篆刻家汇传》统计，有名的书法家近千人。清前期有王夫之、释法智、陶汝鼐、黄周星、王岱、陈鹏年、易祖栻、罗源汉、易文基、陶澍等大书法家。中后期则有何绍基、曾国藩、左宗棠、黄自元、徐树铭、李元度、郭嵩焘、罗饶典、王先谦、瞿鸿法等大家。其中尤以何绍基堪称一代大师，诸体均工，尤以隶、行最为出色。黄自元擅长楷书，自成“黄体”，被誉为“字圣”，他所临写的《九成宫醴泉铭》《间架结构帖》，至今仍是青少年临摹的范本。

湖南书法到民国时期，自由风气大开，创新意识日隆，各种流派日益活跃，出现了彭汉怀、郑家溉、谭延闿、谭泽闿、熊希龄、杨度、曾熙等书法大家。在现当代湖湘书坛上，毛泽东卓然成为一代大家。他在创造性地学习“二王”和怀素诸大家的基础上，形成峭拔遒劲、豪放矫健而又洒脱多姿、翩翩有神的“毛体”，在中国书法史上独树一帜。

长沙马王堆西汉墓出土了众多的帛画、漆棺画和各类器物纹饰，表明湖湘绘画艺术具有悠久的传统。湖南唐宋时期的大书法家，多能作画。其中宋代的易元吉，明代的车大聘、释石谿，清代的僧寄尘、何绍基，现代的齐白石等均可称为一代大师。领一代风骚的湖湘书画艺术大师齐白石，工绝花鸟鱼虫，笔酣墨饱，力健有锋，形成一种明快自然的独特风格。

湖南工艺美术和民间美术久负盛名，是湖湘文化史上的一朵奇葩。其中，最有代表性的包括有2000多年历史的湘绣、铜官陶器、桃源石雕，有1000多年历史的岳州瓷器、界牌瓷器、临武龙须草席，有几百年历史的益阳竹器、邵阳翻簧竹刻、浏阳菊花石、岳州扇、望城剪纸、隆回滩头年画，土家族、苗族、侗族、瑶族等少数民族的织锦、蜡染，等等。

第四节 湖湘科技成就

湖湘区域尽管地处内陆、久历蛮荒，但其文明的开发与发展，与中国其他区域相比，丝毫也不逊色。据可考的资料表明，天文学、医学、传统农业、采矿冶炼技术及其他科学技术，很早就在湖湘地区萌芽并得以发展。

一、湖湘天文学

根据长沙县南托乡三兴村以及岳阳市君山古岩画的考古发现，在新石器时期以前，湖南就有了关于星相的知识和经验；到春秋战国时，屈原的《天问》又提出了一系列关于天文的问题；从马王堆三号墓出土的《五星占》与《天文气象杂占》则具体地描述了金星、木星和土星的位置、动态等情况，被认为是我国最早的天文学著作。但是，从汉到明的长时期内，湖湘的天文学成果除了在民间得到传播外，并无理论上的建树。直到清代，湖湘的天文学研究才得到彻底改观，先后有巴陵人许伯政的《全史日至源流》、长沙黄渌的《浑天仪象法》、湘阴蒋国的《天文约旨》、湘阴黎光秘的《星宗格要》、石门吴象庆的《天官书纂》、清泉（今衡南）谭学元的《推历指掌》和《星曜增考》等，这些成果极大地丰富了中国天文学研究的内容，对我国天文学的发展起到了积极的促进作用。

二、湖湘医学

湖湘历代留下了较为丰富的医学成果。在马王堆汉墓出土的文物中，有一件医学珍品，叫《五十二病方》。现存一万余字，介绍了283方（应有300方左右）医疗方法，计103个疾病名称、247种药物名称，内容涉及内科、外科、妇产科、儿科、五官科等，其中将近半数药物名称不见于我国现存最早的药物学专著《神农本草经》，还有若干药名为历代文献所未见，被著名的中医文献专家马继兴教授和著名的考古学家李学勤教授称为“我国现已发现的最古医方”。东汉后期，随着《伤寒杂病论》的问世，湖湘医学有了标志性成就。《伤寒杂病论》的作者叫张机，字仲景，南郡涅阳（今河南镇平县）人，早年随祖父学医，东汉灵帝时举孝廉，建安（196—220）年间任长沙太守。时值湖湘区域疫病横行，尤以伤寒为甚，张机于是一边治病救人，一边博采众方著成《伤寒杂病论》行世，治疗效果显著，受到世人称颂。到了宋代，湖湘医学的成就主要体现在湘乡人朱佐的《类编集验医方》、衡阳人宋永寿的《产经》、南宋都梁

（今武冈）人镏洪的《伤寒心要》。其中，《类编集验医方》共有十五卷，收集了内、外、妇、儿、养生各科的处方近900个，均为行之有效的方剂，具有非常实用的价值，一直为后世医家所重视。在元代，湖湘医学的成就主要是衡阳人曾世荣的《活幼心书》（三卷）、《活幼口议》（二十卷）二书，它不仅获得了国内同行的高度评价，而且还远播日本等国。明代的医学成就主要有道州人许希周的《药性粗评》（四卷）、邵阳人徐良的《济生产宝》（二卷）、邵阳人滕弘的《神农本草经会通》。其中，徐良的《济生产宝》为妇产科专著，被收入《湖湘名医典籍·妇科卷》；滕弘的《神农本草经会通》被收入《湖湘名医典籍精华》，具有重要的文献价值。此外，在明代医学成就中还值得一提的是沅陵人易山。易山精于外科，医术高超，往往能做到手到病除，时人有“再世华佗”之称。清代是湖湘医学的盛极时期，名医名著不胜枚举，仅2003年出版的《湖南省志·著述志》列有作者和著述的就有数十人，其中不乏妙手神功，如邵阳人周学霆，因年弱多病，便放弃科举，一心一意攻医学，行医50余年，治好了不少疑难杂症，被誉为“今之扁鹊公”，并著有《三指禅》《外科便览》《医学百论》《医学案》等专著。攸县人朱二，医术高超，善于望诊治病，传说其邻里有一女病人，病情严重，诊断为伤寒，但治疗效果总不见好。朱二从她窗外经过，遥望病人后，确诊为密痘症，对症服药，病很快就好了。武陵人丁用元，擅长治疗痘症，同乡何某的独子因痘“死亡”，棺木抬至途中，恰遇丁用元。丁问明情况后，认为还有救治希望，便开棺为“死者”治疗。仅用艾三丸，灸百合穴，很快便使“死者”复活，世人“惊以为神”。

三、湖湘农耕

湖湘农耕历史悠久，早在1.2万年以前，湖南道县便出现了世界上最早的原始农业。从商代出土的器具来看，湖湘农业主要使用石制农具，耕作方式是刀耕火种，平原地区种植水稻，丘陵山地则种植小米（粟）。秦汉时期，铁制农具已开始广泛使用。隋唐时期，湖湘地区已经有了为农业生产而兴修的水利工程。两宋时期，湖湘地区的耕地面积得到极大拓展，新农具如曲辕犁、筒车（水车）已经推广使用，粮食产量得到大幅度提

高。至明代，仅华容县一地，垦田即达数万顷，修筑堤垸一百余处，因此，当时流行有“湖广熟，天下足”的美誉。清以后，随着种植面积的扩大、种植水平的提高，以及水利灌溉条件的改善等，湖湘地区已经成为名副其实的“鱼米之乡”和“天下粮仓”。今日湘人袁隆平更是苦心孤诣，历尽艰辛，培育出杂交水稻，被国际社会誉为“杂交水稻之父”，泽被全球，享誉世界。

四、湖湘采矿和冶炼

湖南的矿产资源十分丰富，金、银、铜、铁、铅、锌、锑、锰、水银、煤炭等矿产的藏量都很丰富，因而，开采和冶炼的历史也很悠久。据考古发现，在湖南西部地区的沅麻盆地，战国时期就已经有了矿业的开采和冶炼，在辰溪、麻阳两县交界处的九曲湾发现了 14 处古矿井，并有大量木器、铁器和陶器。湖湘矿冶业在汉唐时期得到进一步发展，据史籍记载，汉武帝时，在湖南的桂阳郡（治所在今郴县）设有铁官，不仅表明铁器已经取代青铜器，而且表明湖南已经有了专业的冶铁场所。魏晋南北朝时期，湖湘地区已开始采掘和冶炼金、银。据《水经注·资水》记载，益阳县“水南十里有井数百口，浅者四五尺，或三五丈，深者亦不测其深。古老相传，昔人以杖撞地辄便成井。或支古人采金沙处”。两汉时期还未见以金、银器陪葬，但到魏晋南北朝时，以金、银器陪葬的现象已经出现，并逐渐多了起来。在长沙发掘的 27 座晋墓中，出土了大量的金耳环、金手镯、金花形饰等。至宋代，湖湘的矿冶业已相当发达，金、银、铜、铁、锡、铅等矿都已具规模，产量惊人，如浏阳的永兴场，1074 年的产银量为 1.667 3 万两，到 1078 年时，产量已经达到 2.8757 万两，总增长率为 72.5%，年均增长 18%。又如郴州的雷溪锡场，额定年产量为 1389 斤，但在 1078 年产量却达到 1.096 4 万斤。到了元代，湖湘的矿业开采与冶炼全面展开，如湖湘地区的沅、潭、衡、武冈、宝庆、永、常宁、道州等都有铁矿场；而岳、澧、沅、靖、辰、潭、武冈、宝庆等都有金矿场；以及桂阳、潭州产铅，辰、沅、靖等地产锡等；从益阳八字哨乡关王村出土的元代金银器来看，造型优美，制作精细，是极好的艺术珍品。明代因为朝廷禁止采矿，矿业开采能力和冶炼技术都有很大降低。清代实行开放矿冶业的政策，允许民间开采冶炼，湖湘地区的矿冶业得以复苏并迅速发展。

五、近代湖湘科技

近代湘人是较早倡导学习西方先进的科技的一个群体。从魏源提出“师夷长技以制夷”，曾国藩开创洋务运动，左宗棠创办民用工业，到郭嵩焘“西洋政教、制造，无一不出于学”的观点，使湖南形成了近代第一批睁眼看世界的人才集群。谭嗣同、唐才常面对汹涌而来的西学，提出救亡保种已刻不容缓，必须动员广大国民学习和研究科学技术。其后的黄兴、刘揆一、易鼎新等人，积极倡导科技。在他们的倡导和影响下，湖南近代科技与工业进入了一个全新的发展时期。有代表性的成就主要有：曾国藩创设安庆内军械所、金陵机器局、江南机器局、开创洋务运动；左宗棠创设马尾船政局，甘肃制造局，而他创办的兰州织呢局，则是中国最早的民用机器工业之一；新化邹氏以邹汉勋和邹代钧为代表的舆地家族，博学多识，著述宏富；以丁取忠、曾纪鸿、黄宗宪等为代表的长沙数学学派，在数学方面取得了一系列成果，推出了在中国近代数学史上最优秀的数学著作《白芙堂算学丛书》；谭嗣同、唐才常开设的浏阳算学社开创了近代科学“社团”活动的雏形，其章程又经广泛宣传、昭示、启发了以后全国各地社团的创建；1915 年，湖南留日学生组成了“工业同志进行会”，充当了“产学研结合”促进科技创新的时代尖兵；湖南高等学堂、湖南师范馆、湖南高等实业学堂、湖南医学堂、湖南矿学研究堂等一系列高等学堂和研究机构的创立，进一步为湖南的科技发展奠定了基础。

第四章

湖南人的精神特质

一种区域文化的基本精神，是一定区域的人民群众在长期的历史演变过程所形成的文化积淀，是区域文化中的灵魂和支撑。它体现在独具个性的文化教育、思想政治、社会风尚、经济发展与物质文明建设等各个方面，对本区域内人民群众的思维方式、价值追求、实践行为产生深刻、直接的影响。

湖湘文化作为中华文化的一个重要分支，既具有中华文化的共同特征，又有其相对固定的地域文化形态和不同于其他地域文化的精神内核。这种极具特色的湖湘文化精神特质，可以概括为自强不息的奋斗风尚，心忧天下的爱国抱负，经世致用的务实品格，兼收并蓄的博采襟怀，百折不挠的勇毅禀赋，慷慨赴义的牺牲精神、敢为人先的开拓勇气、洁己修省的淑身传统。

第一节 自强不息的奋斗风尚

钱基博在《近三百年湖南学风》中引左宗棠语：“吾湘之人，厌声华而耐坚苦，数千年古风未改。惟其厌声华，故朴；唯其耐坚苦，故强。”从湖湘文化的发展历史来看，艰苦奋斗、自强不息不仅仅是一种传统学风，更是一种深植于地域文化传统的精神特质。

湖湘文化自强不息的奋斗风尚，源于早期湖湘先民与自然环境的斗争经历。湖南古属楚地，偏处西南，莽林密布，山隔水阻，与长期作为政治经济文化中心的中原相比，自然条件相对艰苦。由此养成了民众刻苦耐劳的性格。尧舜时代的三苗，在部族首领的带领下，历经过数百年的迁徙流转，在湖湘大地上生息繁衍。他们不畏艰辛，与各种各样的自然灾害和艰苦环境进行顽强斗争，将“厥土惟涂泥，厥田惟下中”[①]的蛮荒之地变为“厥赋上下”的发达地区，给后人留下了“其气燥刚，禀性强梁”[②]的深刻印象。可以说，湖湘先民征服自然的历程奠定了湖南人自强不息的精神基因。

湖湘文化自强不息的奋斗风尚，还来自于春秋以来南北文化的对立与融合。从文献记载与考古发现可以看出，春秋战国时期，以楚文化为代表的南方文化在服饰、文字、官制等方面与中原多有不同。而中原也因此视南楚为披发左衽、南蛮鴃舌的野蛮人，因此多次对楚兴师问罪，“奋伐荆楚”。这种文化的对立与冲突使得楚人在相当长的时期内保持了文化的独立性，具有“独立不羁，坚韧不息”的特殊品格。如楚先王熊渠曾说：“我蛮夷也，不与中国之号谥。”其后熊通也宣称“王不加位，我自尊耳”[③]。之后随着中原教化在湖湘的推行，儒家学说中“天行健，君子以自强不息”的思想进一步强化了这一传统。

源于上古的自强不息的奋斗风尚，成为湖湘文化的深层

① 出自《尚书·禹贡》。

② 出自《尔雅注疏·释地》。

③ 出自《史记·楚世家》。

血脉，历代传承，在湖湘学者和志士仁人身上体现尤为鲜明。

湖湘学派的开创者胡安国目睹宋室半壁江山风雨飘摇，阶级矛盾与民族矛盾交织，社会危机丛生，“见中原沦没，遗黎涂炭，常若痛切于其身，虽数以罪去，其爱君忧国之心，远而弥笃，每有君命，即置家事不问”[1]。他心忧天下，期望以自强不息的品格，通过变革图强来收复中原，保国安民。王夫之所处的时代，正当清兵南下之际，他亦力主抗清，并曾亲自举兵狙击清兵于衡山，失败后“窜身瑶峒，绝迹人间，席棘饴荼，声影不出林莽”，隐匿湘西山区，砥砺气节，含辛茹苦，埋头著书40年，确实做到了像他自己所说的那样“历乎无穷之险阻而皆不丧其所依，则不为世所颠倒而可与立矣”。左宗棠在幼年时代就刻苦读书，“稍长，工为壮语，视天下事若无不可为”。他一生研求“中国自强之策”“日夜思所以自强”。年近古稀，仍“头白临边”“舆榇以行”，远征新疆，誓与沙俄侵略者血战到底。谭嗣同临危不惧，一往无前，为维新变化而赴汤蹈火。他说：“道高一尺，魔高一丈，愈进愈阻，永无止息。然反而观之，向使不进，乃并此阻而不可得。是阻者进之验，弊者治之效也。”他认为，社会就是在不断地克服各种阻力和弊端中永远前进的。

近代以来，湖湘精英慨然“以天下为任，以救中国为事”，前赴后继，登上历史舞台，使三湘四水的仁人志士得以彪炳千秋。梁启超曾深有感触地说：“其可以强天下而保中国者，莫湘人若也！”[2]

1840年，英国人凭借坚船利炮打开了清王朝闭关锁国的大门，打破了清朝统治者“天朝上国”的自我认知，中华民族至此进入了多灾多难的年代。面对西方列强，中国的少数士绅阶级主张模仿西方技艺，发起了洋务运动与自强运动。曾国藩是自强运动的实际倡导者和履践者。为了民族的自强，他积极吸纳利用西洋的军事技艺，特创设江南制造局；为了使西方先进技术在中国生根，特主张派遣幼童出洋攻读学艺。他认为“师夷智以造炮制船，尤可期永远之利”[3]。当时西方列强夸耀他们的船坚炮利，曾氏认为这是世之常情。如果我们也有了同样的东西，洋人就没有了侵略别国的资本。他在奏折中说道：“凡恃己之所有，夸人以所无者，世之常情也。忽于所习见，震于所罕见者，亦世之常情也。轮船之速，洋炮之远，在英法则夸其

① 脱脱. 宋史·儒林五·胡安国传[M]. 北京：中华书局，1977：295.

② 梁启超. 饮冰室合集[M]. 北京：中华书局，1989：66.

③ 曾国藩. 曾文正公全集·奏稿·卷二[M]. 上海：上海古籍出版社，1995：370.

所独有，在中华则震于所罕见。若能陆续购买，据为己物，在中华则见惯不惊，在英法亦渐失其所恃。”[①] 曾氏的求变卓见于此可见一斑。他计划“招致智巧洋人”，在湖南常德、澧州设立工厂，制造火柴、铜帽等工业品。

① 曾国藩．曾文正公全集·奏稿·卷二[M]．上海：上海古籍出版社，1995：471.

但在甲午战争败于日本后，一部分人认识到，不仅西方人的技艺胜我一筹，文化制度、政治制度也同样较中国先进。在这一思潮下，许多湖南人以开放的眼界主张学习西方的科学文化与先进制度，积极倡导并投身于维新变法运动。

1897年，在湖南总督陈宝箴的支持下，湖南建立了时务学堂，成为湖南新政的一个核心机关。此后，谭嗣同、唐才常等人又在陈宝箴的支持下创办南学会、《湘报》。陈宝箴、黄遵宪等人还在湖南推行兴办矿业、电报、轮船，仿造西方警察制度创办保卫局，开办新式学堂等一系列改革，使得新政渐具规模。梁启超后来回忆说：“湖南民智骤开，士气大昌，各县州私立学府纷纷并起，学会尤盛。人人皆能言政治之公理，以爱国相砥砺，以救亡为己任，其英俊沉毅之才，遍地皆是。”维新运动在湖南的开展解放了湖南人的思想，激发了湖南青年才俊投身救国的实践中去。

湖南历代知识分子这种自强不息的精神，与湖南刚健质朴、吃苦耐劳的民风相结合，使湖南在中国近代一百多年的历史上，发挥了特别重要的作用。不论是“咸同中兴”时期，还是戊戌变法时期；不论是自立军运动，还是辛亥革命前的多次革命武装起义；湖南人均是舍身殉国，前仆后继。在毛泽东领导的新民主主义革命中，湖南一大批革命家和成千上万的革命先烈所表现的伟大革命气概与英勇献身精神，更是惊天地而泣鬼神、亘古今而塞天地。

厚重的历史渊源、特殊的社会环境，养成了湖南人自强不息的品格。这种精神不仅在拯救民族危难，推动近代革命过程中起到了关键作用，而且在今天更加复杂艰巨的现代化建设过程中，仍然起着积极的作用，是我们应该继承和弘扬的宝贵精神财富。

第二节 心忧天下的爱国抱负

心忧天下是中华民族的光荣传统。自屈原贬谪沅湘、怀沙投江以来，湖湘士人忧国忧民、争担大义的爱国抱负尤为突出，成为湖湘文化的典型特征。

以屈原为代表的早期贬谪、流寓文人极大地强化了湖湘文化的爱国精神传统，他们虽不是湖湘本土人士，但他们来到湖南后所表现出来忠君爱国、忧国忧民的精神品质则深刻地融入到了湖湘文化之中。屈原遭谗被逐，心里仍然无时无刻不为祖国和人民的前途命运忧戚。他在《离骚》《哀郢》等作品中反复咏叹，抒发了炽烈的爱国情感和无法排遣的家国之思。“陟升皇之赫戏兮，忽临睨夫旧乡。仆夫悲余马怀兮，蜷局顾而不行。”[①]“鸟飞返故乡兮，狐死必首丘。”[②]他明知楚国的现实黑暗险恶，自己仍坚持“正道直行”。虽屡受打击，却始终没有离开灾难深重的祖国，哪怕在幻想中也不忍离去。当楚国都城被秦军攻破以后，他幽愤难抑，自沉汨罗江。屈原作为我国第一个爱国主义诗人，一直被后世所景仰。后世湘人在反抗强暴、匡扶正义、维护祖国利益和尊严的斗争中总是以他为榜样，从他那里获得鼓舞和力量。中唐柳宗元被贬永州10年，创作了300多篇诗文。他的作品饱含着对国家政治清明、社会安定的热切企盼，表达了对民众困苦的深切同情。他所写的《封建论》《天说》《六逆论》《非国语》等政论文，倡导郡县制，反对分封制，批判天命论，宣扬无神论，强调人民群众的历史决定作用，主张“民利民自利”等，富于政治智慧和远见卓识。虽处江湖之远，身置逆境之中，仍心忧天下，情系苍生。

① 出自屈原《离骚》。

② 出自屈原《哀郢》。

受这一传统影响，湖南历来不乏矢志报国的热血之士。如南宋张栻早年曾随父兴师北伐；李芾率长沙军民、学生守城抗元，壮烈殉国；岳麓书院山长吴道行恨自己空有报国之志而无力回天，绝食岳麓山；王夫之举义衡山，后兵败返乡，遁迹乡里，陋居山

洞，誓不降清。他们强烈的爱国报国之志感人至深，为后人不屈不挠地抗击外敌入侵树立了光辉的榜样。

湖湘学者多留心治国安民之道，关心国家大事，勇担匡济天下之责。他们认为，治学的着眼点是为现实的政治服务，要研究国家治乱、兴亡之道。湖湘学派创立者胡宏总结千百年治乱兴亡的历史教训，提出了“治道以恤民为本”的重民主张，认为“养民惟恐不足，此世之所以治安也；取民惟恐不足，此世之所以败亡也”。张栻则进一步强调要“传道以济斯民”，他关心和维护民众利益，主张“不尽其力，不伤其财”。明末清初，湖湘文化的爱国精神在王夫之身上有集中、典型的体现。王夫之把民族利益看得高于一切，提出“不以一时之君臣，废今夷夏之通义”，把那些祸国殃民之辈斥之为“罪人”。同时，王夫之还提出了“扶长中夏”的口号，对传统的爱国精神做出了创造性的发挥，超越了传统的忠君范畴。他把国家的利益和人民的安危置于最高地位，主张人民的利益大于“一姓之兴亡”。王夫之的爱国精神和民族主义精神为一代又一代的湖湘士子所继承。

在这一传统的影响下，湖南大地产生了众多的爱国主义思想家和革命家。左宗棠在青年时代就以“身无半亩，心忧天下”相标榜，表现了“书生岂有封侯想，为播天威佐太平”的强烈政治追求。他不仅是洋务运动的重要人物，而且年近古稀还率兵出师新疆，为维护祖国统一、领土完整做出了卓越贡献。谭嗣同在青少年时代就刻意研求所谓“霸王经世”之学，以强国为念。武昌起义领袖蒋翊武以岳飞、文天祥为榜样，探寻救国之路。当他听闻八国联军攻陷北京时，痛哭不已，对于丧权辱国的清政府极为愤慨，断言：“中国欲图自强，首当倾覆清政府，建立新政府。”[①] 此后积极投身革命，矢志不渝。

近代以来，湖南人不断探寻救国救民的道路，积极投身救亡图存的爱国洪流之中，力挽狂澜，拯救中华民族于将倾。黄兴创建华兴会，而后指挥广州起义，他和黄花岗七十二烈士们，都是中华民国创建的先驱。陈天华的《猛回头》《警世钟》给世人以深刻的警醒。武昌起义爆发，湖南人率先响应，大力配合。焦达峰、陈作新等奋不顾身，勇当先锋。当袁世凯篡夺辛亥革命的果实、倒行逆施时，又是湖南人挺身而出，诛贼讨逆。宋教仁面对袁世凯的软硬兼施，毅然南下，组织政党内阁，为中华民国的民主与生存而战。孙中山曾在悼词中称道宋教仁“为宪法流血，公真第一人”。蔡锷打响护国战争，迫使

① 王晓天. 蒋翊武与辛亥革命[M]. 长沙：湖南人民出版社，2014:380.

袁世凯退位，从而彻底铲断了封建帝制的根系。特别是新民主主义革命时期，湖南涌现出来的以毛泽东、刘少奇、任弼时、彭德怀、贺龙、罗荣桓等为代表的一大批无产阶级革命家，更是将“心忧天下”的爱国主义传统演绎得淋漓尽致，将之提升到新的高度。当时毛泽东领导的湖南党组织，是全国最大的地方党组织，中国共产党第一次代表大会召开时，全国只有50多名党员，湖南籍的党员就有近30名。在第一次国内革命战争时期，湖南是革命运动最发达的省份，1927年年初湖南有组织的工人已发展到40万人，1927年6月湖南农会会员已达600万人，占全国农会会员人数的一半。《中共党史人物简介》一书中列举的495名党史人物中，湖南就有89人，占18%，其中党的杰出领导人和创建时期的主要领导人有13人，占48%。在1995年授勋的中国人民解放军254名中将以上将帅中，湖南有73人。湖南在政治、思想、军事和其他领域为中国社会的进步做出了巨大贡献，使湖南与粤闽、江浙、四川一样，成为近代史上对中国全局影响至深至巨的四个地区之一。[①] 这种“救中国自湖南始、济天下自我始”的强烈参政意识，是湖湘文化中的一个重要遗传基因。

不同时期，湖南人分别喊出了不同的时代强音，贯穿着一个共同的主题，即对国家和民族的一片血诚和强烈的责任感。“湖南人像中国的大儿子，吃苦在前，享受在后，先天下之忧而忧，后天下之乐而乐。这样的长子精神已经灌注到了湖南人的血脉里。”[②]

① 郭辉东. 大融合中崛起的湖湘文化——湖湘文化的源流和特征[J]. 湖湘论坛，1996（2）：43－44.

② 周兴旺. 湖南人凭什么[M]. 北京：新华出版社，2002：250.

第三节 经世致用的务实品格

在中华文化中，“经世致用”具有悠久的传统。对于这一治学理念和价值核心的形成，湖南思想家、教育家和广大湖湘士子发挥了重要作用。经世致用是湖湘文化最突出的特征，也是最显绩效的方面，尤其是它在从封建社会向近代社会转型的过

程中，对于启动和加速中国现代化的进程发挥了积极的推动作用。

湖湘学统历来强调理论与实践结合以经邦济世，强调以学资治，学以致用。学问要有益于国事，有助于实务。因而特别注重履践，讲究务实。这一传统为南宋湖湘学派奠定，他们自创立之初就反对“儒腐”学风，注重经世务实，把传习理学的学术教育活动同经邦济世的理想抱负紧密结合在一起。要求“通晓时务”，躬身实践，对“知之非艰，行之维艰”有深刻认识，形成了理性的自觉。从胡宏、张栻等人创立“湖湘学派”起，就主张不尚空谈，讲求实用，主张从国计民生、“日用之实”中去探求富国强兵之道。在这种传统的影响下，湖湘学派培养出来的人才，大多都具有实干精神，如宋代的吴猎、赵方、彭龟年、游九言、游九功等人，他们或成为经邦济世的能员大吏，或成为卫国杀敌的良将英才。船山哲学更是“言必征实”“义必切理”，创立起一个“欲尽废古今虚妙之说而返之实”的唯物主义思想体系，从而使“即事穷理”的实学思潮更加厉行于湖南。

到了近代，魏源以经世致用的眼光，力主扭转那种“不关军国要务，无视民族危亡”“泥古不切时务”的乾嘉考据学风，提出把学术导向干预政治和革故鼎新的轨道。魏源认为：“及之而后知，履之而后艰。乌有不行而能知者乎？”“披五岳之图，以为知山，不如樵夫之一足；谈沧溟之广，以为知海，不如估客之一瞥；疏八珍之谱，以为知味，不知庖丁之一啜。”[①]他遵循经世致用的原则，在《海国图志》中提出了“以实事程实功，以实功程实事”的主张，广泛介绍世界各国史地政情，倡学西方先进的科技、军事，以实现“师夷长技以制夷”。他筹谋拟制了一整套富国强兵的经世方略。自此以后，胡林翼、曾国藩、左宗棠、刘蓉、郭嵩焘等名臣以务实、主动、重行、思变的思想，将经世致用推向新的高度。这种思想对于近代湖南的崛起起了十分积极的作用。近代湖南之所以在中国有着举足轻重的地位，湖湘文化之所以对中国文化产生巨大而深刻的影响，与“经世致用”的大力倡导和积极推行有十分密切的关系。

受经世致用的实学思想的熏陶和指引，历代湖湘学者大都重视实践，勤勉力行。宋代湖湘学者胡宏就大力提倡“行之行之而又行之”。张栻则提出了“致知力行，互相发也”的思想。

① 魏源. 魏源全集 · 卷十二 · 学篇（二）[M]. 长沙：岳麓书社，2011：8—9.

最有影响的是明清之际大思想家王夫之。他在总结前人思想成果的基础上，全面系统地提出了“知行相资以为用”“并进而有功”的辩证知行统一观，他自己终身践行，取得了巨大成就。晚清名臣陶澍强调通经致用，以“研经究史为致用之具”，主张“有实学，斯有实行，斯有实用”[①]。他在履职过程中，“所至山川，必登览形势，访察利弊”。在此基础上督办海运，剔除盐政积弊，兴修水利。曾国藩同样主张“知一句便行一句，此力行之事也”。左宗棠则提出“纵读数千卷奇书，无实行不为识字”。左宗棠在青年时代就十分重视经世之学，这突出地表现在以下两个方面。其一是精研地理学，其中包括历史地理。他在道光十九年（1839）尝著《舆地图说》，于山川、道里、疆域沿革外，条列历代兵事。其二是通晓农学。道光二十三年（1843），左氏买田湘阴东乡柳庄。此后几年，他不仅广泛研读近人有关著述，而且以古农法耕柳庄之田，还在湘阴首倡种茶之风。他还以其所得，著之为书，名曰《朴存阁农书》。对此书，他自己颇为得意。在其致友人的信中说：“近人著书，多简择易成而名美者为之，实学绝少。仆近阅新书，殆不啻万卷，赏心者不过数种已耳。学问之敝，人才之衰，此可概见。仆近因农家为人生第一要务，而古近颇少传书，思有所述，以诏农圃。志此者数年矣，因尚未得成卷帙，不过十数篇，精力想尚可及，晤时当详告之，亦人世不可少之书也。”[②]正是由于左宗棠在青年时代就十分重视经世之学，所以才奠定了他日后的赫赫事功。钱基博先生在《近百年湖南学风》中说：“罗泽南、李续宾、王鑫则以醇儒笃躬行”；“胡林翼、曾国藩、左宗棠、刘蓉、郭嵩焘，一代名臣，声施四海；王闿运、阎镇珩，老儒暗修，独抱遗经。遭际不同，出处攸异。然学不仅占毕，志在于匡俗；通经欲以致用，文章蕲于经国，则固不同而同。”

① 陶澍. 陶澍全集六·文集[M]. 长沙：岳麓书社，1983：23.

② 罗正钧. 左宗棠年谱[M]. 长沙：岳麓书社，1983：23.

中国传统文化中的经世致用思想在湖湘文化中得到了新的阐释，升华为“实事求是”的精神。乾嘉时期，湖湘学人在史学研究领域提倡“求真”，即史学家要忠于历史事实，力求如实直书，精于史事的考证，把握历史发展规律。这种把问题弄清楚和用心探求事物本质的精神，实际上就是超然物外、进行客观的科学研究的实事求是的精神。在历史变更的进程中，史学研究中“经世致用”原则逐渐拓展为社会实践中的实事求是原则。

在湖湘文化的传统中，实事求是不仅体现为一种学风，更

重要的是，它还与严谨笃实、注重实效的务实精神结合起来，成为湖南人求学问道、经邦济世的自觉追求，成为湖湘学人的哲学观念和生活准则。湖湘文化所倡导的实事求是精神也深深影响了毛泽东。毛泽东的理论与实践就是为民族解放、国家富强和人民幸福而解决当时的实际问题，是对中国古代哲学“经世致用”思想的创造性转化。毛泽东在求学阶段就特别重视“实用之学”“有用之学”。《讲堂录》中有许多这方面的记载：“实意做事，真心求学”“闭门求学，其学无用，欲从天下国家万事万物而学之，则汗漫九垓，遍游四宇尚已”“练达世情皆学问”。事关民生国计者，必穷源溯本，探究其所以然。为了真正了解社会，毛泽东、蔡和森等人利用假期深入农村，进行社会调查，了解农村政治、经济、文化状况和农民生活，并称之为“读无字书”，用以弥补书本知识之不足。毛泽东曾在《伦理学》一书的批语中写道：“伦理学之正鹄在实践非在讲求。”毛泽东青年时期形成的这种重力行、重践履的学风，在以后的政治实践中不断得到丰富和发展。他的《中国社会各阶级分析》《湖南农民运动考察报告》就是从中国实际出发，运用马克思主义的立场、观点研究中国革命的经典著作。后来，他又提出“认清中国形势，乃是认清一切革命问题的根本”“没有调查就没有发言权”等原则。实事求是思想路线的形成和确立，既是对重力行、重践履这一文化传统的继承，又是对它的超越。1930 年在中央苏区工作期间，毛泽东就在党内积极倡导调查研究的工作作风，认为调查研究是一切工作的第一步，没有调查就没有发言权。针对当时党内盛行的照抄照搬外国经验的教条主义倾向，他强调“中国革命斗争的胜利要靠中国同志了解中国情况”。[①] 为了在党内弘扬实事求是的学风，1941 年 12 月，他为延安中央党校题写“实事求是”四个大字作为校训。1945 年在中共七大所作的《论联合政府》的政治报告中，毛泽东又对理论联系实际即实事求是的优良作风作了系统而深入的论述，把它作为中国共产党同其他政党相区别的显著标志之一。中共七大确立了毛泽东思想在全党的指导地位，同时也将实事求是确立为党的思想路线。

① 毛泽东. 毛泽东早期文稿[M]. 长沙：湖南人民出版社，1990:474.

第四节 兼收并蓄的博采襟怀

湖南虽然北有大江相阻，其他三方均是群山环绕，称为"四塞之地"，但地处南北交通要冲、东连西进之枢纽，又有水系密布所提供的舟楫之便，也是各种文化交相汇合、相互激荡之地[①]。湖湘文化在这三湘四水之间撷南北文化之长，使之相互交融、相互生发，从而既拥有中原文化的顽强坚毅和现实价值取向，又有南方文化的灵性飘逸与浪漫激情的双重品性。

湖湘文化具有兼收并蓄、博采众长的文化品性。湖南多地发掘出来的石器、陶器在形制与其他区域类似，这说明湖湘地区在远古时代就开始吸纳外地、异族文化。特别是陆续出土了大量商周青铜器，其制作工艺达到了当时较高的水平，是湘楚文明与中原文明交流相融的实证。而从文献记载也可以看出，湖湘文化正是在与不同区域、类型文化的交往中逐步形成自己的特点。比如屈原，他的诗歌创作，是中国文学史上的里程碑和一座高峰，而他最出色的作品则是在湖南完成的。当屈原从江北来到湖湘大地时，面对的是一种以前从未接触过的几乎全新的异质地域文化，他的作品深受这种文化的影响已是研究文学史学者的共识。有充分的事实说明，屈原诗歌的伟大成就正是湖湘地域文化和王朝庙堂文化、庶民文化和贵族文化、俚俗文化与正统文化沟通融合的成果。又如北宋理学的开创者周敦颐，他也是湖湘文化的代表性人物。他能开创一个新的学派，与他能兼收并蓄、博采众长是分不开的。周敦颐在其思想学术的创建过程中，立足儒学而又大量吸收、融合佛教与道教的思想与理论思维成果，其思想体系从理论构架到范畴和命题，都有对佛道之学的改造与利用。

宋代湖湘学派的一个重要的学风特点是能够不囿于学派门户之见，从善如流，择师而从，力求兼取众家之长。如胡宏季子、张栻高徒胡大时在继承家学及师说的基础之上，又求学于

① 王夫之在《楚辞通释·序例》中说："楚，泽国也。其南沅湘之交，抑山国也。叠波旷宇，以荡遥情，而迫之以崟嵚戍削之幽菀。故推宕无涯，而无采矗发。江山光怪之气，莫能掩抑。"

闽学的代表人物朱熹、象山学的代表人物陆九渊及永嘉经制之学的代表人物陈傅良。当时，在岳麓书院讲坛上，来自不同地域、不同学派的学者都能够放言高论，传播其学说，并相与论辩。朱熹及陈傅良等都曾登岳麓书院讲席，为湖湘士子所拥戴。明清之际著名思想家王夫之也是在集千古之智的基础之上，将湖湘文化乃至整个中国古代哲学推进到新的阶段。王夫之不仅对传统儒学进行了颇为全面的梳理与总结，而且还对佛道之学进行了深入的研究，从中吸纳了大量知识养分和思想成果。湖湘文化的博采众长来自多个方面，既有不同时代、不同民族文化，如远古时代以舜为代表的华夏文化与三苗文化、先秦时的越文化、楚文化以及后来湖南境内汉、苗、瑶、回、土家等民族文化之间的沟通与融合；也有湖南内部不同地域文化之间以及湖湘与其他区域文化之间的沟通与融合；还有不同学派，如法家、道家、儒家以及佛教与道教、宋学与汉学之间的沟通与融合；同时，也包括与外国文化之间的沟通与融合。明末清初，大批耶稣会士来华，在传教布道的同时，也传授了西方的科学技术知识。这一点，与当时其他一些地域文化之间互相排斥、壁垒森严的情形形成了鲜明对比，显示了湖湘学人的大度包容襟怀和博采众长品格。

从文化发展的角度看，近现代湖湘文化之所以流光溢彩、绚烂夺目，固然可以从多方面找到原因，但其中一大批优秀的湖湘士人审时度势，以兼容开放的态度不断地吸纳中外优秀文化成果是一个不可忽视的因素。近代以来，随着湖湘文化向近代转型，其兼容会通精神更得到了进一步的发扬，救亡图存的人才不断涌现。在太平天国尚未败亡的1863年，时人多已看出湖南人能力之强。张集馨在日记中写道："楚省风气，近年极旺，自曾涤生领师后，概用楚勇，遍用楚人。各省共总督八缺，湖南已居其五：直隶刘长佑、两江曾国藩、云贵劳崇光、闽浙左宗棠、陕甘杨载福是也。巡抚曾国荃、刘蓉、郭嵩焘，皆楚人也，可谓盛矣。至提镇两司，湖南北者，更不可胜数。"近现代以来湖南涌现的五个主要人才群体都体现了这一特征。第一个人才群体是以陶澍、魏源等为代表。陶澍、魏源都是中国近代史上有重要影响的人物，一个是道光年间杰出的封疆大吏，一个是道光年间杰出的思想家。他们都生长于湖南的资江之畔，既有深厚的友谊，又以幕主和僚属的关系长期共事。这一群体的最大特点是积极吸纳、总结传统文化以求经世，如魏源编撰的《皇朝经世文编》。第二个人才群体是以曾国藩为代表的湘军集团，主要代表人物还有郭嵩焘、曾纪泽、彭玉麟等。他们一方面倾力于捍卫名教，挽救清王朝；另一方面积极开展洋务运动，促进中西文化交流。郭嵩焘、曾纪泽后来成为著名的外交家。第三个人才群体以谭嗣同和王先谦为代表，学术分野、政治属性和最终归宿不同的两种文化人曾长期和平共处。谭嗣同为“改良”而献身，激进但仍有君国倾向；宿学通儒王先谦也积极参与湘省近代实业的创建。第四个人才群体以黄兴为代表，属于资产阶级革命派集团。他们在辛亥革命史上占有重要地位。近代民生、共和、法制观念开始在湖湘大地上萌生。第五个人才群体则是以毛泽东为首的中国共产党人，开创了湖湘文化现代化的新时代。他们坚持马克思主义的普遍真理与中国革命的具体实践相结合，带给全中国以翻天覆地的变化。

具体观之，以魏源、曾国藩、郭嵩焘、谭嗣同等为代表的一大批湖湘士人，面对当时社会危机四伏、外国殖民主义者浮海入侵的局势，试图走出传统的狭小天地，拓宽文化视野。他们在继承传统文化的同时，又清醒地意识到必须超越传统、积极向西方学习，实现国家的近代化。明清时期，大多数湖湘学人都有接收外来文明的自觉。如“睁眼看世界第一人”的魏源，突破“夷夏之防”的传统观念，提出了“师夷长技以制夷”的主张，为洋务运动作了思想铺垫。曾国藩主张博采众长，曰：“故生平于友谊兢兢焉，尝自虑执德不宏，量既隘，而不足以来天下之善，故不敢执一律求之。虽偏长薄善，苟其有裨于吾，未尝不博焉以自资益。”[①]他将“师夷”的主张付诸实施，筹办洋务，引进西方先进科学技术，并选派幼童赴美留学。郭嵩焘利用出使英、法的便利条件，对西方的历史文化、政治、经济、科学技术进行了深入的考察和研究，并大力传播西学，成为中国近代化的先驱人物。维新志士谭嗣同则以“通”显其思想学术宗旨，熔铸古今，萃取中西，全方位地吸纳中国传统的儒、墨、道各学派及佛学、西学的思想，建构了《仁学》思想体系，为维新变法进行了理论说明。在其思想体系中，儒家的“仁”、墨家的“兼爱”、佛教的“性海”“慈悲”及西方近代物理学的“以太”“电”等概念、范畴是相互沟通的，融会贯通的特色表现得相当明显。

值得注意的是，从戊戌变法、辛亥革命到五四运动前后，是湖南人与世界文化体系对接的重要时期，湖南人的足迹遍及

① 曾国藩．曾国藩书信[M]．北京：中国致公出版社，2001：7.

日本和欧美各国。20世纪初，湖南人走向世界数量之多、之频繁，有史以来罕见，而且成为当时全国留学人数最多的省份。据1904年《清国留日学生会馆第五次报告》统计，当时中国留日学生3 395人，湘籍学生即达373人。黄兴、陈天华、宋教仁、谭人凤、禹之谟、范源濂、蔡锷、章士钊、杨度、李达、杨树达、林伯渠等人，都先后到日本留学或避难、务工。杨昌济1903年至1913年曾在日本、英国、德国留学9年。我国第一个女教授陈衡哲是1914年第一批官费留美学生之一，近代妇女活动家张默君1918年曾遍历欧美各国考察。从1919年到1930年，全国赴法勤工俭学者约1600人，湖南达346人，占21.6%，徐特立、蔡和森、李维汉、李立三、向警予、李富春、蔡畅、何长工等人，都是赴法勤工俭学的参加者或组织者。1930年8月，毛泽东、何叔衡等人发起组织俄罗斯研究会，并介绍任弼时、萧劲光等进步青年赴俄学习。[①]

毛泽东、刘少奇等为代表的现代湖湘伟人将马克思主义与中国传统文化和社会实践融会贯通，创立了具有中国特色、中国气派的新民主主义革命和社会主义革命与建设理论，并取得巨大成就。这些无一不是湖湘文化兼收博采精神的最好体现和伟大成果。

① 郭辉东. 大融合中崛起的湖湘文化——湖湘文化的源流和特征[J]. 湖湘论坛，1996(02).

第五节

百折不挠的勇毅禀赋

在地域文化中，区域人群的集体性格是最为鲜明、直观的文化特征之一。外界常以“倔”“蛮”“勇悍”评价湖南人。汉代司马迁《史记》就认为“楚人剽疾”。《隋书·地理志》说“其人率多劲悍决烈，盖亦天性然也”。此外，在湖南地方志以及文人笔下诸如“劲直任气”“好勇尚俭”“悍直淳朴”之类的评价不胜枚举。可以说，尚勇、倔强、不畏难、不服输的精神在湖南人身上表现得非常突出。

湖南人这种“蛮”“倔强”，其本质是湖湘文化中百折不挠的勇毅禀赋。湖南人这种倔强勇毅不同于蒙昧未化、冥顽不智，而是一种为坚持信仰的不屈不挠、无所畏惧。正因如此，众多湖湘俊杰都具有独立不羁、无所依傍、万难不惧、勇往直前的性格特征，具有“扎硬寨、打死仗”“不到黄河心不死”的拼搏精神。章士钊在《刘霖先生七十寿序》中说：“湖南人有特性，特性者何？曰：好持其理之所自信，而行其心之所能安；势之顺逆，人之毁誉，不遑顾也。”明确揭示了这一特点。

究其来历，湖南人这种勇毅禀赋既与湖湘地理条件有关，同时也与社会环境、文化传统等因素有关。湖南地处内陆，三面环山，山区居民多有刚强率直的习性。同时自春秋战国以来，湖南多次受到中央王朝和外族的挞伐，大量移民迁入也加剧了冲突。湖湘士庶反抗意识强烈，以劲直勇悍而自存。故而湘人曾被称为“蛮”。学者谭其骧在《近代湖南人中的蛮族血统》一文中就认为晚清以来湖南人才辈出，功业鼎盛，其根源在于湖南保留了“蛮族”的血性与活力。移民大量进入湖湘，期间与本土土著冲突不断。这种冲突、压力也造成了湖湘人具有与众不同的好勇争胜的乡俗民气。[①]

勇敢、坚毅既是湖湘文化带给世人的一种历史印象，又是湖湘士人代代传承的优秀品格。楚人早有尚武好勇的传统。屈原在《国殇》里盛赞为国捐躯的将士“诚既勇兮又以武，终刚强兮不可凌”。东汉末年，董卓篡权乱政，长沙太守孙坚率先发兵“勤王”。“忠驱义感即风雷，谁道南方乏武才？天下起兵诛董卓，长沙子弟最先来。”[②]三国时期的零陵人黄盖施苦肉计成全了火烧赤壁，保障了江东平安，忠义毅勇之心可昭日月。南宋吴猎在金兵入侵，围攻襄阳、德安时，临危不惧，指挥若定。抗金名将赵方力主抗金，在金兵围困枣阳时，率部坚守城池80余日，待金军力疲气沮时一举击败顽敌。明末王夫之誓不投降，著书立说以自守，刻苦卓绝，激励后人。曾国藩一生坚守“硬字诀”，以“扎硬寨、打死仗”、义不顾死、屡败屡战闻名于世。左宗棠在幼年时代就刻苦读书，“稍长，工为壮语，视天下事若无不可为”，晚年老当益壮，率军收复新疆。辛亥革命时期，黄兴、陈天华、杨毓麟、蔡锷等湖湘志士，以“若道中华国果亡，除非湖南人尽死”的勇敢担当精神和大无畏的英雄气概，舍生忘死，投身于推翻清王朝、创立和护卫中华民国的革命斗争。可以说忠勇坚毅的精神充塞于各个阶层、各个时期。这也是湖湘文化在历史长河中持续发展的最重要保证。

① 说详见郑焱《近代湖湘文化概论》第一章第三节“湖南传统性格”。

② 出自（唐）吕温《题阳人城》。

湖南人这种勇毅禀赋代代传承，蔚成刚健劲直、执着不移的士气民风。湖南在中国近代一百多年的历史上，引领时代潮流、改变民族命运的才俊豪杰层出不穷。无论是“咸同军兴”时期，还是戊戌变法时期；无论是自立军运动，还是辛亥革命前的多次革命武装起义；无论是夺取政权，还是创业兴国，忠贞血诚的湖南人总能够舍身为国，前仆后继。

维新运动的领袖人物谭嗣同、唐才常都是湖南人。谭嗣同具有迎难而上、一往无前的奋斗精神。他说：“道高一尺，魔高一丈，愈进愈阻，永无止息。然反而观之，向使不进，乃并此阻而不可得。是阻者进之验，弊者治之效也。”变法图强，谭嗣同勇立潮头，不避斧钺。在谭嗣同从容就义以后，唐才常继之因组建自立军而殉难。他们无私无畏、前赴后继的牺牲精神谱写了维新运动的不朽篇章，对辛亥革命和五四时代的革命者都产生了深刻的影响。

在新民主主义革命中，湖南一大批革命家和成千上万的革命先烈所表现出的伟大革命气概与英勇献身精神，更是震古烁今。毛泽东非常重视意志的磨炼，认为“意志也者，固人生事业之先驱也”。而“体育之大效”，则“若猛烈、若不畏、若敢为、若耐久、皆意志之事”。故其“十分重视锻炼身体，依季节的变化，进行冷水浴、日光浴、风浴、雨浴、游泳、登山、露宿、长途步行和体操、拳术等各种体育活动”。认为这些方法，既锻炼身体，也锻炼意志。在长沙时，有段时间他每天到图书馆看书，总是第一个进馆，最后一个离开，中午只在门口买两个烧饼，潜心攻读，从而打下了深厚的学问功底。蔡和森“每日四时半起”“冷水浴两次，早起一次，临睡前一次。又于雷风雨烈之时，冒风雨而行，已练习数次毫无风寒之感”。学习特别勤奋，整天手不释卷，“有时宿哮发作，眠食都废，总是坚持抄看下去”[①]。蔡和森到法国后，生活艰苦，却“猛看猛译”，在极短时间内就过了语音关和文字关。从而了解了世界共产主义大势和马克思主义基本原理，最早提出要建立中国共产党。任弼时从小有大志，认为“世上无难事，只怕有心人。有心之人，即立志之坚者也。志坚则不畏事则不成”[②]。

湖南人这种百折不挠的品质，既有“楚虽三户，亡秦必楚”“若道中华国果亡，除非湖南人尽死”式的使命感，又有“铁肩担道义，妙手著文章”的担当精神；既有“吾道南来原是濂溪一脉，大江东去无非湘水余波”般直冲云霄的豪气，又有死拼

① 李锐. 毛泽东峥嵘岁月1893—1923[M]. 北京：北京联合出版公司，2013：154.

② 转引自：郑涛 · 论湖湘文化孕育的近代湖南人精神[D]. 中南大学，2003.

硬闯坚持到底的顽强与韧劲。它是在筚路蓝缕、奋发图强的艰难历程中养成，是湖湘精神在湖南人身上打下的文化烙印。“艰难困苦，玉汝于成”。湖南人就是凭着这种百折不挠的顽强毅力，为国家为民族做出了不可磨灭、彪炳千秋的贡献。

第六节 慷慨赴义的牺牲精神

陈独秀在《欢迎湖南人底精神》中写道：“不能说王船山、曾国藩、罗泽南、黄克强、蔡松坡已经是完全死去的人，因为他们桥的生命都还存在。我们欢迎湖南人底精神，是欢迎他们的奋斗精神，欢迎他们奋斗造桥的精神，欢迎他们造的桥比王船山、曾国藩、罗泽南、黄克强、蔡松坡所造的还要雄大精美得多。”湖南人疾恶如仇，尚义任侠，路见不平、拔刀相助，好打抱不平，极富反抗精神。自古以来，湖湘多直臣义士。就其整体来说，湖南士子、循吏有着勇于追求真理、匡扶正义的大无畏精神，为了寻找救国救民之道，为了追求真善美，上下求索，虽九死其犹未悔。近代湖南志士慷慨赴义、以身殉国的事屡见迭出，十分引人注目。明清以来，湖湘文化孕育了一大批为追求理想信念而坚忍执着、恪守民族气节而舍生取义、战胜困难而刚烈雄健的豪杰精英。

为了收复被俄侵占的边防重镇伊犁，年近70高龄的左宗棠“舆榇出征”，被梁启超喻为“500年来对中国贡献最大的人”。“湖湘子弟满天山，壮士高唱凯歌还”的气势，足以令世人钦佩有加。谭嗣同舍身变法，以血警世，其赤诚豪气令天地为之变色。甲辰长沙起义事泄，马福益被捕，临刑前，他慷慨陈词：“我一人杀头，有四万万同胞接踵而起，只要冤仇得报，死而无怨。”20世纪初的十余年间，蹈海投江以身殉国的湖南人就有陈天华、姚宏业、杨毓麟、易白沙诸人。陈天华是辛亥革命时期著名的青年革命宣传家。他的著作激情澎湃、悲壮感人，充满了坚决而彻底的反帝爱国思想。他以血泪斑斑的文字揭露了列

强侵略和瓜分中国的罪行，号召人民勇于斗争，奋起反抗，坚信“各国纵有精兵百万，也不足畏”，“只要我人心不死，这中国万无可亡之理”。陈天华认为清政府丧权辱国，已成为“洋人的守土长官”，所以要拒洋人、要爱国，“只有讲革命独立”。陈天华从反帝爱国出发引出要反清革命的结论，具有极其强烈的爱国思想。陈天华既为祖国主权丧失、屡受列强欺凌而忧愤，又为民心涣散、士风颓废、“众汉人拱手降洋”而悲戚。在日本文部省颁布《清国留学生取缔规则》、日本报章直诋留日学生“放纵卑劣”之时，他痛定思痛，蹈海殉国，冀望以死使留学诸君有所警动，“去绝非行，共讲爱国，更卧薪尝胆，刻苦求学，徐以养成实力，丕兴国家，则中国或可以不亡”[①]。很清楚，陈天华之蹈海为的是警醒同胞力除“放纵卑劣”之迹，“力求振作之方”，以实际行动回击日本的蔑视和欺侮。他是为警世救国而献身的。蹈海自杀固然不足取，但他炽烈的爱国之诚和牺牲精神却可与日月同辉。

① 出自陈天华《绝命书》。

在新民主主义革命、抗日战争、解放战争、抗美援朝战争中，湖南死难烈士数以千万计。中国共产党创立与土地革命时期，湖南英烈如林。例如，出席中共一大的何叔衡，1935 年在突围战斗中牺牲。红军师长陈树湘被敌人逮捕后，自己从伤口处掏出肠子，绞断牺牲，“为苏维埃新中国流尽最后一滴血”。夏明翰就义前写下诗篇“砍头不要紧，只要主义真”。毛泽覃、王尔琢、邓中夏、何孟雄、向警予、寻淮洲、杨开慧、陈毅安、段德昌、贺英、曾中生、蒋先云、黄公略、蔡申熙、蔡和森等，为了革命事业英勇献身。抗日战争年代，八路军副总参谋长、八路军前方总部参谋长左权在日军对太行山抗日根据地大“扫荡”时壮烈牺牲，是抗日战争中我党牺牲的最高将领。毛泽民被党派往新疆工作，死于敌人屠刀下。解放战争年代，从事秘密电台工作的李白，在临近上海解放前夕被捕，敌人刑讯逼供仍坚贞不屈，被秘密杀害。

“为有牺牲多壮志”，在湖南人心中，总是毫不畏惧用鲜血、身躯去换取信仰与自由。以开国元勋贺龙家族为例，贺龙从投身革命到中华人民共和国成立，其宗亲有名有姓的烈士就有 2 050人[②]。1927 年，贺龙率兵赴南昌起义前，蒋介石得知消息便开始拉拢他，以 500 万光洋，外加一个汉阳兵工厂和卫戍司令的头衔送他，企图收买贺龙。但这些诱惑丝毫没有动摇贺龙的崇高信仰，他脱下皮鞋穿上草鞋，毅然决然率领包括三千湘西

② 贺捷生．贺龙南昌起义前拒绝蒋介石 500 万光洋收买[N]．解放军报，2016：3－10．

子弟兵在内的国民革命军第二十军，浩浩荡荡开赴南昌举行武装起义。从此，中国人民和中国共产党有了自己的一支革命武装。

第七节

敢为人先的开拓勇气

杨毓麟在1903年发表的《新湖南》中，提出“我湖南有特别独立之根性”，即“其岸异之处，颇能自振于他省之外”。这种“特别独立之根性”，实际上就是一种敢为天下先的奋斗精神和创新精神。

揆诸历史，我们可以发现，在中国历史、文化发展的几个重要的转折关头，湖湘人都恰逢其会，正展现出敢为人先、与时俱进的创新精神。使得湖湘文化能够在原有的基础上吐故纳新，激浊扬清，以先进的思想理念、独特的精神风致而引领潮流、开拓奋进。

北宋时代，已经出现了儒、释、道三家合流的趋势，同时儒学因为缺少创新而日显沉闷。周敦颐创造性地以儒学为根基，吸纳道家佛教的思想养料，拓展了儒学体系。他的开拓创新使中国儒学由政治哲学变为心性哲学，成为宋明理学的不祧之祖。

在明末清初社会大变革时期，王夫之在总结中国古代学术的基础上，突破前人藩篱，大胆批判封建专制主义的“正统”观，认为“天下非一姓之私也”。所著《读通鉴论》一书，对历史循环论、复古论、宿命论等形形色色的唯心史观进行了一次大扫除，在中国古代历史上第一个提出人类文明是向前演进的思想，成为近代思想启蒙的先驱。他的思想影响了几代革命者。清末谭嗣同、唐才常都从船山学说中吸取力量，成为维新运动激进派的代表人物。谭嗣同称“五百年来学者，真通天人之故者，船山一人而已”。他把船山学说当作维新运动的理论源泉。后来的辛亥革命志士也大都好读《船山遗书》，从弘扬民族大义出发而走上革命道路。

清末是中西文化冲突交汇的时代，魏源在“世人皆醉”的时候开眼看世界，率先提出“师夷长技以制夷”的口号，以超乎寻常的远见卓识启迪国人救弊图强。魏源在总结鸦片战争的经验教训时，清醒地看到中国之所以积弱不振，屡受欺侮，一个很重要的原因在于不了解西方情况，闭关锁国，没有坚船利炮。于是他广泛收集西方资料，编成《海国图志》。魏源认为：“三代以上，天皆不同今日之天，地皆不同今日之地，人皆不同今日之人，物皆不同今日之物”“故气化无一息不变者也”。并明确提出：“变古愈尽，便民愈甚”。正是魏源以“创榛辟莽，前驱先路”的创新精神，写出了《海国图志》这样“开眼看世界”的不朽名著，全面阐述了“师夷长技以制夷”的主张。曾国藩、左宗棠接踵其后，为强国强兵投身洋务，开启了军工、工业救国的先河，把魏源的主张首次付诸实践，在古老衰迈的中国大地上第一次引进了西方先进的科学技术。曾国藩说：“天下凡物加倍磨治，皆能变换本质，别生精彩，何况人之于学，但能日新又新，百倍其功，何患不变化气质，超凡入圣?”[1]左宗棠一生追求中国的“自强不息”，认为“泰西巧而中国不必安于拙也，泰西有而中国不能傲以无也。”[2]指出只有学习西方，才能促进国家“日新而月有异”地发展，赶上并超过西方。谭嗣同更是直接继承和发挥了船山的“日新”哲学，指出：“昨日之新，至今日而已旧；今日之新，至明日而又已旧”“是故今日之我虽生，昨日之我死已久矣。至明日而今日之我又死。”

① 曾国藩. 曾国藩全集・日记[M]. 长沙：岳麓书社，1987：697.

② 罗正钧. 左宗棠年谱[M]. 长沙：岳麓书社，1983：125.

遵循张之洞所说的“中学为体，西学为用”的原则，洋务运动一度主要停留在器物层面。郭嵩焘则代表着湖湘士人开始认真思考西方在政治、文化上的优点，并努力予以借鉴。光绪二年（1876）冬，郭嵩焘启程赴英，在伦敦设立了使馆。1878年兼任驻法公使。郭嵩焘到达英国后，非常留意英国的政治体制、教育和科学状况，访问了学校、博物馆、图书馆、报社等，结识了众多专家学者，并以60岁高龄潜心学习外语。同时他还将赴英途中见闻记入日记《使西纪程》，盛赞西方的民主政治制度，主张中国应研究、学习。在中西文化融通上，投身维新变法的谭嗣同创造性地借用西方科技“以太”这个词语，融汇东西文化，改造儒学，形成自己的“仁学”体系，借此阐明平等之通义，较早进行了民主制度的探索。

1840年之后，中国进入了半殖民地半封建时期，国家主权沦丧，清朝封建统治者在历史变局面前颟顸无能，维新变法的失败证明旧的王朝已经彻底落后于时代，中华民族有亡国灭种之忧患。以黄兴、宋教仁、陈天华、蔡锷、蒋翊武为代表的革命者或奔波于海外，鼓吹革命；或立足国内，发动起义，以湖湘男儿热血唤醒同胞，成为推翻封建帝制的主力，缔造民国的元勋。辛亥革命之后，袁世凯复辟帝制，湖南人蔡锷无视高官厚爵的招揽，潜回云南首举护法复国义旗。

十月革命开启了人类的新纪元，也为中国的革命提供了一条新的道路。以毛泽东、何叔衡等人为代表的湖湘才俊，再一次引领时代风潮。毛泽东青年时就在老师杨昌济的启发下研读过船山遗著。建党以后，又以"船山学社"为基地创办湖南自修大学，为中国革命事业培养了一代新人。

可以说，从屈原的"虽九死其犹未悔，吾将上下而求索"，到毛泽东的"问苍茫大地，谁主沉浮"；从周敦颐的"无极而太极"，到王夫之的"六经责我开生面"；从中国近代史上第一个睁眼看世界的魏源，到第一次选拔幼童留学美国的曾国藩；从开出使欧洲先声，实地考察西方的政治、经济、军事、文化、教育、科技诸方面成就，并提出学习西方政治制度的郭嵩焘，到第一个喊出"冲决一切罗网"的谭嗣同；从陶澍改革盐政、开创海运，到左宗棠创办马尾船政局；从黄兴、宋教仁等集会建党，以革命手段推翻封建帝制建立共和，到毛泽东和他的战友们亲手创建新中国，无一不体现了"敢为人先"的创新精神，无一不彰显着"敢为人先"的丰功伟绩。

湖湘文化是在不断创新中繁衍、发展的。在这一演进过程中，有数不清的先哲前贤为其做出过或多或少，或这样或那样的贡献。他们是湖湘精神的创立者、培植者和传承光大大功臣。

第八节 洁己修省的淑身传统

淑身，即以善修身。注重伦理道德、追求"真、善、美"是中华民族自古以来就有的传统，湖南人在践行修身立德方面

尤为突出。

作为道家思想渊薮地的南楚，先秦时期隐逸之风盛行，一些高洁之士隐逸避世以保真全性。《论语》《史记》中均记载孔子在楚境叶蔡之间先后遇到了隐士长沮、桀溺、荷蓧丈人、接舆[①]。他们不认可孔子的政治主张，认为身在乱世，“凤兮凤兮，何德之衰”，最好的选择是避世，“滔滔者天下皆是也，而谁以易之？且而与其从辟人之士，岂若从辟世之士哉！”这种隐逸避世以示高洁的态度在屈原《渔父》所记《沧浪歌》中表达得最为清晰：“沧浪之水清兮，可以濯我缨。沧浪之水浊兮，可以濯我足。”

值得注意的是，湖湘文化洁己省身的淑身传统并不仅仅来之于隐逸避世。贬谪沅湘之间的屈原既是伟大的爱国诗人，也是杰出的政治家，他在《离骚》中写道：“朕幼清以廉洁兮，身服义而未沫。”显然以德为尚，追求君子盛德是他爱国爱民的内在动力。后世随着儒家文化在湖湘大地普及，修齐治平的理念也深入人心。如湖湘学派的创始人胡安国、胡宏父子均尊奉理学，尤其是胡宏以振兴道学、醇化风俗为己任。岳麓书院自创办以来，就注重对学生的道德砥砺，到明清时，更将修身作为重要的学规强调切实笃行。清代岳麓书院山长王文清制定的《岳麓书院学规》十八条中，有十条谈的是学生必须遵守的道德规范，这十条分别是：“（一）时常省问父母；（二）朔望恭谒圣贤；（三）气习各矫偏处；（四）举止整齐严肃；（五）服食宜从俭素；（六）外事毫不可干；（七）行坐必依齿序；（八）痛戒讦短毁长；（九）损友必须拒绝；（十）不可闲谈废时。”[②]将一以贯之的道德追求和洁己修身传统具体化为日常行为规范，严格自律，形成自觉。

湖湘文化的淑身传统，体现在为政上是清廉刚正，奉公尽职。湖南的廉吏史书多有记载，不胜枚举。如理学鼻祖周敦颐“自少信古好义，以名节自砥砺，奉已甚约，俸禄尽以周宗亲、奉宾友，家或无百钱之储。”即便家中以粥为食，“亦旷然不以为意”[③]。他的名篇《爱莲说》中“出淤泥而不染，濯清涟而不妖”之句，就是他自己这种君子风范的写照。明万历年间进士蔡承植，“授建宁推官，迁南京户部郎中。性恬淡，躬行俭约，举家蔬食。知嘉兴府，俗尚侈靡，闻承植风，不肃而化”[④]。明正德戊辰进士周卿，历任吏、兵、刑部主事，家财唯藏书百卷。人们极为敬佩其清廉操行。

① 徐文武. 楚国思想与学术研究[M]. 武汉：湖北教育出版社，2012：102.

② 徐潜. 中国古代书院[M]. 长春：吉林文史出版社，2014：106.

③ 朱熹. 朱子全书[M]. 上海：上海古籍出版社；合肥：安徽教育出版社，2002：102.

④ 李瀚章. 光绪湖南通志[M]. 长沙：岳麓书社，2009.

晚清名臣陶澍注重修身自省。他认为“物必朽也，而后虫生；人必秽也，而后虱成”。遵从“日三省吾身”的古训，他设立了“省身日记”，随时检点自己的言行，去朽除秽，洁身自好。他早年曾针对吏治腐败在官署题联自警，“绕案风清，尘埃扫除吏牍；举头日近，光明洞照吾心”“要半文不值半文，莫道无人知者；办一事须了一事，如此心乃安然”[1]，成为晚清官场中的清流。后来他身居高位，擢任两江总督时，仍崇尚俭朴，不事铺张，反对奢靡。他在《三省水灾劝赈告示》中说：“省一筵宴之费可活几人，省一交通之费可活几人，省一土木之费可活几人”。正因如此，在他担任过官职的地方均流着传许多有关他为官清正的故事，其中淮剧传统保留剧目《陶澍私访南京》，至今还在民间常演不衰。[2]

彭玉麟是清代湘军四大名臣之一，曾国藩评价他“勇于大义，淡于浮荣”“淡于荣利、公而忘私”。彭玉麟在任事时以“不要钱、不要命”著称。他为官清廉尽职，节俭自守，十余年来任知府、擢巡抚，由提督补侍郎，“未尝营一瓦之覆，一亩之殖。受伤积劳，未尝请一日之假。终年于风涛矢石之中，未尝移居岸上以求一人之安”[3]。他在《致弟》家书中说：“应领收之俸给及一切饷银，未尝侵蚀丝毫，未尝置一新袍。敝衣草屦，御之而心气舒泰。中怀澄然无滓，可以明彻天地，俯仰无愧怍”[4]。他将两万多两养廉银上交国库充做军饷，却对家中花费二十千串铜钱修葺旧居大加呵斥，“不知何以浩费若斯，深为骇叹”。他领兵作战身先士卒，经常“血染襟袖，裹创力战”，胡林翼称他为“忠勇冠军”。晚年时中法战争爆发，他抱病出山，指挥冯子材等人先后取得镇南关大捷与谅山大捷。他为官施政时铲除豪强，为民请命，“巡查江南，必廉访吏治，有贪婪枉法者，未尝稍事姑息，黜者应黜，诛者应诛，自问不为包孝肃，亦当为李清献。”[5]百姓们称他为“彭青天”，至今民间还留有很多关于他的故事与传说。他投入湘军之后作战有功，却十余次拒绝朝廷的超擢提拔。咸丰四年，清政府拟任命他为漕运总督，他上表说“臣以寒士来，愿以寒士归”，辞而不受，引起朝臣非议。曾国藩为此上《复陈彭玉麟不能赴漕督署任片》专门说明：“查彭玉麟自咸丰三年初入臣营，坚与臣约，不愿服官。嗣后屡经奏保，无不力辞，每除一官，即具禀固请开缺”“咸丰十一年擢任安徽巡抚，三次疏辞，臣亦代为陈情一次，仰邀圣慈允准。此次钦奉恩旨署理漕运总督。该侍郎闻命悚惶，专折沥陈……

① 熊治祁. 湖南人物年谱(第二册)[M]. 长沙：湖南人民出版社，2013：32.

② 南京鼓楼区文化局. 鼓楼风情[M]. 南京：东南大学出版社，2009：102.

③ 清史稿·卷四百十，列传一百九十七。

④ 成晓军. 名臣名儒家训[M]. 重庆：重庆出版社，2008：156.

⑤ 成晓军. 名臣名儒家训[M]. 重庆：重庆出版社，2008：134.

臣相处日久，深知其勇于大义，淡于浮荣，不愿仕宦，系出至诚，未便强为阻止。”[①]后功成身退，辞官回到衡阳，住在发迹前只有三间小屋的旧宅。

清代曾任云贵总督的常德人赵慎畛也以洁身自守闻名于世。他为府衙撰写了一副楹联：“为政不在言多，须息息从修身克己而出；当官务持大礼，思事事皆民生国计所关。”赵慎畛严格以此规诫自己。一心为民，鞠躬尽瘁；官奉之外，一文不取，并多次捐银整修书院，买谷积储赈灾。后积劳成疾，死于任上。

还有一些官吏，虽然在史籍上声名不显，但清廉政声却在老百姓的口耳间、在戏曲舞台上代代相传。明代麻阳人满朝荐任咸宁知县，为官清廉，不畏强权。敢于惩治当时纵容爪牙抢劫民财的税监梁永，声震朝野。虽然因此被诬陷下诏狱，他仍坚贞不屈，出狱后还上疏直言时弊，痛斥魏忠贤败坏朝政。他的故事被演绎为戏曲，今天还在湘西上演。清代湘乡县（今属涟源市）人谢振定官任御史，博学多才，秉性耿直，刚正不阿。“巡视东城，有乘违制车骋于衢者，执而讯之，则和珅妾弟也，语不逊，振定命痛笞之，遂焚其车。曰此车岂堪宰相坐耶？……迁员外郎，充坐粮厅，监收漕粮，裁革陋规，兑运肃然。”[②]这一故事目前保留在湘剧《烧车御史》中。

这种洁己省身的淑身传统在中国共产党的老一辈革命家身上体现得更为鲜明。中华人民共和国成立之后，湖南的老一辈革命家诸如毛泽东、刘少奇、胡耀邦、彭德怀、徐特立、陶铸、罗荣桓、粟裕等都为后人垂范。他们都不敛钱财，两袖清风，公而忘私，淡泊名利。1955年新中国第一次授衔时，任总参谋长的粟裕主动请求降衔，不做元帅。罗荣桓得知自己将被授予元帅军衔时，也主动给毛泽东写信，说自己参加革命较晚，请求不要授给他这样高的军衔。徐特立老先生一生都保持着廉洁自律、勤俭为民的作风。他在中华人民共和国成立以后担任了高级领导职务，但节俭依旧。他常对身边的工作人员说：“生活上的简朴，不仅可以省下钱来用于公共事业，更重要的是不脱离群众，锻炼人的革命意志，培养人的高贵品质。”他平时用的衣被鞋帽还是延安时期的，只要还能缝缝补补，就坚持不换新的。因为要经常出席一些重要宴会和参加外事活动，他才同意添置一套料子服和一双皮鞋，平时却舍不得穿。[③] 80岁那年，他的许多老同事、老朋友、老学生都想给他祝寿，庆贺一番，但他不同意，就趁开会的机会，提前去湖南和广州，在火车上度

① 曾国藩. 曾国藩全集(修订版)[M]. 长沙：岳麓出版社，2011:280.

② 中国文史出版社. 二十五史·清史稿(下)[M]. 北京：中国文史出版社，2003:1729.

③ 徐伯黎，徐特立. 把群众困难放在第一位[N]. 检察日报，2014-2-11(8).

过了生日。这些革命前辈的优良品质，清廉作风给广大人民群众，尤其是给领导干部树立了榜样，同时也给我们党增添了巨大的政治威望。

湖湘文化中洁己省身的淑身传统也常常体现在家风家训上。曾国藩家训，涉及为人、为学、为政，向善行仁，唯德是尚，广为后人借鉴。彭玉麟治家严厉，教育子弟“多读经史可戒浮躁之气”“习劳崇俭，慎勿染半点官家子弟习气。出门不许坐轿，不许呼奴喝婢，事事须躬亲。甚至拾柴收粪甘为之，插田、莳禾等事亦优为之，不忘吾世代半耕半读”[1]。徐特立教育女儿要先公后私，他在信中说：“政治不在口里能说大道理，而在能和劳动群众站在一起，自己的困难放在第二位，劳动群众集体的困难放在第一位。”[2]除了名人家训，数量浩繁遍及湖湘各地的家谱所载族规、家训，对族人的为人处世、言行举止，大多能起到规范、约束和警诫的作用。岳麓书社 2011 年出版的《湖南家谱知见录》，共收录 273 个姓氏的族谱 8297 部。这些家谱族谱中，多以忠孝友悌为本。如咸丰七年邵阳《大冲彭氏续修族谱》家规：“孝道宜敦，兄弟宜和。祠墓宜重，宗族宜睦。交友宜慎，非法宜禁。勤俭宜守，输将宜急。教读宜严，争讼宜戒。言语宜慎，刻薄宜戒。姻睦宜敦，溺女宜戒。闺门宜谨，杀生宜戒。”[3]应该说，这些家规族谱延续了传统伦理道德，对今天的精神文明建设和道德重构仍有重要的借鉴作用。

① 成晓军．名臣名儒家训[M]．重庆：重庆出版社，2008：125.

② 寻霖，刘志盛．湖南刻书史略[M]．长沙：岳麓书社，2013：540.

③ 吴建华．姓氏文化与家族社会探微[M]．苏州：苏州大学出版社，2014：37.

第五章

湖湘杰出人物

“一个有希望的民族不能没有英雄，一个有前途的国家不能没有先锋。”自古以来，湖南涌现了一批又一批智识卓绝、功业卓著的杰出人才。他们胸怀大志，执着向善，艰苦磨砺，勇膺时任，为繁荣中华文化，促进经济、社会发展做出了重要的贡献。尤其是在近代化和新民主主义革命时期，湖南人才辈出，星光灿烂，引领潮流，经营天下，其丰功伟绩举世瞩目。让我们走进这璀璨夺目的人物画廊，领略湖湘俊杰的光辉思想和动人风采，以激励实现中华民族伟大复兴的豪情壮志。

第一节 湖湘人才群体概述

毛泽东曾说“湖南大国也，南阻五岭，北极洞庭，三湘七泽，惟楚有材。”[①] 在湖湘文化发展史上，曾经涌现了众多的精英人物。这些精英人物在不同历史时期引领着社会进步的潮流，推动着经济社会的发展，在政治、军事、学术、教育、科学、艺术等诸多方面取得了卓越的成就，成为中华文化发展史上璀璨的群星。

① 毛泽东. 毛泽东早期文稿[M]. 长沙：湖南人民出版社，2008:440.

湖湘人才群体的发展是与湖湘地域在中国文化版图中的地位变迁相关联的。考察历史和事实，湖湘人才群体经历了三个发展阶段：第一阶段是先秦至唐以前，见诸史籍的湖湘本土人才较少，屈原、贾谊等外来贬谪文人给湖湘文化带来深远的影响；第二阶段是唐代至清代中期，随着各类教育的兴盛以及外来流寓文人的参与，本土人才群体开始出现，形成独特的学术流派与文化价值取向，在全国的影响逐步加大；第三阶段是清代后期以来，湖湘文化经世致用的特质在特定的历史背景下厚积薄发，乘势而起。湖湘杰出人物先后以经学经世群体、理学经世群体、维新改良群体、旧民主主义革命群体、新民主主义革命群体的面貌出现在历史舞台上。他们踔厉进取，各逞风流，直接影响了中国近现代历史的进程。

第一个阶段湖湘本土出现了一些优秀的政治家、文学家，虽然都以个体出现，也饶有建树，烛照千古。

东汉时期湖南耒阳人蔡伦改良造纸术，对文化的传播与发展做出了巨大贡献。三国时期，零陵人蒋琬是蜀国后期的杰出政治家，被诸葛亮誉为“死节之臣”“社稷之器”。零陵烝阳人刘巴也是当时的有名文士，为刘表、曹操、刘备争相罗致，蜀汉的文诰策命多出其手。此外还有在赤壁之战中青史留名的黄盖，祖籍亦属零陵。这一时期还有著名学者宋衷、潘浚等。宋衷著《周易注》十卷、《太玄经注》九卷、《法言注》十三卷、

《世本》等，对汉魏之际的学术变迁起了举足轻重的作用。

魏晋南北朝时期，出自湖湘的历史名人数量渐多。在《晋书》中就有桓雄、虞悝、韩阶、易雄、潘京、罗含、伍朝、龚玄之、邓粲等。尤其是史学家邓粲，其代表作《晋纪》编写体例颇具开创性。刘勰在《文心雕龙》中说："按《春秋》经传，举例发凡，自《史》《汉》以下，莫有准的。至邓粲《晋纪》，始立条例。"这一时期还有坚持无神论的南齐顾宪之、以写景锻字见长的文学家阴铿等。

唐代以前对湖湘文化产生重大影响的还有外来的贬谪文人。战国屈原"信而见疑，忠而被谤"，遭贬流放沅湘之间。他以满腔政治热情，结合楚地民间音乐，开创了楚辞之体，创作了《离骚》《九章》《九歌》《天问》等宏词博文，成为中国浪漫主义文学的开山之作。它体现的强烈的爱国主义精神、高尚的人格和穷究宇宙的探索精神流传后世，成为湖湘文化的内在特质。此后，西汉著名政论家、文学家和思想家贾谊被贬为长沙王太傅，在长沙4年，他写下了《吊屈原赋》《鹏鸟赋》等骚体赋的典范之作，他还曾两次上疏汉文帝，陈治国之策。屈原、贾谊是中国古代文人志洁行修、矢志报国的代表。从他们开始，湘天楚地形成了以恤民爱国、匡济时艰为主导倾向的文化传统。

东汉时期的张仲景，在建安年间曾担任长沙太守，以医术救民济世，著有医学巨著《伤寒杂病论》。他的医学理论、药方医术得以在长沙和湖南地区广泛施行与传播，影响深远，历代医家笺疏、阐述其书者，多达数十种。

唐代至明清时期，是湖湘人才群体的发展期。随着与中原政治、经济、文化、艺术的交流日益密切，湖湘地域在中国文化版图中的地位逐步上升，文化名人也开始增多，人才群体开始展现，同时也出现了具有鲜明地域特征和个性的学术流派——湖湘学派。

唐代的湖湘远离中央王朝，"过洞庭，上湘江，非有罪左迁者罕至"[1]。宋代湖湘的经济文化虽有长足发展，但部分地区仍是不够发达，也经常成为官员贬谪流放之所。贬谪官员成为湖湘文化的重要创造者。柳宗元被贬为永州司马，谪居永州10年。作为文学家，他写下大量精彩绝伦的诗文，其中《永州八记》成为山水游记的典范之作；作为政治家，他继承先秦以来的民本主义、无神论和元气自然论思想，恪守道统，批判谬说。《封建论》《非〈国语〉》《天对》《六逆论》等著名作品，大多是在

① 柳宗元.柳河东全集·上册[M].北京：北京燕山出版社，1996：519.

永州完成的。他最先提出“吏为民役”的思想，在中国思想文化史上具有特别重要的地位。刘禹锡被贬郎州（今常德）十年，“以文章吟咏，陶冶性情”。他学习民歌体，作《竹枝词》《插田歌》《畲田歌》《竞渡曲》《采菱行》等诗作，真实生动地抒写民间生活。“诗家天子”王昌龄被贬为龙标（今黔阳县）尉，写下《送魏二》《芙蓉楼送辛渐》等著名的送别诗作。唐代诗人元结任道州刺史期间，写下著名的讽喻诗《舂陵行》《贼退示官吏》。这一批贬谪文人所独有的悲世悯人的文化精神，也深植到湖湘文化品格之中。

还有很多流寓文人在湖湘留下了许多优秀的文学作品。杜甫漂泊至岳阳，写下著名五律《登岳阳楼》。辗转潭州、衡阳、岳阳途中，写下《遣遇》《宿花石戍》《岁晏行》《逃难》等众多伤时怀民的诗篇。此外还有唐代大诗人李白、张九龄、韦超、韩愈、元稹、李商隐、刘长卿和宋代大词人黄庭坚、秦观、张孝祥、辛弃疾等人，都在湖湘有过游历或为官的经历。他们或友朋酬唱，或独自行吟，或讴歌山水，或关心民瘼，创作了大量文质兼美、反映时代精神和真性情的佳构杰作。宋代文豪范仲淹虽未亲至岳阳楼，但他应贬谪友人滕子京之请所撰写的《岳阳楼记》，抒发了“先天下之忧而忧，后天下之乐而乐”的高洁情怀，成为湖湘文化的精神元典。

与此同时，湖湘本土人才群体也开始出现。在文学上，唐代的李群玉、胡曾、僧齐己被称为唐代湖南三诗人。其中胡曾的咏史诗在晚唐文学史上极负盛名，李群玉“诗笔妍丽，才力遒健”，后人誉之为“诗名冠李唐”。在艺术上，怀素、欧阳询都是独辟蹊径、自成一家的大书法家。此外，还有隐居衡山的唐代思想家李泌面对唐德宗直言“主相造命”之说，而“破天荒”中进士的刘蜕则代表着湖湘教育的逐步兴盛。

自宋肇始，整个中国文化重心的南移，湖湘文化得到长足发展。仅从科举来看，据清光绪《湖南通志》记载，两宋湘籍进士有179人，这个数字远超唐代。明代湖南籍进士题名的举子多至541人。在清代（鸦片战争前），湘籍学者中进士的也有44人。可以说，唐代以后湖湘地区人才辈出，蔚为大观。

在思想上，这一阶段首先是出现了湖湘本土第一位大思想家、哲学家周敦颐。他依据《易传》《中庸》，融通道佛，以诚立说，在儒学心性义理上有“破暗”之功，成为理学宗主。南宋时期，著名理学家胡安国携子胡宏在湖南定居讲学数十年，逐步形成了在儒学史上有重大影响的湖湘学派。胡安国著有《春秋传》，以义理的方式阐明春秋大义，强调正人伦、恤民固本、尊君抑臣、尊王攘夷，体现了将儒家义理同经世致用相结合的治学态度和价值追求，奠定了湖湘学派的学术风格。胡宏著有《知言》《皇王大纪》，他以振兴理学为己任，广为讲学授徒，在思想体系和人才群体上完全奠定了湖湘学派作为南宋一个重要理学派别的基础，他的成就被认为有开湖湘学统之功。湖湘学派的又一个重要人物张栻，曾于岳麓书院主讲8年，造就弟子甚众。南宋乾道三年，理学大家朱熹应邀来湘访学，与张栻会讲于岳麓书院，传播理学思想，对湖南的学术思想和文化教育产生了重大影响。此外，明代湖湘学者蒋信与冀元亨在湖湘积极传播王守仁心学，创获颇多。

明清之际的大思想家、大哲学家王夫之，隐居深山，著述终老，使六经别开生面。他提出宇宙是由“气”构成的物质实体的唯物观点，提出“一之体立，故两之用行”“非有一，则无两也”的辩证观点。在认识论上强调“知行相资以为用”“并进而有功”的知行合一观。在历史观上他主张进化论。王夫之的思想是对中国古代朴素唯物论和朴素辩证法的全面总结与发展，同时兼具近代启蒙意义，代表了中国古代哲学研究的最高成就。

在史学研究上，除了胡安国、胡宏、王夫之等大学者的撰述外，还涌现了一批有影响的史学专家，著述颇丰，蔚为大观。宋代有路振著《九国志》《楚青》；陶岳著《五代史补》，郑向著《五代开皇纪》，王绘著《绍兴甲寅通和录》，王容编《光宗日历》和《宁宗日历》，等等。在宋代还出现了一批从事湖南地方史志撰述的史家，如衡阳李甫、南岳释文政、武陵柳拱辰、衡阳宋刚仲等。元代有欧阳玄主持修撰辽、宋、金三史。明代湖湘学人多奉敕修撰官史，衡山人茹瑺、湘阴人夏原吉修撰《太祖实录》，李东阳修撰《宪宗实录》和《孝宗实录》，茶陵人刘三吾修撰《省躬录》，杨一清修撰《明伦大典》。数量之多，难以枚举。

在文学创作上，宋代宁远人乐雷发诗作风骨遒劲，情致豪迈，誉为楚南第一人。元代攸州（今攸县）人冯子振，以散曲驰名当时，他流传后世的作品中，最为人称道的是《鹦鹉曲》42首。在明代诗歌史上具有重要地位的“茶陵诗派”和“公安派”都与湖湘文人有关。“茶陵诗派”因湖湘茶陵人李东阳而得名，他开法盛唐、宗杜甫的诗歌复古运动的先河。杨一清、刘

大厦、彭泽等湘人追随其后。湖南桃源人江盈科则是明代“不拘格套，独抒性灵”的“公安派”主将。他以“元神活泼”之说，进一步发挥了“性灵说”的要旨。清代湖湘则出现了以何绍基为首的宋诗派，以王闿运为首的汉魏六朝诗派，以曾国藩为首的湘乡派，引领文坛风骚。清代新化人邓显鹤编选的湖南诗歌总集《沅湘耆旧集》，就收录了湖湘自古以来1699位诗人的15 681首诗歌，充分体现了湖湘文学发展之盛况。

在艺术领域，湖湘名家众多。宋代有钱希白、刘次庄、易元吉、武洞清、释仲仁等书画大家。元代湖湘画家冷谦以山水、人物画闻名当世。明代有诗、文、书法都出类拔萃，被称为“楚陶三绝”的陶汝鼐。清代有髡残、易祖栻、何绍基等继踵其后。

有宋以来，湖湘教育发达，有著名的教育家周式、胡安国、胡宏、张栻、朱熹、陈傅良、王阳明、高世泰、王文清等先后在湖湘讲学。其中北宋周式出任岳麓书院山长时，生徒众多，为此后湖湘文化的发展、繁荣奠定了基础。

到了第三个阶段，湖湘文化发展至巅峰，湖湘俊杰以一种前所未有的气势活跃在历史舞台上。这一时期湖湘文化在思想、教育、政治、军事、科技、艺术等领域都出现了引领时代的人物，尤其是在政治领域，精英群体竞相涌现，大展鸿猷，对中国近现代社会的变革与发展产生了重大影响。先后出现了以陶澍、魏源、贺长龄等为代表的经学经世派，以曾国藩、胡林翼、左宗棠、郭嵩焘等为代表的理学经世派、洋务派，以谭嗣同、唐才常、杨毓麟、熊希龄等为代表的维新改良派，以黄兴、蔡锷、陈天华、宋教仁、焦达峰等为代表的资产阶级革命共和派，以毛泽东、蔡和森、何叔衡等为代表的中国共产党的早期领袖。这些人才群体在中国近代社会舞台上都扮演了重要角色。

这一阶段的第一个政治精英群体是晚清时期的经学经世派。在这个群体里，任两江总督达9年之久的安化人陶澍，高举经世致用的思想旗帜，大举推行经济改革，苦苦探索中国富强之路，同时培养了一大批经世人才。陶澍本人也因之被称为“晚清第一人才”。陶澍推行的改革漕政、整顿盐政、改革币制等一系列轰动朝野的举措，开始突破封建生产关系的樊篱，为建立新的生产关系而努力，无愧为中国近代经济改革的伟大先驱。晚清张佩纶曾评价陶澍为道光以来人物“第一”“实黄河之昆仑，大江之岷也”。曾在陶澍幕中长达14年的魏源，是中国历史上“第一个睁眼看世界的人”。他在其宏著《海国图志》中第一个提出

“师夷之长技以制夷”，是中国近代史上卓尔不凡的经世思想家和改革理论家。贺长龄倡导经世，呼唤改革，委托魏源编纂鸿篇巨制《皇朝经世文编》，“三湘学人诵习成风，士皆有用世之志”。[①]

① 黄浚. 花随人圣庵摭忆[M]. 上海：上海古籍书店 1983：200.

第二个政治精英群体是以曾国藩、胡林翼、左宗棠、郭嵩焘等为代表的理学经世派、洋务派。他们以理学经世，又积极接纳西方科学技术，成为传统士大夫在历史大变动时期倡行“中学为体，西学为用”文化价值观的先驱。被誉为有清一代“中兴名臣”的曾国藩，兼具文坛宗师、理学大家与军事统帅数种身份。他于咸丰二年（1852）创建湘军。1861 年他还兴建了第一家近代军工厂——安庆内军械所，稍后在上海创办了江南机器制造局，在江南机器制造局设立翻译馆，引进国外人才，1873 年选拔第一批留学生出国。他还促进了中国近代海军的建立，堪称中国近代化和“洋务运动”的创始人。这一时期湖湘的又一重要代表人物是爱国将领左宗棠，他于 1862 年创办了中国第一个船舰制造机构——马尾船政局。中法战争爆发后，他率兵攻占越南重镇谅山，夺取抗法战争胜利。晚年收复新疆，巩固塞防。晚清郭嵩焘，担任首任驻英公使、兵部侍郎、驻法公使等要职，是中国近代最杰出的外交家，是中国走向世界的先行者。

第三个政治精英群体是维新派人士。维新派中坚谭嗣同，1898 年写成《仁学》一书，抨击封建制度，倡导变法维新。1898 年 6 月 11 日，光绪皇帝颁布《明定国是诏》宣布变法，他奔走呼号，奋勇当先。9 月 12 日慈禧太后发动政变，谭嗣同等“戊戌六君子”被杀。虽然“百日维新”失败，但谭嗣同新锐的思想、勇敢的行动和他的英名长存。湖南维新运动的中坚分子唐才常，先后创办《湘学新报》《湘报》，参与创办时务学堂，宣传新政。湖南派新运动的又一扛鼎人物熊希龄，1897 年出任时务学堂总理，参与创办《新报》，组织南学会，先后创办湘省近代航运、沅州务实学堂、醴陵瓷业。1913 年 9 月任国务总理兼财政总长，为民国第一任总理。

第四个政治精英群体是辛亥革命的领袖与功臣。革命先行者孙中山领导的辛亥革命推翻了清王朝，结束中国两千多年的封建统治。与孙中山一道投入革命洪流的主将一大批是湖湘儿女，黄兴、蔡锷、宋教仁、陈天华、蒋翊武、刘道一、姚宏业、禹之谟是其优秀代表。黄兴是中华民国的开国元勋，1904 年与

刘揆一等组织华兴会，1905 年与孙中山筹划成立中国同盟会，1911 年 4 月组织广州起义，10 月领导武昌起义，为推翻清王朝、建立中华民国立下了赫赫功勋，1912 年出任南京临时政府陆军总长。1911 年，蔡锷在云南发动新军响应武昌起义，被推为总指挥。1915 年袁世凯称帝，蔡锷在云南举兵护法，通电讨袁，逼迫袁世凯取消帝制。宋教仁 1903 年参与筹备成立华兴会，1905 年参与筹备同盟会，同盟会成立后任司法部检事长，1912 年 1 月南京临时政府成立，任法制局局长。陈天华撰写《猛回头》《警世钟》等文章宣传革命思想，反对帝国主义，参与创立华兴会和同盟会。湖南民主革命党人群体的形成，大大地提高了湖南在全国的影响，成为当时中国的精神首都和向往圣地。

第五个政治精英群体是进入新民主主义革命时期的中国共产党人精英群体。毛泽东、蔡和森等于 1918 年组织新民学会，1921 年参与组建中国共产党。这场伟大的新民主主义革命于 1949 年取得胜利，成立了中华人民共和国。湖南人才群体在新民主主义革命中砥柱中流，作出了卓越贡献。在中华人民共和国成立时中国共产党中央政治局五大常委中有 3 名湖南人。1955 年授衔，十大元帅中有 3 名湖南人，10 名大将中有 6 名湖南人，55 名上将中有 19 名湖南人，175 名中将中有 45 名湖南人。人们永远地铭记着这些伟人的名字：毛泽东，刘少奇，任弼时，彭德怀，贺龙，罗荣桓，胡耀邦，陶铸，何长工，黄克诚，李富春，蔡和森、邓中夏，向警予，何叔衡，徐特立，谢觉哉，林伯渠。正是这些优秀的湖湘儿女，像一颗颗耀眼的明星，装点着现代中国美丽的星空，让中华民族卓然屹立于世界民族之林。

除了政治精英外，还有一大批文学精英、教育精英、科学精英。在文学上，著名戏剧家浏阳人欧阳予倩，著有话剧、京剧、桂剧和电影剧本数十部，代表作有《黛玉葬花》《桃花扇》等。我国杰出的革命戏剧家、长沙人田汉，一生创作了 60 多部话剧剧本，20 多部戏曲剧本、10 多部电影剧本、100 多首诗歌以及不少散文和翻译剧本。他作词的《义勇军进行曲》后来被确定为中华人民共和国国歌。现代诗人、沅陵人朱湘是新月派的代表作家，诗集《草莽集》名噪一时。益阳人叶紫的《丰收》是短篇小说佳作。益阳人周立波的《暴风骤雨》获得斯大林文学奖。湘乡人萧三是从事新诗创作的著名诗人。现代著名作家、湘乡人张天翼的《华威先生》是短篇小说名篇。临澧人丁玲一生创作了 300 多万字的作品，其代表作长篇小说《太阳照在桑干河上》获斯大林文学奖。凤凰人沈从文的代表作《边城》极富人性美、风俗美，“为人类‘爱’字作一恰如其分的说明”，在现代文学史上享有盛誉。湘阴人康濯的《我的两家房东》为时人所称道。湖湘现代作家以其辉煌的成就，写就中国现代文学史灿烂的篇章。在教育领域，有长沙人张百熙，任京师大学堂管学大臣，1903与荣庆、张之洞厘定《奏定学堂章程》，提出建立新学制。现代教育家、长沙人杨昌济，先后任教湖南高等师范学校、湖南第一师范学校，其思想对毛泽东、蔡和森影响很大。无产阶级革命家、教育家、长沙人徐特立，1913年以后在长沙第一师范学校任教，毛泽东、蔡和森、李维汉、萧三等均是其学生。他的教育思想对解放区教育和新中国教育产生了重要影响。湘籍科学家有148人当选两院院士。袁隆平被誉为“杂交水稻之父”，为提高粮食产量，解决中国人的吃饭问题做出了卓越贡献。

第二节 理学宗主——周敦颐

周敦颐（1017—1073），字茂叔，北宋道州营道县（今湖南道县）人。因晚年在庐山莲花峰下濂溪书堂讲学，世称濂溪先生。又因谥号元，被后世称为元公。

周敦颐是湖湘本土第一位大思想家，也是中国传统儒学由政治儒学演变为心性儒学的关键人物。他以儒学为基，融合佛道，创建了一个沟通天、人、自然的宇宙论体系，为儒学心性之说提供了本体论依据，对湖湘学派及湖湘文化的发展产生了深远的影响，被视为宋明理学的鼻祖。

作为理学的开创者，周敦颐的学术思想主要体现在《太极图说》和《通书》中。这两部哲学著作以《易传》和《中庸》为核心，又汲取道教和佛教心性之说而构成自己的理论体系。

在《太极图说》中，他把宇宙万物的演化过程分为三个阶段：一是太极生阴阳，二是阴阳生五行，三是五行化生万物。由此而证明儒家道德具有终极意义，契合宇宙之道。他进而阐

发：人在由太极而化生的万物之中最为可贵，而圣人制定为人之道，教人为善去恶。其途径一是主静，二是遵守圣人定的中正仁义的规范。“圣人定之以中正仁义，而主静立人极焉，故圣人与天地合其德，日月合其明，四时合其序，鬼神合其吉凶。”

《太极图说》构建了“天人合一”思想体系。“一方面是由天而及人，从无极太极到中正仁义的序列，以宇宙自然的化生过程来论述儒家伦理的必然性；一方面是由人而及天，即是从‘立人极’再回归到太极无极的序列，希望从‘立人极’‘主静’的道德生活感悟到其中的宇宙意义。”[①]

周敦颐的《通书》则偏重于“人道”的阐发，将《太极图说》中所讲的宇宙化生原理与儒家伦理政治相结合，使学说中的宇宙论通过现实中人的道德修养来获得确定的意义和内容，也让人的道德修养通过宇宙论获得了终极本体意义。为此，周敦颐在《通书》中提出了一个以“诚”为核心的道德形而上学的理论体系。

“诚”首先是一个道德概念，在这一理论体系中有着极高的地位——“圣人之本”“五常之本，百行之源”。同时，“诚”又是宇宙本体。《通书》中说：“诚者，圣人之本。大哉乾元，万物资始，诚之源也。乾道变化，各正性命，诚斯立焉。”“诚”既是“大哉乾元，万物资始”的宇宙本体，又是“圣人之本”的道德人格本体，从而把“天人合一”奠定在哲学本体论的基础上，为儒家伦理建立起一个终极存在的本体依据。

周敦颐的学说虽然还不完备，但他为宋代儒学的发展开辟了一条新的道路。在周敦颐之前的儒学主要是政治儒学，其理论的着眼点在政治领域，在于以“仁”为价值准则，以“礼”为外在度量，以宗法血缘为基石，构造一个家国同构的社会秩序与政治秩序。早期儒学虽然也谈安身立命之事，但与心性理论日益完备的佛道二教相比较，它对于人们的精神领域，尤其是对于涉及人生价值的终极关怀，始终缺乏足够的深度。从周敦颐开始，儒学才具有本体论的根据，其发展形态也从政治儒学转变为心性儒学。

周敦颐的影响是多方面的。作为思想家，周敦颐的学说影响了其后湖湘学术的价值取向，其穷究天人为学宗旨、原道的学术精神成为湖湘后学的重要思想资源。作为入仕的文人，他清廉自守、经世致用的作风得到了湖湘后人的景仰，强化了湖湘文化尊德重道的传统。

① 朱汉民.湘学原道录[M].北京：中国社会科学出版社，2002:42—65.

周敦颐为官刚毅果敢，精明干练，敢于任事，颇有政绩。他在洪州分宁县任主簿时，有积案久不能决，周敦颐到任，一审而明。在担任南安军司理参军时，转运使王逵执法严酷，有囚犯按法不当死，王逵欲加重惩罚。众人不敢与之争辩，唯独周敦颐进言，并决然表示："如此尚可仕乎！杀人以媚人，吾不为也！"[1]后来，王逵被他诚心感动，免去该犯死刑，并向朝廷进言推荐了周敦颐。任南昌知县时，"南昌人皆曰：'是能辨分宁狱者，吾属得所诉矣！'富家大姓、黠吏恶少，惴惴焉不独以得罪于令为忧，而又以污秽善政为耻。"[2]

① 脱脱等. 宋史[M]. 北京：中华书局，2000：9938.

② 同上.

周敦颐关心民瘼，以仁牧民。在担任广南东路刑狱提点（监督狱讼之职）时，周敦颐到任不到一年，就踏遍了广东的山山水水。《年谱》载："先生尽心职事，务在矜恕，以洗冤释物为己任，虽荒涯绝岛，瘴疠之乡，皆必缓视徐按，不惮劳瘁。"在巡按到端州（今广东高要）时，他了解到当地官吏滥用职权开采端砚，与民争利，于是上报朝廷，说明利害，定下禁令："凡仕端者，取砚石毋得过二枚！"连自己使用尚且不得超过两枚，官吏从中牟利自然就更不允许了。禁令既出，"贪风顿息"。

周敦颐为官能清贫自守。他曾自述道："芋蔬可卒岁，绢布是衣食，饱暖大富贵，康宁无价金，吾乐盖易足，廉名朝暮箴"（《题濂溪书堂》）。他认为"君子以道充为贵，身安为富"。潘兴嗣在《濂溪先生墓志铭》中记载了很有代表性的一件事："在南昌时，得疾暴卒，更一日一夜始苏。视其家，服御之物，止一敝箧，钱不满百，人莫不叹服，此予之亲见也。"[3]至于周敦颐的薪俸，《墓志》中说："君奉养至廉，所得俸禄，分给宗族，其余以待宾客。不知者以为好名，君处之裕如也。"[4]

③ 李申，郭彧. 周易说总汇[M]. 上海：华东师范大学出版社，2004：808.

④ 同上.

周敦颐还是优秀的文学家，据《周元公集》载，周敦颐存诗28首，赋1篇，文4篇。诗作虽不多，但诗如其人，反映了这位儒家先贤的政治理想、人格追求和审美情趣，有相当鲜明的艺术特色，并与宋初诗风相呼应，成为理学诗派的开风气者。他的散文《爱莲说》典雅精湛，意蕴深远。他着意刻画莲的高尚、正直、纯洁、尊严，以"独爱莲花"表白了自己的胸怀志趣。文章短得出奇，却令人百诵不厌。

周敦颐以其品行学问深得时人的敬重。黄庭坚在《濂溪词并序》中称其"人品甚高，胸中洒落，如光风霁月。廉于取名而锐于求志，薄于徼福而厚于得民，菲于奉身而燕及茕嫠，陋

于希世而尚友千古”。

周敦颐以高尚人品、卓越才华、深邃的思想在后世被士人称为“周子”，他的学术思想被称为“濂溪学”，是湖湘文化的宝贵财富。在淳祐元年（1241），他被追封为汝南伯，从祀孔子庙庭，得到了古代儒家知识分子的至高荣誉。

第三节 近代伟大的思想家

——王夫之

王夫之（1619—1692），湖南衡阳人，名夫之，字而农，别号姜斋，曾自署一瓠道人、双髻外史等。因晚年隐居石船山，又称船山先生。

王夫之是明清交替之际出现的伟大思想家。在抗清失败后，他隐居深山，以著述为业，凭着“六经责我开生面，七尺从天乞活埋”的精神，对中国传统学术思想进行了全面的梳理，在古代哲学、史学、经学、文学等领域里成绩卓著，沿着南宋湖湘学派所开创的学术传统，“建立了一个内容丰富、思想深刻、规模宏大的思想体系，下启近代湖湘文化，对近代湖南的各个人才群体、思想家、学者、政治家均产生了广泛而深远的历史影响。”[①]

王夫之著作规模宏大，内容浩瀚，影响深远。岳麓书社在1988年至1996年出版了《船山全书》，共16册，收录了目前所能搜集到的船山全部著作，近800万字。其代表作有《周易稗疏》《书经稗疏》《尚书引义》《诗经稗疏》《春秋稗疏》《春秋家说》《叶韵辩》《读通鉴论》《宋论》等。在王夫之的学术体系中，占据重要地位的是他的哲学思想和政治思想。在哲学上，他对中国传统哲学尤其是宋明理学进行了系统的批判和总结，是中国古典哲学的集大成者。在政治上，他反对绝对君权，强调夷夏之辨，具有近代启蒙意义。

① 陈谷嘉，朱汉民. 湖湘学派源流［M］. 长沙：湖南教育出版社，1992：345.

王夫之哲学的基本观点有四：一是气一元论与“实有”的唯物观；二是“道器一体”“天下惟器”的道器观；三是“变化日新”的发展观；四是“知行相资以为用”的知行观。

基于这样的哲学思想，王夫之对于社会发展的历史和现状进行了冷静而深入的分析，纵览古今，指瑕论弊，阐明了自己具有积极进取意义的政治观点和主张，最为突出的有以下三个方面。

（一）“天下之公”的君权论

王夫之虽然维护君主制度和传统伦理纲常。认为君臣父子，天经地义。但他又反对绝对君权。他说：“生民之生死，公也；一姓之兴亡，私也”“以天下论者，必循天下之公，天下非一姓之私也”“不以一人疑天下，不以天下私一人”。在他看来，合格的君主不是亡国之君，而是大一统之君，是国家统一、民族生存的象征。与“不以天下私一人”相一致，就是要求“公天下”。王夫之明确提出：“王者以公天下为心。”此外，他还谈到了公私之别：“义利公私之别，存亡得失之机，施之一家，而一家之成败在焉；施之一国，而一国之成败在焉；施之天下，天下之安危存亡在焉，岂有二理哉？”这种对君权的思考具有积极进步的民主倾向，曾国藩、谭嗣同、黄兴等湖湘后学都深受影响。

（二）华夷之辨的民族意识

经历过国破家亡之痛的王夫之，在其著作中渗透着强烈的民族意识，反复阐明保卫民族利益为“古今之通义”，他虽然认为“夷狄非我族类”，但他也反对压迫和侵夺其他民族的观点，他认为，汉族与其他民族之间应该“彼无我侵，我无彼虞”“各安其所”。在明辨华夷的同时，他也主张统一，反对分裂。在《读通鉴论》的《秦始皇》篇中，王夫之充分肯定了秦始皇完成中国统一的历史功绩，认为秦始皇废封建置郡县是“势之所趋”。

（三）“理势统一”的历史观

他运用“理势统一”的历史进化思想研究和分析历史，认为“理在势中”，国家的治乱存亡，制度的迁移更举，皆“理势之必然”，从而得出人们必须善于审时度势、及时变法的结论。

王夫之分析了郡县制代替封建制、北宋的覆亡等历史现象，认为这些现象都存在一个必然之“势”，在“势”的必然处，也就表现为当然之“理”。历史之势，是历史运动之客观过程；历史之理，即是历史过程所表现的规律性。他说：“顺逆者，理也。理所制者，道也。可否者，事也。事所成者，势也。以其顺，成其可。以其逆，成其否；理成势也。循其可，则顺，用其否，则逆；势成理者也”。[①]在王夫之的认识中，“理”是势的必然性，是历史潮流的代名词。这也体现了王夫之的历史观是属于朴素唯物主义的。

① 王夫之. 诗广传[M]. 王孝鱼点校. 北京：中华书局，1964：97.

王夫之的学术思想对湖湘文化起到了承前启后的作用，对近代中国的思想文化建设和社会发展产生了重要影响。

王夫之是湖湘学术的继承者与开拓者。他以历史的眼光审视和评判中国思想史上的诸子百家，囊括哲学、史学、经学、文学、政治经济等诸多领域，对前人之说进行了诸多的继承与发展，成为中国近代启蒙思潮的重要思想来源之一，对 19 世纪末的戊戌变法运动和 20 世纪初的辛亥革命都产生过重大的积极影响。

王夫之生前交代子孙藏匿其书，言二百年后乃可出。从他潜心著述的 17 世纪下半叶到其学说大为盛行的 19 世纪下半叶，恰好是两个世纪。这种自信绝非巧合，乃是在于他对启蒙思想渐趋成熟和对历史发展规律的深刻把握。谭嗣同在政治思想上接受了王夫之的“宽以养民”的思想，在哲学上则接受了王夫之的道器观。他说：“更以论国初三大儒，惟船山先生纯是兴民权之微旨”[②]，同时又以“万物招苏天地曙，要凭南岳一声雷”来赞美王船山的开启后学之功。梁启超在《儒家哲学》中说：“船山在清初湮没不彰，咸同以后，因为刊行遗书，其学渐广。近世的曾文正、胡文忠都受他的熏陶，最近的谭嗣同、黄兴，亦都受他的影响。清末民初之际，智识阶级没有不知道王船山的人，并且有许多青年作很热烈的研究。”

② 谭嗣同撰，何执编. 谭嗣同集[M]. 长沙：岳麓书社，2012：503.

王夫之的思想对于中华民国的创建也大有影响。中华民国革命派经常援引王夫之“攘夷之说”用作革命理论。如章太炎在《重刊船山遗书序》中说：“明末三大儒，曰顾宁人、黄太冲、王而农，皆以遗献自树其学。宁人书自初刻已被删改，近世真本始见于世，太冲议论不甚系民族废兴，当清之季，卓然能兴起顽儒，以成光复之绩者，独赖而农一家言而已矣。”其后自述其革命经历时说：“又得王夫之《黄书》，志行益定”[③]“后

③圣辉. 船山思想与文化创新[M]. 长沙：岳麓书社，2010：131.

来读郑所南、王船山两先生的书，全是那些保卫汉种的话，民族思想渐渐发达。”[①] 孙中山 1911 年在《中国同盟会本部宣言》也说：“有明之世，遭家不造，覯此闵凶。蕞尔建虏，包藏祸心，乘间窥隙，盗窃神器。……盖吾族之不获见天日者二百六十余年。故老遗民如史可法、黄道周、倪之潞、顾炎武、黄宗羲、王夫之诸人，严《春秋》夷夏之防。”

①圣辉. 船山思想与文化创新[M]. 长沙：岳麓书社，2010：131.

此外，王夫之以明代遗民自守，在艰苦的环境下发愤著书，这种崇高的品行历来被后人推崇，一直激励着湖湘后人。

第四节 睁眼看世界第一人

——魏　源

魏源（1794—1857），字汉士，号默深，湖南邵阳人，近代湖湘经世派的代表。他秉承湖湘学术经世致用的传统，以经学入政治，积极参与社会改造。在鸦片战争后，他率先打量海外诸国，试图从西方文化中寻找经世的途径，提出了“师夷长技以制夷”的主张，成为后来洋务派运动的嚆矢。尽管他的思想有诸多局限，但已经开启了传统士人接触西学、变法求新的序幕，他因此也被称为“近代睁眼看世界第一人”。

魏源从青年时期就开始研究经学，接受了今文经学尤其是公羊学的影响，成为与龚自珍齐名的今文经学大师，时称“龚魏”。魏源的经学代表作是《诗古微》《书古微》和《公羊春秋》上下篇。

魏源力倡今文经学，实质是将经学作为治术而引向现实的“经世致用”，为经世致用寻找理论依据。在他看来，治经、明道、政事三者密切相关，政事需要经学的指导，才不会迷失方向。如果把它们割裂开来，就会“毕生治经，无一言益已，无一事可验诸治者。”为此他大力提倡事功，“以实事程实功，以实功程实事”，以此达到富国强民的目的。

魏源一生最大的贡献在于以经学入政治，将传统学术与现实政治和社会实际问题相结合。他关注社会政治经济事务，留心社会弊政的改革和史地疆防之学，大力倡导匡世，并躬自履践。他倾尽心血编写成《皇朝经世文编》《海国图志》等经世典籍。在历史大变动的浪潮中，魏源不但在湖南而且在全国起了承上启下的关键作用，成为近代启蒙思想的先驱。

魏源编撰《皇朝经世文编》《海国图志》的目的在于扶世救弱。

《皇朝经世文编》近300万字，收录道光以前清代254位作者的2000余篇经世文章，“凡文字足备经济、有关治世者，无不搜采”，是一部反映清代前期政治、经济、文化、军事典章制度和社会状况的重要文献，是借助传统经验解决税收、漕运、盐法、币制、荒政、水利、河工等经世实务的探索，这部书问世后得到了士人的推崇，晚清汉学大师俞樾在《皇朝经世文续编序》中说：“数十年风行海内，凡讲求经济者无不奉此书为矩矱，几于家有其书。”

《海国图志》凡100卷，内容十分丰富，全方位地介绍了世界各国的地理、历史、政治、经济、军事、科技、风土等情况，是中国近代第一部全面系统地介绍世界历史地理和社会经济发展的巨著。

魏源编纂《海国图志》的目的是“为以夷攻夷而作，为以夷款夷而作，为师夷长技以制夷而作。”他认为“夷之长技三：一战舰，二火器，三养兵练兵之法。”而师之法，首先就是设厂自造，他提出在广东虎门外设置造船厂、火器局，延请西洋人教“行船演炮”之法。安排工匠“习其铸造”，使精兵“习其驾驭攻击”。对于养兵练兵之法，就是不在多而在精。他指出应该淘汰“虚冒冗滥之缺”，以厚饷练精兵，“精训练而严节制”，可增强军力。

《海国图志》反映了魏源强烈的爱国思想。他认为西方国家的富商大贾是侵略者，“专以鸦片之烟，耶稣之教，毒华民而耗银币”。他倡导国家之间在外交上要自主，在贸易上应“互市”，反对非法的鸦片贸易。他揭露了英国殖民者到处扩张势力，“四海之内，其帆樯无所不到，凡有土有人之处，无不睥睨相度，思得朘削其精华。”他也告诫中国人不要放松对沙皇俄国的警惕。

魏源还是一位实干家，他在《皇朝经世文编》的序言中说：

"格其心、身、家、国、天下之物，知奚以正，奚以修，奚以齐且治平者也"，强调在"格物"过程中治世。在这一思想指导下，魏源积极投身于当时经世派的改革活动。如协助陶澍、贺长龄参与江苏漕粮、水利等问题的筹议与改革。

在漕运改革上，魏源支持包世臣漕粮海运的主张，其主张主要有二：一是更改路线，变漕运为海运，减少疏通运河水道的费用，同时可以避免沿途的盘剥；二是更换运粮方式，改官运为商运，借助民间海商之力加大运力。在改革中，魏源本着"及之而后知"的指导思想，深入调查研究，为证明可以借助海商进行漕运，他统计了海商货运能力，用事实驳斥了反对海运的人们的谬误。魏源的筹划对于陶澍与贺长龄等经世派官员在改行漕粮海运过程中的实际操作，是大有指导和参考作用的。据史料记载，道光六年（1826）春，江南四府一州漕粮实行了海运，整个过程极为顺利，漕米损失仅为千分之一，运到津仓的漕米根本没有发生霉变问题，"视河运之粟，莹洁过倍"。陶澍等官员因筹划组织之功，而受到了朝廷的奖励。魏源在为其成功而欢欣鼓舞的同时，也没有忘记及时进行总结，为此代人写了《海运全案序》《海运全案跋》《道光丙戌海运记》。在这些文章中，魏源用事实进一步证明海运较之于河运的优越性，那就是大大降低了运输费用，从而做到了利国、利民、利商。

在盐政改革上，魏源提议废除纲盐制，以一般商人领票纳税，自由运销的"票盐"制代替"纲盐"制，废除盐纲世袭垄断权，唯凭商人纳税，取票买盐。魏源参与筹划的票盐制于1832年在淮北试行，盐政改革的结果，使盐价大减，走私现象渐绝，国家盐税收入也随之大增。"利国利民，利商利灶，为数百年所未有"。[①]事后，魏源分析说："票盐售价，不及纲盐之半，而纲商岸悬课绌，票商云趋鹜赴者，何哉？纲利尽分于中饱蠹弊之人，……票盐特尽革中饱蠹弊之利，以归于纳课请运之商，故价减其半而利尚权其赢也"。[②]在魏源看来，以盐票的方式可以减少运输销售的费用，而低价销售可以增大销量，利于民生，销量加大又可以增加财税收入。

在黄河治理上，魏源在吸收前人见解的基础上，深入实地调查和研究，提出促使黄河改道北流以彻底解决治河问题的主张。

魏源的经世学说和实践对此后的洋务运动、维新变法起到

① 魏源.魏源全集·第12册.[M].长沙：岳麓书社，2004：396.

② 同上.

了启蒙和号召作用。

首先是对洋务运动的重大影响。洋务运动的骨干和先驱曾国藩、左宗棠、郭嵩焘、张之洞等人，都受到魏源思想的启迪和鼓动。洋务运动就是在“师夷长技以制夷”思想的指导下和曾、左等人推动下发展起来的，它开辟了近代中国的民族自救运动的先河。曾国藩、左宗棠都认真仔细阅读过魏源的著作，而他们兴办洋务如设轮船局、造枪炮等，都是受到魏源“所谓师夷长技以制之”思想的启发。近代第一位外交使臣郭嵩焘充分肯定了魏源思想的历史价值，说《海国图志》“以互市议款及师夷长技以制夷”等，“历十余年而其言皆验”。张之洞更是高度评价《海国图志》，认为它“是为中国知西政之始”。

其次是对戊戌维新运动的重大影响。魏源经世致用思想的重要内容，如政治变革、学习西方文化、重视经邦治国之才等，启迪了冯桂芳、王韬、郑观应、薛福成等早期维新运动思想家，影响了康有为、梁启超、谭嗣同等维新运动领袖。对湖南维新运动的推动者陈宝箴、江标、皮锡瑞等人也有直接影响。如康有为早年就曾读过《海国图志》，后经旅游香港，接触并阅读了更多西方书籍，“始知西人治国有法度，不得以古旧之夷狄视之，乃复阅《海国图志》《瀛环志略》等书，购地球图，渐收西学之书，为讲西学之基础”（《康南海自编年谱》）。梁启超也称之为“其论实支配百年来之人心，直至今日（1923年）犹未脱离净尽”，亦足以说明魏源的前驱先导之功。谭嗣同也深受魏源致力于探求救国之路思想的感染，积极发扬魏源“援经议政”精神，鼓吹“素王改制”和三世说，形成19世纪末的改制维新思潮。今文经学家皮锡瑞也举公羊改制之义，以“推尊孔教而引申变法之说”。在此影响下，湖南的维新运动搞得轰轰烈烈，陈宝箴、江标等人推崇魏源经世之学，积极支持谭嗣同、唐才常等办时务学堂，创《湘学报》南学会，宣传维新思想。

这种影响甚至漂洋过海，波及日本。19世纪中叶《海国图志》传入日本，日本的维新派人物“皆为此书所刺激，间接以演尊攘维新之活剧”。日本盐谷世弘在《翻刊海国图志序》中说：“自古国家积衰之际，非无勇智之士，筹策之臣也，不胜其孤愤，则入山林，或隐于居钓，或慷慨赴死，或诡激买涡，而最下为敌国之用。今清方有朱氏、凌氏之乱，而社稷殆将墟，则默深之进退存亡亦未可知也。……呜呼！忠勇之士，忧国著

书，其君不用，而反被资之他邦，吾不独为默深悲焉，而并为清主悲之。”

第五节 清季儒宗——曾国藩

曾国藩（1811—1872），初名子城，字伯函，号涤生，谥文正，湖南湘乡人。

曾国藩是争议极大的历史人物。章太炎在《检论》中说："曾国藩者，誉之则为圣贤、谳之则为元凶"。褒扬他的人视之为国之柱石，如梁启超认为他是"立德、立功、立言三不朽"，是中国历史上"不一二睹之大人物"（《饮冰室文集》）。青年毛泽东在1917年的读书笔记中坦承："愚于近人，独服曾文正。"而批判曾国藩的也大有人在，孙中山说："中国之见灭于满清，二百六十余年，而莫能恢复者，初非满人能灭之，能有之也，因有汉奸为作虎伥，残同胞而媚异种，始有吴三桂、洪承畴以作俑，继有曾因藩、左宗棠以为厉。"湖南的萍浏醴起义所发布的《中华国民军起义檄文》中痛责曾国藩、胡林翼是逆贼。之所以有如此复杂而对立的评论，是因为曾国藩这个历史变局中的人物的复杂性。正如有人后来评说的："曾国藩是地主阶级最厉害的人物……近代中国人尤其湖南人，从权贵政要、志士仁人到青年学子，大多佩服曾国藩，佩服其治学为人和带兵做事。……其政治立场和作为，自是站在历史进步反面的，但他毕竟是个复杂的人，有着多种身份的人，是个很多方面都留下自己影响的人物，所谓'道德文章冠冕一代'，是中国封建专制阶级最后一尊政治偶像。""是中国传统文化所培育出来的一个标本性人物"。[①]

曾国藩不愧为"一代儒宗""中国最后一个传统文化集大成者"。[②]他一生孜孜不倦研习、忠实践行传统文化，著有《求阙斋文集》《诗集》《读书录》《日记》《奏议》《家书》《家训》及《经史百家杂钞》《十八家诗钞》等，留有《曾文正公全集》传

① 王开林．敢为天下先——纵横中国湖南人[M]．北京：经济日报出版社，2007：12．

② 唐浩明．从曾国藩看中国传统文化[N]．湖南日报，2013－8－3．

于后世。

曾国藩融通汉学和宋学，他虽然也撰文讨论过天道心性等理学问题，但他并不像宋儒周敦颐、二程、张载、朱熹等人那样为儒家文化重新建构了一整套“性与天道”的理论体系。他对儒学的贡献在于将儒家之道与经世致用、其他学术文化紧密结合起来，在于他笃诚躬行实践儒家之道，高举义理经世之旗。与以前的道学家不同，曾国藩并不热衷于理气有无的抽象思辨，他力图将“道”落实于治国安邦、经世济民之中。一方面将儒家之道落实于治国、治军、洋务等现实的经世活动之中，并以卓越的政治事功而名重当世。另一方面，他也能在碌碌的日常行政、军务之中，孜孜不倦地研习儒家文化，注重自我人格修养。

他坚持以儒家的仁与礼作为治世的根本。他说：“昔孔子好语求仁，而雅言执理，孟子亦仁礼并称。盖圣王所以平物我之情而息天下之争，内之莫大于仁，外之莫急于礼。”他认为，“圣王”的经世理念就是仁与礼。具体来说，“仁”就是要在内心中保持诚心和恕道，这样才能使在下位的人心悦而诚服。譬如，在治军驭将方面，曾国藩主张只要统领军队的将帅能够对部下待之以“诚”，则能使全军团结一心，“驭将之道，最贵推诚，不贵权术”。他又说：“吾乡数君子所以鼓舞群伦，历九载而勘大乱，非拙且诚之效与?”另外，曾国藩也将恕道作为修身为仁的根本之道。他说：“作人之道圣贤千言万语，大抵不外‘敬’‘恕’二字。”“须从‘恕’字痛下工夫。”他认为，“恕”不仅是“立德之基”，也是“临时应事之道”；不仅是修养之道的“性功”，也是经世之道的“事功”。他坚持认为：“圣门教人，不外‘敬、恕’二字”。因此，他在经世活动中，能坚持以恕道处理各种社会政治关系，使自己在复杂、险恶的政治处境中能够立于不败之地。他又说：“圣门好言仁，仁即恕也……常以‘恕’字自惕，常留余地处人，则荆棘少矣。”[①]曾国藩在经世活动中坚持这种“待人以恕”之道，这是他能够取得政治功业、军事成就的根本原因之一。

① 曾国藩.曾国藩全集·诗文[M].长沙:岳麓书社,1986:435.

曾国藩将礼作为经世之术。他说：“古之学者，无所谓经世之术也，学礼焉而已。”在他看来，“礼”是“经世之术”之本源。因此他在治学时十分重视《仪礼》《通典》等书，在治军、治世时一以贯之地贯彻他的“以礼治人”的主张。他说：“礼者，即所谓无众寡，无大小，无欺慢，泰而不骄也；正其衣冠，尊其瞻视，俨然人望而畏之，威而不猛也；持之以敬，临之以庄，无形无声之际，常用凛然难犯之象，则人知威矣。孟子曰：‘君子以仁存心，以礼存心。’守是二者，虽蛮貊之邦行矣，又何兵勇之不可治哉。”[①]正如他的同僚郭嵩焘所说，曾国藩“以为圣人经世宰物，纲维万事，无他，礼而已矣。”

曾国藩是虔诚的理学信徒，他将理学落实到修身齐家之中。他把修身养性作为日常生活很重要的一个部分，倡行“修身四端”：慎独、求仁、主敬、思诚。指出“慎独则心泰，主敬则身强，求仁则人悦，思诚则神钦”。他曾经为自己设立了十二项功课：“主敬，静坐，早起，读书不二，读史，谨言，养气，保身，日知其所无，月无忘其所能，作字，夜不出门。”与这十二项功课对应的是强烈的“改过”意识。他一生中坚持写日记，把每天的所作所为，认真检讨，如实地记录下来。综观他写下的100多万字的日记，其内容有相当一部分是自艾自责的语句。譬如，他在朋友家中见到别人奉承卖唱之女子，“心为之动”；梦中见人得利，“甚觉艳羡”，等等。于是，他痛责自己“好利之心至形诸梦寐，何以卑鄙若此！方欲痛自湔洗，而本日闻言尚怦然欲动，真可谓下流矣!”仅在道光二十二年（1842）冬天，他接连写下了诸如说话太多、且议人短等多篇悔过责己的文字，其中有“细思日日过恶，总是多言，其所以致多言者，都从毁誉心起”“语太激厉，又议人短，每日总是口过多，何以不改”等语。对于友人的诤言直语，曾国藩则强制自己虚心接受，努力改过。邵蕙西曾当面责他“交友不能久而敬”“看诗文多执己见”“对人能做几副面孔”。曾国藩赞赏说“直哉，吾友”，并决心“重起炉冶”，痛与自己的缺点痼疾血战一番。修身之外，曾国藩还把理学贯彻到“齐家”上。他以为人处世之道、修身养性之方，谆谆教诲子弟，明确要求他们为或不为，言切情深，循循善诱。倡遵“八德”：勤、俭、刚、明、忠、恕、谦、浑；守“八本”：读古书以训诂为本，作诗文以声调为本，事亲以得欢心为本，养生以少恼怒为本，立身以不妄语为本，治家以不晏起为本，居官以不要钱为本，行军以不扰民为本；行“四条”：一曰慎独则心安，二曰主敬则身强，三曰求仁则人悦，四曰习劳则神钦；戒“四败”：妇女奢淫者败，子弟娇怠者败，兄弟不和者败，侮师慢客者败。[②]为了防止子弟骄奢淫逸，他晚年甚至为家中的男子妇女订下如下的“功课表”：吾家男子于“看书定作”四字缺一不可，妇女于“衣食粗细”四字缺一不可。

① 曾国藩. 冰鉴. 挺经谋略全书[M]. 长沙：湖南文艺出版社，2011.

②《曾国藩治家严苛》，凤凰网专稿，2009年02月03日.

“吾已教训多年，总未做出一定规矩。自后每日立定功课，吾亲自验功。食事则每日验一次，衣事则三日验一次，纺者验线子，织者验鹅蛋（即纱绽）。细工则五日验一次，粗工则每月验一次，每月须做成男鞋一双，女鞋不验。”[①] 曾国藩家训处处体现仁怀善性、懿行美德，是家庭教育的宝贵财富。在曾国藩的教育下，耕读孝友，家风敦厚、人才辈出、多有建树。他的长子曾纪泽精通诗文书画，后成为一名出色的外交官。清代末年，在处理西北边境危机中，从沙俄口中夺回了伊犁城，从而取得清末外交史上唯一的胜利。次子曾纪鸿著有《对数详解》《圆率考真图解》，其孙辈曾宝荪、曾约农等也都成为教育家和学者。

① 曾宝荪，曾纪芬. 崇德老人自订年谱[M]. 长沙：岳麓书社，1986:15.

容闳在《东学西渐记》中说：“曾文正为中国历史上最著名人物，同辈莫不奉为泰山北斗。……平定此大乱，为事良不易。文正所以能指挥若定。全境肃清者，良以其学识道德均有不可及者。当时七八个省政权，皆在掌握。凡设官任职，国课军需皆听调度，几若全国听命于一人。顾虽若是，而从不滥用其无限之权威，财政在握，绝不闻其侵吞涓滴以自肥或自肥其亲属。……曾文正一生之政绩，实无一污点。其正直廉洁忠诚诸德，皆足为后人模范，故其身虽逝，而名足千古。其才大而谦，气宏而凝，可谓完全之真君子而为清代第一流人物。”[②] 这种评价固然包含了作者与曾国藩的私交情分，但也说明了曾国藩在理学修养与履践上的成就。

② 戴逸，吴士英. 中国近代史通鉴：洋务运动与边疆危机[M]. 北京：红旗出版社，1997:312.

曾国藩以卫名教、敦人伦为号召，秉仗忠信与血诚，创建、统帅湘军，镇压太平天国、捻军起义，挽救清王朝的统治，被称为“中兴之臣”。这也是最受人攻讦的。曾国藩以儒家学说作为建军、治军之本的军事思想对晚清及以后的军事活动都产生了极大的影响。1851 年，洪秀全以拜上帝教召集信徒在金田起事，一时席卷全国。曾国藩在《讨粤匪檄》中说：“自唐虞三代以来，历世圣人，扶持名教，敦叙人伦，君臣父子，上下尊卑，秩然如冠履之不可倒置。粤匪窃外夷之绪，崇天主之教，……举中国数千年礼义人伦、诗书典则，一旦扫地荡尽。此岂独我大清之变，乃开辟以来名教之奇变，我孔子、孟子之所痛哭于九原!”[③] 号召凡读书识字者皆应奋起，殄此凶逆。

③ 曾国藩. 曾国藩全集·诗文:14卷[M]. 长沙：岳麓书社，1994:139.

咸丰皇帝命曾国藩督办湖南团练。曾国藩认识到绿营的腐败与无能，“以今日绿营之习气，与今日调遣之成法，虽圣者不能使一心一气，非别树一帜，改弦更张。断不能办此贼也。”[④] 因此在组建团练时另辟蹊径，在选择兵勇、将佐时，招

④ 曾国藩. 曾国藩全集：第21卷[M]. 长沙：岳麓书社，1994:186.

募农民为营勇，“其油头滑面，有市井气者，有衙门气者，概不收用”。[①]任用“忠义血性”的儒生为将佐，同时由上级挑选下级，即由营官挑选哨弁，哨弁挑选什长，什长招募勇丁，使上下一心，利于指挥。“统领如根，由根而生枝叶，皆一气贯通。”[②]

曾国藩在治军中注重向士卒灌输儒家学说，进行意识形态的教化。他认为治理军队重在让兵勇知礼、守礼。为此，他编写了大量通俗易懂的军歌，如《保守平安歌》《水师得胜歌》《陆军得胜歌》等。以咸丰八年所作《爱民歌》为例，歌词曰：“三军个个仔细听，行军先要爱百姓。第一扎营不贪懒，莫走人家取门板。莫拆民房搬石头，莫踹禾苗坏田产。莫打民间鸡和鸭，莫借民间锅和碗。莫派民夫来挖壕，莫到民家去打饭。筑墙莫拦街前路，砍材莫砍坟上树。挑水莫挑有鱼塘，凡事都要让一步……军士与民如一家，千记不可欺负他。日日熟唱爱民歌，天和地和又人和。”以这种精神治军，能够取得道义上的优势，从而得到民众的支持，其手段是十分高明的，这对于后来的革命军都具有启示意义。

湘军初战并不顺利，先后于岳州、靖港大败，曾国藩曾为此痛不欲生，投水自杀，被其左右救起。但凭借着坚定的卫道信念与独特的治军之术，这支由儒生与农夫组成的湘军逐渐成熟，先后收复岳州、武汉等地。1861 年 9 月，曾国藩麾下曾国荃部攻陷安庆。1862 年，以安庆为大本营，命曾国荃部沿江东下，直逼天京；命左宗棠部自江西进攻浙江；命李鸿章部自上海进攻苏南，对太平天国实行战略包围。1864 年 7 月，攻破天京城池，完成对太平天国起义的镇压。

在镇压太平天国的过程中，以理学治军的曾国藩也暴露了冷酷嗜杀的一面。湘军在与太平天国的战斗中，曾有过三次屠城暴行：一是咸丰八年（1858），湘军李继宾部攻破九江，屠杀城中两万余军民；二是咸丰十一年（1861）曾国荃部攻破安庆，屠杀城中军民四万余人；第三次是曾国荃部攻破天京，死伤不可计数。这些屠城暴行固然有消灭太平天国中坚力量、夺取财物的原因，但其根本原因即在于曾国藩视附从太平军的民众为叛逆，必杀之而后快。湘军攻破九江时，曾国藩闻讯写信给吉安前线的曾国荃说：“接手书，知九江克复，喜慰无量。屠戮净尽，三省官绅士民同为称快。”“九江克复，闻抚州亦已收复，建昌想日内可复，吉贼无路可走，收功当在秋间，虽迟至

① 曾国藩．曾国藩文集·四［M］．北京：九洲图书出版社，1997：347．

② 曾国藩．曾国藩全集［M］．长沙：岳麓书社，1994：6323．

冬间克复，亦可无碍，只求全城屠戮，不使一名漏网耳。如似九江之斩刈殆尽，则虽迟亦无后患。愿弟忍耐谨慎，勉卒此功，至要至要。”在咸丰十一年曾国荃攻打安庆时，曾国藩写信说：“目前收投诚之人，似不甚妥善，如挤疖子不可令出零脓，如蒸烂肉不可屡揭锅盖也。克城以多杀为妥，不可假仁假义而误大事，弟意如何?”这种残酷屠戮心让曾国藩获得了“曾剃头”的恶名。曾国藩亦有自悔之意，在给其弟曾国荃的信中说“吾家兄弟带兵以杀人为业，择术已自不慎，惟于禁止扰民、解散胁从、保全乡官三端痛下功夫，庶几于杀人之中寓止暴之意”。

就事功来说，曾国藩发扬湘学经世致用的传统，躬身实践，推动洋务运动的开展。洋务运动是中国近代引进西方科技教育、军工制造，争取国家强盛的一种手段，也是中国近代化的开始。曾国藩本人是洋务运动最早的倡导人和实践者。

洋务运动初期，是以引进西方军事装备与军事技术为目的，主要是训练新式军队和兴办近代军工企业。曾国藩洋务活动的重点是建设机器制造局。在镇压太平军过程中，曾国藩在总结湘潭、岳州两个战役湘军取胜的原因时认为“实赖洋炮之力”，并要求清政府“尤须有洋炮继续接济，乃能收越战越精之效。”此后，他又提出购买船炮，并主张寻访能工巧匠模仿制造船、炮。为此，1861 年曾国藩创办了国内最早的官办新式兵工厂——安庆内军械所，制造子弹、火药、枪炮，并在徐寿等人的主持下制造中国第一艘轮船。1862 年，内军械所制造出我国第一台蒸汽机。在实践中，曾国藩意识到技术之不足，尽管集合了一批当时中国最著名的科技人员，如徐寿、华蘅芳、龚芸棠、徐建寅、张斯桂、李善兰、吴嘉廉等，但“全用汉人，未雇洋匠”，所造炮、船全用土法，产品质量低劣，处于初级的摸索阶段。于是在 1863 年 12 月，曾国藩派容闳赴美购置机器，洋务运动因此进入正轨；1865 年，他又和李鸿章共同倡导在上海设置江南机器制造局，附设译书局，注意收罗各种了解西方技术和情况的人才。1868 年，又上《轮船工竣并陈机器局情形疏》，提出由江南机器制造局设立学馆，“选聪颖子弟随同学习，妥立课程，先从图说入手，切实研究，庶几物理融贯，不必假手于洋人，亦可引申另勒成书”。

曾国藩还是近代中国官费外派留学生的倡导者。1872 年，他和李鸿章联衔会奏派遣学生出洋留学。他在《拟选聪颖子弟出洋习艺疏》说："拟选聪颖幼童送赴泰西各国书院，学习军政、船政、步算、制造诸书。约计十余年，业成而归。使西人擅长之技，中国皆能谙悉。然后可以渐图自强。""今中国欲效其意而精通其法，则当此风气既开，似宜亟选聪颖子弟携往外国肄业，实力讲求，以仰副我皇上徐图自强之至意。"留美教育方案在输送四批学员后，因为受到诸多非议与阻力而过早夭折，但其开官派留学之先声，习西艺而图强，功不可没。另外，在曾国藩选派的120名留美幼童中，涌现出了铁路专家詹天佑、北洋大学校长蔡绍基、外务部尚书梁敦彦、民国总理唐绍仪等一大批著名的科学家、教育家、政治家等各种专业人才。

应该注意的是，曾国藩作为理学经世派的代表人物，积极倡导、推动洋务运动。仍然是以捍卫道统、扶持名教为宗旨。所以，他在推行洋务运动的同时，也大力倡导"尧、舜、禹、汤、文、武、周公之学"，自觉继承孔孟的仁学与礼教，执着地坚守程朱的义理之学。可见，他所兴办的洋务、吸收的西学，其目的是维护中国文化固有的道统。这一思想，在洋务派群体中，是一个十分明确而一致的观念。如他的弟子薛福成在《筹洋刍议》一文中明确提出："今诚取西人器数之学，以卫吾尧舜禹汤文武周孔之道，俾西人不敢蔑视中华。"这确切地表达出曾国藩的思想。受此影响，最终形成了"中学为体，西学为用"的共识。应该说，曾国藩的所作所为，为洋务派的这一思想主张奠定了基础。

曾国藩以名臣和战功著称，其实他在文学上也享有盛誉。钱基博说："晚清名臣能诗者，前推曾国藩，后称张之洞。国藩诗学韩愈、黄庭坚，一变乾嘉以来风气，于近时诗学有开创之功。"曾国藩是晚清宋诗运动的领导人，也是桐城派古文中兴的关键人物。作为理学信徒，他提倡"艺通于道"的诗文观，借诗文来传播阐释儒家之道，因此崇尚以理为诗的宋诗，作诗效法杜、韩、苏、黄，尤其推崇黄庭坚。

曾国藩论诗文注重"气"与"体"。"气"指的是气势神韵，是作者学识修养与雅正情感的体现。他在咸丰十一年正月初四日《谕纪泽》的家书中云："雄奇以行气为上，造句次之，选字又次之"，"是文章之雄奇，其精处在行气，其粗处全在造句选字也"。道光二十二年（1842）十一月十七日《日记》云："凡作诗文，有情极真挚，不得不一倾吐之时。然必须平日积理既

富，不假思索，左右逢源，其所言之理，足以达其胸中至真至正之情，作文时无镌刻字句之苦，文成后无郁塞不吐之情，皆平日读书积理之功也。”“体”指的是诗文的立意布局。他曾说：“为文者，或无所专注，无所归宿，漫衍而不知所裁，原不能举其体，则谓之不成文。故虽长篇巨制，其精神意趣之所在，必有所谓鼻端之一笔者，譬若水之有干流，山之有主峰，画龙者之有睛。物不能两大，人不能两首，文之主意亦不能两重，专重一处，而四体偏匀，乃始成章矣。”他论诗文也注重志情，讲求变化，标举“机神”。他认为凡作诗文，必须“足以达其胸中至真至正之情”，强调诗文中真挚、纯正的感情表达。在同治元年十一月初四日《谕纪泽》中又提出：“凡诗文欲求雄奇矫变，总须用意有超群离俗之想，乃能脱去恒蹊”。他论诗文还有“机神”之说，所谓“机神”，就是创作中的灵感，这在中国诗学史上应占据一定地位。钱仲联先生评价说：“王渔洋论诗标神韵，张广雅易以神味。余谓皆不如曾求阙机神之说也。”曾国藩论诗的“机神”说，初步将学人之诗与诗人之诗合一，成为“后来同光体之导源”。

第六节

舆榇出关，底定回疆

——左宗棠

左宗棠（1812—1885），字季高，一字朴存，号湘上农人，谥文襄，湖南湘阴人。左宗棠是我国近代杰出的政治家、军事家、思想家，晚清重臣，著名湘军将领、洋务派领袖。

左宗棠一生最显赫的事功、最突出的贡献是筹策边防、收复新疆。19世纪中后期，西方列强在世界范围内争夺殖民地的斗争日趋激烈，我国边境形势严峻。1864年，沙俄通过与清政府签订《中俄勘分西北界约记》侵占我国西部领土44万平方公里。1865年，中亚浩罕国侵略者阿古柏率军侵入新疆，在英国的支持下，建立了“哲德沙尔汗国”殖民政权。随即沙俄趁火打劫，出兵强占伊犁，并向准噶尔盆地渗透。新疆绝大部分地区陷入敌手，朝野震惊。左宗棠焦虑如焚，痛恨至极。他力排众议，主张海防、塞防并重，坚决抗击外侮，收复失地。光绪元年（1875），朝廷任命他为钦差大臣，督办新疆军务。左宗棠此时年过花甲、疾病缠身，却雄心勃发，一力担当，抱着为国捐躯的决心，慷慨表示：“大丈夫身临战场，有进无退，死到沙场，便是终考。”[①]左宗棠以卓越的军事才能和韬略，殚精筹划，制定了“先北后南、缓进速成”的策略，严明纪律，剿抚并施，以仁抗暴，驱凶安民。历时一年半就摧毁了阿古柏政权，收复了除伊犁之外的全部失地。1880年，左宗棠“舆榇发肃州”，踏上了两征伊犁的漫漫征途。其忠勇风范极大地鼓舞了全军将士，给入侵者以强大的震撼。沙俄迫于清军威力，在清政府多次交涉下，同意交还伊犁地区。自此，新疆160多万平方公里国土得以保全。左宗棠这一历史功绩彪炳千秋。光绪十年（1885）八月上谕称赞左宗棠“督师出关，肃清边圉，底定回疆，厥功尤伟。”左宗棠墓联“汉业唐规西陲永固，秦川陇道塞柳长青”充分肯定了他收复、治理新疆的伟业壮举。

左宗棠自幼饱读诗书，才华超伦。他始终关心时局变化，精研舆地之学与兵学，怀抱兼济天下、强兵靖边之志。他年少时撰联明志：“身无半文，心忧天下；手释万卷，神交古人。”1840年鸦片战争爆发，还是“山野草民”的左宗棠多次上书贺熙龄论抗英战守机宜，并写成《料敌》《海屯》《器械》《用间》《善后》诸篇，提出练海屯、设碉堡、简水卒、练亲兵、设水寨、省调发，以及设厂造炮船、火船之策，以“固守持久之谋”，达到“海上屹然有金塘之固”的目的。听闻战事失利，割让香港，左宗棠愤而赋诗云：“和戎自昔非长算，为尔豺狼不可驯。”“王土孰容营狡窟，岩疆何意失雄台。”“书生岂有封侯想，为播天威佐太平。”[②]抒发了自己的满腔忧愤和报国志向。1858年发动第二次鸦片战争的英法联军攻占大沽口。时为湖南巡抚幕僚的左宗棠依据情势判断：“夷务屈辱至极，恐将更有不堪者。然窃意华夷杂处，衅端之开必速。”他建议“彼时以一支劲旅护天津，而后与之决死战，当可得志”，[③]不出所料，1860年以英法为首的八国联军攻占天津，劫掠北京，火烧圆明园，咸丰皇帝仓皇逃往热河行宫。此时“襄办曾国藩军务”的左宗棠主动请缨，率师北上勤王。后因清政府与侵略者签订了屈辱和约而未

① 陈明福．左宗棠传略[M]．北京：军事科学出版社，2012：277.

② 左宗棠．左宗棠全集（十三）[M]．长沙：岳麓书社，2009：408.

③ 左宗棠．左宗棠全集·书信一[M]．长沙：岳麓书社，2009：277.

果。后来左宗棠位登督抚，经略东南，挥师西北，战功赫赫。可以说左宗棠一生都在为抵御强寇、保卫国土而奋斗，不辞劳苦、生死不顾。他在给儿子孝威的信中说："万方多难，吾不能为一身一家计。"临终前他仍牵挂法寇侵越之战，口授遗嘱说："此次越事和战，实中国强弱一大关键。臣督师南下，迄未大伸挞伐，张我国威，遗恨平生，死不瞑目。"[①]这种忠贞爱国、至死不渝的精神品格和"锋颖凛凛向敌"[②]的铮铮铁骨永远为后人所景仰。

面对"数千年未有之变局"和"数千年未有之强敌"，为了增强军事实力，巩固边防，左宗棠对魏源所倡导的"师夷长技以制夷"极为赞赏并积极付诸实践。他大声疾呼："策士之言曰'师其长以制之'是矣。一惭之忍，为数十百年之安，计亦良得，孰如浅见自封也。"[③]左宗棠把"师夷长技"的首选定位在仿造轮船上。1864年他于杭州试造蒸汽船。1866年正式上折要求设局建造轮船，很快得到清政府批准。左宗棠在福州马尾山下购得民田100亩，创办了马尾船政局，同时设立"求是堂艺局"，以培养本国造船和驾驶人才。马尾船政局是我国第一家真正意义上的近代化造船厂，"为中国制造肇端之地"[④]，也是"中国海军萌芽之始"[⑤]。后来，左宗棠又在甘肃办起了"兰州机器织呢局"，由军事工业转向民生日用。左宗棠以其"师夷长技"的实绩成为洋务派中坚，无愧我国近代化的先驱。

左宗棠从湖湘山野走出来，他"学问优长，经济宏达，秉性廉正，莅事忠诚"[⑥]，是一位中国优秀的传统文化的继承者、发展者和践行者。他深受湖湘学风、士风影响，不但做人行事有淳儒之风，而且其爱国情怀、从政理念、经济思想、军事谋略、教育主张都有独到之处。

左宗棠怀仁蹈义，有很深厚的爱民情结。他在同治元年(1862)六月二十日的家书中说："目睹浙民流难颠沛之苦，疾疫流行之惨，饥饿不堪之状，无泪可挥，真是一刻难安耳。"他戍边理政，"一片心肠都在百姓身上"，[⑦]兴利除弊，为民造福。在陕甘主政十几年，坚持整肃吏治、严惩贪污、禁种罂粟、赈灾济困、振兴农牧、筑路植树、开矿设厂、兴办教育。凡利国利民之事，总是尽力为之。西征期间，严明军纪，禁止劫掠奸淫，"士卒有创伤百姓者，必诛无贷"。并推行正确的俘虏政策，对被裹挟的俘虏发给衣服、粮食，予以释放。左宗棠总结西征

① 左宗棠. 左宗棠全集·附册[M]. 长沙：岳麓书社，2009：512.

② 左宗棠. 左宗棠全集·附册·年表.[M]. 长沙：岳麓书社，2009：512.

③ 左宗棠. 左宗棠全集·诗文家书[M]. 上海：上海书店，1986：292.

④ 出自《邮传部奏议类编》续编卷一.

⑤ 出自池仲佑《海军大事记》.

⑥ 出自光绪十一年八月上谕《追赠太傅照大学士例赐予谥文襄》.

⑦ 左宗棠. 左宗棠文集·扎件[M]. 长沙：岳麓书社，2009：150.

获胜的原因时说："至其本原，则仁义节制颇有合于古之用兵。理主于常，而效见为奇，盖自度陇以来未有改也。贼以其暴，我以其仁；贼以其诈，我以其诚，不以多杀为功，而以妄杀为戒。故回部安而贼党携，中国服而外夷畏耳。"[①]这一方面要比曾国藩高明得多。

左宗棠勇于担当，有很强的成仁取义献身精神。他在国难之时愤然表示："何敢自惜残生，置身事外。"[②]膺任履职，时刻不忘自己的责任，竭诚效命。他由衷地说："既奉抚浙之命，则浙之土地人民皆责之我；既奉督办之命，则东南大局亦将与有责焉。有见过之时，无见功之日。每咏韦苏州'自惭居处崇，未睹斯民康'之诗，不知何时始释此重负也。"[③]为了保卫国家疆土，他慷慨表示："防所即是死所，当即捐躯以行。"这是何等的勇毅壮烈！

左宗棠严于律己修身，"日日检点，总觉得自己多少不是，多少欠缺"。[④]谆谆告诫子女"立志做好人"。很值得注意的是，左宗棠在家书和诗文中屡屡提及"吾家世代寒素""先世苦况百纸张不能详"。他的一首诗述及父母贫苦之状："研田终岁营儿哺，糠屑经时当夕飧。乾坤忧痛何时毕？忍属儿孙咬菜根。"[⑤]故而左宗棠总以廉洁俭省严格约饬，除应得俸金外不妄取一文。他还常将自己的俸金用于济困、赈灾、兴教办学等公益事业上。如将应得的两万两浙抚养廉呈缴入官，总督养廉指出"修葺浙抚署"。左宗棠反复告诫家人衣无求华，食无求美"家下事一切以谨厚朴俭为主"[⑥]"一切均从简省，断不可浪用，致失寒素之风，启汰侈之渐。惜福之道，保家之道也"。[⑦]每次寄俸金回家，左宗棠都恳切叮嘱"省啬用之""断不准多用，断不能多寄，致损吾介节"。要求后辈"谨慎持家，不至困饿。若任意花销，以豪华为体面；恣情流荡，以沉溺为欢娱，则吾多积金，尔曹但多积过，所损不已大哉！"[⑧]在光绪二年五月初六的家书中，左宗棠更是明确交代："我廉金不以肥家，有余辄随手散去，尔辈宜早自为谋。"[⑨]一个封建时代的封疆大吏，能够做到如此清廉俭约，严格自律洵属难能可贵。

与其他历史人物一样，左宗棠也不是完人。他同样受到历史时代、阶级地位、和个人思想认识的种种局限。在他去世100余年来，对他的功过是非存在很大争议。赞扬者称之为"五百年来第一伟人"（梁启超）"铁骨铮铮的民族英雄""生为社稷之臣，没壮河山之色"。[⑩]贬责者斥之为"为虏将兵"的汉奸，指责

① 左宗棠．左宗棠全集·家书诗文［M］．长沙：岳麓书社，2009:181.

② 左宗棠．左宗棠全集·奏稿［M］．上海：上海书店，1986:403.

③ 左宗棠．左宗棠全集·家书诗文［M］．长沙：岳麓书社，2009:58.

④ 同上书，61页．

⑤ 同上书，458页．

⑥ 左宗棠．左宗棠全集·家书诗文［M］．长沙：岳麓书社，2009:107.

⑦ 同上书，第28页．

⑧ 同上书，第163页．

⑨ 同上书，第173页．

⑩ 出自《御赐祭文》．

他血腥屠杀敢于造反的民众，犯下了滔天大罪。对此我们应以历史的观点，站在国家和人民的立场上，运用历史唯物主义和辩证唯物主义的思想方法，做出客观、公正的评判。

第七节

毁誉公鉴，烛照千古

——郭嵩焘

晚清以来，中国经历了“三千年未有之奇变”。西方列强纷至沓来，以坚船利炮侵略、欺凌日暮西山的清政府。面对这一变局，一些传统士大夫积极思考，努力探索，希望借助变革来重塑中华。其中，湖南湘阴人郭嵩焘就是其中的佼佼者，他上承经世派，下启维新派，是洋务派中洞明西学、痛彻时弊、富于远见卓识的思想家，“是晚清时代中国社会近代化发展史上对内求改革、对外求开放的代表人物，是向西方寻找真理的先行者之一”。[①]

郭嵩焘（1818—1891），字伯琛，号筠仙，晚号玉池老人，又称养知先生。湖南湘阴人。他是晚清著名的政治家、外交家、杰出的思想家与知识渊博的学者。他在仕途上几起几落，经历过两次鸦片战争，长期担任湘军幕僚、地方疆臣。他一生最大的作为和功绩体现在外交上。他出使过英法，是清朝正式派出的第一位驻外公使。这种复杂而丰富的经历使他对中西政治、文化有着切身体会与深刻的认识，让他远超同时代的士人，成为传统士大夫中首先倡导借鉴西方政体以革新图强的先驱者和蹚雷阵者。如果说魏源是睁眼看世界的第一人，那么郭嵩焘则是近距离触摸西方文化、置身西洋而“推源其立国之本”的第一人。

作为近代史上杰出的外交家、思想家，郭嵩焘的成就首先是结合自己使西的经历，向国内介绍西方的科技技术与制度，剖析西方文化先进的根源，倡导在制度（体）、器物（用）两个层面上向西方学习。

① 田海林，宋淑玉.郭嵩焘评议[J].史学月刊,2001(3).

光绪元年（1875），郭嵩焘被清政府任命为出使英国钦差大臣，1876年赴任，1877年1月抵达伦敦，在伦敦建立了中国第一个驻外使馆，揭开了中国外交史的新篇章。1878年2月，他又受命兼任出使法国钦差大臣。从受命出使到他离任回国的两年多时间里，郭嵩焘一直以“能知洋情，而后知所以控制之法”的态度实事求是地考察和分析西方国情和现状。在从上海启程去往伦敦的旅途上，他抱着“意在考究一切”的心态详细记下沿途所见的西方文明以及自己的真实感受，如在广东境内见到英国铁甲兵船与客轮以旗语交流、避让时，感叹“彬彬然见礼让之行焉，足知彼土富强之基非苟然也”“中国之不能及，远矣”[①]。在香港，他参观考察了“其规条整齐严肃，而所见宏远，犹得古人陶养人才之遗意”的学校、体现“西洋法度，务在公平，无所歧视”[②]的监狱。在他后来结集的《使西纪程》里，还记载了新加坡、安南、暹罗、锡兰、波斯、土耳其、阿拉伯、埃及、摩洛哥、希腊、意大利、西班牙、法国和英国等十几个国家和地区的地理山川、风俗民情、宗教信仰。他在笔下一改传统视士人鄙薄西方科技文化，视洋人为蛮夷的成见，虚心学习、公允评价西方先进文化。

到了英国之后，郭嵩焘广泛参观各类学校、图书馆、博物院、实验室、工厂、邮局、议会，拜访、结识了众多专家学者。尽管出使前已经接触过“洋务”，有了“西洋立国以政教为本”的认识，而身临其境接触到的这些新的事物、知识仍给他带来了强烈的冲击，让他思绪万千，发愤之情不能自已。他将自己的认识与感受毫无隐晦地写入《伦敦与巴黎日记》中。他考察了英法的工厂、炮台和科技设施，目睹了现代化的工厂是如何生产的，了解了英法的技术革命，他分析认为西方科学技术的发达在于“实事求是，西洋之本也”。他了解到西方政府非常重视教育，英国的官学和私学由国家统一管理，推行义务教育，英国每年用在资助学生和老师的花费常在三百余万英镑左右。因而感叹：“西洋政教、制造，无一不出于学。中国招收虚浮不根之子弟，习为诗文无实之言，高者顽狂，下者倾邪，悉取天下人才败坏灭裂之，而学校遂至不堪闻问。稍使知有实学，以挽回一世人之人心，允为当今之急务也。”[③]而“欧洲各国日趋于富强，推求其源，皆学问考核之功”[④]，因此他开始对中国的教育和为学展开了全面的反思和批判，建议中国向西方学习，开办学校，多派留学生。

① 郭嵩涛，刘锡鸿，薛福成，宋育仁. 郭嵩焘等使西记六种[M]. 王文诚编校. 北京：中西书局，2012：3－4.

② 同上.

③ 郭嵩焘. 郭嵩焘日记（三）[M]. 长沙：湖南人民出版社，1982：461.

④ 同上书，365页.

特别是在考察议会、监狱、新闻报纸的过程中，郭嵩焘深切感受到西方文明昌盛、国家强盛的根源在于政体。他肯定了议会制、多党制与民选市长制可以起到制衡权力的作用，能够保证国家长久稳定发展。他说："朝党、野党，使各以所见相持争胜，因而剂之以平"，"英国之强，始自国朝……推原其立国本末，所以持久而国势益张者，则在巴力门（议会）议政院有维持国是之义，设买阿尔（市长）治民，有顺从民愿之情。二者相持，是以君与民交相维系，迭盛迭衰，而立国千余年终以不敝，人才学问相承以起，而皆有以自效，此其立国之本也。"[①] 赞美三权分立能够推行法治，人人平等。"或为君主，或为民主，或为君民共主之国，其定法、执法、审法之权，分而任之，不责于一身；权不相侵，故其政事纲举目张，粲然可观。催科不由长官，墨吏无所逞其欲；罪名定于乡老，酷吏无所舞其文。人人有自主之权，即人人有自爱之意。"[②] 相比之下，中国传统"德治"却存在着明显的不足，专执于圣人德治的后果是治乱相继，反不如西方推行法治。"圣人之治民以德。德有盛衰，天下随之以治乱。德者，专于己者也，故其责天下宽。西洋治民以法。法者，人己兼治也，故推其法以绳之诸国，其责望常迫，其法日修，即中国之受患亦日棘，殆将有穷于自立之势矣。"[③] 进而郭嵩焘对中国传统文化中的"有道""无道"进行了深切的反思，直揭其实质："三代之前，皆以中国之有道制夷狄之无道，秦汉而后，专以强弱相制。中国强则兼并夷狄，夷狄强则侵凌中国，相与为无道而已。自西洋通商三十余年，乃似以其有道攻中国之无道，故可危矣。"和当时的西方政教制度比较，中国早已落后，成为无道的"夷狄"。郭嵩焘虽然没有明确反对封建君主制，但他对西方政治体制的认同和赞美，对中国政治的反思与批判，振聋发聩，促人警醒，在中国向近代化过程中着实起了启蒙和先驱作用。

与教育、政治相呼应的是，郭嵩焘还主张学习西方以通商为本的经济制度。在出使英国之前，他曾经向朝廷上书《条议海防事宜》，指出"西洋立国，有本有末。其本在朝廷政教，其末在商贾"。后来在光绪八年（1882）九月与朋友论学时提到商品经济的发达会带来国家的富强，"窃观西洋以商贾为本计，通国无不闲；中国重士而轻视农工商三者，乃至一家一邑之中，有职业者不逮百分之一"[④]。因此主张中国也应以工商为本，商贾可与士大夫并重，以便为进一步取法西方的政治制度建立

① 同上书，373页.

② 同上书，902页.

③ 同上书，221页.

④ 郭嵩焘. 郭嵩焘日记（三）[M]. 长沙：湖南人民出版社，1982：120.

基础。

郭嵩焘对于西方文化的认识与思考的深度远远超过其同时代的人，他主张从根本上学习借鉴西方的政教制度，突破了洋务运动“中体西用”的藩篱，致力于纠正早期洋务集团“治末而忘其本，穷委而昧其源”的偏向，形成了自己的社会改革思想体系。

作为首任驻外公使，郭嵩焘不辱使命，克尽职守。他在任职期间，能够按照“通其情，达其理”的原则与英国政府交涉，处理外交事宜符合国际惯例，赢得到了当地人的尊重与赞誉。郭嵩焘接触洋务较早，是当时精通洋务的能臣干吏。1875 年 2 月英国使馆翻译官马嘉理在云南被杀，引起交涉，清政府在英国压力下选派郭嵩焘赴英交涉并“谢罪”。郭嵩焘临危受命，到英国后，积极询问、练习外交礼仪。觐见英国女王时举止得体，不卑不亢，既维护了国家尊严，又显示了中华风度。他广交朋友，尊重当地的风俗。如为了遵循西方外交礼仪，他以夫人的名义举办外交招待茶会作为答谢回礼，500 余人应邀到会，引起轰动，一改国人在西方人心目中闭塞落后的形象。当地一名贵族评价他说：“中国钦差到此前后情形绝异，钦差未到之前，英国人民无不訾毁中国者。钦差到后，人人悦服！”[①]“即使是对中国有成见的自由派政治家格兰斯顿，竟然也称赞郭嵩焘为‘所见东方人中最有教养者’。郭嵩焘还被推举为‘国际法改进暨编纂协会’第六届年会的大会副主席。”[②]由此可见郭嵩焘在国际外交舞台上的周旋应对能力。此外，光绪三年（1877）八月，郭嵩焘上奏清政府，建议在华侨集中的各埠设领事以保护华侨利益，该建议得到清政府同意。第二年即在新加坡、旧金山、横滨等地设立领事馆，以维护海外华侨的权益。郭嵩焘还建议朝廷编纂《通商则例》，发给各省并各国驻华公使，作为处理外交事务的参照。他发现一些主张禁烟的英国绅士组织了“禁鸦片烟会”，于是向朝廷奏请禁吸鸦片烟。在郭嵩焘任驻外公使职期间，他还就阿古柏分裂新疆喀什噶尔、镇江趸船移泊案、武昌教案、乌石山教案与英国交涉，做了大量卓有成效的工作。

“木高于林，风必摧之”。郭嵩焘对西方文化的认同与宣扬招致了保守派人士的仇视。自受命出使以来，郭嵩焘就受到无端的辱骂、指责以及诬陷。当时传统士人认为“天朝上国”派出使臣到“番邦”进行平等外交是有伤国体，视出使西洋为奇

① 鼓晓玲. 苍茫潇湘.[M]. 上海：文汇出版社，2014：197.

② 汪荣祖. 走向世界的挫折：郭嵩焘与道咸同光时代[M]. 北京：中华书局，2006：199.

耻大辱。故而郭嵩焘受命出访，朝野哗然，物议纷纷。有人题联“出乎其类，拔乎其萃，不容于尧舜之世；未能事人，焉能事鬼。何必去父母之邦”讥笑攻击，将他视为数典忘祖的汉奸；好友也无为他惋惜，王闿运叹息他“以生平之学行，为江海之乘雁，又可惜矣”。李慈铭则认为他出使“形同寄生，情类质子，供其监策，随其嘲笑，徒重辱国而已”。更有甚者，他的故乡湖南一些士绅学子扬言要开除他的省籍，烧毁他的故宅。在出使英国途中所写的日记被人以《使西纪程》的书名刊行。保守人士认为书中赞扬西洋文明，有辱国体。斥其为“不知是何肺腑”，攻讦他“有二心于英国，欲中国臣事之”，以至清政府下令将此书毁版。与他同去英国的副使刘锡鸿落井下石，公然称其为“汉奸”，“此京师所同指目为汉奸之人，我必不能容”。又罗列了他的所谓“十大罪状”予以弹劾，指责郭嵩焘“藐视朝廷”“诋毁时政”“出语狂谬”“违悖程朱”“有失国体”“有私通洋人之嫌”。谤满天下的郭嵩焘悲愤交加，被迫奏请因病销差。1879 年 1 月返回国内。当他返回湖南时，迎接他的是千夫所指，官吏士绅“指以为勾通洋人，张之通衢”[①]，视之为“汉奸”“贰臣”“投降派”。连他用小火轮拖带木船都受到长沙、善化两县的阻止，自巡抚以下的地方官员都“傲不为礼”。

郭嵩焘在讥嘲声中出使西洋，在谩骂声里解组归乡，承受了常人难以承受的精神苦痛和舆论压力，但他坚守志节，自信其报国之诚，革新之义必将被人们认同。他曾经赋诗《戏书小像》明志说“傲慢疏慵不失真，惟余老态托传神，流传百代千龄后，定识人间有此人！世人欲杀定为才，迂拙频遭反噬来，学问半通官半显，一生怀抱几曾开。”虽然感伤自己一生抱负未能实现，但他对未来始终怀抱着沉重的乐观。正因如此，他归隐之后仍热心社会改革，多次上书献言建策，并联络友人组成禁烟公社，曾筹建厂造船。

郭嵩焘还是渊博的学者与优秀的诗人。他在传统学术上造诣很深，著述颇丰。现存下来的仅经学类著作就有《大学章句质疑》《中庸章句质疑》《礼记质疑》《校订朱子家礼》《周易释例》《毛诗馀义》《周易异同商》《周易内传笺》《尚书疑义》《诗疑义》《乡党义》等著作 11 种。岳麓书社近年出版的《郭嵩焘全集》在原有整理的 10 种著作之外，新收有学术著作 18 种、奏稿 210 篇、书信 373 篇、文 40 篇，涉及经学、文学、历史、时政，总数接近 800 万字。这些著作文字比较完整地展

① 郭嵩焘. 郭嵩焘全集史部四[M]. 长沙：岳麓书社，2012：100.

现了郭嵩焘的人生轨迹与思想，是我们今天了解这位时代先行者的重要津梁。

郭嵩焘在寂寞中赍志以殁。他去世后，李鸿章、曾纪泽等曾上奏请宣付国史馆为其立传，并请赐谥号。清政府颁旨仍强调："郭嵩焘出使西洋，所著书籍，颇滋物议，所请着不准行。"毁誉有公鉴，功过任人说。正如清末学者王先谦所说："赤胆忠肝筹国显，谤满天下无损名。"《清史稿》肯定其历史功绩，"中国遣使，始于光绪初，嵩焘首膺其选，论交涉独具远识"。李鸿章称"当世所识英豪，与洋务相近而知政体者，以筠仙为最"。焯莹撰文赞颂他："志业宏多，欿如未施。众荣我蔑，趣与世揆。思以先觉，觉彼后知，利在国家，岂图其私？"郭嵩焘的很多宏论覃思，对我们今天的深化改革、加快发展和民主政治建设仍有重要的烛照和借鉴作用。

第八节 以血警世的变法骁将

——谭嗣同

谭嗣同（1865—1898），字复生，号壮飞，湖南浏阳人。他是维新政治运动的领袖，也是晚清一位著名学者。在梁启超《清代学术概论》中被称为"晚清思想界一彗星"，而列有专章进行述评。

谭嗣同出身于封建官僚家庭，师从湖南著名学者欧阳中鹄、刘人熙，向往经世致用学问，接受了王夫之、黄宗羲、龚自珍、魏源等人的学说，逐步形成了唯物主义观点与反对君主专制的思想，树立了救世济民、改造中国的宏伟抱负。

受湖湘忠义勇毅风气的影响，谭嗣同具有卓拔不群、慷慨任侠的品性，他善剑术，好骑马，曾经游历天下，足迹遍及湖南、直隶、江苏、浙江、安徽、河南、湖北等地。在游历途中，他结交同志，访求民情，目睹百姓疾苦，"遂复发大心：誓拯同类，极于力所可至"。

1895年中国败于日本，签订丧权辱国的《马关条约》，谭嗣同受到很大刺激。他写下诗句："世间无物抵春愁，合向苍冥一哭休，四万万人齐下泪，天涯何处是神州。"并痛感考据辞章无补世事，决然抛弃旧学，探求新学，投身变法活动。

1897年，谭嗣同到湖南长沙，提倡建造内河小轮船，商办矿务、湘粤铁路，筹办时务学堂、武备学堂，主持南学会，并任会长。每登台演说，慷慨论天下事，闻者极受感动。湖南全省风气大开，与谭嗣同大力宣传新政思想是分不开的。

1898年6月，光绪皇帝感于外国列强瓜分中国的危机，决心实行变法，起用一批具有改良思想的人才到朝廷担任官职。在改良派主将康有为、梁启超的推荐下，谭嗣同被授予四品军机章京职务，参与新政。但是，变法维新运动一开始就引起了以慈禧为首的顽固派的极端仇视。他们经过密谋策划，决定要对变法人士进行镇压。在此情况下，谭嗣同只身会见正在编练新军的袁世凯，劝说他发动政变，包围颐和园，以武力解决慈禧等顽固派。然而消息走漏，慈禧太后于9月21日发动政变，对维新派残酷镇压。变法失败，康有为逃往香港，梁启超逃往日本。谭嗣同拒绝了别人要他逃走的劝告，决心以一死来唤醒和警策国人，他掷地有声说："各国变法，无不从流血而成，今日中国未闻有因变法而流血者，此国之所以不昌也。有之，请自嗣同始。"被捕后，他在狱中壁上题写绝命诗："望门投止思张俭，忍死须臾待杜根。我自横刀向天笑，去留肝胆两昆仑。"气魄豪迈，声震寰宇，表现了大无畏的献身精神。就义时他高呼："有心杀贼，无力回天。死得其所，快哉快哉。"他的英勇牺牲引起了很大的震动，许多革命志士因此觉醒，奋起救亡，踏上了推翻清朝的革命道路。

谭嗣同慷慨赴义的壮烈行为根于他具有革命和进步倾向的思想。谭嗣同的思想主要体现在他的《仁学》一书中。

《仁学》的思想内容庞杂，包含了儒学、佛学和西学，其中西学包括自然科学和社会科学，其中有政治学说、进化论原理、康有为的三世说和大同思想，以及发展资本主义的思想。梁启超在为其所作的《校刻浏阳谭氏仁学序》一文中写道："《仁学》何为而作也？将以光大南海之宗旨，会通世界圣哲之心法，以救全世界之众生也。"此书表明，谭嗣同面对世界巨变，试图在综合各家的基础上为近代中国的发展寻找一条新路。

《仁学》的思想体系以"以太"与"仁"为核心。"仁"是中国古代儒学的核心观念。谭嗣同以“仁学”命名这部重要著作，并非意在复兴儒学传统，而是以“平等”“通”等具有时代特征的思想来重新阐释仁的内涵，使得“仁”具有提倡平等，破除等级制度、封建专制的意味，成为一个具有近代人文意义的观念。

《仁学》的思想体系中另一个重要概念是“以太”，这是19世纪下半叶到20世纪初期欧洲物理学界广泛使用的名词。当时科学家认为“以太”是一种传导电、光、热、磁的媒质，以此说明物质的相互联系与物质运动的连续性。为了说明宇宙的本原，谭嗣同汲取了“以太”这个概念并加以发挥，他认为世界上的一切，包括人的身体和耳目感官，以及日月星辰、声光电热等一切自然现象，均可以归之于“以太”，并且可以还原为“以太”。他说：“（以太）其显于用也，孔谓之‘仁’，谓之‘元’，谓之‘性’；墨谓之‘兼爱’；佛谓之‘性海’，谓之‘慈悲’；耶稣谓之‘灵魂’，谓之‘爱人如己’‘视敌如友’；格致家谓之‘爱力’‘吸力’；咸是物也。法界由是生，虚空由是立，众生由是出，剖其质点一小分，以至于无，察其为何物所凝结，曰惟以太。”[1]

谭嗣同是封建罗网的冲绝者，他在《仁学》中重新评估了君权、父权、夫权。谭嗣同首先批判的就是君为臣纲的理论，质疑君主至尊的合理性。在他看来：“生民之初，本无所谓君臣，则皆民也。民不能相治，亦不暇治，于是共举一民为君。夫曰共举之，则非君择民，而民择君也。”这是根据国家起源来否定了君主至尊。既然君主是因为需要管理公共事物才选出来的，君本身便没有什么神秘，君本人也是个“民”“君亦一民也，……民之于民，无相为死之理”。[2]谭嗣同还认为只有死事的道理，决没有死君的道理。为人臣者不要愚忠，根本没有必要为君效死。君如果残暴，人人可以杀掉他，无所谓叛逆。他还认为后世曲解了孔子的学说，抬高了君主独裁，贬低了人民的地位。因此他说：“故常以为二千年来之政，秦政也，皆大盗也；二千年来之学，荀学也，皆乡愿也。唯大盗利用乡愿，唯乡愿工媚大盗。二者交相资，而罔不托之于孔。”他认为封建君主专制制度是强盗政治，儒家学说是为强盗政治效劳的奴婢文化。他指出，“中国所以不可为者，由上权太重，民权尽失”。这是中国落后贫困的根本原因。因此，他主张“废君统，倡民主，变不平等为平等”。他说：“有所谓民主者，尤为大公至

① 谭嗣同. 谭嗣同全集[M]. 北京：中华书局，1981：293.

② 同上书，339页.

正”。他提倡的民主，实际上是以资本主义国家民主政治代替封建社会的君主独裁。

谭嗣同后来反君权思想进一步发展为指向满族贵族的统治。他说：“奈何使素不知中国，素不识孔教之奇渥温、爱新觉罗诸贱类异种，亦得凭陵乎野蛮凶杀之性气以窃中国。及既窃之，即以所从窃之法还制其主人，亦得从容腼颜，挟持素所不识之孔教，以压制素所不知之中国矣，而中国犹奉之如天，而不知其罪!”谭嗣同认为满族贵族一方面以野蛮凶杀的手段压制汉族，另一方面又用孔教君权至上来控制百姓，百姓还把满族贵族最高统治者奉之为天，这是一种极大的谬误。他列举清朝的腐败，追源于满族是一落后民族入主中原，其祸害更加惨烈。他并以清初扬州十日、嘉定三屠的纵焚屠杀，薙发严令等事煽起汉族人民对满族贵族的仇恨。

谭嗣同借用佛法平等，耶稣教天国之下人人平等，儒家大同思想中不独亲其亲、不独子其子的思想来反对三纲五常，但对于如何争取人的独立、平等、自由还缺乏具体方略。

谭嗣同以其慷慨豪爽的秉性一面期待着有作为的皇帝推行新政，另一方面他也期望着任侠。“若其机无可乘，则莫若为任侠，亦足以伸民气，倡勇敢之风，是亦拨乱之具也。”[①] 他说日本也是如此，“其变法自强之效，亦由其俗好带剑行游，悲歌叱咤，挟其杀人报仇之气概，出而鼓更化之机也”。他的这种思想对后来资产阶级革命派影响很大。此外，谭嗣同反对封建专制主义的民主思想，不仅在戊戌变法时期产生了很大的影响，而且对20世纪初资产阶级革命派民主革命思想的形成也起了前驱作用。

① 谭嗣同. 谭嗣同全集[M]. 北京：中华书局，1981:344.

第九节

民国元勋——黄　兴

黄兴（1874—1916），原名轸，字岳生，号觐五（或写为廑五、谨吾、匿午、近午、庆午、竞武、堇坞等），后改名兴，号克强，湖南善化（今长沙）人。

黄兴是中国近代历史上伟大的民主革命领袖，杰出的政治家、军事家、思想家。他与孙中山先生一道创建同盟会，组织发动辛亥革命，缔造中华民国，为结束清政府封建专制统治，争取民族独立、民主政治和国家富强，建立了丰功伟绩。学者章太炎在他逝世后赠题挽联“无公则无民国，有史必有斯人”。这是对他辉煌业绩和历史地位的中肯评价。

黄兴是杰出的革命家，他自幼受儒家文化熏陶，接受了“华夷之辨”观念以及王船山民族主义思想，立志救国。在长沙城南书院、湘水校经堂、武昌两湖书院学习期间，接触到维新变法的思想与西方资产阶级政治学说。1899 年，公派至日本考察教育期间，“及闻拳匪滋事，各国有瓜分中国之言，心甚忧危，思图补救。……乃遄回祖国，观察形势。”[①]而在唐才常起义被镇压后，逐步认识到改良主义行不通，“专制恶毒，非革命不可”[②]。1903 年，因为沙俄拒不交还所侵占的我国东北领土，并向清政府提出 7 项无理要求，远在日本的黄兴忧愤如焚，口吐鲜血。他强烈感受到：“中国的大局，已破坏到了极点，今后只有革命，才有挽救危亡的希望”，[③]于是这名学业优秀，曾被张之洞官派出国考察的“秀才”义无反顾地走向了国民革命的道路。为了革命救国，黄兴多方奔走，进行了多种尝试与筹备。他革命的步伐贯穿了整个资产阶级民主革命时期。

① 熊治祁. 湖南人物年谱第六册·黄兴年谱[M]. 长沙：湖南人民出版社，2013：60.

② 唐之享，周鼎安. 这就是长沙[M]. 长沙：湖南大学出版社，2013：444.

③ 杨默，闻梅. 中华正气[M]. 郑州：海燕出版社，1992：214.

一是宣传民主革命思想。1902 年春，黄兴再赴日本留学。旅日期间，他与杨笃生、樊锥、梁焕彝等创办《游学译编》杂志，与蔡锷、杨毓麟发起成立编译社，宣传民族民主革命思想。为了发动革命，联络会党，1902 年 8 月黄兴回国亲赴南京、武昌、长沙等地，猛烈抨击清政府腐败无能，宣传革命。辛亥革命前后，黄兴还多次发表演讲，揭露清王朝政治的腐败，主张建立民主共和政体、挽救国家危亡。许多听众为他的声情并茂的演讲所振奋。二次革命失败后，他离开日本去美国。在美国旅居期间，他在美洲华侨中做了一些反袁宣传，策动各派力量联合讨袁。1915 年云南护国军反袁，他为组织讨袁军出谋划策，筹集军饷。

二是建立、联络革命组织，为革命做好准备。1903 年 11 月 4 日，回国后在明德中学任教的黄兴邀约湖湘爱国志士刘揆一、宋教仁、章士钊等人以“驱除鞑虏、复兴中华”为宗旨，在长沙发起成立华兴会。这是中国国内最早的反清革命团体。“为避免清政府的注意，对外采用‘华兴公司’的名义，以半公开的

形式出现，并规定公司的任务是‘兴办矿业’。”[①] 此后，1905 年黄兴在日本认识了中国民主革命的伟大先行者孙中山先生。为了整合革命力量，在孙、黄等人的推动下，兴中会、华兴会、光复会等革命团体成员合并为“中国同盟会”，成为我国第一个资产阶级民主革命政党。中国同盟会推举孙中山先生为总理，黄兴担任执行部庶务，负责组织武装起义工作。从此，孙、黄共同承担起领导中国民主革命的重任。

三是积极开展武装起义，以热血唤起国人，打击清政府，创建民国。黄兴具有军事天分，早年在日本留学的时候曾经发动留日学生成立拒俄义勇队，并担任军事教练，组织学生军“每星期三、星期六午后及星期日，分赴京桥区及各体育场，实弹射击，练习枪法，每次各人自备弹费金三十钱（即三角），意气激昂，精神发越”[②]。在 1903 年华兴会成立后不久，黄兴与华兴会同仁联络其他会党，定于光绪三十年（1904）慈禧太后 70 岁生日时起义。为筹集起义经费，黄兴毁家纾难，“将自家 300 多亩田产出售，买来长枪 500 支、短枪 200 支，还有大量炸药，准备炸死参加庆典的湖南省文武官员”[③]。尽管这次长沙起义不慎走漏消息而告失败，却震动了清朝封建统治，成为“中国内地革命之先声”。

同盟会成立后，黄兴参与发动并指挥了近十次反清革命的武装起义。1907 年和孙中山先生共同领导了广西钦廉防城起义，起义失败后，孙中山先生流亡海外达 5 年。期间，黄兴先后发动了镇南关起义、钦廉上思起义、云南河口起义、广州新军起义、黄花岗起义等，成为中国同盟会在国内的主要领袖。

1911 年 10 月 10 日武昌起义爆发后，黄兴赶赴武汉，被推举为革命军战时总司令。他在缺兵少将、弹药不济、极其艰难的条件下，凭着非凡的号召力振奋士气，领导汉阳保卫战长达 24 天。期间有 20 多省受到鼓舞宣布独立，为推翻清朝反动统治赢得了宝贵时间。

黄兴作战勇猛，威名远播。在钦州、廉州、上思起义中，黄兴率 200 多人与两万余清军周旋 40 多天，以少胜多，七战七捷，令敌人望而生畏。在广州黄花岗起义中，他亲率“敢死队”攻打两广总督衙门，冲杀在前，被枪弹击断右手两指，仍坚持战斗。“武昌起义爆发后，黄兴 10 月 28 日才辗转抵达武昌。为了稳定军心，鼓舞士气，起义军高举‘黄兴到’的大旗，跑马于武昌的大街小巷，人心为之一振。”[④]

① 中国人民政治协商会议全国委员会文史资料研究委员会编. 辛亥革命回忆录·第一集[M]. 北京：中国文史出版社，2012:498.

② 熊治祁. 湖南人物年谱·黄兴年谱[M]. 长沙：湖南人民出版社，2013:66.

③ 滕征辉. 民国大人物[M]. 北京：民主与建设出版社，2015:41.

④ 邓玉香. 湖南名人故乡行[M]。长沙：湖南人民出版社，2015:48.

黄兴具有传统的中国知识分子的美德，重大义，轻得失，始终以“无我”“笃实”自勉，表现出一位伟大革命家的高尚品德。中国同盟会在东京成立时，华兴会代表占多数，所以在选举总理时，黄兴最具优势。但黄兴却提议公推孙中山先生为本会总理，不必经选举手续。同盟会成立后，黄兴甘当配角，坚决维护孙的主角地位。同盟会内部成员曾两次质疑孙中山，要求罢免孙中山总理职务，另举黄兴担任。黄兴坚定地支持孙中山，同时积极调解，他说：“太平天国起初节节胜利，发展很快，但因几个领袖们互争权利，终至失败。我们要引为鉴戒。肯自我牺牲的人才能从事革命。革命同志最要紧的是团结一致，才有力量打击敌人。要团结一致，就要不计较个人权利。”[①]武昌起义后，由于黄兴在国内外的崇高威望，还有人主张推选他为临时大总统，黄兴仍极力推辞，力荐孙中山。[②]南京光复后，聚于上海的独立各省代表组织中华民国临时参议院，公推黄兴为大元帅，他同样坚辞不受。1912 年 1 月 1 日，中华民国成立，黄兴受任为陆军总长，负责全部军事工作，组织革命军准备北伐。黄兴以“成事不必在我”的信念，坚定地拒绝名利的诱惑，其大公无私和忍让顾全的态度，赢得了多数民国元老乃至于后世人的敬重。

① 刘泱泱．黄兴集一[M]．长沙：湖南人民出版社，2008：162．

② 王凯．口水民国：民国名人的笔墨官司[M]．北京：团结出版社，2014：131－142．

黄兴的一生，是为革命鞠躬尽瘁的一生。中华民国成立以后，黄兴曾以极大的热情，宣传和致力于实业救国和教育救国。他认为，国家政权建立以后，应当集中力量进行经济建设，发展生产，“中国前途全赖于工商业之发达”“盖实业扩充，则国富，国富则国强”。他主张振兴实业应“利用新器械，计画新组织，纠集大资本，”吸引外资，学习西方先进的科学技术，优先发展交通运输业和矿业。黄兴不仅主张实业救国，而且身体力行，积极参加民国初年的实业建设。他曾担任中华铁道协会副会长、汉粤川铁路督办、湖南大同矿业公司督办，风尘仆仆赶赴萍乡、安源、湘潭等地考察矿务，投资入股、参与发起创办中华汽船股份公司、湖南五金矿金股份公司、洞庭制革股份公司等 10 多个经济实体，为使一个贫穷、落后的中国和湖南实现近代化与现代化，进行了艰辛的探索。黄兴十分重视教育的发展，曾指出“欲言建设，当得人才；欲得人才，当兴教育”，并提出了一系列发展我国近代教育事业的主张。这些思想主张和躬身实践充分体现了他作为一名杰出政治家，对所处时代特征的科学判断和国际大势的深刻洞察。

1913年3月，在孙中山发起的讨袁“二次革命”中，黄兴担任江苏讨袁军总司令。失败后他流亡日本，辗转美国，所到之地，依然不忘革命。1915年2月，袁世凯公然复辟帝制。黄兴愤慨至极，于1916年回国参加孙中山先生发起的护国运动，为讨袁护国、再造共和，尽到最大努力。

就在这共和亟待重建、民族正待复兴之时，这位“以勇健开国，而宁静持身，贯彻实行，是能创作一生者”的辛亥革命元勋，却因积劳成疾，一病不起。1916年10月31日，伟大的中国民主革命家、中华民族的杰出英雄黄兴在上海猝然长逝，年仅42岁。

第十节

旷世伟人——毛泽东

毛泽东（1893—1976），字润之，湖南湘潭人。“他是伟大的马克思主义者，伟大的无产阶级革命家、战略家、理论家，是马克思主义中国化的伟大开拓者、中国社会主义现代化建设事业的伟大奠基者，是近代以来中国伟大的爱国者和民族英雄，是党的第一代中央领导集体的核心，是领导中国人民彻底改变自己命运和国家面貌的一代伟人，是为世界被压迫民族的解放和人类进步事业作出重大贡献的伟大国际主义者。”[①]

毛泽东在青少年时期就立下了拯救民族于危难的远大志向。早在湖南第一师范求学期间，毛泽东在老师杨昌济的引导下，积极汲取传统文化以及进步学说，和蔡和森等组织革命团体新民学会。在五四运动前后，毛泽东接触和接受了马克思主义，积极投身于改造社会的伟大事业中。在长期的革命实践中，毛泽东带领中国共产党人将马克思主义与中国革命实践相结合，实现了马克思主义学说的中国化，创造性地解决了新民主主义革命走向社会主义的一系列重大理论与实践问题。经过艰苦卓绝的斗争，中国共产党领导全国人民推翻了帝国主义、封建主义、官僚资本主义的统治，创建了中华人民共和国。在

① 习近平《在纪念毛泽东同志诞辰130周年座谈会上的讲话》.

这一革命历程中所形成的毛泽东思想是符合中国国情的指导思想，丰富和发展了马克思列宁主义。毛泽东思想有着丰富的内容，它包含了新民主主义革命的理论、社会主义革命和社会主义建设的理论、革命军队的建设和军事战略的理论、政策和策略的理论、思想政治工作和文化工作的理论、党的建设的理论等。

毛泽东的这些思想理论来自于中国各阶段的革命实践，在实践中逐步完善，在各个历史时期发挥了重要的指导作用。1925年至1927年，面对方兴未艾的革命运动，毛泽东发表了《中国社会各阶级的分析》《湖南农民运动考察报告》等文章，分析了中国社会各阶级的经济地位和对革命的态度，奠定了党对资产阶级又联合又斗争的政策的理论基础，指明了中国革命的前途。大革命失败后，毛泽东及时总结革命成功与失败的经验教训，深切体会到无产阶级领导权、农民问题和武装斗争的重要性，通过《中国的红色政权为什么能够存在》《井冈山的斗争》《关于纠正党内的错误思想》《星星之火，可以燎原》《反对本本主义》等著作，对中国红色政权存在和发展的原因与条件及其在革命中的作用，对土地革命路线，对新型人民军队的建设与红军作战的战略战术原则，对农村与战争环境中的无产阶级政党建设等问题进行了科学阐述，成功开辟了农村包围城市、武装夺取政权的革命道路。在抗日战争中，毛泽东引导全党学习和研究马克思主义理论，开展了解放思想的整风运动，提高了全党的马列主义水平，加强了全党的团结。他先后写下了《论反对日本帝国主义的策略》《中国革命战争的战略问题》《实践论》《矛盾论》《抗日游击战争的战略问题》《论持久战》《中国共产党在民族战争中的地位》《战争和战略问题》《〈共产党人〉发刊词》《新民主主义论》《目前抗日统一战线中的策略问题》等光辉著作，系统总结了中国革命的经验教训，为夺取抗日战争的伟大胜利、夺取全国政权作了理论指导。中华人民共和国成立后，毛泽东发表了《目前形势和我们的任务》《在中国共产党第七届中央委员会第二次全体会议上的报告》《论人民民主专政》《论十大关系》和《关于正确处理人民内部矛盾的问题》等文章，对新民主主义向社会主义转变、人民民主专政理论、社会主义改造、政策和策略、人民军队作战的军事原则和战略战术思想、正确处理人民内部矛盾等问题进行了系统阐释。

在毛泽东的思想体系中，实事求是、群众路线、独立自主的观点始终贯穿其中，这是毛泽东思想活的灵魂。

实事求是，就是从实际出发，理论联系实际。毛泽东历来反对脱离实际去讨论问题，早在学生时代他就重实际、重调查，曾多次与蔡和森等好友以“游学”方式深入湖南农村了解民间疾苦，还远游北京、上海等地向陈独秀、胡适等名流学者求教。20世纪30年代，他提出了“没有调查就没有发言权”“中国革命斗争的胜利要靠中国同志了解中国情况”的著名论断。他从实际出发，纠正了“左倾”冒险主义的做法，开辟了一条农村包围城市、武装夺取政权的革命道路。40年代，他大力倡导理论联系实际的马克思主义学风，在《改造我们的学习》中指出：“‘实事’就是客观存在着的一切事物，‘是’就是客观事物的内部联系，即规律性，‘求’就是我们去研究”，即从“实际出发，从其中引出其固有的而不是臆造的规律性，即找出周围事物的内部联系，作为我们行动的向导。”

群众路线，就是一切为了群众，一切依靠群众，从群众中来，到群众中去。毛泽东将群众视为历史的创造者，相信群众的创造力是无穷的，非常重视群众在革命建设中的作用。1927年2月，毛泽东在《湖南农民运动考察报告》中明确提出了相信群众、依靠群众、放手发动群众、尊重群众首创精神的思想。土地革命战争时期，毛泽东提出了“群众路线”的科学概念。1943年，毛泽东指出：“在我党的一切实际工作中，凡属正确的领导，必须是从群众中来，到群众中去。”在党的七大上，毛泽东将“和最广大的人民群众取得最密切的联系”作为党的三大优良作风之一，作为中国共产党区别于其他任何政党的显著标志之一。毛泽东本人是紧密联系群众的代表，他在重大会议或重大决定之前，只要条件允许，都要到基层、到群众中去做一番调查研究工作，使党的路线、方针、政策更加符合实际。

独立自主，就是要依靠本国人民的力量，搞好本国的革命和建设事业。早在20世纪30年代，针对党内一些人脱离中国革命实际、盲目执行共产国际的指示、致使革命力量遭受严重损失的错误倾向，毛泽东就坚持独立自主原则，独立探索中国特色的革命道路。在抗日战争全面爆发之前，毛泽东指出：“我们中华民族有同自己的敌人血战到底的气概，有在自力更生的基础上光复旧物的决心，有独立于世界民族之林的能力。”中华人民共和国成立前夕，毛泽东在新政协筹备会庄严宣告："中国必须独立，中国必须解放，中国的事情必须由中国人民自己作主张，自己来处理，不允许任何帝国主义国家再有一丝一毫的干涉!"在社会主义建设过程中，毛泽东率领全国人民自力更生，艰苦奋斗，为改变一穷二白的落后面貌、增强国家实力、提升国际地位进行了艰苦探索，克服了一个又一个困难，创造一个又一个奇迹。

毛泽东文韬武略，他博览群书，精通经史，具有深厚的传统文化素养和卓尔不凡的经世才能。他是伟大的文学家。他的古体诗词充满革命豪情，豪放壮美，以其撼人的思想和艺术力量赢得了广大读者的喜爱，不仅为国内亿万群众广为传诵，而且被译成多种外文，介绍到了亚、非、欧、美的许多国家。

毛泽东诗词的崇高格调和动人魅力源于他的伟大人格和丰富学养。青年毛泽东在湖南第一师范求学期间，曾熟读《韩昌黎文集》《昭明文选》《离骚》《九歌》和汉赋、乐府、唐诗、宋词等古代文学典籍，手抄过屈原的《离骚》和《九歌》。他好写诗词，虽不常作，"偶一下笔，却不同凡响：雄壮、豪放、气象万千，朋友们争相传诵"[1]，罗章龙称赞他"骛高远而卑流俗，有九天俯视之概"，"所为诗文，戛戛独造，言为心声，非修养有素不克臻此"[2]。在投身革命后，毛泽东在百忙之中挥毫遣兴，记事抒怀，以古体诗词抒写革命斗争生活，为后人留下60余首诗词，为旧体诗词注入新的活力。

毛泽东诗词是中国革命的史诗，是中国人民当代革命斗争生活的反映，是革命斗争经验的总结，也是毛泽东壮志豪情的写照。他在中华人民共和国成立前创作的诗篇，是反映浴血奋斗的峥嵘岁月、歌颂人民军队的英雄气概和乐观主义精神、表现无产阶级革命家高瞻远瞩、不畏艰难、敢于斗争、敢于胜利豪迈情怀的佳作。如《西江月·井冈山》描述了黄洋界保卫战中红军英勇作战，敌人仓皇逃窜的场景；《如梦令·元旦》反映红军行军的艰难以及战胜一切困难的豪情；《蝶恋花·从汀州向长沙》抒写的是广大工农群众高涨的革命热情和昂扬斗志；《七律·长征》概括了伟大长征的全过程，雄浑博大，张弛有致，是文学史上的壮丽史诗。中华人民共和国成立后，毛泽东的诗词转为对社会主义建设的讴歌。在《浣溪沙·和柳亚子先生》《浪淘沙·北戴河》《七律·送瘟神》《七律·到韶山》

① 李锐. 毛泽东的早期革命活动[M]. 长沙：湖南人民出版社，1980：47.

② 邓力群. 文化巨人毛泽东·六[M]. 北京：中央民族大学出版社，2003：2641.

《七律·答友人》这些诗篇中，诗人或是为人民革命的胜利而欣喜，为各族人民的团结而欢悦；或是借缅怀曾经建功立业的古人来赞颂社会主义建设；或是通过新旧对比，反映中国社会的巨大变化，赞颂中国人民在和平建设时期的干劲和忘我劳动精神。这些作品突出地反映了中华人民共和国的现实生活，是对时代风貌真实而形象的写照，也表现了一个无产阶级革命家热爱祖国、热爱人民、无限忠于共产主义事业的崇高品质和坚强信念。

毛泽东的诗词具有一种雄伟宏广、浑厚博大、境界壮阔、气势磅礴的雄浑之美。“问苍茫大地，谁主沉浮”“国际悲歌歌一曲，狂飙为我从天落”“敌军围困万千重，我自岿然不动”“雄关漫道真如铁，而今迈步从头越”“红军不怕远征难，万水千山只等闲”“安得倚天抽宝剑，把汝裁为三截”“独有英雄驱虎豹，更无豪杰怕熊罴”“为有牺牲多壮志，敢教日月换新天”“寂寞嫦娥舒广袖，万里长空且为忠魂舞”……这些诗句以敢于战胜一切困难的英雄气概，纵横环宇的壮阔胸怀，奇特豪迈的丰富想象，产生一种震人心魄的内在力量。他的《沁园春·雪》寓深厚的爱国主义感情于北国雪景的描绘之中，在历史人物的评点中抒发无产阶级雄视百代、创造崭新历史的伟大抱负。此词发表之后引起轰动，诗人柳亚子高度评价这首词的美学价值，认为毛润之沁园春咏雪一阙，“为千古绝唱，苏东坡、幼安，犹瞠于其后，更无论南唐小令，南宋慢词矣”。①

毛泽东历来强调文艺为大众服务，因此在他的诗词中，选用的词语往往是那些现代人的大众化的语言。这些语言贴近群众，贴近生活，如“红军不怕远征难，万水千山只等闲”“世上无难事，只要肯登攀”，蕴含深意但普通老百姓也能一看就懂。他的诗词善于用典、化用古语，同时又能别出新意，如“寂寞嫦娥舒广袖，万里长空且为忠魂舞。忽报人间曾伏虎，泪飞顿作倾盆雨”，赋予美丽的神话典故以新的意象和情韵。又如《卜算子·咏梅》一改前人格调，赋予传统的咏梅词以高远而独特的意境。

毛泽东也是20世纪的散文大家，他的散文是规范、典雅白话文的代表。尤其是政论文，纵横捭阖，鞭辟入里，浅易而深刻，平实而凌厉，极有说服力。毛泽东的散文创作受到梁启超的影响，又学习了韩愈古文的写法。早期散文如《商鞅徙木立信论》等，针砭时弊，议论风生，笔力挺拔，激情昂扬。此后，

① 柳亚子. 柳亚子诗词选[M]. 北京：人民文学出版社，1959.

他所写的《实践论》《矛盾论》《反对党八股》《延安文艺座谈会上的讲话》等哲学政论文章，在思想内容、语言风格和修辞手法等方面都炉火纯青，堪称上乘，形成了具有中国特色和中华民族气派又富于个性特征的议论文体。“毛泽东在这些文章中第一次为我们统一了新社会的口径，约定了口气和表达情感的方式”[①]，影响了此后中国政论散文的发展。

① 任敖霜. 毛泽东散文赏析[M]. 海口：海南出版社，1997：前言.

毛泽东在散文创作中力主“言之有物”“新鲜活泼”。毛泽东认为，“最要反对的是言之无物的文章”。纵观毛泽东的散文，都具有鲜明的针对性，或是针砭时弊，或是阐明道理，或是充满真挚的感情，绝无应景无聊的文字。他的作品如《反对党八股》《对日寇的最后一战》《反对自由主义》《改造我们的学习》《一个极其重要的政策》等都是指导全党工作的纲领性文件。毛泽东散文的外在表现方式极富生命力，其文章标题直接显豁，形象可感，如《星星之火，可以燎原》《反对本本主义》《放下包袱，开动机器》《别了，司徒雷登》等文章，标题直接表明了文章的主题与态度。毛泽东行文笔法多变，或比喻说理，或直揭本质；或言简意赅，或铺张扬厉；或平易如话，或形象生动；或典雅庄重，或幽默风趣。在《人民英雄永垂不朽》一文中他由近及远概括了人民英雄的奋斗历程。在《反对自由主义》中则以轻松诙谐的笔触，刻画了自由主义者的各种表现。在《改造我们的学习》中，则借用对联“墙上芦苇，头重脚轻根底浅；山间竹笋，嘴尖皮厚腹中空”来批评主观主义者。毛泽东的散文具有独特的“中国作风”和“中国气派”。一方面他的文章语言质朴自然，接地气，近百姓。他常将那些文言词句化入质朴自然的口语之中，使文章更加耐人寻味。另一方面，他的散文在用字造句方面呈露出扎实深厚的传统文言文功底。他喜欢化用化用典故，旧典新用，死典活用，陈典变用。在语言结构上注意音节停顿，体现出古典庄重的韵味。“四言结构的密集化，是毛泽东政论白话文的一大特色，一尊长处”[②]，同时，“四言结构的整饬、密集化和理性教导的增长使毛泽东的政论白话文常常气势滔滔，形成不可抗拒的言说力量”[③]。毛泽东散文特别注重修辞，常常根据表达主题的需要，或用比喻化抽象为具体，或以对比道明本质，或是形象说理，手法多样，运用自如。

② 文贵良. 政论白话文：毛泽东的话语形式[J].《湖南大学学报，2008(4).

③ 同上.

毛泽东是伟大的军事家和战略家。他以一介书生横槊跃马，运筹帷幄，用兵如神，决胜于千里之外，指挥千军万马，横扫

敌军如卷席，创造了多个化险为夷、以少胜多、以弱制强的战争神话。他凭着对中国革命战争性质的深刻认识以及军事天才，很早就提出了以人民军队为骨干、紧紧依靠广大人民群众、建立革命根据地、进行人民战争的军事思想，并制定了一整套人民战争的战略战术。强调一切从敌我双方的实际情况出发；主张积极防御，反对消极防御；以歼灭敌人有生力量作为作战的主要目标；集中优势兵力，各个歼灭敌人；实现歼灭战，先打分散孤立之敌，后打集中强大之敌，力求全歼，不使漏网；采取恰当的作战形式，实行运动战、阵地战、游击战相结合；力求主动，力避被动，执行有利决战，避免不利决战；把对敌军的军事打击与政治瓦解结合起来，利用多种方式打击和消灭敌人。毛泽东直接指挥了多次战役，在世界军事史上写下了令人瞩目的篇章。红军初创时期，毛泽东亲自指挥了反击国民党军队对井冈山进行的重兵“围剿”，按照他亲自制定的游击战争十六字诀“敌进我退，敌驻我扰，敌疲我打，敌退我追”，采取“分兵以发动群众，集中以应付敌人”“固定区域的割据，用波浪式的推进政策。强敌跟踪，用盘旋式的打圈子政策”的方式，诱敌深入、各个击破，取得重大胜利。长征时期，蒋介石调集40万大军追击红军，企图围歼红军于乌江西北的川黔边地区。毛泽东以机动灵活的战略战术，声东击西，避实就虚，指挥红军四渡赤水河，打乱敌军部署，寻机歼灭和击溃国民党军2个师又8个团，摆脱了敌人的围追堵截，取得了长征以来最大的一次胜利。解放战争时期，胡宗南部34个旅25万人进攻陕北，毛泽东审时度势，主动放弃延安，授命彭德怀指挥西北野战军采取“蘑菇”战术，在延安东北青化砭、羊马河、蟠龙地区连续进行3次歼灭战，取得三战三捷，彻底粉碎胡宗南集团对陕甘宁边区的重点进攻。1948年9月至1949年1月，毛泽东指挥人民解放军与国民党军队先后在辽沈、淮海、平津展开三次大的战略决战。他审时度势，巧妙运筹，及时调整战略战术，制定了三大战役的作战方针。指挥人民解放军以摧枯拉朽、排山倒海之势，消灭敌军力量173个师154万余人，为全国解放奠定了决胜的基础。

毛泽东又是中国现代史上杰出的军事理论家。他在长期的革命实践中对中国革命战争、人民军队和国防建设以及军事规律进行探索写成的一系列著作，成为中国革命战争的指导文献，也为世界军事家所重视。对于中国革命战争的特点，毛泽东早在1928年至1930年，初就有深刻揭示。在《中国的红色政权为什么能够存在?》《井冈山的斗争》等著作中，他针对当时武装暴动、夺取中心城市的错误方式，提出中国革命必须走农村包围城市道路的理论。此后，毛泽东写下《中国革命战争的战略问题》《抗日游击战争的战略问题》《论持久战》《论新阶段》《战争和战略问题》等军事著作，深刻地阐明了无产阶级革命战争、民族抗日战争的立场、观点和方法，系统地论述了中国革命战争的战略指导问题。他对战争有着透彻、全面的认识，他说："战争是从私有制和有阶级以来就开始了的，用以解决阶级和阶级、民族和民族、国家和国家、政治集团和政治集团之间在一定发展阶段上的矛盾的一种最高的斗争形式。"为此，他分析国内革命战争、抗日战争的特点，提出了人民战争的思想，认为革命战争是群众的战争，只有动员和依靠群众，才能进行革命战争；必须团结一切可以团结的阶级、阶层和社会集团，利用一切可以利用的力量，最大限度地孤立和打击最主要的敌人；从一切方面的努力中不断增加革命的战争力量，减少反革命的战争力量，使力量对比朝着有利于己不利于敌的方面逐步变化，最后达到获得力量优势、战胜敌人的目的。

毛泽东高度重视人民军队在夺取政权和保卫政权中的作用，重视人民军队建设。他指出"没有一个人民的军队，便没有人民的一切。"为了确保有一支无产阶级性质的、具有严格纪律的、同群众保持紧密联系的新型人民军队，早在1927年三湾改编和1929年古田会议上就明确提出了建设新型人民军队的建军原则——"党指挥枪"，制定了"三大纪律八项注意"，强调实行政治、经济、军事三大民主，实行官兵一致、军民一致和瓦解敌军的原则，提出和总结了一套军队政治工作的方针和方法。新中国成立后，毛泽东又提出了一系列加强国防力量、建设现代化人民军队和发展国防科学技术的重要原则，形成了科学的理论体系。在其思想的指引下，人民解放军真正成为保卫国家和人民的正义之师、威武之师。

毛泽东的军事成就在世界军事史上占有重要的地位，他的军事思想是当代世界具有重大影响。20世纪六七十年代，毛泽东的军事思想在第三世界广泛传播，成为许多国家被压迫民族和被压迫人民争取民族独立和解放的强大思想武器。

毛泽东还是书法巨匠，被公认为20世纪最杰出的书法家之一。他的行草法前人而开新风，创造了极具个性魅力的书法艺

术风格，被誉为“毛体”。

毛泽东早年在私塾读书时就对书法产生了极大的兴趣，他曾广泛地研习王羲之、欧阳询、颜真卿等人的法帖，并在游历中留意考察古代碑石、佛家写经和民间书法。从现存毛泽东手书《离骚经》《夜学日志》题字以及《致萧子升》来看，这一时期的书法是以晋唐楷书为规范，涉猎魏碑等各家书风，形成了严谨、开张、强健、瘦劲的风骨。从领导中国革命到中华人民共和国成立后，毛泽东一直不忘披览碑帖，挥笔习书。从江西根据地万里长征到延安，毛泽东身边别无长物，却一直把晋唐小楷等他阅读临写过的法帖带在身边。在毛泽东身边工作多年的陈秉忱同志回忆：“我们从仅存的一张明信片的笔迹看，毛泽东早年似受晋唐楷书和魏碑的影响，用笔谨严而又开拓，是有较深功力的。在延安时常阅读法帖（阅过的晋唐小楷等帖一直带在身边）。全国解放后，更多地阅读法帖，1949 年出国时，也以《三希堂法帖》自随。1955 年开始，指示身边工作人员广置碑帖。20 余年间，所存拓本及影本碑帖约有 600 多种，‘二王’帖及孙过庭、怀素的草书帖，则是时常披阅。毛泽东不但博览群帖，而且注意规范草书，如古人编辑的《草诀要领》和《草诀百韵歌》等帖。”①

毛泽东对于书法艺术的见解，目前未见系统记载，但他在与工作人员交谈中表达了自己的观点。他认为书法里充满了辩证法。“字的结构有大小、疏密，笔划有长短、粗细、曲直、交叉，笔势上又有虚与实，动与静，布局上有行与行间的关系、黑白之间的关系。你看，这一对对的矛盾都是对立的统一啊！既有矛盾，又有协调统一。中国的书法里充满了辩证法呀！”他主张字要骨神兼备。“人有相貌、筋骨、精神，字也有相貌、筋骨、神韵。”因此，临帖“最初要照原样写，以后练多了，要仿其形，取其神”。他说，“字和人一样，也有筋骨和灵魂。练久了，就会找到筋骨，写出神韵”。他主张既广采博取，又独具风格。“学字要有帖，学好后要发挥。习字要有体，但不一定受一种体的限制，要兼学并蓄，广采博取，有自己的创新，自己的风格，才能引人入胜。”②

和他的见解相应，毛泽东书法正是出于古人但不拘成法，得其神韵而别有创新。他的狂草来源于张旭、怀素。田家英就认为，毛泽东的书法，特别是草书，和怀素《自叙帖》有相同的地方：一是笔画都较细圆；二是字形都较大；三是在大草的布

① 李青. 形而上下——艺术实验与美术学研究[M]. 北京：中国社会科学出版社，2006：317.

② 周宏让. 跟毛泽东学文[M]. 北京：红旗出版社，2008：240－277.

局上，都采用了行行逶迤、翩翩自肆的写法；四是在“神”上很相似。[1]但是，毛泽东又不完全同于怀素，在笔画、结构上有所变化：怀素《自叙帖》的笔画细圆遒劲，毛泽东的笔画细圆柔韧；怀素《自叙帖》的结字较长，毛泽东的结字长中多欹侧。[2]毛泽东的书法，在师法前人的基础上形成了自己的独特风格。

① 盛巽昌.毛泽东眼中的历史人物[M].上海：上海辞书出版社，2005：249—250.

② 刘锡山.毛泽东的书法艺术[M].济南：山东大学出版社，1996：203.

毛泽东认为自己的书法“与诗相称，似乎适宜”。和他的诗词一样，毛泽东的书法充满了浪漫豪情，具有强烈的个性特征与强烈的视觉美感：既充满激情，又法度严谨，根植传统，博大精深；结字神奇，俏俊飘逸，行笔如神，不物成规，是中国书法史上一座巍峨耸立的丰碑。

第十一节 享誉世界的国画大师

——齐白石

齐白石（1863—1957），名纯芝，后改名璜，字渭清，号兰亭、濒生，别号白石山人，遂以齐白石名行世。别号还有齐大、木人、木居士、红豆生、星塘老屋后人、借山翁、借山吟馆主者、寄萍堂主人、萍翁、杏子坞老民、湘上老农、三百石印富翁、龙山社长、百树梨花老人等。湖南湘潭人，我国20世纪著名画家和书法篆刻家。曾任北京国立艺专教授、中央美术学院名誉教授、北京画院名誉院长、中国美术家协会主席等职。1949年7月、1953年9月两次出席中华全国文学艺术工作者代表大会，连续当选为全国文联委员。1954年8月，当选第一届全国人民代表大会代表，与毛泽东主席交谊甚深。1953年1月，文化部授予其“人民艺术家”称号。1955年12月，德意志民主共和国艺术科学院授予其通讯院士荣誉。1956年4月，世界和平理事会授予其1955年度国际和平奖。1963年100周年诞辰之际，被世界和平理事会推举为“世界文化名人”。齐白石是我国唯一一个获得中国“20世纪十大书法家”和“20世纪十大中国

画家”称号的艺术家。他创作画作 3 万余幅、诗词 3000 余首，还有自述及其他文稿并手迹多卷。有《白石诗草》《白石印草》《齐白石作品选集》《齐白石作品集》等传世。他自认为诗第一，印第二，字第三，画第四，实属诗、印、书、画全入神品的千古伟人。

按诸实际，齐白石首先是以其画作名世的。他 14 岁时跟随叔祖父学木匠，次年改学雕花木工，从民间画工入手，曾习古人真迹，摹《芥子园画传》并据以作雕花新样。1888 年起始学国画。1890 年 26 岁时转从萧芗陔、文少可学画像，27 岁始从胡沁园、陈少蕃习诗文书画。衰年变法，师法陈师曾、徐渭、朱耷、石涛、吴昌硕等，形成独特的大写意国画风格，开红花墨叶一派，与吴昌硕共享“南吴北齐”之誉。

齐白石国画的花鸟虫鱼、山水、人物无一不精，无一不新，尤以花鸟画见长。他的花鸟画作笔酣墨饱，力健有锋。但画虫则一丝不苟，极为精细，尤工虾、蟹、蝉、蝶、鱼、鸟，水墨淋漓，栩栩如生。齐白石反对不切实际的空想妄摹，经常注意花、鸟、虫、鱼的特点，揣摩它们的神气风韵。他曾说：为万虫写照，为百鸟张神，要自己画出自己的面目。因此他所画草虫妙趣横生，一派天机，充满天真的童心和淳朴的乡情。他是中国绘画史上为草虫写照种类最多的画家，所绘草虫多达百余种，几乎没有什么草虫不可入画。在他的草虫世界里，纳须弥于芥子，以小寓大，寄托对众生平等的博大挚情，充溢着炽热的生命意识，人们从中看到了春意盎然的生命景色，感受到一种祥和平静的生活乐趣。

齐白石的画作至简至朴、至拙至厚的风格在他的山水画中表现得淋漓尽致。他的山水画构图出奇出新，无常法而又合法，貌似平淡的笔调，大气磅礴、纯净明丽，每一笔似乎都饱含着家乡的泥土气息，每一根线条似乎都凝结着大自然的露珠，清新而华滋，深厚而通俗。在似与不似之间，或轻或重，或明或暗地表现出山水灵性的本质，在大开大合中见出细腻、朴素的善良与乐观的坚强。

齐白石画作的题句题诗颇有意蕴。他画两只小鸡争夺一条小虫，题曰：“他日相呼”；一幅《棉花图》题曰：“花开天下暖，花落天下寒”，诙谐而巧妙；《不倒翁图》题曰“秋扇摇摇两面白，官袍楚楚通身黑”，对腐败官场和黑暗社会予以无情揭露和辛辣讽刺，可谓入木三分。卢沟桥事变后，他画《鸬鹚舟》

并题诗曰："大好江山破碎时，鸬鹚一饱别无知，渔人不识兴亡事，醉把扁舟系柳枝"，影射了那些贪官大亨宰割临头却依然麻木不仁的丑态。

齐白石画作继承融汇了元明以来中国传统文人绘画与民间艺术的精华，发展了20世纪中国画的表现力度与生命情趣，树奇帜于现代艺苑，别开生面，大俗大雅，雅俗共赏。因而在20世纪以来的中国绘画史上，没有哪位艺术家像齐白石那样受到人们的广泛赞誉，即使在当前艺术流派异彩纷呈、观众审美趣味也日益多元化的现状下，齐白石的画作总是让人百看不厌，从中感受到经典作品的永恒魅力，因而赢得了人们普遍的敬意和喜爱。

齐白石是中国篆刻史上开宗立派的人物。中国篆刻史上出现过两个高峰，一个是秦汉，一个是明清。秦汉是中国篆刻的繁荣时期，秦印苍秀灵动，汉印宽博沉雄，显示出古朴典雅的风格。至明清时期，篆刻作为一门艺术被文人所推崇，成为文人艺术的重要组成部分，出现了以丁敬、黄易为代表的浙派和以邓石如、吴熙载、赵之谦为代表的皖派。浙派印人尊法秦汉，喜用切刀，颇露锋颖，具阳刚之气。皖派印人讲究篆势，善于变化，运刀如笔，流利清新，有阴柔之美。吴熙载、赵之谦等以书入印并在秦汉印、封泥上寻找自己的篆刻语言，吴昌硕以石鼓文入印且将封泥、瓦当融进了自己的篆刻。齐白石则将《天发神谶碑》《秦权》和《三公山》等碑融为一体，创造出了自己风格独特的艺术语言，为后世设立了一个无法超越的高度。元明清三代至近代名家以不同的表现风格弘扬了印章独具的艺术价值，其中属于开宗立派的人物当数吴昌硕和齐白石。

齐白石篆刻起步较晚，他初学丁敬、黄易，后仿赵之谦、黄牧甫，并取法汉印。最后发现《三公山》及《天发神谶碑》最符合自己的性情，尤其是"喜《天发神谶碑》，刀法一变，再后喜《秦权》，纵横平直，一任天然，又一大变"。找到了适合自己性情的碑刻之后，他就在试图营造自己的篆刻语言。随着篆书风格的不断形成，他的篆刻也在不断地走向成熟。在继秦汉印风而独树一帜，将大写意印风推向极致，最终成就了他在中国篆刻史上的地位。

齐白石篆刻艺术的特点，一是开拓性。其篆刻对刀法和章法的拓展是前无古人后无来者的。他将绘画中大写意的性格、构图带进了他的篆刻，章法大起大落，疏密对比强烈，极富情

感。二是不可重复性。齐印用刀独特，风格强烈，为后世留下了一个无法复制的高度。即使模仿其法术技艺和风格意趣，也很难达到他的精神化境。

齐白石印章的意境来源于诗，刀法来源于书法，章法来源于绘画，篆刻艺术和诗、书、画交融相济共同提高发展。齐白石篆刻刀法、篆法、章法均堪称独树一帜。其刀法，单刀侧锋直入，尤其大印更有雷霆万钧之势，呈现出纵横雄健之气。正刀与侧刀配合使用，线条千变万化。其篆法在继承《三公山》与《天发神谶碑》风格的基础上大胆创新。其章法则追求变化纵横参差，敢为人所不敢为，形成了极具个性特征的齐白石印风。阴文印代表作“大匠之门”“八砚楼”“借山吟馆主者”等勇猛精进，大气磅礴，参差之美俨然，令人击节叹服。阳文印代表作“三余”“江南布衣”“人长寿”“我自作我家画”等则奇崛纵横，盘纡回荡，跌宕有致，意味深长。这些印章精品，与老人的书艺相似，完全是“自家须眉”，不见古人痕迹，正体现出老人不平常的创造力与革新精神。正如刘海粟在《齐白石印汇·小引》中对齐白石篆刻艺术的评价：“翁治印具大艺人胆识心胸，了无匠气，老而弥壮。方寸之内，天地宽宏。出入诸家，收放自如”。老人的印艺无愧色地实践了他“扫除凡格总难能”的印学主张。衡诸印史，足可睥睨凡格，别树大纛。

齐白石的书法与他的画、印一样，饱满酣畅，意气纵横，捭阖之中别具大美深致，具有强烈的感染力。欣赏他的书作，总会有一种阳刚之气扑面而来，让人领略到书作者对于生活、对于生命的积极态度与热情礼赞。如果说齐白石的绘画表现了明确的平民意识与朴实健康的审美情调的话，他的书法也同样如此，只是表现得更抽象更隐晦些。齐白石书法个性极其鲜明，一是笔墨功夫极深，非一般人所能。李可染先生曾评论：“笔墨……讲得最好的是黄宾虹，实践最好的是齐白石……齐白石的字写得很好，力能扛鼎。”二是书写特点突出，一些字不守常规笔顺，常以新的面貌出现。三是行笔滞涩，拖笔较长，但滞涩而有韵，拖长而增奇。

齐白石书法艺术的成就主要在行书和篆书两个方面。行草多用于画跋或书名、题识等，舒展大气，与画中形象相映生辉。而自由书写的日记、便笺等最见性情。他的篆书多用于以擘窠大字写楹联、中堂、横批。其篆书字体不是规范的小篆，也未上溯到金文甲骨，而是在篆隶相间中抒发豪迈、放逸、自由创造的精神意趣。齐白石的篆书时时处处、方方面面都是“一以贯之”地独开生面，把视点定在了鲜为人取法的奇古、恣肆、凌厉、险绝的篆书系统，向篆中的寂寞角地采撷属于他自己的美感表现。《祀三公山碑》《天发神谶碑》《开通褒斜道刻石》《曹子建碑》等“奇趣”型的作品成了他的灵感宝库。在这偏僻的角地老人硬是“化臭腐为神奇”，苦耕细作，开辟出奇崛生辣、开合吞吐的审美新世界。其作品夸张疏密对比，收放有致，结体颇见匠心独运的奇险与大胆，而用笔却凝重沉厚，如折钗股，如锥划沙，如印印泥，具有震撼力和表现力，一种夭矫不凡之意跃然卷楮之上。至于晚年，行书篆书愈加成熟，书作达于随心所欲而中矩的境地，卓然不群，妙化无端。

齐白石的书法是从学习临摹前人开始的。他自述“书法得力于李北海、何绍基、金冬心、郑板桥与《天发神谶碑》，写何体容易有肉无骨，写李体容易有骨无肉，写金冬心的古拙，学《天发神谶碑》的苍劲”。根据齐白石生平介绍，他早年学书，启蒙于清代流行的“馆阁体”，26 岁时专临何绍基，此书体酷似，使用十多年。40 岁写《爨龙颜碑》，43 岁左右学金农，也是深得其髓，此书体沿用 20 多年。此外还专攻过郑板桥、吴昌硕、魏碑等。其所学各家均用心体悟，不辍临池，深得其法，写得极像。如果把齐白石书法艺术的发展划成两大阶段，大概可以 60 岁为界。在此之前，书法风格基本徘徊在何绍基、金冬心、郑板桥、李北海、吴昌硕诸家之间。60 岁之后，齐白石的书法和绘画一样，走的是“先与古人合，后与古人离”的实践。正如齐白石自己所说“苦临碑帖至死不变者，为死于碑下”。他对各家融会贯通，创新发展。其行书追求中宫收紧，左势坚守，右上开张，并逐步形成自己的风格。其篆书则笔画纵横，简洁老辣，内实外展，结体自然。到七八十岁，齐白石书法经过数次升华，行笔雄健，精致苍劲，风格独特，大气磅礴，成为最典型的“白石书体”。

齐白石在诗歌创作上下了一番功夫。他既受到胡沁园、王闿运等名师指教，又“牛角挂书”，苦学精研，“灯盏无油何害事，自烧松火读唐诗”。加之深厚的生活基础和灵慧的天性，他的诗词形成了独特的艺术风格。齐白石诗词的最大特点就是清新质朴，妙趣天成，富于生活情趣和幽默感。如《芋魁》：“一丘香芋暮秋凉，当得贫家谷一仓。到老莫嫌风味薄，自煨牛粪火炉香。”眼前事，口头语，蕴含醇厚的乡土气息和温馨自适的

生活情趣。又如《题小儿放学图》：“当真哭事要儿为，日日提萝阿母催。学得人间夫婿步，出如茧足返如飞。”活灵活现，曲尽其妙。齐白石画作所描绘的大多是自然界的寻常事物，或不起眼的事物，其题画诗则往往以小寓大，以近见远，以实显虚，境界宏阔，意义深远。如《墨梅》：“通身铸铁净无尘，香墨缘来旧有因。月下人看初恍惚，山中雪满更精神。自知得地神仙窟，何必移根宰相门。画入溪藤颜色古，无须东阁动吟魂。”尽显梅花的坚强高洁品性。又如《蓼花》：“枫叶经霜耀赤霞，篱边黄菊正堪夸。潇湘秋色三千里，不见诸君说蓼花。”在三千里潇湘秋色中，蓼花满地皆是，却因没有绰约的丰姿和炫目的颜色而无人提起。怜惜之情深沉痛切。怜花实为怜人，其寓意令人深省。齐白石的诗词是他心灵世界和真实性情的展现，表达了他对生活、对祖国的无比热爱和对真善美的倾心追求，同时也抒发了他对丑恶现象和凶残敌人的痛切之情。如《群鼠图》：“群鼠群鼠，何多为许！何闹如许！既啮我果，又剥我黍。”用粗犷、直率的语音对贪官污吏予以痛斥。《题友人冷广画卷》：“对君斯册感当年，撞破金瓯国可怜。灯下再三挥泪看，中华无此整山川。”忧愤之情溢于言表。正如齐白石自己所说：“天功人力自成文。”他的诗更多的是他心中的天籁之声，一任心口吐出，全无雕琢之痕，以大俗而臻大雅，堪与其画相辉映。

画风、印境、书品、诗韵其实都是艺术家人格人品的反映。齐白石是一位始终守望真、追求善、热爱美的天才的艺术家。在勤勉自励和追求真善美的艺术探索之中，他始终保持着艺术家可贵的良心和作为一个有性情的画师那种大爱大恶的“是非”之感。烂漫天真、体物入微、礼赞生命几乎是他一生艺术的永恒主题，也是他的天生性格。没有“爱”，便没有齐白石；没有执着的个性之“爱”，也没有齐白石。齐白石是用“爱心”自如地歌吟他的诗、书、画、印的。如果我们不能以童稚般的“天心”与“真眼”去贴近这位艺术家的心灵，我们就很难理解齐白石，也很难读懂齐白石的作品。

齐白石是一位创作十分刻苦勤奋的艺术家。他每日挥毫不止，砚耕不辍。据资料记载，老人如遇疾病等要事未能作画，康复后一定要补上所误。一生抱着“天道酬勤”信条的白石老人，坚信艺术创造离不开刻苦的实践。有印曰“痴思长绳系日”，其情可掬，其志可勉，其意可感。

齐白石是一位处事十分认真的艺术家。李可染在《谈齐白石老师和他的画》一文中回忆，老师写字和作画一样，从不会“信笔草草，一挥而就”。“比如有人请他随便写几个字，他总是把纸叠了又叠，前后打量斟酌，有时字写了一半，还要抽出笔筒里的竹尺在纸上横量竖量，使我在旁按纸的人都有点着急，甚至感到老师做事有点笨拙，可是等这些字画悬了起来，写上又会使你惊叹，你会在那厚实拙重之中，感到最大的智慧和神奇。”

齐白石是一位十分谦逊诚实的艺术家。老人70多岁的时候还常对人说：我才知道，自己不会画画。人们称赞老人的谦逊。老画家仍然坚持说：我真的不会画。老人对自己的画也有不满意的。白石老人曾经还与毛泽东、郭沫若争夺过一张“废画”。在书画作品中出现笔误或漏字时，他一定会在文末注明，绝不敷衍欺世。齐白石82岁书王安石诗，误将“水”字写错，特在题记中说明：“‘水’字篆成‘川’字，殊堪一笑。”

齐白石是一位有骨气的艺术家。在他40多岁时，就有人为他推荐当慈禧太后的“内廷供奉”，被齐白石婉拒；后来又有朋友愿意为他捐个“县丞”，亦被拒绝。对上层人物的提拔，齐白石始终保持清醒的头脑，抱定主意，誓不为官。他在《钵中花》一诗中说：“数亩香粳满院麻，老农身世未应嗟。受人恩即多拘束，笼鸟朝官钵里花。”他还为此刻闲章“独耻事干谒”以铭记，可见他对旧社会官场的疏离和对自由的渴望。

齐白石还是一位爱憎分明的艺术家，一位有民族气节的爱国者。抗日战争时期，北平伪警司令、大特务头子宣铁吾过生日，强邀齐白石赴宴作画。齐白石来到宴会上，环顾了一下满堂宾客，略为思索，铺纸挥毫。转眼之间，一只水墨螃蟹跃然纸上。众人赞不绝口，宣铁吾喜形于色。不料，齐白石笔锋轻轻一挥，在画上题了一行字：“看你横行到几时”，后书“铁吾将军”，然后仰头拂袖而去。有个汉奸求画，齐白石画了一个涂着白鼻子，头戴乌纱帽的不倒翁，还题诗：“乌纱白扇俨然官，不倒原来泥半团，将妆忽然来打破，浑身何处有心肝？”予以讽刺与抨击。日本侵略军占领了北平，齐白石闭门不出，还在大门上张贴出条子：“画不卖与官家，窃恐不祥。”国立艺专聘他为教授，他在装聘书的信封上写下“齐白石死了”五个字，原信退回。在严寒无火的冬天，他把学校配给他的煤球退了回去，宁可全家受冻，也决不受敌伪政权的施舍。

第十二节

国歌的谱写者——田 汉

20世纪初的中国面临着亡国灭种的危机，一大批文学家、艺术家以艺术作品为武器，积极投入思想启蒙和救亡运动，发挥了重大作用。湖南的田汉是其中的佼佼者。

田汉（1898—1968），原名田寿昌，笔名陈瑜、伯鸿、汉仙等。湖南长沙人。田汉一生从事于文艺事业，是现代杰出文艺巨匠。他博学多能，在话剧、戏曲、电影、小说、诗歌、歌词创作等多个方面成就突出，他一生创作话剧、歌剧达60余部，电影剧本20余部，戏曲剧本24部，歌词和新旧体诗歌近2000首。

作为现代杰出的艺术家，田汉的艺术创作具有鲜明的特征，即现实主义与浪漫主义的高度融合。现实主义让他能够着眼于社会，与五四运动、抗日救亡运动同呼吸，与国家民族共命运；浪漫主义让他的作品的人物丰满，情感真实，充满了对光明的呐喊，对抗日救国热情的讴歌赞美。他创作歌词的《义勇军进行曲》就是其中最典型的代表。

由田汉作词、聂耳谱曲的《义勇军进行曲》是抗战电影《风云儿女》的主题曲，诞生于全国抗日救亡运动高涨的1935年。当时，日本帝国主义在1931年“九一八”事变之后，加快了侵华步伐，1932年进攻上海，1933年又进犯到长城一线。英勇不屈的中国人民奋起反击，以血肉之躯再筑长城，发起义勇军抗战、上海“一·二八”抗战、长城抗战、绥远抗战。其中以东北各阶层群众自发组成的东北义勇军最为著名。东北沦亡之后，东三省人民和部分爱国军队，自发组织抗日武装，人数最多时接近30万，他们被统称为东北义勇军，他们在白山黑水之间进行抗日游击战争，给予日本侵略军以沉重的打击，向全世界宣告了中国人誓死不当亡国奴的伟大民族意志。东北义勇军在抗战期间，得到了全国人民的大力支持，“全国报纸刊物以大量的篇幅报道了义勇军的抗战事迹，国内外各阶层人民源源不断地捐助大批的物资和款项”“各地农民和青年学生参加各部义勇军，直接拿起武器抗击日军的更难以胜数”。[①]

1934年年底，田汉为电通影业公司编写电影《凤凰涅槃图》的故事梗概，并作主题歌《义勇军进行曲》歌词。《凤凰涅槃图》后由夏衍改写为电影摄制台本，并改名为《风云儿女》。[②]影片以东北义勇军抗日为背景，讲述了知识分子经历了个人的苦闷、彷徨之后投入抗战的故事，主题曲《义勇军进行曲》是十五节的结尾。1935年2月，田汉以“宣传赤化”的罪名被捕入狱，电通影业公司于是邀请夏衍担任编剧，由远在日本的聂耳为主题曲谱曲，由上海百代唱片公司灌成唱片，于1935年5月公开发行。1935年5月24日，电影《风云儿女》在上海金城大戏院首映，影片主题曲《义勇军进行曲》随即点燃了人们的爱国热情，传遍大江南北，成为中国人民的抗日战歌。如爱国青年刘良模曾组织歌咏队，到上海广播电台去教唱《义勇军进行曲》等救亡歌曲，使《义勇军进行曲》广播于上海、苏州、无锡、宁波、北平、天津、厦门、广州、香港等地。刘良模解释传唱抗日歌曲的动机时，说：“我们不是为唱歌而唱歌，我们是要为民族解放而唱歌。我们要用唱歌的方式来唤醒民众、组织民众。”[③]

《义勇军进行曲》具有鲜明的特色，丰富的内涵。它“是以爱国主义为核心的中华民族精神的高度概括”[④]，激励中国人民“起来”“冒着敌人的炮火前进”，号召民众“万众一心”“把我们的血肉筑成我们新的长城”；它旋律激昂，节奏铿锵，振奋人心，作曲者聂耳自己也曾评价“它（《义勇军进行曲》）比《国际歌》更明快，比《马赛曲》更激昂”[⑤]；它既具有散文诗一样的语句，又通俗上口，易于传唱。

《义勇军进行曲》诞生后还在马来西亚、法国、美国、印度等国家广泛传播，成为世界反法西斯战歌，许多华侨在收听之后，备受鼓舞感召，积极开展支援祖国的抗日救亡运动。一批批的飞机、救护车、运输车从海外捐献回国，还有许多华侨回国参战，给祖国的抗日战争以巨大的支援。

1949年9月中华人民共和国成立前夕，中国人民政治协商会通过评选，确定了《义勇军进行曲》为中华人民共和国国歌。从此，《义勇军进行曲》在祖国大地的每一寸土地响起，激励着中国人民不忘历史，奋发前进，成为中华儿女踏上新的历史征程的冲锋号。

① 宋希濂，董其武等. 九一八事变[M]. 北京：中国文史出版社，2015：169.

② 张向华. 田汉年谱[M]. 北京：中国戏剧出版社，1992：194.

③ 李国才. 国歌的诞生[M]. 上海：上海人民出版社，2015：86.

④ 李国才. 国歌的诞生[M]. 上海：上海人民出版社，2015：83.

⑤ 李国才. 国歌的诞生[M]. 上海：上海人民出版社，2015：83.

田汉创作的《义勇军进行曲》取得巨大成功，是与他学贯中西、博古通今的学养以及积极投身革命文艺创作实践区分不开的。

田汉自幼接受私塾教育，学习了中国传统古籍诗词，从14岁开始就自己动笔写剧，为此后的创作打下了较为深厚的文化基础。1916年他留学日本期间，通过日本剧坛接触到了“欧洲现实主义近代剧”，近距离观摩剧场上演的现代戏剧。同时，苏联的十月革命、日本早期的进步文艺运动，特别是国内蓬勃兴起的五四新文化运动，都给他以无尽的启发和影响，让他最终将文学、戏剧确定为自己的人生道路。

1920年，他以《咖啡店之一夜》作为发轫的标志，开始了他的戏剧创作之路。他先后著有文学剧本《乱钟》《暴风雨中七个女性》《扬子江暴风雨》《回春之曲》《月光曲》《琵琶行》《江汉渔歌》《丽人行》《汉阳泪》《哀江南》等，戏曲剧本《白蛇传》《西厢记》《情探》等。除了戏剧之外，田汉能诗善文，他的诗歌苍健沉雄。如他1938年写的《重返劫后长沙》：“长驱尘雾过湘潭，乡国重归忍细谈！市烬元灯添夜黑，野烧飞焰破天蓝。衔枚荷重人千百，整瓦完垣户二三。犹有不磨雄杰气，再从焦土建湖南。”既描绘了长沙大火后的惨状，也表达了重建湖南、重振河山的壮志豪情。他还著有大量文艺评论文章，仅1919—1920年就著有《俄罗斯文艺一瞥》(1919年5月)、《平民诗人惠特曼百年祭》(1919年7月)、《说尼采〈悲剧之发生〉》(1919年9月)、《三叶集》(1920年)中的田汉书信、《诗人与劳动问题》(1920年2—3月)、《新罗曼主义及其他》(1920年6月)等文章。

田汉不仅从事文艺创作，还积极参加新文化运动和新民主主义革命。1921年，他与郭沫若等组织创造社，倡导新文学，1930年参加左翼作家联盟成立大会，被选为以鲁迅为首的个人执行委员之一。同年4月田汉发表了《我们的自己批判》，公开宣告投奔无产阶级。1932年田汉参加中国共产党，担任一些重要职务，成为“党从三十年代以来戏剧战线的主要领导人之一”[①]。

① 全国政协文史和学习委员会编. 回忆田汉[M]. 北京：中国文史出版社，2015:191.

关注社会、参加政治运动让田汉戏剧创作充满了现实主义精神。如他早期创作的话剧《名优之死》通过刻画京剧演员刘振声不幸的演艺生涯来揭示艺术的社会命运，作家在批判了“容不了好东西”的病态社会的同时，也写出了蕴藏在人们心中的积极进取、奋起抗争的力量。而后期的作品《关汉卿》则被认为是田汉戏剧创作的高峰。田汉根据仅有的历史资料，全面分析元代社会的政治阶级状况以及人民生活，深入研究关汉卿作品中所流露的思想感情，从而为人民奉献了一位和人民群众息息相通、憎恨丑恶、不畏权贵、大义凛然，追求真理的古代文人关汉卿的光辉形象。

田汉“热情似火，光明磊落，乐于助人，对同志推心置腹、真诚相待，特别是对年轻一代言传身教、关心爱护”。[①]他奖掖提携后辈，关心戏曲艺人。中华人民共和国成立后，田汉为戏曲艺人不断地呼吁，写了《为演员的青春请命，抢救戏曲宝贵遗产》等文章，创设了老艺人补助金办法。

纵观田汉的一生，“无论是在五四新文化运动中，还是在左翼文艺运动中，无论是在新民主主义革命时期，还是在社会主义革命和建设时期，田汉都走在时代前列，与民族共命运，与人民同呼吸，积极投身革命实践，坚持文艺的正确方向，以富于时代气息和革命激情的作品，鼓舞和激励人民推动历史前进。他是一位杰出的时代歌手和人民艺术家”。[②]

① 刘忠心，张冠岚，孔瑛．戏剧工作文献汇编 领导·专家讲话卷1984—2012［M］．北京：文化艺术出版社，2015：183.

② 同上书，182页．

第六章

湖湘文化的传承与创新

文化是民族的血脉，是人民的精神家园，是一个民族凝聚力和创造力的重要源泉，是一个国家综合国力的重要因素。在当今时代，它正超越物质、资本和自然资源，成为决定经济社会发展潜力的重要力量。“全面建设社会主义现代化国家，必须坚持中国特色社会主义文化发展道路，增强文化自信，……，发展面向现代化、面向世界、面向未来的，民族的科学的大众的社会主义文化，激发全民族文化创新创造活力，增强实现中华民族伟大复兴的精神力量。”[①] 推动区域经济社会高质量发展，必须有区域文化的协同发展与支撑，落实湖南“三高四新”战略定位和使命任务，必须学习、研究湖湘文化。坚持把历史与现实、理论与实践、学术研究与经济社会发展结合起来，理性审视湖湘文化传统，挖掘湖湘文化的当代价值，传承湖湘文化精神，推动湖湘文化发展，在新的历史条件下赋予其新的内涵，使之焕发出新的生机与活力，是奋力建设富强民主文明和谐美丽的社会主义现代化新湖南的必然要求。

①习近平．高举中国特色社会主义伟大旗帜 为全面建设社会主义现代化国家而团结奋斗——在中国共产党第二十次全国代表大会上的报告[N]．人民日报，2022－1－26(001)．

第一节 科学认识湖湘文化的当代价值

湖湘文化是中华文化多样性结构中一个独具特色的组成部分，是勤劳智慧的湖南人民在长期的社会实践和不懈奋斗中创造的一种地域文化。湖湘文化的价值追求，集中反映了湖湘儿女生生不息、继往开来、与时俱进的精神品格。“湖湘文化源远流长，不仅构造着我们的过去，并且正在构造着我们的现在和将来。”[①] 在实现全面建成社会主义现代化强国的第二个百年奋斗目标和中华民族伟大复兴的历史进程中，在统筹推进“五位一体”总体布局、协调推进“四个全面”战略布局、广泛践行社会主义核心价值观、构建社会主义法治国家、培育社会新风新貌的伟大实践中，湖湘文化面临着新的发展机遇与挑战。湖湘文化的当代价值何在？传承和创新湖湘文化，必须首先对此有一个科学、明确的认识。

① 朱汉民. 湖湘文化与中国文化[J]. 湖南社会科学，2010，(01)：2—4.

一、心忧天下的爱国传统是培育民族精神的宝贵资源

爱国主义是人类最伟大、最深厚的情感。它表现为对祖国、对家乡的无限热爱和深切眷恋，对祖国统一的强烈期盼，对祖国繁荣的坚定信念，对祖国主权的坚决捍卫，对祖国尊严的自觉维护，对卖国求荣的切齿痛恨，对爱国志士的无比崇敬等。

任凭时代风云变幻，湖湘文化中“心忧天下”的爱国传统历久常新，激励一代代湖湘儿女奋发图强，报效祖国。湖湘大地是无数仁人志士忧国忧民情怀的产生之地，也是他们心系天下苍生、探索国家民族前途之地。战国时期楚国著名诗人屈原

以三闾大夫遭贬，但他始终关注国家命运与民生疾苦，上下求索于湘楚大地。西汉政治家贾谊在被贬为长沙王太傅之时，写下《吊屈原赋》，表达了其忧国忧民的情怀。北宋政治家范仲淹虽然未曾到过湖南，却在其千古名文《岳阳楼记》中抒发了“处庙堂之高则忧其民，处江湖之远则忧其君”的情志，而宋代的许多湖湘士人则直接投身到抗金、抗元的第一线。

近现代以来，湖湘大地成长起一批又一批以挽救天下危亡、抵御外侮、振兴国家为己任的仁人志士。左宗棠在“身无半亩，心忧天下”的精神激励之下兴办洋务，抗击法军侵略，抬棺西征，维护了国家的主权与领土完整。维新志士谭嗣同立志报国，以“天下事知其不可而为之”的心态，舍生取义，杀身成仁，用自己的鲜血和生命唤醒国人。辛亥革命以来，湖南人一直处在挽救国家危亡的最前列。特别是以毛泽东等为代表的湘籍革命家，将湖湘文化“心忧天下”的精神品格升华到了新的境界。毛泽东以胸怀天下、立志打破旧世界、开辟新天地的远大抱负与强烈使命感，领导中国共产党、带领中国人民前赴后继，英勇奋斗，建立了社会主义新中国。

中华人民共和国成立后，经过社会主义改造和制度的确立，经过轰轰烈烈的社会主义建设和改革开放，我们伟大的祖国发生了翻天覆地的变化。国际地位日益提高，综合国力不断增强，人民生活更加幸福，精神面貌焕然一新。党的十八大以来，在以习近平同志为核心的党中央领导下，中华大地全面建成了小康社会，历史性地解决了绝对贫困问题，党和国家事业取得历史性成就、发生历史性变革，中华民族迎来了从站起来、富起来到强起来的伟大飞跃。与此同时，世界正经历百年未有之大变局，面临的不稳定性不确定性突出。我国社会主要矛盾转化为人民日益增长的美好生活需要和不平衡不充分的发展之间的矛盾，改革开放进入攻坚期和深水区，前进道路上面临着种种困难和风险。在新的时代条件下，面对世界范围内各种思想文化的相互激荡，面对实现中华民族伟大复兴的历史使命，每一个中华儿女都有责任和义务培育、弘扬民族精神，这是我们民族赖以生存、发展的情感纽带与强大支柱。

民族精神是一个民族在历史的文化实践活动中内化在这个民族主体中的，经由历史凝聚而延传着的稳定的、特殊的精神气质或总体精神风貌。[①] 民族精神是一个民族生命力、创造力和凝聚力的集中体现，是一个民族赖以生存与发展的灵魂，而爱

① 田丰. 论文化创新的基本内涵与实现途径[J]. 学术研究, 2004(02): 56—62.

国主义则是民族精神的核心。毋庸置疑，在今天的现实条件下，湖湘文化“心忧天下”的爱国传统可以为民族精神的培育注入不竭的价值资源。

在当代，弘扬湖湘文化“心忧天下”的爱国主义传统，一方面要坚持爱国主义的基本精神和实质，这就是忧患意识、历史责任感和牺牲精神。纵观湖湘文化中的爱国主义，在不同的历史时期有着不相同的内容，但从不缺忧国忧民的深沉忧患意识和以天下为己任的坚定的历史责任感与担当精神，从不缺那种在国家与民族危难面前舍我其谁，为了国家的独立与人民的解放抛头颅、洒热血的牺牲精神。今天，我们要增强民族自尊心、自信心、自豪感和历史的责任感与使命感，要居安思危，在捍卫国家主权和领土完整的问题上态度鲜明，坚决反对分裂国家图谋、破坏民族团结的言行，在全面建设社会主义现代化强国、全面推进中华民族伟大复兴的生动实践中建功立业，热爱家乡，热爱人民，立德修业，甘作贡献。

另一方面，弘扬湖湘文化“心忧天下”的爱国主义传统，要与爱党、爱社会主义相统一。“新中国是中国共产党领导的社会主义国家，祖国的命运与党的命运、社会主义的命运密不可分。”[①] 历史经验已经证明，离开了党的领导，离开了社会主义，民族的独立、国家的富强和人民的幸福都是不可能的，离开党的领导和社会主义谈爱国主义也只能是一句空话。因此，弘扬湖湘文化“心忧天下”的爱国主义传统，就要坚决维护党中央权威和集中统一领导，倍加珍惜中国特色社会主义。同时，弘扬湖湘文化的爱国主义传统，要与集体主义相联系。爱国主义既是一种政治原则，也是一种道德规范。作为道德规范的爱国主义，是用集体主义原则处理个人与国家关系的，必须将个人前途与国家命运时时刻刻联系在一起。

① 中共中央国务院印发《新时代爱国主义教育实施纲要》[J]. 中华人民共和国国务院公报，2019,(33): 8—15.

二、经世致用的价值取向是实现民族复兴的重要保障

经世致用就是关注社会现实，直面社会矛盾，求真实干，不尚空谈，以求达到国治民安之实效。经世致用的价值取向体现了中国传统知识分子务实、求实的特点和“入世”“救世”的情怀。其思想历史，至少可以追溯到先秦思想家孔子。孔子不

遗余力地整理典籍、推行社会教育、周游列国宣传其政见，都是为了改变当时社会动乱的局面。儒家文化不尚思辨，而是很实用地教人们如何做人行事，教统治者如何治国。中国传统知识分子吸收了这种经世思想，并将其作为自己的重要责任，自觉地担负起关心时政、关注国事、针砭时弊甚至救国于危难之中的使命。所谓“穷则独善其身，达则兼治天下”，就是对经世致用的最好注脚。

湖湘文化深受儒家“经世致用”学风的熏染，继承了“经世致用”的价值取向。早期湖湘学派的代表人物胡宏，就坚决反对那种“多寻空言，不究实用”的空洞学问，坚持研究国家治乱兴亡之道。近代湖湘文化的代表人物之一王夫之，曾提出“格物致知”“实事求是”的实学思想，形成了影响深远的“唯实”思想路线。在近代史上，魏源更是经世致用的主要提倡者，鸦片战争爆发前，他就编缉了《皇朝经世文编》这部探究经世致用之学的著作。鸦片战争后，他撰成的《海国图志》，详细介绍了世界 5 大洲 90 个国家的历史地理知识，从思想上揭开了近代中国向西方学习的序幕。魏源主张创办军事工业，学习制造新式武器技术，最终战胜列强，这就是著名的“师夷之长技以制夷”。

近代湖南人不光有“经世致用”的思想，而且积极入世，发扬光大。曾国藩、左宗棠、郭嵩焘都是典型代表。曾国藩创建并领导的湘军，为湖湘学子提供了广阔的政治舞台。在湘军内部，形成了书生领兵的特色，高级将领中八成以上是书生。一时间“湖湘弟子满天下”“无湖南人不成衙门，无湖南人不成军队”，而曾国藩及其随从都是王夫之学说的继承者，都极力推崇经世致用之学风。特别值得一提的是，曾国藩在军务、政务最为烦累之时，仍鼎力支持、资助《船山遗书》的刊刻出版。[①]其余湘军名将多有宣传经世致用的诗文问世，并且自己亲身实践，产生了感召天下的效应。有了湘军这样一个政治优势，湖湘文化得到了最为广泛的传播。许多湖湘学子投奔湘军，通过残酷的战争，创造和积累了运筹决胜的军政经验，涌现出了一大批军政人才，使湖湘文化经世致用的价值取向得到了最好印证。

“当前和今后一个时期，我国发展仍然处于重要战略机遇期，但机遇和挑战都有新的发展变化。”[②]我国经济社会发展具有党的坚强领导和社会主义制度优势，有新中国成立以来所积累

①陈潭，易丹妮. 湖湘文化与湖南区域政治传统论析［J］. 南华大学学报（社会科学版），2004，(03)：5－10＋56.

②习近平. 新发展阶段贯彻新发展理念必然要求构建新发展格局［J］. 先锋，2022，(09)：5－13.

的雄厚物质基础和强大科技实力的支撑。进入新常态，增长速度虽不可避免换挡，但经济发展方式加快转变，经济结构不断优化，发展动力持续转换，改革开放纵深推进，创新型国家建设成果丰硕，数字经济等新兴产业蓬勃发展，乡村振兴战略大力实施，绿色发展迈出坚实步伐，人民生活得到全方位改善。经济发展迈上了更高质量、更有效率、更加公平、更可持续、更为安全之路。就湖南而言，近年来坚持创新引领开放崛起，大力实施“三高四新”战略，贯彻新发展理念，落实高质量发展要求，综合实力明显增强。改革开放实现新突破，政治文明建设迈出新步伐，思想文化建设取得新进展，民生福祉达到新水平①。新的五年规划和2035年远景目标纲要的制定，全面建设富强民主文明和谐美丽的社会主义现代化新湖南战略目标的确立，为我们指明了发展的方向，描绘了发展的蓝图，使我们完全有条件推动区域经济社会发展再上新台阶，创造无愧于新时代的辉煌业绩。

伟大的成就只能代表过去，任何鼓舞人心的目标和振奋人心的规划，都必须实在、实用，都要靠人去实干、实现。我国重要战略机遇期的机遇，正由原来加快发展速度的机遇转变为加快经济发展方式转变的机遇，由原来规模快速扩张的机遇转变为提高发展质量和效益的机遇。尽管我们比历史上任何时期都更接近伟大复兴的目标，但我们的工作作风与实现伟大目标的要求之间还存在诸多的不适应。基层调研时走马观花、为了升迁搞政绩工程、一有成绩就宣传庆祝、遇到问题则坐而论道等形式主义的东西大量存在。现实生活与实际工作中，“假、浮、庸、懒”等问题突出，有的人弄虚作假、阳奉阴违；有的人浮在面上，不抓落实；有的人甘于平庸，得过且过；有的人懒得学习，懒得去做等；这些，对我们事业的发展十分不利。

空谈误国，实干兴邦，要在全社会大力弘扬真抓实干、埋头苦干的良好风尚。特别是各级领导干部“要发扬钉钉子精神，树立和践行正确政绩观，察实情、出实招、求实效，坚决防止和克服形式主义，切忌搞徒有其表的形象工程、劳民伤财的政绩工程。”②湖湘文化重视实践、提倡力行的“经世致用”的价值取向，是我们在新时代建设务实作风的重要借鉴，是实现全面建成社会主义现代化强国第二个百年奋斗目标和中华民族伟大复兴的重要保障。我们应当继承和发扬湖湘学派、湖湘文化经世致用的优良传统，积极实践，勇于实践。我们要关心时事政

① 张庆伟．坚定不移沿着习近平总书记指引的方向前进 在推动高质量发展上闯出新路子 为全面建设社会主义现代化新湖南而努力奋斗［N］．湖南日报，2021－12－05（001）．

② 征求对中共中央关于进一步全面深化改革、推进中国式现代化的决定的意见中共中央召开党外人士座谈会习近平主持并发表重要讲话［N］．人民日报，2024－07－20（001）．

治，时刻睁眼看世界，关注社会现实，清醒地审时度势，做明白人；我们要积极参与社会变革，推动改革不断深化；我们要建设求真务实的工作作风，克服形式主义，治理“假、浮、庸、懒”，通过治假树公信，治浮求实效，治庸强能力，治懒增效益。

三、百折不挠的勇毅执着是应对风险挑战的精神支撑

自古以来湖南人“强悍决烈”，不畏难、不避险。用湖南话说，就是“霸得蛮”。霸蛮劲直、百折不挠，是湖南人忠义血性的体现，是湖湘文化最为显著的精神特质。

湖南人“百折不挠”的性格特征，是由其独有的生存环境造就的。湖南古称“三苗”，东西南三面环山，对北敞开。气候变化无常，冬季潮湿低温，夏季酷暑高温。春秋两季，三湘大地受西北的寒冷空气和西南暖湿气流的交替影响，时晴时雨，骤冷骤热。这种恶劣的气候，培养了湖南人坚韧、抗争和不屈的顽强意志。

这种“百折不挠”的性格特征，还与湖南历史上的战争与移民有关。湖南自古为兵家必争之地，元代初年及明末清初，湖湘大地遭受了多次战火的蹂躏。为避兵祸，加上朝廷安排，大规模的移民来到湖南，使湖南有“移民省”之称。移民最根本的特点是有耐劳的心理意志和拼搏精神。“能从四面八方跋山涉水，来到异乡进行繁衍生息，开拓生产，不但要求有健壮的体魄，而且要有顽强的意志。”[①] 用“百折不挠”来概括湖湘文化精髓，既能恰当地反映湖湘文化的传统特色，又有深厚的历史依据。

湖南人一路走来，披荆斩棘，攻坚克难，无论受到多少挫折、遇到多大挑战都不退缩，认定方向就永不回头。就是凭着这种百折不挠、“霸得蛮”的血性和勇气，曾国藩一介书生从戎，“屡败屡战”，以“打落牙齿和血吞”的信念打出了“无湘不成军”的威名；左宗棠抬棺进疆，横扫沙阿古柏军，收复了失地，巩固了疆防；谭嗣同“去留肝胆两昆仑”，为变法抛洒热血；以毛泽东为代表的中国共产党人，带领中国人民浴血奋战，敢于斗争、敢于胜利，建立了新中国。

① 张军．移民与湖湘文化[J]．湖南城市学院学报，2007，(02)：13－16.

当前，我国发展前进的道路并不平坦，诸多矛盾叠加、风险隐患增多，发展环境严峻复杂，社会竞争异常激烈。世界百年未有之大变局加速演进，“经济全球化遭遇逆流，民粹主义、排外主义抬头，单边主义、保护主义、霸权主义对世界和平与发展构成威胁，国际经济、科技、文化、安全、政治等格局都在发生深刻复杂变化。”[①] 我们在政治、意识形态、经济、科技、社会、党的建设等领域面临的重大风险前所未有。例如，发展不平衡、不充分，科技创新能力不强，经济受周期性和结构性因素叠加、短期和长期问题交织影响出现多重困难。就湖南来说，发展不足、不优、不平衡问题较为明显，发展质量还不高；县域经济不强，城乡差距较大；生态环境保护和能源、土地、资金等要素保障面临不少现实困难；改革攻坚还需下更大功夫。等等。

① 习近平. 新发展阶段贯彻新发展理念必然要求构建新发展格局［J］. 先锋，2022，(09)：5—13.

破解发展中面临的难题，应对并化解来自各方面的风险挑战，我们需要百折不饶，敢挑重担；我们需要义无反顾，永不懈怠；我们需要努力向上，自强不息。只有这样，我们才能无愧于湖湘先辈。[②] 为此，我们要将百折不挠的勇毅执着建立在高度的自信之上，坚定中国特色社会主义的道路自信、理论自信、制度自信和文化自信，不能一遇到一点问题、一些矛盾就怀疑这、怀疑那而停滞不前；我们要发扬“扎硬寨、打死仗”的精神，困难越大，越要攻坚克难，矛盾越多，越要勇往直前；我们要有不怕失败、屡败屡战的勇气，坚忍不拔，负重前行，坚定不移，险中求胜。

②周秋光：湖湘历史文化与当代湖南文化产业［J］，湖南第一师范学报，2006，(03)：1—4.

四、艰苦奋斗的创业精神是推进社会发展的传家之宝

“艰苦奋斗”是指在艰难困苦条件下的奋发努力、昂扬斗志。新形势下的“艰苦奋斗”，远远超出了外在的口号和形式。在思想开放、理念更新、生活多样化的时代，坚持艰苦奋斗的本色，意味着保持一种生活准则，一种工作作风，一种利益观念，一种精神状态，追求一种高尚的奋斗目标。

与湖南人百折不挠的倔强性格相统一的，是湖南人特别能吃苦和敢于拼搏的刚健气质，形成了湖湘文化坚忍的特征。最早最明显表现出艰苦创业精神的是明末清初的思想家王夫之，

他避居山野，甘于清贫，以坚忍不拔的毅力，在无与伦比的艰险环境下，深究儒学的治学与做人之道，致力于历史文化遗产的批判与继承，一生著述达100种，400余卷，800多万字，教人进取、激人奋发；近代的曾国藩、左宗棠等将领，在带领湘军征战过程中，扎硬寨，打硬仗，屡败屡起，表现出忘我的奋斗精神；辛亥时期的黄兴，戎马一生，身经百战，每每置个人安危于不顾，最终成为开创中华民国的一代元勋；蔡锷在袁世凯称帝野心日甚一日之时，抱病潜赴云南，发动护国讨袁，在万分艰难、特别危险中带领官兵为国家而战。在他们身上始终洋溢着一种湖南人特有的艰苦奋斗的精神气概。

一代伟人毛泽东，在异常艰难困苦的条件下，和他的战友们一道，带领人民奋斗，经过"井冈山的斗争""二万五千里长征""八年抗日"和"三年解放战争"，用"小米加步枪"战胜了十分强大的敌人，取得了中国革命的胜利。就在中华人民共和国成立前夕，他针对党执政后可能出现的问题，郑重地向全党发出"两个务必"的号召："中国的革命是伟大的，但革命以后的路程更长，工作更伟大，更艰苦。这一点现在就必须向党内讲明白，务必使同志们继续地保持谦虚、谨慎、不骄、不躁的作风，务必使同志们继续地保持艰苦奋斗的作风"；[①]中华人民共和国成立后，他又根据当时我国的具体国情，进一步阐述了艰苦奋斗的重要意义和价值，激励全党、全国人民积极投身我国的建设事业，克服困难、不懈奋斗。

"靡不有初，鲜克有终。"在改革开放和社会主义现代化建设的新的历史背景下，以邓小平、江泽民为核心的党的第二代、第三代中央领导集体，紧紧围绕建设中国特色社会主义的工作大局，进一步丰富和完善在新时期继续保持和发扬艰苦奋斗精神的理论内涵，多次强调大力弘扬艰苦奋斗精神的重要意义。2002年年末，胡锦涛总书记带领新当选的十六届中央政治局常委到西柏坡学习考察，重温毛泽东关于"两个务必"的重要论述，重温邓小平、江泽民关于全党和全国人民要长期艰苦奋斗的重要论述。

进入新时代，习近平总书记多次强调要永葆艰苦奋斗本色。党的十八大后不久，习近平总书记就组织制定了中央八项规定，改进作风，力戒奢靡，并在第十八届中央纪律检查委员会第二次全体会议上指出："能不能坚守艰苦奋斗精神，是关系党和人民事业兴衰成败的大事"。[②]向全党、全社会提出了继续弘扬艰苦

①毛泽东.在中国共产党第七届中央委员会第二次全体会议上的报告[M]//毛泽东选集,北京:人民出版社,1991:1438—1439.

②中共中央文献研究室.厉行节约 反对浪费——重要论述摘编[M].北京:中央文献出版社,2013:55

奋斗精神的明确要求。在全党全国人民迈上全面建设社会主义现代化国家新征程、向第二个百年奋斗目标进军的关键时刻，习近平总书记在党的二十大报告中向全党同志提出了“三个务必”[①]要求，强调“务必谦虚谨慎、艰苦奋斗”。

事实上，尽管我国的经济社会发展水平提高了，综合国力增强了，人民生活改善了，绝对贫困问题解决了，小康社会全面建成了。但是，我国仍处于社会主义初级阶段，人口多、底子薄，人均资源少，环境约束强，发展不平衡，需求多样化，面临西方发达国家经济、科技占优势的巨大竞争压力。在全面建设社会主义现代化国家的征途上，仍有一个个“雪山”“草地”要跨越，一个个“娄山关”“腊子口”要征服。就湖南而言，建设富强民主文明和谐美丽的社会主义现代化新湖南的宏伟目标，唯有艰苦创业，才能圆满实现。在推进国家和区域经济社会发展的新的征程上，湖湘文化艰苦奋斗的创业精神，对广大干部群众抵御拜金主义、享乐主义的不良影响，涵养克己奉公、清正廉洁的政治生态，树立厉行节约、反对铺张的社会风气，形成积极向上、奋发有为的心理品质，培植创业不止、自强不息的思想品格，具有强大的激励、引导作用，是推进社会发展的传家之宝。

①习近平．高举中国特色社会主义伟大旗帜 为全面建设社会主义现代化国家而团结奋斗——在中国共产党第二十次全国代表大会上的报告[N]．人民日报，2022－1－26(001)．

五、兼收并蓄的博大襟怀是建设文化强省的必要条件

“兼收并蓄”出自韩愈《进学解》：“玉札丹砂，赤箭青芝，牛溲马勃，败鼓之皮，俱收并蓄，待用无遗者，医师之良也。”[②]原意是把各种东西一并收罗藏蓄，后指把性质不同的东西都吸收、包罗进来。“兼收并蓄”是对湖湘文化开放思想特征的集中概括。

②徐中玉．大学语文[M]．上海：华东师范大学出版社，1983：121．

湖南虽古为“四塞之地”，但地处南北交通之要冲，东连西进之枢纽，是各种文化交相汇合、相互激荡之地。从历史上看，湖湘文化的融汇经历了如下过程：一是春秋至战国时期楚文化与越文化等不同民族文化之间的交融；二是国内及湖南内部不同地域文化相互之间的沟通与融合；三是湖湘文化与其他不同学派文化之间的交流；四是湖湘文化与外国文化之间的交流与融合。[③]

③刘峰，陈艳红．湖湘文化及其对湖南经济发展的影响[J]．船山学刊，2005，(02)：26－28．

湖湘文化兴起之初，便体现出兼容并蓄的特点。周敦颐是湖湘文化兴起的标志性人物，在其思想学术的创建过程中，他立足儒学而又大量吸收、融合佛教与道教的思想与理论思维成果，其思想体系从理论架构到范畴、命题，都有对佛道之学的改造与利用。[①]到近代，湖湘学派的代表人物面对西学纷至沓来、中西文化激烈对撞的现实，以开放的姿态接受西方文化的长处，接受挑战，充分汲取外来文明的成果丰富和发展自己。魏源提出的“师夷之长技以制夷”，便反映了这种开放思想，展现出“有容乃大”的兼容并包特性。

当今世界，文化与经济、政治相互交融，在综合国力竞争与区域发展竞争中的地位和作用越来越突出，文化建设也越发受到重视。在建设富强民主文明和谐美丽新湖南的发展愿景中，就包含了文化软实力、影响力显著增强，实现从文化大省向文化强省转变这一重要任务。而要实现文化强省的目标，开放、兼容是一个必要条件。因为文化兼容是所有民族文化、区域文化提升水平的必由之路。特别是在今天由信息技术带来的互联网、物联网上，不同文化的传播与交流，使任何国家、民族和区域都难以将自身文化隔绝于他种文化和信息大潮之外，自觉吸收他种文化的优长，决定了自身文化更新发展的能力和最终的命运。

在文化强省建设过程中，我们要自觉做到兼收并蓄，从横向上要睁眼看世界、睁眼看外界，克服那种固步自封、盲目排外的狭隘民族主义心态，虚心学习外国思想文化、制度文化的精华，借鉴国外的先进科学技术和管理经验，虚心学习外省经济社会发展和文化建设的成功经验，并将外省文化与湖南实际紧密结合、融会贯通；从纵向上要继承中华优秀文化传统，学习外国历史上的先进文化，加快湖南经济、文化建设与社会全面进步的步伐；但是我们又要注重识别和抵制西方资产阶级的不良思想与腐朽的生活方式以及历史上的文化糟粕对于人们灵魂的侵蚀，自觉地维护国家的利益和民族的尊严，保证文化的对外开放和交流健康稳步地向前推进。

① 蔡栋. 湖湘文化访谈[M]. 长沙：湖南人民出版社，2006：22.

六、敢为人先的创新意识是激励奋勇开拓的强大动力

纵观湖湘文化形成和发展的历史，湖湘学派和湖湘学人在迎接社会挑战、改造社会面貌上颇有建树。“敢为人先”、自创新路，不失为湖湘文化的价值命脉。国学家钱基博在《近百年湖南学风》中称湖南人“抑亦风气自创，能别于中原人物以独立”。[①]这句话，就是对湖南人所具有的创新传统的一种概括。

古代湖南人敢为人先、敢于创新的最突出代表是周敦颐、王夫之。周敦颐作《太极图说》，以“图”和“说”的形式，论证了宇宙的演化过程，提出了一整套理论和范畴体系；王夫之对“理先气后”的客观唯心主义和“阳明学说”的主观唯心主义展开批判，创立了将朴素唯物主义和朴素辩证法相结合的哲学体系。到近代，魏源开风气之先河，第一个“睁眼看世界”，突破“夷夏之大防”，提出“师夷长技以制夷”的主张；曾国藩筹办洋务，引进西方先进科学技术，选派幼童赴美留学；郭嵩焘大力传播西学，推动中国近代化；谭嗣同直接继承了王夫之的精神，不模仿任何现成模式，“无所依傍，浩然独往”。如此等等，都说明湖南人有一种独立开拓的创新传统。这种传统使湖南人在近现代设计了一个个革新图强方案，积极探索了救国救民道路。

毛泽东受湖湘文化影响，成为创新的典范，他探索并成功运用马克思主义普遍原理同中国的实际相结合，找到了一条“农村包围城市、武装夺取政权”的革命道路，取得了新民主主义革命的胜利，中华人民共和国成立后又开创了中国特色的社会主义道路，探索了有别于苏联的社会主义发展模式，成为马克思主义中国化的伟大开拓者、中国社会主义现代化建设事业的伟大奠基者。如果毛泽东缺乏创新意识，不能“敢为人先”，不能自创新路，就不可能有中国的今天。

历史上的湖湘士人正是依靠“敢为人先”的创新意识，使湖南成为风云际会之地，整体上推进了中国近代史和现代史的伟大进程，也为中国革命与社会主义建设做出了无可比拟的贡献。当今时代，更是一个创新的时代，唯创新者进，唯创新者强，唯创新的胜。湖南人应进一步强化敢为人先的创新意识，

① 钱基博. 近百年湖南学风[M]. 长沙：岳麓书社，2010：1.

解放思想，实事求是，敢想、敢干，实施创新引领战略。坚持完善创新制度、优化创新生态、培育创新文化，让“谋创新就是谋未来、抓创新就是抓发展”在湖南上下蔚然成风。[①]为加快实现“三高四新”美好蓝图、全面建设社会主义现代化新湖南再创新的业绩。

① 沈晓明. 努力在担当新的文化使命中走在前列[N]. 学习时报，2023－12－08 (001).

第二节 积极传承湖湘文化的优秀传统

任何国家与民族文化的发展，都是在既有文化传统基础上的传承积累和变革创新。离开传统、割断历史血脉，就会丧失根本、迷失发展方向。亨廷顿就曾对一些东方国家和后发国家盲目照搬西方经济发展和文化模式，反而陷入停滞，导致内乱，发展缓慢，付出极大的代价而评价道：“有些国家领导人有时企图抛弃本国的文化遗产，使自己国家的认同从一种文明转向另一种文明，然而迄今为止，他们非但没有成功，反而使自己的国家成为精神分裂的无所适从的国家。”[①]历史发展到今天，湖湘文化的当代价值，更多地要在传承与弘扬湖湘文化的优秀传统中去体现，也只有在湖湘文化优秀传统的传承中，我们才能真正全面地认识其价值，并在新时代更好地施展其所长。如何有效地传承湖湘文化的优秀传统，发展和创新湖湘文化，为全面建成社会主义现代化强国和富强民主文明和谐美丽新湖南服务，是摆在我们面前的一个十分重要的课题。

① 亨廷顿. 文明的冲突与世界秩序的重建[M]. 北京：新华出版社，1998：353.

一、全面认识传承湖湘文化优秀传统的重大意义

要实现湖湘文化优秀传统的传承，首先必须深刻认识传承

湖湘文化优秀传统的重大意义。

（一）传承湖湘文化优秀传统是推进经济社会发展的必然要求

文化作为一种特殊的存在，具有精神和物质的双重属性。一定的文化是一定的经济和政治的反映，又给予一定社会的经济和政治以巨大的反作用。马克思主义认为，生产力是社会发展的根本动力，也是文化发展的根本力量。但是生产力的形成离不开社会各要素的共同作用，文化在受生产力决定的同时，又能够给生产力发展以能动的反作用。文化发展对生产力的促进作用主要体现在通过科学技术的创新和转化形成新的生产力；通过思想道德建设和科学文化建设提高人的素质，为社会的发展提供思想动力和智力支持；通过对社会制度建构的指导作用，实现社会经济制度和政治制度的优化，从而推动生产力的发展和跃升。

由此可见，文化与经济社会发展相互关联，密不可分。“所谓文化经济是对文化经济化和经济文化化的统称，其实质是文化与经济的交融互动、融合发展。”[①]这种交融互动、融合发展主要表现在以下几个方面：一是文化已成为产品竞争力的核心要素。在现代文明生活方式下，已经找不到没有文化标记的产品，找不到不借助文化去销售的商品，也找不到不体现文化意义的消费；二是在知识经济时代或曰信息社会、生态文明社会，文化资源已成为经济社会发展最重要的资源。所谓知识经济、信息社会、生态文明，其实质就是文化经济。在这样一个新时代、新阶段，一个国家、地区的文化特质和内涵、文化底蕴和环境，将决定其经济社会发展的速度、质量与水平；三是文化素质已经成为管理者和劳动者必备的首要的素质。对企业而言，企业家的文化视野、文化胸怀、文化内涵等综合文化素质，对企业的经营、管理、决策、发展等具有举足轻重的作用。而企业员工的文化素质，也对企业文化、企业管理和企业竞争力具有重要影响。对一个地方的领导干部而言也是如此，不具备较高的文化素质，就无法以先进的思想理念和工作思路去谋划地区经济社会的全面发展进步，也无法自觉运用先进文化和现代科技手段，提高管理质量和效率；四是文化优势对一个国家和地区的经济社会发展具有日益重要的作用。一个国家、地区的文化发达程度和特质内涵，深刻地影响着经济社会发展模式、制度

①习近平.之江新语[M].杭州：浙江人民出版社，2007：232..

选择、政策取向以及各种资源开发和生产要素组合水平，从而也就深刻地影响着一个国家、地区经济社会发展的速度、质量和水平。[①]

在文化与经济的紧密结合、交融互动、融合发展成为当今世界经济社会发展的基本特征和总体趋势下，文化日益成为一个国家和地区综合实力的重要组成部分。如果没有包括传统文化在内的文化作为支撑，经济社会发展就没有思想动力和后劲。传承、弘扬湖湘文化优秀传统，将为经济建设和社会发展提供强大的精神动力、不竭的智力支持和丰富的经济生长资源，是推进经济社会发展的必然要求。

（二）传承湖湘文化优秀传统是构建湖南人文精神的必然选择

社会发展的最终决定力量是人，而人是要有一点思想、要有一点精神的。思想、精神对于人的行为总是起着一种引领作用。当代中国已进入全面建设社会主义现代化国家、向第二个百年奋斗目标进军的新发展阶段，中华民族正处于走向伟大复兴的关键时期。战略机遇处在不断地演变之中，机遇和挑战前所未有，诸多矛盾叠加，风险隐患增多，实现社会主义现代化还有相当长的路要走，发展任务仍然很重。[②]必须构建和培育一种健康、良性的人文精神。

就湖南而言，正处于推进全面深化改革开放、推动高质量发展的关键阶段。“作为中部地区高质量发展的重要引擎、长江经济带发展的重要增长极、国内大循环和国内国际双循环的重要节点、“一带一路”的重要腹地，在全国发展大局中肩负着新的战略定位和使命任务。”[③]受到世界经济不确定性的影响，面临区域经济竞争激烈化的发展环境，必然要承受大调整、大转型、大改革、大开放所带来的震荡与不适，而这些又必然会给人们的精神生活带来不同程度的影响甚至困惑。在新的历史条件下，构建和培育湖南人文精神，显得尤为紧迫和重要。

一般说来，人文精神是一个包含科学层面、道德层面、价值原则层面、人本主义层面、终极关怀层面等的复杂结构系统，而一地的文化传统往往交织着这些层面的内容。人文精神的构建和培育，应当遵循三条基本原则：第一，必须体现社会主义价值观；第二，必须反映政治、经济、文化、社会、生态五大建设协调发展的客观要求；第三，必须依据和传承一地文化的

①于幼军.鼎新湖湘文化 振兴湖南经济[J].求索,2004(12):56—57.

②习近平.新发展阶段贯彻新发展理念必然要求构建新发展格局[J].先锋,2022(09):5—13.

③张庆伟.坚定不移沿着习近平总书记指引的方向前进 在推动高质量发展上闯出新路子 为全面建设社会主义现代化新湖南而努力奋斗[N].湖南日报,2021—12—05(001).

优良传统。[1]

用“忠诚、担当、求是、图强”8个字表述的“湖南精神”，于2012年12月正式发布。“湖南精神”充分吸收了湖湘文化的优秀传统，完全符合党的十八大关于“三个倡导”的要求，是湖南人民共同精神气质的高度概括，也是中华民族伟大精神的重要组成部分和颇为凝练的“湖南表达”。“忠诚”铸就湖湘之魂。是“心忧天下”的另一种表述形式，符合当今和未来对民族、国家、人民、社会、事业、家乡、家庭均应忠心诚信的永恒要求；“担当”彰显湖湘之责。是对湖南人“吃得苦、霸得蛮、耐得烦”等性格特征的概括，亦符合当今对民族、对人民、对党高度负责的要求。“求是”体现湖湘之风。是湖南人经世致用、知行一致的务实传统和优良学风；“图强”昭示湖湘之路。是湖南人敢为人先、开拓进取、勇于创新、奋发图强的共同追求。[2]弘扬“湖南精神”，就是传承湖湘文化的优秀传统，我们要把“湖南精神”内置到人们的精神家园，内化到人们的灵魂深处，并将其转化为推动经济社会高质量发展、实现中华民族伟大复兴的强大动力。

（三）传承湖湘文化优秀传统是构建湖南和谐社会的必由之路

湖湘文化的精神内核中蕴藏着丰富的和谐思想，并始终贯穿于湖湘文化的发展演化中，无论是其历史传承、哲学思考、传统的经世致用学风还是敢于破旧立新的革命精神，都体现了湖湘文化既遵从传统文化的和谐内核，又别有发展的独特风貌。[3]包容是和谐的前提，湖湘文化在其发展的历史进程中，倡导兼收并蓄，立足于传统的儒家文化而形成了博采众长的开放精神，注重不同文化间的交流和融合，使各种文化形态“多元互补”，充分显示出了其内在的和谐性。

湖湘士人基于“天人合一”“非道无由”[4]的思想传统，主张“心性”与外物和谐相处，由心灵和谐进而谋求社会和谐。积极的经世意识和躬行理念，则是在对“人性—社会”和谐的理想追求中所体现出的特有文化精神。湖湘文化传统中的经世致用学风，追求的是一种积极向上的和谐，是通过心灵和谐来影响社会的和谐。“敢为人先”的创新意识，既敢于变革社会制度、体制中一些不和谐的因素，更敢于破旧立新，推陈出新，是积极建设、积极向上的和谐思想的逻辑发展。

① 周秋光. 湘学的文化传承与创新[N]. 湖南日报，2014－11－28(17).

②胡德池，周亚明. 弘扬“湖南精神”铸牢强省之魂“湖南精神”征集提炼活动办公室负责人答本刊记者问[J]. 新湘评论，2013，(03)：8—11.

③陈宇翔，薛光远. 论湖湘文化传统中的和谐文化精神[J]. 湖湘论坛，2008(1):36－38.

④ 张京华. 鬻子笺证[M]. 上海：华东师范大学出版社，2012:1.

在湖南的民俗文化与山水文化积淀中，也蕴藏着丰富的和谐元素。湖南民俗有的体现了人类对自然的感恩之心，有的体现了由人及物的兼爱思想，有的体现了人与自然和谐相处的朴素的可持续发展观。在湖湘民间宗教中，具有对社会和谐的期盼。如在“梅山教”的教义中，“和”的观念正是其首要观念。此外，湖南自然山水积淀的和谐文化也很突出。例如，岳麓山山脚有岳麓书院，山腰有佛教名寺——麓山寺，山顶有巍峨道观——云麓宫，千百年来表现出儒释道共生共荣、和睦为邻的格局，这正是湖湘和谐文化的突出表现。[①]

中华民族的伟大复兴和现代化新湖南的崛起，是一个内容丰富的综合性目标。经济要包容增长，政治要民主文明，社会要和谐稳定，生态要绿色持续。当作为发展动力的改革在广度上涉及经济、政治、文化等所有领域，在深度上已触及人们具体利益和各种关系时，诸多社会矛盾就有可能凸显。处理得好，各项事业能够顺利发展，处理不好，各项事业就会停滞不前。为了避免出现重大的经济社会问题，巩固改革发展的成果，必须建设和谐社会。而“建设和谐社会，一刻也离不开和谐文化的支撑。”[②]建设和谐湖南，需要传承湖湘文化，激活湖湘文化的和谐魅力，从而激发湖南人民建设和谐湖南的热情，凝心聚力，团结一致，推动湖南经济发展、社会进步和文化繁荣。从这个意义上说，传承湖湘文化是建设和谐湖南的必由之路。

① 周行易. 论湖湘文化的和谐魅力[J]. 企业家天地下半月刊(理论版)，2010，(02)：178－180.

② 郑昌华. 发掘与弘扬湖湘和谐文化[J]. 新湘评论，2007，(01)：34－36.

二、正确处理传承湖湘文化优秀传统的三大关系

文化的传承总是通过一定的人群在一定的时空条件即一定的社会历史条件、生产生活条件和外部文化环境下实现的。文化传承形成文化传统，但传统不是静止的，而是运动和发展的。湖湘文化优秀传统的传承，和所有事物的发展一样，在传承过程中存在着若干辩证统一的关系。只有正确处理这些辩证关系，才能实现湖湘文化优秀传统在传承中的发展。

（一）正确处理传承与批判的关系

文化的传承必须有文化的批判，这是由文化存在的状态和

文化传承的目的决定的。从文化存在的状态看，任何一种文化体系都是一个整体，都是一种历史的产物，其精华与糟粕往往是共生的，是一个硬币的两面。从文化传承的目的看，文化传承是为了发挥优秀文化传统的精神作用，以其促进人的全面发展，推进当代社会的改革、发展与稳定。因此，要将唯物辩证法的扬弃观应用到文化传承的实践中去，正确处理传承与批判的关系。

“辩证法对每一种既成的形式都是从不断运动中，因而也是从它的暂时性方面去理解：“辩证法不崇拜任何东西，按其本质来说，它是批判的和革命的。”[①] 唯物辩证法的扬弃观要求对任何事物都要具体问题具体分析，不能简单地肯定一切或否定一切，不能犯片面性和绝对化的错误。为此，我们首先要弘扬湖湘文化的优良传统，挖掘湖湘文化中有意义、有价值的成分，提炼出现实所需要的积极部分，用来推进改革、发展和稳定，为中华民族的伟大复兴和社会主义现代化新湖南的建设增光添彩。同时，要采取历史的、理性的、批判的态度，注意克服并扬弃那些不可取的弱点、缺点，去其糟粕。

正确处理传承与批判的关系，有一个以什么标准对历史形态的文化传统作出当代适应性的价值评判问题。湖湘文化传统中哪些是封建性糟粕，哪些是民主性精华，哪些要予以批判，哪些值得继承和弘扬，这要求我们以马列主义、毛泽东思想、邓小平理论和“三个代表”重要思想、科学发展观、习近平新时代中国特色社会主义思想为指导，对其进行全面而深刻的审视、分析和鉴别。凡是有利于生产力发展和社会进步，有利于国家团结统一和民族振兴，有利于社会和谐稳定，有利于社会主义精神文明建设，以及符合科学原理、反映人民群众利益并为之所接受所喜爱的优秀品格与特质，则值得我们继承和弘扬，而对那些宣扬专制统治、等级观念和封建迷信等愚昧落后的思想和意识，就必须予以批判和清除。

湖湘文化源远流长、内容丰富、博大精深，具有自身独特的精神气质和优秀传统。但我们也必须看到，作为一种区域性的历史文化形态，同任何事物都具有两面性一样，也是良莠互见、长短并存，不仅有积极的方面，而且也有消极的方面，甚至其积极的方面也包含着某种消极的因素。湖湘文化根植于小农经济，在长期封建社会、半封建半殖民地社会中逐步形成和发展，在历史上与宗法等级制度及专制政治相联系，具有浓厚

① 中共中央马克思恩格斯列宁斯大林著作编译局. 马克思恩格斯选集：第2卷[M]. 北京：人民出版社，1972：218.

的“重农轻商”的倾向，呈现出偏重政治、伦理和“官本位”“重义轻利”“重仕途、轻工商”等特征。而且近代湖湘文化中有些是优点、长处的地方同时又是缺陷与短处。比如：湖湘文化有“经世致用”的价值取向，但其“致用”又表现出了“学而优则仕”，把做官当作读书人的正途，看不起经商办实业；湖湘文化具有“百折不挠“的坚强意志，但同时又有虚骄、所谓“霸蛮”而认死理不拐弯的犟性格；湖湘文化具有“敢为人先”的创新精神并有像魏源那样力主对外开放、变革图强的代表人物，但也有保守落后思想和由三面环山、一面临江的“四塞之地”而形成的内陆封闭意识，等等。这些，正是我们在新的时代条件和社会环境下传承湖湘文化所要批判和扬弃的。

（二）正确处理传承与借鉴的关系

文化发展的历史表明，传承和借鉴都是先进文化形成和发展的重要途径。中国特色社会主义文化是在传承民族优秀文化传统和吸收借鉴人类创造的一切优秀文化成果基础上建立和发展起来的。中华传统文化的一个显著特点就是有着非凡的包容汇通精神，海纳百川，不断吸收外来文化的精华，而在吸纳过程中又始终以本土文化为主体，保持着自己民族的特点。

当代中国文化发展面临的一个重大机遇与挑战，是全球化背景下的文化互动与整合。当今世界既是一个经济全球化的时代，也是一个文化全球化的时代。在这样一个时代，每一种类型文化的形成和发展都不会固守在特定区域，都不会静止、封闭发展，都不会离开世界范围内的开放和传播。[①] 在这一人类文化变革的大局中，要求我们重新确认中国文化的意义与价值。所以，在文化传承过程中，必须把传承和借鉴有机地统一起来。一方面深深植根于民族文化土壤，继承优秀传统文化，保持文化的民族特色；另一方面，在坚持以我为主的原则下，贯彻“洋为中用”的方针，有分析、有批判、有鉴别地大胆吸收和借鉴世界优秀文化成果，更好地面向世界，保持文化发展的旺盛活力。

湖湘文化是中华文化的重要组成部分，如果把中华文化比作一棵枝繁叶茂的大树，那么湖湘文化就是构成这棵大树的一枝。在继承和弘扬湖湘文化的历史大潮中，需要我们正确处理好湖湘文化传承与借鉴的关系。首先，传承湖湘文化优秀传统，

① 李荣海．论全球化进程中的文化冲突：兼论文化发展中的安全对策[J]．聊城师范学院学报（哲学社会科学版），2001，(02)：9－14.

必然要强调和凸现湖湘文化的地域特色，但不能固化思维，形成就湖湘文化论湖湘文化的思维定势，无视它与中华文化本质上的相通与相同之处。要将湖湘文化置入中华文明的全局中加以考察并将其作为中国特色社会主义文化的一个组成部分。在传承过程中坚持马克思主义指导，深入贯彻落实习近平文化思想，始终保持中国特色社会主义文化的价值取向和发展方向。同时，不仅要放眼全国，还要放眼世界，兼容并蓄，博采众长，学习借鉴、广泛汲取世界有益文明成果，全面促进湖湘文化优秀传统的积极传承和大力弘扬。

（三）正确处理传承与创新的关系

优秀传统文化是一个民族的灵魂和血脉，是这个民族的精神记忆，它从这个民族古老祖先传承下来，始终保存着祖先的基因和特征，但又必须随着历史的发展不断创新。离开创新，文化就难以延续传承，更难以繁荣发展。历史上一些曾经灿烂辉煌的古代文明，之所以走向衰落以致于消失，固然有各种各样的原因，但缺乏创新或创新能力不强是一个重要因素。中华文化具有求变趋新、吐故纳新的精神和能力，故能绵延五千年而不衰。这充分证明了文化的传承与创新是高度关联、密不可分的。

事实上，传承与创新在文化发展过程中是一种耦合关系，这种耦合关系不是静态的交叉重叠，而是一种相互作用、相互促进、相互渗透、相互制约的关系，从而形成一个有机的整体。文化创新的实现，必然以继承优秀文化成果为前提，同时创新又是对传承的超越，是一种在反思基础上的构建。正如习近平总书记在《培育和弘扬社会主义核心价值观》所指出的那样："不忘本来才能开辟未来，善于继承才能创新。""对历史文化特别是先人传承下来的价值观念和道德规范，要坚持古为今用、推陈出新，有鉴别地加以对待，有扬弃地予以继承。"[①]

文化传承贵在稳定，重在积累，要在稳定中发展，在积累中创新。需要适应时代的要求，需要赋予其新的内涵和活力。在各种思想文化相互交流、激荡、竞争日趋激烈的形势下，丢弃传统必然丧失自我，固步自封必然落后于时代。传承湖湘文化优秀传统，目的是要建设有中国特色社会主义文化，而建设中国特色社会主义文化，仅有对优秀文化传统的传承是远远不

① 中共中央文献研究室. 习近平总书记重要讲话文章选编[M]. 北京:党建读物出版社，2016:120.

够的，必须“在马克思主义指导下真正做到古为今用、洋为中用、辩证取舍、推陈出新，实现传统与现代的有机衔接。”[①]广泛吸收人类一切先进的文化成果，与中华文化的优秀传统和中国特色社会主义的时代精神有机地结合，经过整合，使之不仅在形态上，而且在内涵上，在核心价值体系上，产生一种“质”的飞跃，从而不断丰富和发展，永葆生机和活力。

①习近平. 在文化传承发展座谈会上的讲话[J]. 奋斗，2023，(17)：4—11.

三、认真做好传承湖湘文化优秀传统的各项工作

全面认识传承湖湘文化优秀传统的重大意义，正确处理传承湖湘文化优秀传统中的重要关系，代替不了各项具体工作。只有认真做好传承湖湘文化优秀传统的各项工作，才能把湖湘文化发扬光大，为实现全面建设社会主义现代化国家的奋斗目标和中华民族的伟大复兴以及富强民主文明和谐美丽新湖南的愿景提供精神动力。

（一）持续开展文化典籍的整理

文化典籍是任何一种文化得以保存传承的重要载体。在湖湘文化典籍的发掘整理方面，湖南做了大量的、很好的工作。早在2006年8月，湖南省委、省政府就正式启动了《湖湘文库》这一特大典籍的编辑出版。这是一套以整理出版湖湘文献为主，对湖湘人物、湖湘历史、湖湘风物等进行广泛发掘，深入研究，以供人们全面了解湖湘文化、深入认识湖南的大型丛书，是在政府主导下为更好地建设湖南、发展湖南、宣传湖南的一项文化工程。2013年，《湖湘文库》的编纂印制出版圆满完成，全套图书总计702册，甲编“湖湘文献”442册，乙编“湖湘文化研究著作和文史资料”259册，“书目提要”1册，图文字数约四亿。[②]同时，省史志办组织重修了《湖南通史》，点校了《光绪湖南通志》并分行业、分战线建史立传，对继承和发扬湖湘文化优秀传统发挥了十分重要的作用。但是，还有大批湖湘文化典籍未能整理，亟待抢救，有的点校和整理过于粗糙，错讹较多，需要修订以确保质量。目前，规划中的湖湘文化保护传承工程，做出了系统整理湖湘文化典籍的决策。包括《湖湘文库续编》

②湖湘文库[J]. 现代出版，2018，(01)：83.

《湖南历代方志集成》《湖南文物大系》《湖南名人传记》《湖湘书法经典》[1]等。有了这样的基础和规划，就应当认认真真、精益求精地做好相关发掘、整理、编辑和出版工作，并利用现代技术进行文化典籍的数字化保存。

① 龙文泱. 盛世修典 传承湖湘文脉[N]. 湖南日报，2024—03—15(004).

（二）加强湖湘文化遗产的保护

文化遗产可划分为物质文化遗产和非物质文化遗产两类。“在我国，物质文化遗产跟文物的概念是一样的，而非物质文化遗产指的是各族人民世代相传，并被认为是其一部分传统文化的表现形式，还有与这些传统文化表现形式有关的实物和场所。”[2]文化遗产是一种非常有意义的文化信息来源，文化遗产的保护是文化传承的一项重要工作。湖湘文化遗产要在现有成绩的基础上进一步加大保护力度，重点做好以下工作：一是要做好革命文物和遗址的保护利用，抢救保护濒危革命文物，实施馆藏革命文物修复计划，完善革命文物保护传承体系；二是修缮保护文化遗址遗迹。包括重点红色文化遗址遗迹和古迹遗址；三是加强标识性文化遗产保护研究和挖掘阐释，积极推介申报一批国家文化地标和精神标识，丰富中华文明标识体系中的湖南元素；四是加快形成布局合理、结构优化、特色鲜明、功能完备的博物馆发展格局，着力建设湖湘文化博物馆体系；五是加强文物数字建设标准研制，建设湖南文物资源大数据库；六是进一步完善非物质文化遗产保护制度，推动侗族村寨、万里茶道、长沙铜官窑遗址申报世界文化遗产工作。[3]等等。

② 陈顺. 基于文化遗产保护的传统村落环境更新设计研究[D]. 西安建筑科技大学，2023.

③ 中共湖南省委宣传部. 关于印发《湖南省“十四五”文化改革发展规划》的通知[Z]. 长沙：中共湖南省委宣传部，2022.

（三）不断深化湖湘文化的研究

传承和弘扬湖湘文化优秀传统，必须有湖湘文化的研究作为基础和支撑。湖湘文化源自千年，人们对它的研究历经百年不衰，随着时间的推移，研究的内容越来越丰富，成果也越来越多。研究的方向主要有：湖湘文化的源流、发展及特征研究；湖湘人物的个案研究；湖湘文化与湖湘人物之间关系研究；湖湘文化与近代湖湘人才群体研究；湖湘文化与近现代中国关系研究；历史地理学视角下的湖湘文化研究；文艺学视角下的湖湘文化研究；湖湘史学视角下的湖湘文化研究；湖湘少数民族。文化研究等。《湖湘文化十讲》《湖湘文化纵横谈》《湖湘文化大观》《湖湘文化通论》《湖湘文化大辞典》都是重要的研究成果。特别值得一提的是，由朱汉民先生担任总主编的五卷本《湖湘文化通史》，“对湖湘文化从萌芽、形成到发展、壮大的过程作了最全面、最系统的分析、总结和评述。”[①]是当代学界对中华地域文化研究的一种独特的新探索。

①殷慧．地域文化史研究的新探索：《湖湘文化通史》述评［N］．光明日报，2016－09－05(016)．

但湖湘文化的研究还要进一步深化、细化、专业化、全面化。不断深化湖湘文化的研究：一要始终坚持湖湘文化研究的正确方向。以马克思主义和习近平文化思想为指导，全面分析、看待湖湘文化的历史和发展，做到取其精华、去其糟粕，大力推动湖湘文化在新时代创造性转化、创新性发展；二是要切实把握湖湘文化研究的现实指向。站在新时代的高度，充分发挥湖湘文化在促进社会主义物质文明、政治文明、精神文明、社会文明、生态文明建设中的作用，为实现全面建成社会主义现代化强国的奋斗目标和社会主义现代化新湖南的发展愿景，谱写“中国梦”的湖南篇章服务；三是要自觉遵循湘学研究的自身规律。进一步深挖湖湘文化内涵，讲好湖南故事，推出一批具有人文底蕴、反映时代特色的湖湘文化研究精品。着力加强湖湘文化与毗邻省份地域文化的横向比较、相互借鉴，构建湖湘文化研究的“社会共同体”。推动湖湘文化“走出去”，形成湖湘文化新优势，不断增强湖湘文化的生命力和影响力。[②]

②周秋光，周文博．湖湘文化研究的回顾与展望［J］．武汉学研究，2019，(01)：313－330．

（四）着力湖湘文化的宣传教育

传承和弘扬湖湘文化，需要加强宣传教育与文化传播，让更多的人了解湖湘文化，关心湖湘文化的发展。一是要加强学校教育。现代学校教育在文化传承中发挥着重要的作用，这是湖湘文化得以书面传承的重要环节。要在学校开设湖湘文化课程，将其作为中学生甚至是小学生文化通识课程。在各高校中，也要把它作为一门重要的提升文化素质的课程，使湖湘文化典籍进入课堂，组织、引导学生诵读《湖南九章》《湖湘四典》中的湖湘优秀文学作品，教师自觉在思政课和“课程思政”中渗入湖湘文化优秀传统内容，让学生理解“忠诚、担当、求是、图强”的“湖南精神”并自觉弘扬；二要高度重视非学校教育活动。在各类主题教育、干部教育、职工培训、群众性精神文明创建活动中，有意识地渗入湖湘文化优秀传统的内容和元素。例如，利用湖湘文化中的优秀家风资源，教育引导激励新时代

领导干部涵养忠厚、廉正、勤俭、奋斗家风；[1]三要大力开展媒体宣传。充分利用湖南影视传媒业十分发达的优势，有计划、有重点的培育和打造一批能实现湖湘文化优秀传统传承功能，深受群众喜爱的影视节目或栏目，通过以湖南卫视、湖南经视为传媒平台，实现湖湘文化广泛而有效的宣传。要推动湖湘文化的丰富资源与数字网络技术结合，在移动信息服务、远程网络教育和数字娱乐产品中融入湖湘文化优秀传统的内容；四要突出湖湘历史上重大事件、重大人物精神传承，打造一批反映湖湘瑰丽文化以及湖南红色基因的文艺作品，[2]以优秀作品传承湖湘优秀文化，教育鼓舞人民群众；五要搞好民间节庆活动，充分发挥传统节日的文化传承功能。利用民间节庆搭台，由湖湘文化来唱戏，使民众在节日的欢庆之中，自然而然地接受湖湘文化的熏陶与洗礼，自然而然地达到传承的目的；六是发展文化旅游。要充分挖掘、整合湖南的历史文物、历史名人故居的资源，将湖湘传统文化与山水旅游有机结合，有效串连，做响文化旅游品牌，让旅客在愉快的旅游经历中学习湖湘文化、传承湖湘文化。

① 李毅，郭宸．传承湖湘文化 涵养领导干部好家风[N]．湖南日报，2024－03－26(004).

② 中共湖南省委宣传部．关于印发《湖南省“十四五”文化改革发展规划》的通知[Z]．长沙：中共湖南省委宣传部，2022.

第三节　努力开创湖湘文化的崭新境界

文化具有传承性，但更是时代的产物。任何文化只有不断创新、激活，才能适应时代的要求，并为时代的发展做出贡献，这也是湖湘文化生存与发展之道。当今世界，文化全球化趋势日益加剧，流行文化繁杂多样，传统与外来文化交汇，传播技术、手段、方式不断翻新。这既给湖湘文化的发展带来了难得的机遇，同时也造成了巨大的冲击。只有坚持分析、批判、借鉴、创新，并与时代精神不断融合，才能使湖湘文化散发出历久弥新的光辉。

一、湖湘文化创新的基本原则

在文化赖以生存和发展的经济基础、体制环境、社会条件都发生深刻变化的时代，文化该如何创新？湖湘文化源远流长，在新的历史时期，如何创新湖湘文化，“为我所用”？这是一个极具挑战性的历史课题。湖湘文化创新，首先要坚持和把握以下基本原则。

（一）坚持守正开放

所谓“守正”，就是坚持马克思主义在意识形态领域和文化建设中的主导地位，坚持“把马克思主义基本原理同中国具体实际、同中华优秀传统文化相结合”，坚持“中国共产党的文化领导权和中华民族的文化主体性”。所谓“开放”，就是坚持“积极主动地学习借鉴人类创造的一切优秀文明成果”，坚持“融通中外、贯通古今”，[①] 坚持“百花齐放，百家争鸣”。

坚持马克思主义的指导地位，引领多样化文化的发展，是我们党关于文化建设的一贯思想，有其贯彻始终的连续性。坚持马克思主义的指导地位，不是要教条化的照搬照抄，而是要坚持用马克思主义的立场、观点以及科学的世界观和方法论指导文化建设和实践，并坚持马克思主义中国化时代化的思维，将中国的现实国情、现实文化与马克思主义相结合。而坚持学习借鉴，坚持“融通中外、贯通古今”，坚持“百花齐放、百家争鸣”，就能有效推动生动活泼的文化局面和繁荣兴旺的文化土壤的形成。

坚持守正开放原则，要求我们在湖湘文化的创新过程中，在马克思主义和习近平文化思想指导下树牢文化主体性，坚定文化自信。同时在文化自信这一根本依托下，尊重差异，开放纳优，最大限度地形成社会文化思想共识，充分挖掘和鼓励不同阶层、不同群体中积极向上的文化元素，实现新时代湖湘文化的创造性转化、创新性发展。

① 习近平. 在文化传承发展座谈会上的讲话[J]. 求知，2023，(09)：4—7.

（二）坚持与时俱进

与时俱进，就是指要准确把握时代特征，始终站在时代前列和实践前沿，始终坚持解放思想、实事求是和开拓进取，在努力探索中发展创新湖湘文化。坚持与时俱进，就是要在坚持马克思主义指导地位的根本前提下，在湖湘文化创新中用“历史的眼光”和“宽广的眼界”来观察问题，将湖湘文化置于中华文化一体之中，把握世界文化发展的新特点、新趋势，把握时代脉搏，从世界文化发展的前沿来思考中华文化的新发展和湖湘文化的再发展。

坚持与时俱进，就要立足于实现全面建成社会主义现代化强国的第二个百年奋斗目标和中华民族的伟大复兴以及社会主义现代化新湖南振兴崛起的广阔实践，准确把握国家与地方经济社会发展对文化建设与创新的新要求，发现并准确分析文化建设在引领经济社会发展实践中的新问题、新经验甚至新教训，将湖湘文化的创新立足于解决这些实践中所产生的新情况与新问题，并从文化理论的层面予以总结、概括与提升。

坚持与时俱进，就要解放思想，大胆探索，尊重人民群众的首创精神，将文化创新与科技赋能相结合，增强湖湘文化的表现力和感染力，顺应时代潮流，不断赋予其新的时代内涵，充分运用人民群众喜闻乐见的形式，创新湖湘文化的样式与形态，激发其生命活力。

（三）坚持兼收并蓄

兼收并蓄，原指把各种东西一并收罗藏蓄，或指把性质不同的东西都吸收、包罗进来，以开放的意识和态度博采各家之长。文化包容是世界上所有的国家和民族丰富自己的文化、提高文化水平的必由之路。正是通过以共性和个性为矛盾核心的交融、兼容和整合过程，每一种文化逐渐克服它自己的狭隘性和片面性而日益走向自觉、全面和厚重。这是文化共性在对种种特殊性的扬弃、差异性的消除中不断拓展和丰富自身的过程，也是文化与时俱进、高扬个性的过程。

“我们要倡导交流互鉴，注重汲取不同国家、不同民族创造的优秀文明成果，取长补短，兼收并蓄，共同绘就人类文明美好画卷。”[1]湖湘文化是在吸收各种文化优秀之处的过程中发展起来的，实现和推进其创新，要充分吸收和借鉴世界各民族文化的优秀成果，学习各民族文化创新与实践的经验。只有这样，湖湘文化才能在各种文化的竞争中占有一席之地，才能为中华文化的发展继续做出应有的贡献。

①习近平. 弘扬和平共处五项原则 建设合作共赢美好世界[N]. 人民日报，2014－06－29 (002).

创新湖湘文化，要通过对其文化本体的诠释，兼容并蓄非湖湘文化传统，吸收外来文化的精髓，注入适合现代信息社会的内涵，以契合湖南经济社会发展的需要，切实承担起历史和时代的责任。

（四）坚持雅俗共赏

“雅”原意为楚鸟，后延伸而被赋予正规、标准、规范、美好、高尚等多种含义。“俗”则常常指社会上长期形成的事物和现象，或大众化的、平凡而普通的、一般的某种事物，或形容令人讨厌的、趣味不高的东西。[2]所谓雅文化，即高雅、优雅的文化。往往指存在于典籍中的思想理论和文学艺术。它意在强调一种韵味和内在，是通过时间、历史的沉淀而日益形成的。所谓俗文化，又称通俗文化、大众文化，与雅文化相对，往往体现在民风民俗和老百姓的精神心态、行为习惯之中。

②孙秋英，涂可国. 论“三俗文化”及其社会治理[J]. 山东社会科学，2020，(09)：156－161.

“雅”“俗”之间原无褒贬色彩，只有类别不同。在文化的创新发展的实践中，雅文化与俗文化不再作为互相对立的两种概念而出现，相反，它们之间可以是相辅相成或互相转化的关系。雅俗共赏，就是既要坚持湖湘文化创新的高雅品位，又要广泛满足大众健康文化心理和不同层次文化需求。

坚持雅俗共赏原则，首先要做好文化鉴别与区分的工作，把握湖湘文化创新的方向，坚决抵制庸俗、低俗、媚俗的不良文化，坚决反对丧失社会担当，失去社会责任感的恶炒、恶搞，建构一种通俗文化与高雅文化相得益彰、协调发展的健康有益的文化生态。

坚持雅俗共赏原则，要正确对待人民群众在文化需求上的“雅与俗”，将“雅”与“俗”有机统一起来，取二者的合理之处，让湖湘文化更加贴近生活，贴近群众，实现文化品种、载体、风格的极大丰富，促进文化的大众化、通俗化，使湖湘文化更加多姿多彩。只有这样，我们才能真正实现湖湘文化的创新，也只有这样，湖湘文化才能真正做到既贴近生活、出于群

众，又高于生活，引领群众。

二、湖湘文化创新应防止的不良倾向

在文化发展史上，产生过文化保守主义、文化虚无主义、文化折衷主义等诸多社会思潮，这些思潮无疑会对中国的文化建设与创新产生深远影响。极端的文化保守主义、文化虚无主义和文化折衷主义是中国特色社会主义文化建设和湖湘文化创新发展的巨大思想障碍。在湖湘文化创新过程中，应特别重视并注意防止这些思潮的不良影响。

（一）防止文化保守主义倾向

“文化保守主义是与现代化进程相伴生的全球性现象，其基本特点是力图以价值理性来批判来源于现代化的工具理性的过分膨胀以及由此带来的诸多问题。”[①] 从国际上看，文化保守主义的兴起受全球一体化的催生、“文明冲突论”的刺激和西方后现代主义传入的影响。

①吴雨欣．当代中国文化保守主义的兴起及其影响[J]．湖北社会科学，2010，(03)：135－137．

文化保守主义在我国有着深厚的文化背景。一是由于20世纪80年代以来，伴随着市场经济体制的构建，出现了人文精神失落、社会道德失范、个人主义膨胀、生态环境恶化等诸多负面现象。这促使思想文化界反思西方文化，复兴中华文化的呼声日益高涨；二是由于近代以来西方文化的冲击和“五四”以来激烈反传统主义的非难，以儒学为内核的传统文化饱经磨难，在“文革”期间的大陆甚至被等同于封建文化。改革开放后，学术界以理性态度重新认识中国文化，于是对激进主义的文化批判进行反拨；三是改革开放带来了文化大交流，大交流激活了潜伏已久的保守主义情绪。

当代文化保守主义的第一个特征是回归传统，第二特征是精英文化让位于民间俗文化，第三个特征是反思和批判政治激进主义，这对湖湘文化的创新并不是无意义的。一是由于其强调传统的基础作用，对文化虚无主义进行了深刻的批判，有利于形成批判继承湖湘文化优秀传统的社会氛围；二是其以价值理性批判工具理性过分膨胀带来的恶果，主张科学技术与心性人伦的共同进化，有利于激活湖湘和谐文化；三是其反对“西

方中心论”，这对弘扬民族文化的主体性，建立富有民族特色的现代文化是有益的。

但是，文化保守主义有自身难以克服的困难甚至错误。一是其立足于政治层面来进行文化反省，或通过重建儒家意识形态来消解马克主义的主导地位。这和湖湘文化创新的指导思想和基本原则是相违背的；二是文化保守主义缺乏自我批评意识，容易使人妄自尊大、过分自负，从而无限夸大传统文化的价值，导致对传统文化的盲目自信以及不顾现实条件而滥用传统文化资源。

湖湘文化中，自负的因子流淌其中。在岳麓书院有一副对联：“吾道南来，原是濂溪一脉；大江东去，无非湘水余波。”它充分体现了湖南人自信中的自负。这种自负在文化保守主义的影响下，是完全有可能强化的，它不利于湖湘文化的创新和现代转型。因此，在湖湘文化的创新中，要充分注意防止文化保守主义倾向的不良影响。坚决批判其关于儒家意识形态指导地位的错误主张和传统文化决定论思想，坚决反对其否定革命的历史虚无主义，避免滑入其所鼓吹的道德复古与泛化以及狭隘的民族主义等。[①]

① 胡小君. 文化自信视域下文化保守主义审视、批判与价值引领[J]. 河南社会科学，2021，29(11)：1—9.

（二）防止文化虚无主义倾向

“文化虚无主义是一种蔑视精神文化财富，否认文化发展的内在逻辑，割断民族历史文脉，漠视民族文化传统的内在传承，矮化文化人文教化意义的负面社会文化思潮。”[②]文化虚无主义否认民族文化的价值与发展前景，以全盘肯定西方价值取向为特征，推崇文化的“全盘西化”。“全盘西化论”否定文化的民族性，从根本上否定中华民族文化存在的合理性以及中华文化的传承性，认为西方文化是世界文化发展的必然趋势，显然犯了历史虚无主义的错误。

② 王凯全，闫方洁. 新形势下文化虚无主义思潮的隐性渗透及应对理路[J]. 思想教育研究，2023，(06)：83—88.

文化创新是建立在传承优秀传统文化基础上的。没有传统就没有现在，更没有未来。“中华优秀传统文化是中华文明的智慧结晶和精华所在，是中华民族的根和魂，是我们在世界文化激荡中站稳脚跟的根基。”[③]今天的中国是历史的中国的延伸，上下五千年光辉灿烂的、优秀的中华传统文化已经深入中华民族的骨髓，积淀着中华民族最深层的精神追求，代表着中华民族独特的精神标识，成为中华民族得以连绵不断的精神支柱。湖

③ 习近平. 把中国文明历史研究引向深入 推动增强历史自觉坚定文化自信[N]. 人民日报，2022—05—29(001).

湘文化也同样如此，反映出湖南人的精神气质，体现着湖南人的精神品格。

湖湘文化创新一定要注意传承和保护好湖湘文化优秀传统，并使之发扬光大。以历史唯物主义的观点分析，每一种文化的存在，都具有其合理性，同时既有其精华，也有其糟粕，以资本主义文明为代表的西方文化亦是如此。时代发展到今天，世界经济全球化、政治多元化的趋势已经十分明显，随之而来的是人员、文化和信息的频繁流动，西方文化的精华我们要认真吸收，但其文化糟粕特别是腐朽文化则决不能引进。

在湖湘文化的创新过程中，我们要深学笃行习近平文化思想、担当新的文化使命。强化阵地意识、坚持底线思维、发扬斗争精神。深入批判文化虚无主义，把弘扬优秀传统文化与克服文化虚无主义作为一项系统工程来抓，分析研判新形势下文化虚无主义思潮的现实样态、总体概貌和实时动态，清除其隐性渗透的生存空间。[①] 努力提高坚持和发展社会主义先进文化的自觉性，激活湖湘文化资源及其创新潜力，让湖湘文化的智慧照亮我们的生活世界。

在湖湘文化的创新过程中，我们要高度重视文化安全问题。西方国家一刻也没有放弃对我“西化”“分化”的战略图谋，这一图谋如果和文化虚无主义结合，就会严重威胁国家和区域的文化安全。在“文化安全”的问题上，要充分认识到其重要性与严重性，认为“文化无以亡国”是十分错误的。事实上，苏联的解体和东欧剧变，无一不是从文化入手的。历史的经验值得注意，历史的教训应该吸取，历史的悲剧不能重演。在湖湘文化创新过程中，我们要坚决守住思想阵地、价值阵地、网络阵地，时刻注意防止文化虚无主义的不良影响。

①王凯全，闫方洁．新形势下文化虚无主义思潮的隐性渗透及应对理路[J]．思想教育研究，2023，(06)：83—88.

（三）防止文化折衷主义倾向

文化折衷主义，又称文化调和主义，是19世纪下半叶后期出现的一种文化思潮。在近代中国，文化折衷主义曾盛行一时，且影响深远，它的主要表现形式是“中体西用”。“中体西用”是近代中国人对西方文化从闭拒到融合汇通过程中的一个重要的中间环节，反映了西方文化在中国以及中国传统文化在近代的嬗变轨迹。[②]

“中体西用论”否定了“文化自我中心论”，承认西方也有

②王继平．论近代中国的文化折衷主义[J]．贵州社会科学，1997,(06)：98—104.

先进的东西，进而主张可以并且必须学习西方的先进事物，有积极的意义。但是，“中体西用”只是近代中西文化整合过程中最初的形式，并不是中西文化融合与会通的科学选择。“中体西用”论割裂了文化的整体性，又违背了文化整合的规律。实际上，文化整合是不同的文化相互吸收、融化、调和而趋于一体化的过程。不同源流、不同性质以及不同目标取向、价值取向的文化，会在整合过程中渐渐融合，适应新的社会需要而组成新的文化体系。①

①司马云杰．文化社会学[M]．济南：山东人民出版社，1987：384－386.

认清文化折衷主义的实质，防止其不良倾向的影响，实际上就是要求我们在湖湘文化创新中坚持兼容汇通的精神，整合博采各种文化的优长。进入新时代，我们的国家在实现全面建成小康社会发展目标后，正向第二个百年奋斗目标——全面建成社会主义现代化强国迈进。而现代化包括经济、政治、文化、社会及生态环境等社会形态的各个方面，是一个综合性概念。同时，现代化不可能一蹴而就，也不可能一成不变，因而是一个不断发展变化和升级换代的动态化过程。②不同区域的现代化，其具体内容、主要任务和阶段性目标以及实现方式等，都会因不同的生态地理环境、不同的经济基础、不同的政治制度及不同的文化条件而随之发生各种变化。

②吴忠民．关于现代化概念的再认识[J]．北京社会科学，2024,(07)：4－20.

由此，区域文化的交流和交融将会不断增多，从而呈现出“各美其美，美美与共”的局面，但也可能出现“杂交”的文化趋势，弱化区域文化的一些特质和特色。这在哲学的层面上来说，就是“和合”的思想方法。按照这一思想方法的要求，在湖湘文化的创新中，要和其他地域文化做到和而不同，转生合一，并依据“和合”思想所传达的“和生”“和处”“和立”“和达”“和爱”③的哲学理念以及开放宽容、独立和谐、共生共赢的原则，开展湖湘文化创新的实践和行动。

③张立文，温海明．走向“和合学”之路：张立文先生访谈录[J]．走进孔子（中英文），2024,(03)：67－75.

三、湖湘文化创新的多维路径

在世界多极化、经济全球化、文化多样化、社会信息化深入发展的今天，人类社会充满希望，但也面临更加严峻的全球性挑战。而“应对共同挑战、迈向美好未来，既需要经济科技力量，也需要文化文明力量。”④湖湘文化是中华文化的重要组成部分，对经济社会发展和我们的生活产生着并将继续产生重要

④习近平．深化文明交流互鉴 共建亚洲命运共同体：在亚洲文明对话大会开幕式上的主旨演讲[J]．思想政治工作研究，2019,(06)：4－6.

影响。要为建设中华民族现代文明贡献湖南文化力量，就必须创新湖湘文化，使其担当起新的时代大任。

（一）创新文化观念，健全文化心态

创新湖湘文化首要的是创新文化观念。观念是行动的先导，观念不更新，就不会有创新的精神，创新的行动更难以实现。创新湖湘文化观念，要瞄准世界文化发展前沿，准确把握中华文化的发展定位和历史趋势，充分吸纳文化繁荣发展的一系列新观点、新论断。在马克思主义和习近平文化思想指导下，坚持解放思想，实事求是，把转变观念贯穿于湖湘文化创新的全过程。

创新湖湘文化观念，湖南人要对湖湘文化有理性的“自知之明”。明了湖湘文化的来龙去脉，掌握其核心精神，认识其自身不足，调整文化的取向。湖湘文化璀璨辉煌，形成了一系列学术研究成果，培养了一大批栋梁之才，在中华文化体系中极具重要历史地位，但也有其局限性。例如，湖湘文化具有传统的重农抑商观念倾向，作为湖湘文化的杰出代表之一的王夫之就是传统重农抑商思想的积极主张者和提倡者。近代湘军的崛起也曾引起湖南地方社会从军尚武之风甚炽，湘人对经商等经济活动的兴趣相对较弱，这些都是造成近代湖南工商业落后的重要原因。[①] 在追求国家富强、民族振兴、人民幸福的新时代，湖湘文化要大胆向崇商文化过渡，营造新型商业观，形成一种重在市场展露才华、实现价值的观念。

作为传统文化，湖湘文化有一个走向现代化的过程，需要健全的文化心态引领文化建设。湖湘文化适应机制的建立及其现代化的进程，绝不是用传统文化的思想、概念和范畴去套现代社会，也绝不是用其思想、概念和范畴的含义去解释现代社会，更不是用现代的思想内涵去注释传统文化。要做到这一点，湖南人必须彻底告别湖湘文化的傲慢与偏见。“吾湘变，则中国变；吾湘存，则中国存”的使命感不能丢，舍我其谁的冲天豪气不能丢，但要克服舍我其谁的文化自负，甩掉严重影响湖湘文化创新的沉重包袱，克服湖湘文化的历史局限和自身缺陷，在文化自信下进行文化自省，走向文化自觉，从而实现湖湘文化在新时代的大繁荣、大发展。

①郑大华. 推动湖湘文化创造性转化、创新性发展的省思[J]. 求索，2024，(02)：30－38.

（二）利用现代技术，创新文化业态

新的文化业态不断涌现是文化发展的规律，是文化生产和传播领域革命的重要表现。文化业态创新既给我们扩大文化阵地、加快文化发展提供了新的途径，也为各种文化形态创造了新的机遇。随着文化与科技的融合日益加深，现代科技在文化领域的运用必将更加广泛。因此，坚持“文化＋科技”，不断创新文化业态，是文化创新的必然要求和当然路径。

随着新一轮科技革命和新媒体技术的发展，文化产品及其传播手段越来越多样化。在湖湘文化的创新过程中，要充分运用高新技术改造传统文化产业，积极发展数字电视、数字电影、数字出版、数字创意、数字文化博览、网络游戏和动漫制作等新型文化产业，运用电子化、数字化、网络化等现代技术与手段，催生数字媒体、框架媒体、媒体零售等新兴文化业态。要注重培育新的文化产业生长点，形成一批特色鲜明的文化创新聚集区，大幅度提高湖湘文化产业的科技水平，在形成具有自主知识产权的核心技术方面，取得新进展、新突破。要鼓励网络文化产品的创作和研发，开发文化数据处理、移动文化信息服务、数字远程教育及数字娱乐产品等增值业务，从而推动湖湘文化产业不断升级。

在湖湘文化的创新过程中要加快打造文化传播平台，如主流媒体融合传播网、数字文化传播网、基础战略资源网。利用5G牌照和技术，构建“智慧广电”内容生产、节目制播、传输覆盖体系。同时，也要看到现代科技渗入文化领域带来的负面影响，高度警惕文化垃圾甚至腐朽文化借助高新技术大力制造和广为流传。要特别注意网络信息安全，建立安全监管体系，加强数据安全管理，加强网络安全宣传、教育，提高广大人民群众网络安全意识和防护技能。利用区块链技术，创建“智能知识产权平台”，开展网络文学、音视频、游戏、动漫、软件等行业侵权盗版治理。

（三）重塑文化形象，打造文化品牌

纵观历史，湖南的文化形象有一个显晦反复的过程。虽然目前的考古发掘证明湖南的史前文化十分发达，但因文字记载

少而沉晦至今。在文献记载中，晚清以前的湖南，尽管有许多史前神话传说，但相对中原而言，属荒远之地，四面交通阻塞，非地势之当冲，方圆凿枘于正统文化价值，因而湖湘灵气并未发扬，“人才”寥若晨星，碌碌无轻重于中国，士人也多以“獠蛮”目之。自楚国征服洞庭湖一带以来，湖南是古代宦海失意者的迁谪之地与南下之处，以其地气候变化无常、猛兽毒蛇遍布、瘴气瘟疫横生等印象出现在文人骚客诗文中。虽然在刘蜕中进士之前，湖南人早在唐代就已打破中进士的零纪录，但仍然被当做“破天荒”神话广为流传，并载入文献而成为一种文人之间的“常识”，足可见湖南在晚清之前的历史形象并不那么多姿多彩。

如果将湖湘文化置于与时俱进的问题意识和现代性观照之下，创新湖湘文化就需要重塑湖南文化形象，要在湖湘文化中发现具有超越时代性的普适性元素，通过改造、提升并融入现代的文化元素，将一些由于社会历史局限而不能适应甚至阻碍当代经济社会发展的过时元素予以剔除，寻觅湖湘文化所具有的超越时代的普适性元素与现代经济社会发展的切入点和融合点，以促进湖南经济社会发展。对湖湘文化中的精华与糟粕共生的文化元素进行分析，探讨对其进行改造与创新后，为当今湖南经济社会发展开辟可行性途径。对湖湘文化历史资源中所缺少的文化元素进行考察，放宽视野，从其他地域文化乃至世界其他国别文化中借鉴有利于促进湖南经济社会发展的文化元素，对湖湘文化内涵进行补充和更新，从而从整体上提升湖湘文化的时代适应性和社会实用性。

在上述发掘、提出、改造、发扬和借鉴的基础上，整合出具有时代风貌的湖湘文化精神内涵，融入当代湖南经济社会发展和社会主义现代化新湖南的建设大潮中，以求在促进湖南经济社会发展的同时，重塑湖南形象，并通过全新的湖南形象促进湖湘文化以及精神面貌的不断创新与提升。[①]

湖湘文化的创新依赖于湖南文化形象的改变和文化软实力的提升，而提升湖湘文化软实力又依赖于文化品牌的建构。湖南文化资源丰富，具有打造文化品牌、提升文化软实力和对外辐射力的比较优势。要精心打造“宁心”理论评论品牌、红色文化品牌、湖湘学术品牌、文旅融合品牌、非物质文化遗产品牌、传统工艺品牌、民俗文化品牌、民间文艺品牌和演艺、影视精品等。同时，要通过加大文化建设的投入，开发和新建文

① 万里．湖南形象塑造与湖湘文化创新[J]．企业家天地，2009(8)：18－19．

化景观、文化基础设施，定期举办高水平的文化艺术活动，以此培育和积聚湖湘文化人气，提升湖湘文化活力，增强湖湘文化的影响力和辐射力。

打造湖湘文化品牌，要实施文化“走出去”的发展战略。当前，经济全球化、文化全球化深入发展，文化交流互鉴与文化产业竞争是文化发展的必然趋势。为此，湖南要加强文化交流品牌建设，以“一带一路”为主线，加快“走出去”步伐。可以在现有“广电湘军”“出版湘军”“演艺湘军”“动漫湘军”等在国内有影响的文化品牌的基础上，加强引导，重点扶持，让这些品牌冲出国门，走向世界，不断提升中华文化、湖湘文化的国际影响力。

（四）持续发展教育，培育文化人才

教育是文化创新的基础，人才是文化创新的支撑。湖湘文化历来重视教育，湖南人喜好读书，视读书为至上，耕读继世，孝友传家，为众多士子宗族追慕景从，从而为湖湘大地培养出了一代又一代英才。“身无半亩，心忧天下”的忧患意识，是湖湘文化的核心精神之一。在这种文化精神的熏陶之下，湖南孕育了一代又一代心怀强烈忧患意识的有识之士，把积贫积弱的中国逐步引上了近现代化的进程，使湖南在中国近现代历史舞台上独领风骚。从历史源流看，岳麓书院作为“天下四大书院”之首，标志着湖南地区文化教育落后局面的打破。湖湘文化成就的最显著标志，就是涌现出了近代彪炳史册的知识群体，岳麓书院门联上“惟楚有才，与斯为盛”是湖湘文化成就的最好注脚，湖湘文化的最大特色也正是拥有大批既有文化知识、又有经邦济世志向的知识群体。

改革开放以来，由于知识经济的发展，文化产业的发达，人才资源显得越来越重要。但是，湖南人才发展却处于相对落后的境地，湖南经济社会发展水平极大地受制于人才的落后状况。从人均国内生产总值、人均地方财政收入、第一产业劳动生产率、第二产业劳动生产率、第三产业劳动生产率等指标看，湖南一直处于全国各省区市中的中等水平。近年来，湖南奋力追赶，2022 年，湖南经济总量已居全国第 9 位，但与面积和人口所占比例并不相称。持续发展教育，培育文化人才，仍然是十分重要的任务，也是推动湖南经济社会发展和湖湘文化创新

的根本路径。

时代需要一批又一批既有湖湘文化优秀品格又有现代市场经济意识、现代法制观念、企业家精神、环境保护意识等先进文化意识的“新湖南人”，需要从这块革命英雄、政治英雄和战争英雄辈出的神奇土地上，生长出灿若繁星的财富英雄、知识英雄和经济英雄。湖湘文化发展创新的主体还是出生于湖南、生活工作奋斗于湖湘的知识群体。一切具备现代知识结构，从事各种文化行业，具有某种文化使命的科技、教育、文艺、体育、新闻、出版、娱乐和旅游等专业人员、管理人员、从业人员均属于这个庞大群体。这就需要持续发展教育事业，造就一大批适应和推动新时代文化大繁荣的人才群体，只有这样，才能实现湖湘文化创新的美好蓝图。

为着培育文化人才，造就文化人才群体的目的，要健全文化人才管理服务机制，完善文化人才培养引进机制，构建文化人才评价激励机制。挖掘乡土文化人才、传统文化人才，引进紧缺急需高层次人才，大力培养优秀青年后备人才。通过文化人才的结构优化和文化人才的力量汇聚，大力推进湖湘文化理念创新、内容创新、传播方式创新，真正实现湖湘文化的创造性转化和创新性发展。

（五）坚持文化互鉴，实施整合超越

“文明因交流而多彩，文明因互鉴而丰富。”“只有交流互鉴，一种文明才能充满生命力。”[①] 就文化创新发展的本质而言，文化互鉴是整合超越的前提。文化互鉴首先表现为文化观念的学习和文化优长的吸纳。面对国内外丰富多样的优秀文化，不是排斥，而是以博大的胸襟吸收其积极的因素，从而更好地发展自己。由于历史上湖南是一个“三面环山，一面临湖”的内陆之地，“风气闭塞，人才寥落”。虽然近代湘军的崛起使得湖南风气大开，并催生出了一批放眼世界、锐意改革的开放先锋，但是湖湘先民们闭塞保守的特性也在近现代得以遗传和彰显，使得近现代湖南历史上的排外保守势力与开放进步势力同样声名显赫，甚至有过之而无不及。因此，对于湖湘文化传统，我们应该立足当今时代高度，坚持文化互鉴，推动湖湘文化创造性转化和创新性发展。对旧的文化及其传统既要“入乎其内”，又要“出乎其外”，在兼容开放、交流互鉴之中，最终实现湖湘

① 习近平. 文明交流互鉴是推动人类文明进步和世界和平发展的重要动力[J]. 前线,2019,(06):4—8.

文化在内容、形式及体制机制上的整合与超越。

在内容上超越，就是要使湖湘文化更具鲜明的实践特色，讴歌湖南人民长期的伟大实践和现实生活；要使湖湘文化更具民族特色，充分反映湖湘文化的优秀传统，充分表现湖湘士人的特点、风格和气派；要使湖湘文化更具时代特色，体现时代精神，展示时代风貌。

在形式上超越，就是要不断适应人民群众的文化心理和接受能力，总结人民群众丰富的文化创造，运用市场经济条件下文化发展的有益经验，进一步深化实践探索，不断推出湖湘文化的新形式、新业态。加强文化交流品牌建设，不断拓展文化合作平台。适应现代科学技术迅猛发展，大力推进现代科技在文化领域的广泛运用，不断改进和发展文化表现形式。

在体制机制上超越，就是要进一步增强深化文化体制改革的自觉性和坚定性，在文化体制机制改革方面迈出新步伐。健全文化经济政策和文化法规体系，理顺文化产业与文化事业融合发展的体制机制，完善国有文化资产管理机制，不断提高民营文化企业创新能力，健全培育和扩大文化消费的长效机制，推进文旅融合体制机制创新。加快文化产业基地和区域性特色产业群建设，发挥长沙“世界媒体艺术之都”和国家级文化出口基地的优势，打造更多具有国际竞争力的知名文化品牌，增强文化竞争力。只有这样，才能推进湖湘文化创新，不断开创湖湘文化发展的新局面。

“天变，道亦变”。在全面建设社会主义现代化国家的征途上，在全力推动中华优秀传统文化创造性转化、创新性发展的使命任务中。只有落实守正要求，坚持交流互鉴，调整文化取向，实现整合超越，给源远流长、恢弘大气的湖湘文化注入现代理念和元素，才能使古老的湖湘文化焕发出勃勃生机，重振湖湘文化雄风，再造湖南历史荣光。

参考文献

[1] 赵尔巽等.清史稿[M].北京:中华书局,1977.
[2] 脱脱等.宋史·周敦颐传[M].北京:中华书局,1977,(4).
[3] 毛注青.黄兴年谱[M].长沙:湖南人民出版社,1980.
[4] 钱基博.近百年湖南学风·湘学略[M].长沙:岳麓书社,1985.
[5] 中国人民政治协商会议文史资料研究委员会.田汉[M].北京:文史资料出版社,1985.
[6] 全祖望补修,陈金生,梁运华点校.宋元学案[M].北京.中华书局,1986.
[7] 林增平.近代湖湘文化试探[J].历史研究,1988(4).
[8] 王之春撰,汪茂和点校.王夫之年谱[M].北京:中华书局,1989.
[9] 张向华编.田汉年谱[M].北京:中国戏剧出版社,1992..
[10] 马林若夫斯基.巫术、科学、宗教与神话[M].北京:中国对外翻译出版社,1994.
[11] 伍新福.湖南通史(古代卷)[M].长沙:湖南出版社,1994.
[12] 刘泱泱.近代湖南社会变迁[M].长沙:湖南人民出版社,1994.
[13] 梁绍辉.周敦颐评传[M].南京:南京大学出版社,1994.
[14] 斯图尔特·施拉姆,中共中央文献研究室(国外研究毛泽东思想资料选辑)编辑组编译.毛泽东[M].北京:红旗出版社,1995.
[15] 王兴国,聂荣华.湖湘文化纵横谈[M].长沙:湖南大学出版社,1996.
[16] 张伟然.湖南文化的发展过程[J].中国史研究,1996,(2).
[17] 郑佳明,郑焱.湖湘文化之都[M].长沙:湖南文艺出版社,1997.
[18] 安宇,刘旭.魏源传[M].北京:团结出版社,1998.
[19] 韩强.儒家心性论[M].北京:经济科学出版社,1998.
[20] 亨廷顿.文明的冲突与世界秩序的重建[M].北京:新华出版社,1998.
[21] 王兴国.郭嵩焘评传[M].南京:南京大学出版社,1998.
[22] 齐良迟.齐白石艺术研究[M].北京:商务印书馆,1999.
[23] 唐志明.湘西苗族傩戏发展简述[J].吉首大学学报(社会科学版),1999,(3).
[24] 胡发贵.王夫之与中国文化[M].贵阳:贵州人民出版社,2000.
[25] 刘旭.湖湘文化概论[M].长沙:湖南人民出版社,2000.
[26] 章启辉.旷世大儒——王夫之[M].石家庄:河北人民出版社,2001.
[27] 游俊,李汉林.湖南少数民族史[M].北京:民族出版社,2001.
[28] 殷义祥,丹枫.楚文化的特点及影响[J].吉林大学社会科学学报,2001.
[29] 周秋光.湖湘文化宏观研究[M].长沙:湖南师范大学出版社,2001.
[30] 李瑚.魏源研究[M].北京:朝华出版社,2002.

[31] 周兴旺.湖南人，凭什么[M].北京：新华出版社，2002.
[32] 庾建设.湖湘文化论坛[C].长沙：湖南大学出版社，2002.
[33] 张楚廷，张传燧.湖南教育史[M].长沙：岳麓书社，2002.
[34] 张学军.湖南教育大事记[M].长沙：岳麓书社，2002.
[35] 朱汉民.湘学原道录[M].北京：中国社会科学出版社，2002.
[36] 齐自来，马泉.齐白石[M].武汉：湖北美术出版，2003.
[37] 王驰，刘鸣泰.湖湘文化大观[M].长沙：岳麓书社，2003.
[38] 朱汉民.湖湘学派史论[M].长沙：湖南大学出版社，2004.
[39] 刘铁峰.论梅山道教文化中的巫觋崇信现象[J].湖南人文科技学院学报，2004，(4).
[40] 朱有志.超越文本，更新观念——湖湘文化创新应当实现八大转换[J].求索，2004，(12).
[41] 林浩基.齐白石传[M].北京：学苑出版社，2005.
[42] 蔡栋编.湖湘文化访谈[M].长沙：湖南人民出版社，2005.
[43] 聂荣华，万里.湖湘文化通论[M].长沙：湖南大学出版社，2005.
[44] 廖静仁.天下湖南之旅[M].长沙：湖南地图出版社，2005.
[45] 彭大成，韩秀珍.魏源与西学东渐：中国走向近代化的艰难历程[M].长沙：湖南师范大学出版社，2005.
[46] 曾维良，林艳.三峡巫文化初探[J].三峡大学学报(人文社会科学版)，2005，(1).
[47] 李跃龙.湖南民俗的特征、分区及其对社会进程的影响[J].求索，2005，(5).
[48] 陈廷亮，姚赛红.土家族"茅古斯"文化本源及非物质文化遗产保护[J].民间文化论坛，2005，(6).
[49] 万里.湖湘文化大辞典[M].长沙：湖南人民出版社，2006.
[50] 朱有志，刘云波.当代湖湘文化应该实现10大转换[M].长沙：湖南大学出版社，2006：2.
[51] 周秋光.湖湘历史文化与当代湖南文化产业[J].湖南第一师范学报，2006，(3).
[52] 方克立，陈代湘.湘学史[M].长沙：湖南人民出版社，2007.
[53] 萧萐父，许苏民.王夫之评传[M].南京：南京大学出版社，2007.
[54] 马贵舫.湖湘文化视角下的湖南人才新政[J].长沙大学学报，2007，(7).
[55] 郑焱.近代湖湘文化概论[M].长沙：湖南师范大学出版社，2008.
[56] 郑佳明.湖湘文化之都[M].长沙：湖南文艺出版社，2008.
[57] 赵蓓.近现代湖湘文化特色自主创新的历史地位[J].求索，2008，(11)：115.
[58] 周秋光.古代湖湘文化的形成与历史演变[J].湖南社会主义学院学报，2009，(1).
[59] 朱汉民.湖湘文化与中国文化[J].湖南社会科学，2010.
[60] 肖谦.论湖湘洋务教育思想的文化特质与价值取向[J].船山学刊，2010.
[61] 王仁湘.中国史前文化[M].北京：中国国际广播出版社，2011.
[62] 郭嵩焘撰；梁小进主编.郭嵩焘全集[M].长沙：岳麓书社，2012.
[63] 鬻熊撰，张京华笺证.鬻子笺证[M].上海：华东师范大学出版社，2012.
[64] 朱汉民.湖湘文化通史[M].长沙：岳麓书社，2015.

第二版跋

我国方兴未艾的中华民族伟大复兴运动，无疑包括中华文化的伟大复兴。每一个中国人，尤其是年青一代应当承担起传承和中华优秀文化传统并在新的历史条件下发展中华文化的光荣使命。这是民族的嘱托，也是历史赋予的重任。为了履行这一光荣使命，我们应当全面了解中华文化，深刻领悟中华文化的博大精深，从而唤起一种强烈的民族认同感和归属感，确立坚定的文化自信。

地域文化是中华文化的构成要素和生动体现，湖湘文化是地域文化中极具个性和影响力的宝贵财富，是中华文化的重要渊源。为了给广大读者尤其是青年学生学习湖湘文化提供一个概览式读本，我们编写了这本《湖湘文化要略》。

在本书的写作过程中，我们对浩繁的文献资料进行了广泛收集整理、综合爬梳和分析研究，并多次实地考察，借鉴和吸收了前人和当代学者研究湖湘文化的重要成果。书中也融入了我们一些理性思考和感悟。在研究中我们感到，古代湖湘虽远离中央王朝，但决非不开化的蛮荒之地。本土文化非常发达，不少方面卓然领先，风气独创。湖湘实际上是川泽之国，境内洞庭湖浩瀚无际，长江横贯，四水交汇，江流港汊密布。古代的水上交通犹如当今的高速公路，极大地方便和促进了文化交流。湖南很早就受王化浸润，远古帝王的德政文化、儒家思想广为传播，深深扎根，并多有创发。故而这里诞生了理学宗师周敦颐，以及一大批硕学通儒。后来文化重心南移，潇湘“兹为洙泗”“兹为邹鲁”绝非偶然。就是流放、游历到这里来的谪官逐臣、骚人墨客，受其文化熏染和激发，也抒激烈壮怀，吐时代新声，发变革嚆矢。这些文人逐臣丰富了湖湘文化，湖湘文化也成就了他们。屈原、贾谊、柳宗元、范仲淹无不因湖南而名垂千古，他们的最杰出成就都缘湖湘而创立。

地域文化类书籍有不同的编写方式：有的以史为纲，依次介绍各个历史时期的文化现象；有的按内容分类，分别介绍各种文化现象。我们编写《湖湘文化要略》则采用了综合方式，力图以概括的笔调与精简的文字描述出湖湘文化的整体形象，揭示出湖湘文化的精髓与独特个性。我们认为，采用这样一种方式编写的湖湘文化读本，可能更有利于读者把握湖湘文化的基本内容和精神特质，留下深刻印象。本书是否实现了这一编写意图，有待学者们和广大读者来评判。

本书由杜纯梓提出编写大纲、组织编写并撰写绪论。彭思毛编写第一章，高宁编写第二章，周宇编写第三章，刘演林、帅建华编写第四章，曾永胜编写第五章，刘建军编写第六章。唐旭君编写的《湖湘民俗风情》（原书第六章）内容翔实，颇有新意，受全书篇幅和字数所限，本次修订未能保留，将作为参考资料编入教学指导书。全书由杜纯梓负责统稿、主持修订，并录制了三节讲座视频作为本书附录（该讲座于2023年在北大学堂、北大博雅大学堂播出）。彭思毛、曾永胜承担了大量编务、协调工作。文智辉、何秋瑛参与了修订。

本书自出版以来颇受社会好评，被国家开放大学评为科研成果二等奖，湖南广播电视大学一直作为统修课教材。课程主持人曾永胜适应教学需要，结合本书制作了丰富的课程资源。该课程被评为全国广播电视大学精品课程。从2016年年初开始，我们着眼于服务全民终身学习，适应更多社会成员的学习需求，耗费一年多时间对本书进行了全面修订。在修订中，全体编者投入了大量精力，反复斟酌，相互切磋，力图质量有进一步提高。在不改变全书基本框架的前提下，我们重点融入了新的研究所得，增补了史实材料，订正了错讹缺漏，并对部分章节的纲目作了必要调整。这次修订，朱汉民先生主编的《湖湘文化通史》给了我们很多启迪和很大帮助。北京大学出版社责任编辑李玥一直跟踪指导，资辅甚多。本书的编写得到湖南广播电视大学领导和同仁们的大力支持，得到何久盈、李维琦、王大年、孙福万、彭崇谷、黄爱华、黎池、李小平等省内外知名学者的悉心指导，在此一并深致谢忱。在编写本书的过程中，我们参考了不少文化研究尤其是湖湘文化研究的著作和论文，对于前辈和同行们的研究成果给予我们的深刻启迪，我们深表感激。我们已把参考书目一一列出，如有遗漏，谨请指出，以便于我们订正。

编　者

2017年2月16日于岳麓山下